NIUSAN CLASS
牛散大学堂

牛散大学堂视频教学指定读物

期权实战

从入门到精通

一年百倍的财务自由之路

吴国平　郑　栩◎著

企业管理出版社
ENTERPRISE MANAGEMENT PUBLISHING HOUSE

图书在版编目（CIP）数据

期权实战从入门到精通：一年百倍的财务自由之路 / 吴国平，郑栩著 . —北京：企业管理出版社，2019.10（2025 年 7 月重印）

ISBN 978-7-5164-2025-6

Ⅰ . ①期… Ⅱ . ①吴… ②郑… Ⅲ . ①期权交易—基本知识 Ⅳ . ① F830.91

中国版本图书馆CIP数据核字（2019）第212589号

书　　名：期权实战从入门到精通：一年百倍的财务自由之路

作　　者：吴国平　郑　栩

责任编辑：李　坚

书　　号：ISBN 978-7-5164-2025-6

出版发行：企业管理出版社

地　　址：北京市海淀区紫竹院南路17号　　　邮编：100048

网　　址：http：//www.emph.cn

电　　话：编辑部（010）68414643　发行部（010）68701816

电子信箱：qiguan1961@163.com

印　　刷：北京明恒达印务有限公司

经　　销：新华书店

规　　格：170毫米 × 240毫米　16开本　24.5印张　250千字

版　　次：2019年11月第1版　2025年7月第3次印刷

定　　价：108.00元

牛散大学堂的股威宇宙

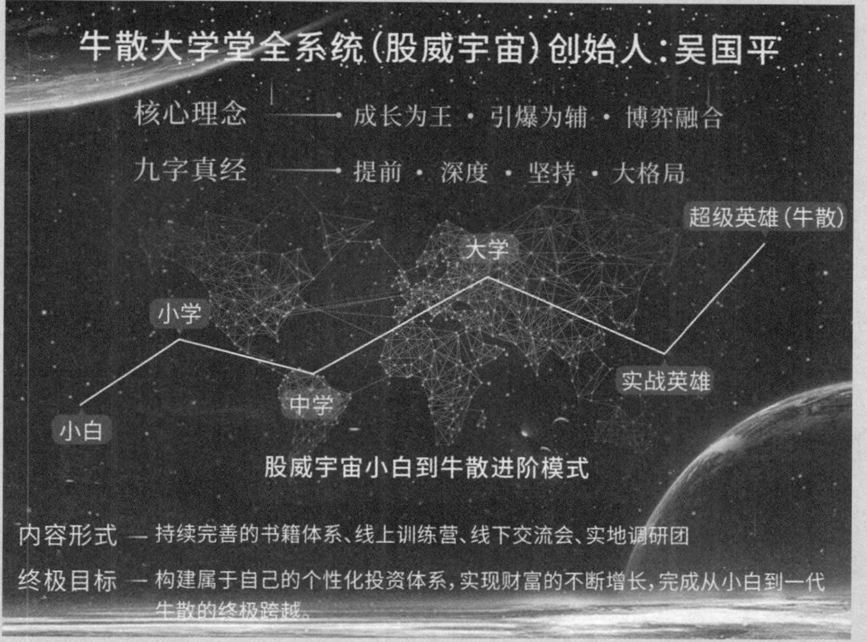

重新定义你的操盘体系

很多人一直苦于寻找提升自我的系统课程，付出相当多的精力后却发现，大部分都只是一招半式，充其量也只能算系统的一部分，没有整体而言。正因为本身没能全面武装自己，所以“韭菜”依旧占据大多数。

所以我们来了，我们来帮你构建交易系统，牛散大学堂的股威宇宙系统就是这样为你而搭建，从小白到牛散的全套体系，我们来帮你逐步成长。

我们的底气在于，我们自身就是从小白一路成长起来，也一直从业于资产管理一线，所以我们深知市场一线人群最需要什么素质和技能。基于未来中国资本市场的发展将趋于专业化和成熟化，目前投资者确实已经到了迫切需要提升自我的时候了，只有提升自我才能更好适应资本市场。我们的股威宇宙：牛散大学堂全系统，或许就是你最好的选择。

牛散大学堂全系统（股威宇宙）

牛散大学堂全系统（股威宇宙）创始人：吴国平

核心理念：成长为王，引爆为辅，博弈融合

九字真经：提前、深度、坚持、大格局

股威宇宙的构建

①我们的内容由强大的分析师团队打造，团队成员风格各异但无不经验丰富自成一派，我们不做纯理论派，力图打造理论与实践高度融合的精品教程。其中，我们自身实战原创内容占据主导，另外也会加以经典解读辅助，博采众长作为我们价值观的一种补充。

②股威宇宙从小白到牛散共分为六个不同的阶段，学员或者读者可以对比自身情况快速选择对应的学习阶段，不同的学习阶段将有不同的书籍和线上训练课程。

③除了书籍体系和线上课程体系，上市公司实地调研游记也是牛散大学堂股威宇宙实战的一种衍生，属于实战英雄或超级英雄课程。那里的世界会很精彩，充满乐趣惊喜，通过与上市公司管理高层对话了解企业真实情况，感受什么叫功夫在诗外，这会是别有一番味道的世界。

④我们的内容来源于实战的经历，但通过后期认真总结使得它又高于实战，一切只为能启迪读者完善自身交易系统。

股威宇宙小白到牛散进阶模式：

1. 小白

小白是指对金融市场有兴趣但没有实际接触过金融市场的入市前人群。这个群体既没有实战经验也没有理论基础，甚至对K线、盘口信息等基础知识一知半解，属于资本市场潜在参与力量。

2. 小学生

小学生是指对基本的概念有一些了解，刚入市还没经历过市场洗礼的人群。这个群体能看到盘面的基础信息，也知道基本的交易规则，但具体到成长股的概念，个股涨停背后的逻辑或者技术波浪理论等都还处于未知的状态。

3. 中学生

中学生是指对概念较为了解，对K线形态开始清晰，并掌握了一些技术分析方法，自我感觉还不错的人群。这个群体入市时间不长，踌躇满志、初出茅庐，开始接受市场残酷的洗礼，感受到了一些资本市场的机会和风险。

4. 大学生

大学生是指有一些自己的分析方法的人群，但总体来说零零散散，还没有形成一套完善的研判体系。另外也不太懂如何融合运用，需要更贴近市场去把握市场的本质，从而进入到一个新的自我提升阶段。

5. 实战英雄

如果你已经有了实战英雄的水准，那么恭喜你，你已经开始知道如何融合运用基本面和技术分析的投资方法，对交易的心理博弈也开始有所体会。在这个阶段你需要透过反复实践，感知到市场的博大精深，真正理解核心理念“成长为王、博弈融合、引爆为辅”的含义，认清市场的本质，渐渐进入到赢家的行列。

6. 超级英雄（牛散）

牛散几乎代表了个人投资者的最高水准，他们的投资理念、操作风格、投资偏好各有不同，但无一例外都是市场中极少数的大赢家，创造了一个又一个的财富增长神话。虽然各路牛散各有千秋，但也有相同点，他们善于抓住市场机遇，经历过大风大浪，投资心态十分稳定，在起起落落中不断汲取养分，交易体系不断跟随市场进化。

股威宇宙特点：

系统性教学，明确的进阶模式，适合所有人群。

学习阶段、目标以及成果的量化，每一阶段，我们都会让你清楚知道你能收获什么！

检验出真知。我们会让每一阶段都有练习，检验是最好的标准。

一线从业人员和牛散提供技术支持，并有机会与之在线上线下进行互动。

投资体系阶梯式建立，由点成面，从无招到有招再到无招。用心学习，小白终成一代牛散。

期权，拉近你和财富的距离

小时候
乡愁是一枚小小的邮票
我在这头
母亲在那头
长大后
乡愁是一张窄窄的船票
我在这头
新娘在那头

——余光中

以前我们用书信传达彼此的思念，后来电报缩短了我们的距离，到最后，电话、微信等工具的出现，让我们忽略了彼此的距离，一 call 即见。时代的改变，让彼此零距离！

每一个来到资本市场的人都渴望着和财富实现零距离，我们不断地寻找牛股的世界在哪里，然而每次轮回，熊爸爸都无情地将我们的激情按在地板上摩擦，想放弃却做不到，只希望不亏就好，眼看牛妈妈头也不回地走掉，渐渐的，我们和财富的距离愈行愈远。股票的弊端在于它只能做多不能做空，即使能做空，可供选择也不多。

期货的好处就是它既能做多，也能做空，但是它也有弊端——高杠杆，我们往往沉浸在高杠杆带来的丰厚收益，却忘记了它带来的巨大风险，在忽略风险管理的情况下，市场风险突如其来，把我们和财富的距离拉得更远。

期权的到来，是新时代的开启，不仅丰富了金融领域的各方面，还弥补了金融领域的局限性。其多维度的投资方式，无形中给我们的股票上了保险，更好地保障我们的权利的同时，还增大了我们获利的可能性。中国资本市场有了这个先进的工具，让我们能有机会拉近与财富之间的距离。

期权是一枚小小的钥匙
我在这头
财富在那头

牛散大学堂校长　吴国平

/目录/CONTENTS

第一章

期权的发展

学前须知

第一堂课主要讲期权的发展历程，国外市场与国内市场的现状，以及期权市场的前景，并科普一下做市商制度。

本堂课内容在牛散大学堂股威宇宙的等级划分为小白。

1. 全球期权的发展历程

期权也称选择权，是一种衍生品，是指具有在某一限定时间内按某一指定的价格买进或者卖出某一特定商品或合约的权利。

期权如今的经济价值已经被全球大部分国家认可，但历史上期权的发展却历经坎坷。

期权的起源竟是一个婚约。大约在公元前 1700 年，雅克布的未来老丈人拉班同意将女儿瑞切尔嫁与克布，但前提条件是雅克布要为拉班工作4年，并签下协议，这个故事记录在《圣经·创世纪》中 。从期权的角度看，雅克布7年的劳工为“权利金”，获得了与瑞切尔结婚的“权利而非义务”，签下的协议即为“期权合约”。

曾经在 100 多年的时间里，期权交易被视为非法交易。17 世纪，作为荷兰国花的郁金香是荷兰贵族的身份象征。许多批发商向郁金香种植户购买期权，在特定时期内按期权定价买入郁金香。后来郁金香需求扩展到欧洲各地，出现了郁金香球茎期权的二级市场。随着郁金香价格螺旋式上涨，从王公贵族到平民百姓都变卖家产疯狂炒作。到 1637 年，郁金香价格同比涨幅高达 5900%，并于当年 2 月创出 6700 荷兰盾/株的天价，足以买下阿姆斯特丹运河边一幢豪宅。随后郁金香市场 2 月 4 日突然崩盘，一夜间价格一泻千里，一周后暴跌 90%。4 月，荷兰政府宣布终止所有郁金香合约。

18 世纪，在工业革命和运输贸易的影响下，欧洲出现了有组织的期权交易活动，标的物主要是农产品。在英国，以证券为标的物的期权交易一度遭到巨大反对。1733 年，英国颁布《巴纳德法》宣布期权非法，此项法案于 1860 年撤销，撤销前的这段时期期权交易从未停止过，只是交易量很小。

18 世纪末美国出现了股票期权。由于当时还不存在期权的中心交易市场，期权都是在场外进行交易，市场依靠那些为买方和卖方寻求配对方的经纪商才得以运行。最终，在这样的一个松散的市场里，期权经纪商与自营商协会（ThePutandCallBrokersandDealersAssociation）形成了。协会的目的是为了加强参与者之间的联系，并在共同利益的基础上拓展业务。

20 世纪，在美国由于期权被投机者的滥用而又缺乏监管，声名狼藉的期权交易险些被取缔。美国国会的理由是"由于无法区分好的期权同坏的期权之间的差别，为了方便起见，我们只能把它们全部予以禁止"。经验丰富的期权经纪人荷尔伯特·菲勒尔到国会作证并与美国证券交易委员会代表展开激烈辩论。最终菲勒尔成功地让委员会认识到期权的经济价值。期权业也在监管下继续得以生存和发展。

1973 年 4 月 26 日，全球第一个期权交易所——芝加哥期权交易所（CBOE）正式开始期权交易,这标志着真正有组织的期权交易时代的开始。同年 5 月，芝加哥大学的两位教授 Fisher Black 和 Myron Scholes 发表了"期权定价与公司负债"的论文，使期权定价难题迎刃而解。

1974 年，美国商品交易委员会（CFTC）成立，专门负责管理美国的商品期货交易和期权交易市场。1977 年，劳埃德.凯尔案成了期权行业强监管的催化剂。CFTC 稽查部于当年对大约 60 家期权公司发布禁止令，并且将其中 14 家公司驱逐出这个行业。

1975 年，美国股票交易所（AMEX）及费城股票交易所（PHLX）也开始交易股票期权，场内期权市场规模得以进一步扩大。

1977 年，芝加哥期权交易所（CBOE）开始看跌期权的交易。SEC 发布禁令，明确要求不得上市新期权品种。

1982 年，芝加哥期货交易所（CBOT）推出了长期国债期货的期权交易。

1982-1983 年，美国芝加哥商业交易所（CME）在 1982 年推出标准普尔 500 指数期货交易，由于交投活跃直接带动了 1983 年各种股票指数期权合约纷纷在芝加哥期权交易所、美国股票交易所及纽约证券交易所上市交易。

1985 年，外汇期权开始在芝加哥和费城进行交易。

1988 年，伦敦国际金融期货交易所开始进行欧洲小麦期权交易。此间债券、农产品及原油的期权合约也相继面世。目前，伦敦金属交易所（LME）则是全球最大的有色金属期货期权交易中心。

2008 年被 CME 集团收购的纽约商业交易所成为全球最大的有色金属期货期权交易中心。

纵观期权市场的发展历史，堪称是一部监管者与市场操纵者的博弈史。期权历史上所发生的重大事件无一不见证了这一市场的动态发展过程，并促使这一市场的运行和监管机制不断完善并继续壮大。

2. 百年磨一剑，期权出鞘

2.1 全球期权市场与国内期权市场

期权交易从 1973 年步入标准化、规范化阶段后，发展至今已 40 余载。从全球期权市场发展趋势来看，在近十年的时间里，全球场内期权从 2007 年到 2011 年成交量大幅增加，从 2011 年至今则有所下滑，但总体上依旧维持了较高的活跃度。2017 年全球场内期货及期权成交量达 251.9 亿手，较 2016 年同比下跌 0.1%。期货交易量结束了 5 年连续增长的记录。2017 年全球期权成交量则比上年增长了 11%，共成交 103.5 亿手，成交总额 103 亿美元。

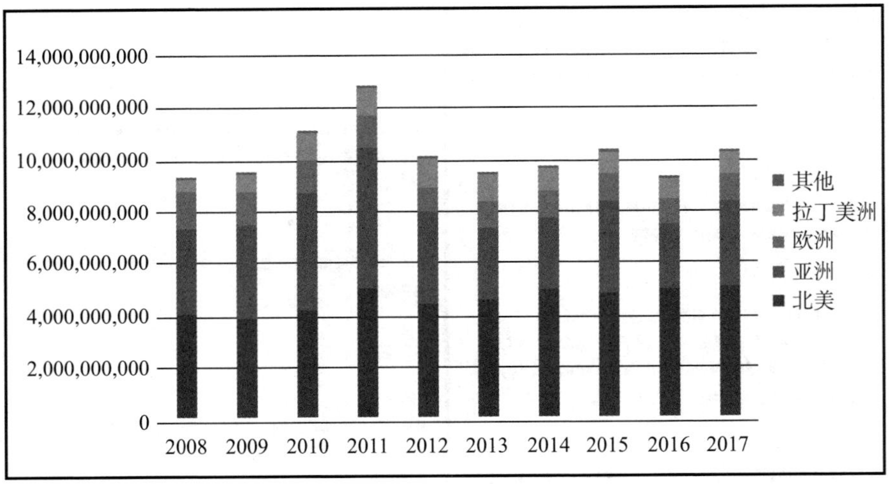

2008年～2017年全球期权成交量

注：“其他”是指希腊、以色列、南非和土耳其的交易所。数据来源：FIA

从全球各地区的期权市场发展现状来看，目前发展最为成熟的是北美市场，其次就是亚太地区。其中 2016 年北美市场全年期权成交额在 45 亿美元，占到全球市场全年成交额的 48% 以上。亚太地区紧随其后，

2016 年全年期权成交额约为 33 亿美元，占到全球市场成交额的 35%。

中国的期权市场从交易品种等方面来看，还依旧处于起步阶段。目前中国大陆场内交易的期权品种仅有三个，分别是上证 50ETF 期权、白糖期权和豆粕期权，还有一些正在筹备推出。其中，50ETF 期权以 ETF 为标的，豆粕和白糖期权分别以相应期货合约为标的。从这 3 个品种的成交量变化来看，50ETF 期权由于受到 2017 年行情的推动，其成交量自 2017 年以来出现大幅的上升，其中 2018 年 3 月成交量较上年同期上涨近 74%，显示出了权益指数期权产品的巨大发展潜力。受到中美贸易摩擦升级影响，白糖期权和豆粕期权成交量在 2018 年 3 月出现了上市近一年以来的爆发式增长，同样显示了商品期货期权巨大的发展空间。

场外期权方面，近两年的发展更为迅速，无论是成交量的大幅上升，还是品种的多元化发展（包括个股期权、商品期权、利率期权），都显示出市场对于期权这一产品的认可度和需求度的迅速提高。从场外期权快速发展的原因来看，主要由于目前国内场内期权产品品种相对较为空白，不能满足市场的需求。以权益类期权产品为例，目前我国大陆的场内权益类期权产品仅有 50ETF 期权这一项。因此，无论是从国内投资者的需求，还是从国内金融市场的多层次发展来看，亟待对期权这一领域进行填补。

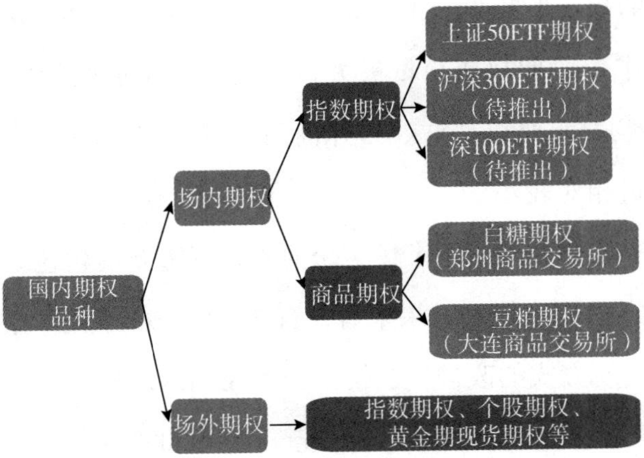

不难看出，已经成熟的期权市场对于中国衍生品市场的发展来说将具有很重要的示范作用和借鉴意义。那么接下来我们来认识一下全球重要的期权市场。

2.2 美国期权市场

美国期权市场发展成熟，对于全球期权市场的发展具有非常好的示范效应。

1973 年 4 月 26 日，随着芝加哥期权交易所（CBOE）的成立，期权开始进入标准化、规范化的全面发展阶段。同年，B–S 期权定价模型学术成果应用于实践，更是促使期权交易进入快速发展阶段，期权品种家族开始变得壮大起来，不同标的、不同类型的期权品种在世界范围内相继推出。

美国期权市场分为场内交易市场（Exchange–traded）和场外交易市场（OTC）。期权场内市场交易标准化合约，通过清算机构集中清算。期权场外市场虽然没有统一的挂牌和指令处理规则，也没有集中清算机构，但其标准化程度也非常高。

美国 2012 年的金融衍生品市场成交量（包括场内及参与清算的场外交易量）中，期权成交量超过了期货成交量，占据衍生品成交量的 61%。个股期权、股指期权和 ETF 期权这类权益类期权成交量占据主要地位，其中个股期权成交量最大，占据期权总成交量的 54%，成为美国成交量最大的期权品种。另外商品、外汇和利率期权虽然品种众多，但成交量相对较小。

机构投资者在美国期权市场上扮演越来越重要的角色。从第三方机构 AITE Group 的调查统计结果来看，自 20 世纪 90 年代开始，由于期权交易策略和交易方式的改进，机构投资者在美国期权市场中的交易量占期权成交总量比重呈现不断上升的趋势。直到 2009 年，机构投资者的交易量占比超过了50%，成为期权市场上的主导力量。

至2018年，美国已经是全球最大的股票期权交易中心：

- 交易量居全球之首，占比高达80%左右。
- 期权市场产品规模领先于全球市场。股票类个股期权超过3000只以上；指数类期权超过50只以上；ETF类期权超过250只以上；合约周期跨度包含了周、月、季以及长期（3年）。

美国的机构投资者为什么如此青睐期权这个工具呢？从一项调查结果来看，美国机构投资者使用期权的原因主要有以下几点：作为对冲风险的工具、构建现金流中性策略、获取投资额外收益、作为资产组合配置的品种、管理现金流。

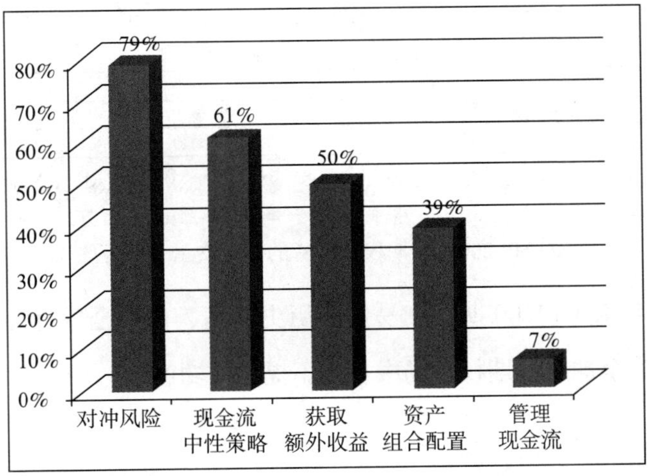

Tower Group Survey：2010年机构投资者使用期权原因

在漫长的发展岁月里，美国期权市场摸索出了一套完善的市场风险和监管制度，毕竟只有系统风险可控和公平交易才能让投资者放心参与交易。美国期权交易所对期权合约品种的开发显得相当积极，从1973年推出首个个股看涨期权至今，期权交易品种就一直在被挖掘，所以期权合约品种多样化也是美国期权市场的一大优势。另外，美国的期权交易所分布相对比较分散，同一品种可在多家交易所重复上市，这非常有利于降低成本和做套利交易，从而吸引机构投资者参与。对于任何一个资本市场来说，流动性都是“生命力之源”，电子化交易、程序化交易和做市商制度为美国期权市场提供了充足的流动性。

2.3 韩国期权市场

韩国交易所于 1997 年 7 月开始交易韩国 KOSPI200 指数期权，其交易量自 2000 年以来一直是全球交易量最为活跃的股指期权产品，其交易量远远超过排名第二位的股指期权产品。

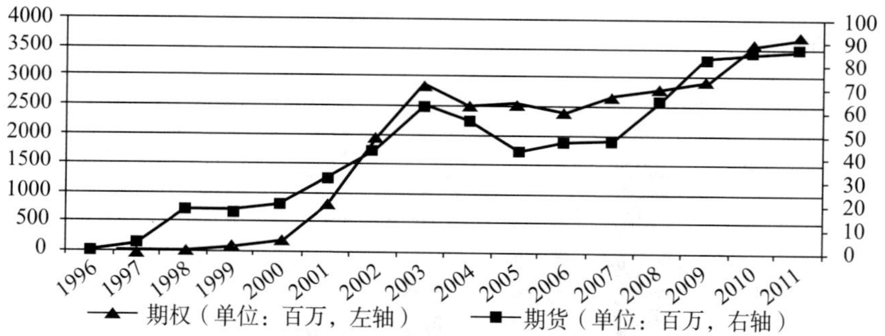

KO SPI 200指数期权和期货的年成交量（百万张）

2003 年 KOSPI200 期权交易量创历史新高，占据全球近九成交易量，使得其成为全球股指期权市场中不得不提的成功产品。

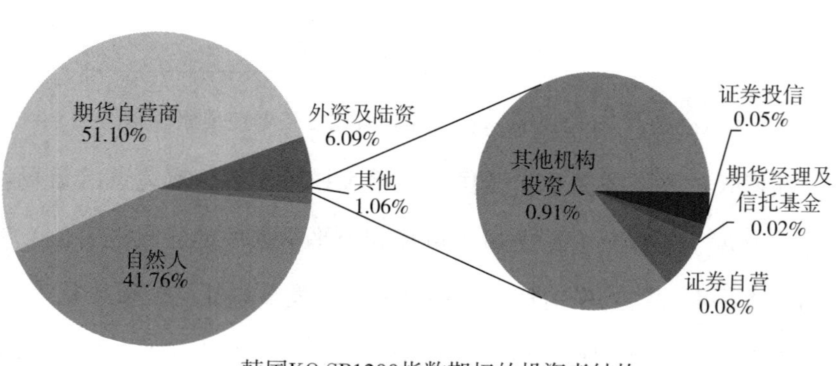

韩国KO SP1200指数期权的投资者结构

与美国机构投资者占主导地位不同，韩国期权市场散户投资者占比很大，而国内机构投资者仅占到了三成左右。其中机构投资者几乎都是证券公司和期货公司，而像其他机构投资者，如保险、商业银行、投行、养老基金和私募基金等则对期权交易没有太多参与感。

由于众多散户的参与，韩国的期权交易市场具有很强的投机氛围。那是什么吸引了个人投资者的广泛参与呢？首先，韩国的投资者宣传工作做得很出色，有不少投资者将期权视为彩票。有这种认识，从参与起初，这便已经定调为投机碰运气了。其次，亚洲地区的资本市场成长相比欧美资本市场有明显滞后，起步晚，很多国民对投资并没有树立长期投资和价值投资的正确认识，个人投资者有着明显的投机和做短线交易的倾向。同时，韩国创新的期权交易制度也大大激发了大众投资者的参与热情。韩国证券交易所与证券公司均按期权权利金比率收取交易佣金，权利金越小，收费就越低，导致价格低廉的深度虚值期权交易非常活跃。而全球绝大部分期权是按合约交易量收取固定费用，如果期权处于深度虚值，交易收费甚至有可能超过权利金，这种情况下，交易深度虚值期权没有商业价值，因而交易大多集中于平价期权合约。

3. 科普专栏：做市商制度

前面我们谈到了美国繁荣的期权交易在很大程度上得益于做市商制度提供的不可或缺的流动性，那么你知道什么是做市商制度吗？

要说做市商制度，先了解什么是做市商。在美国纽约证券交易所活跃着一群神秘的人，他们身穿马甲，手拿交易仪器，眼观 K 线图，被视为华尔街的象征。他们就是传说中的做市商交易员。

做市商是指具备一定实力和信誉的特许交易机构，以其自有资金和证券与投资者进行交易，通过买卖差价实现一定的利润。

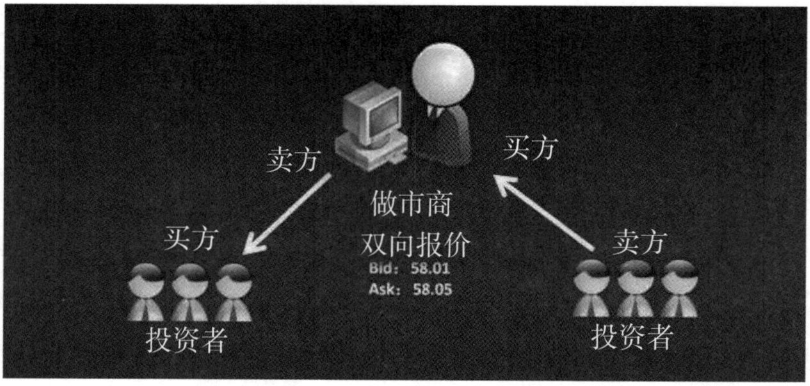

一百多年前，股票交易还没有实现电子化交易，在交易所进行股票交易基本靠吼，交易所主席喊出股票名字，券商再报出交易数量和可接受价格，然后交易所再据此定出成交价，这种交易一天进行 2 次，效率极其低下。后来到了 1871 年，纽约证券交易所开设专家经纪人，专门负责一种或者几种股票的交易，这就是做市商的雏形。

与券商不同的是，券商只是代理证券业务的销售，而做市商则要实实在在地与投资者进行交易。所以做市商一定要有强大的资金实力，因为这样才能满足与众多投资者交易的基础。然后做市商还需要懂得市场运作，有专业的分析能力，最后还需要有很强的风险管控能力。作为做市商，有义务随时向投资者进行报价。一般来说，做市商的报价会随着市场状况而变动，不会过高也不会过低，这样既保证了自身的投资收益，也保证了投资者的交易安全性。在市场暴涨暴跌时，还可以遏制过度投机，维护市场的稳定。做市商必须根据自己的报价接受投资者的买卖要求，交易不用等到双方同时出面，只需要做市商承担交易对手的角色交易就可以进行。因此做市商可以保证市场进行不间断的交易活动，提高了市场的流动性。目前，期权做市商提供的流动性已经占据了美国期权市场流动性的半壁江山，其重要地位可见一斑。

2014 年 8 月 25 日，做市商制度正式在中国的新三板实行，但很多人并不了解做市商制度，误以为做市商就是坐庄，但他们有本质区别，庄家用尽手段操纵价格，低买高卖，严重影响市场的公平交易，而做市商具有明显的价格发现功能，做市商的报价通常是在综合分析市场信息衡量自身风险和收益后形成的。做市商的报价和投资者可接受的价格在互相影响着，从而促使证券价格向合理的方向运行。做市商强大的资本实力和专业的分析判断能力能有效遏制市场的价格操纵行为。

期权做市商制度是交易所为了弥补流动性短缺而进行的一项自主性制度安排，主要通过交易所与商业机构之间签订做市协议来实现，其法律性质是平等市场主体之间达成的以提供流动性为主要内容的商事合同。交易所可根据期权品种的特征与市场环境的需要，灵活配置做市协议中的权利与义务。在保证市场公平的原则下，作为相对缔约方，期权做市商在承担报价义务与相应风险的同时，也获得交易所支付的做市商补偿。双方权利与义务如何配置取决于合同约定，不会对市场基础结构和基本制度带来重大影响。

学习温馨小总结

期权在国内推行的时间并不长，可以算是一个新事物，而且期权的前景很广，未来必然会风靡中国。愿您掌握期权，打开致富的大门。

第二章

期权简单入门

学前须知

第二堂课主要是讲期权的简单定义，期权几个基本要素的概念，属于简单的基础铺垫理解，先对期权有个大致的简单了解。

本堂课内容在牛散大学堂股威宇宙的等级划分为小白。

1. 50ETF 期权

1.1 什么是上证 50 指数?

上证 50 指数挑选市场规模大、流动性好的最具代表性的 50 只股票组成样本股，以综合反映上海证券市场最具市场影响力的一批优质大盘企业的整体状况，上证 50 指数由上海证券交易所编制，指数简称为上证 50，指数代码 000016。

1.2 什么是 50ETF？

ETF 全称为交易型开放式指数基金，上证 50ETF 于 2004 年 1 月 2 日正式发布并在上海证券交易所上市交易，基金管理人为华夏基金管理有限公司。该基金采取被动式投资策略，紧密跟踪上证 50 指数涨跌，追求实现与上证 50 指数类似的风险与收益特征。

1.3 什么是 50ETF 期权?

50ETF 期权就是以 50ETF 基金为标的的期权合约。其中包括：

① 两种合约类型：认购期权和认沽期权。

② 四个合约周期：当月、下月、随后两个季月（季月指 3 月、6 月、9 月、12 月）。

③ 五个执行价：两个实值、两个虚值、一个平值。

④ 合约大小：每张期权合约代表买卖 10000 份 50ETF 基金的权利。

⑤ 到期日：到期月份的第四个星期三（遇法定假日顺延），也是期权买方的行权日。

更多合约详细介绍可登录上海证券交易所网站查询。

2. 期权入门

2.1　期权优势

① 自带杠杆，投入小，成本低

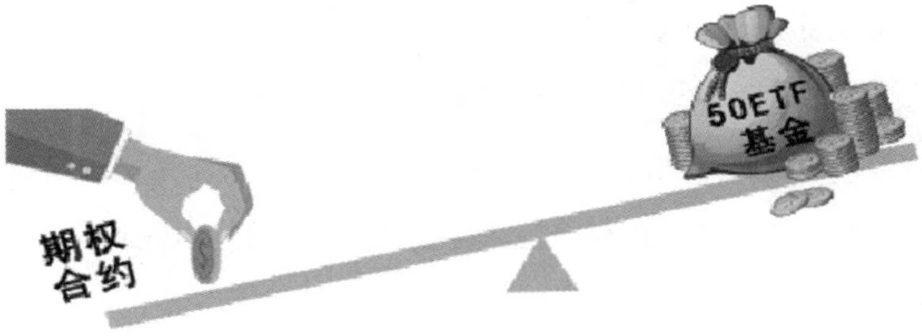

一张期权合约代表买卖 10000 份 ETF 基金的权力，而买入一张期权合约最低仅需几百元权利金。

② 风险收益不对称

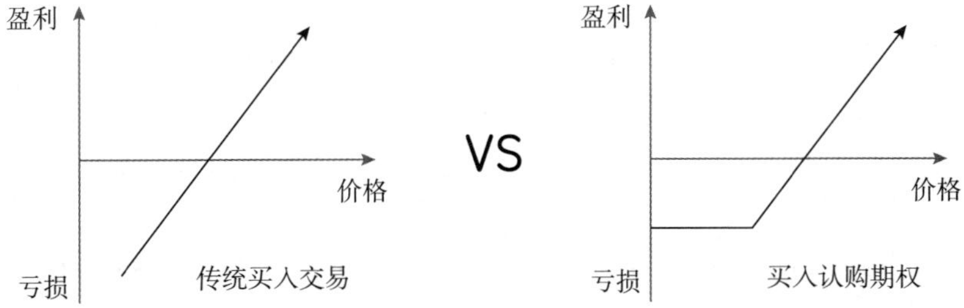

期权买方类似于购买保险，而期权卖方类似于保险公司。期权买方具有亏损有限、理论获利无限的特点，最大损失为购买该期权所付出的全部权利金。

2.2 价格相关

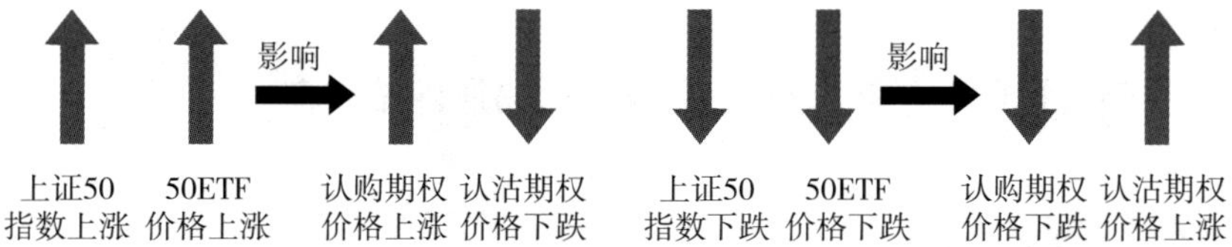

通常认购期权与上证 50 指数成同向关系，认沽期权与上证 50 指数成反向关系。

2.3 如何获利

① 若判断上证 50 指数后市将上涨

→ 买入 50ETF 认购期权，权利金上涨时，高价抛出获利。

② 若判断上证 50 指数后市将下跌

→ 买入 50ETF 认沽期权，权利金上涨时，高价抛出获利。

2.4 盈亏计算

假设当前上证 50 指数 2500 点，50ETF 价格 2.5 元，一张下月到期执行价为 2.5 元的认购期权权利金报价 0.0400 元 / 份（50ETF 期权单位：1 张 =10000 份）。

① 成本计算

若买入 10 张，则需付出权利金为 10 张 ×0.0400 元 / 份 ×10000 份 =4000 元。

② 盈利计算

若后市权利金上涨至 0.2400 元，盈利为 10 张 ×（0.2400-0.0400）元 / 份 ×10000 份 =20000 元。

③ 风险计算

若上证 50 指数持续下跌，可选择提前平仓止损离场，也可持有至到期日，最大风险为损失全部权利金。

第三章

期权的基本要素

学前须知

第三堂课是深入解析期权的基本要素，理解什么是期权，认识期权的价值与分类，了解影响期权价值的因素。看懂T型报价图解，简单直白地认识期权界面。还有买入期权要注意的几个误区。

本堂课内容在牛散大学堂股威宇宙的等级划分为小学。

先机，就是先人一步找到机会，任何一个机会都会经过四个阶段：看不见；看不起；看不懂；来不及。一个新生事物出现，只有5%的人知道时赶紧做，这就是机会，早就是先机；当有50%的人知道时，你做个消费者就行了；当超过50%时，你看都不用去看了。第一批吃螃蟹的都是赚得盆满钵满的。

对于期权，很多人还处于看不见的阶段，身边的人，可能甚至不知道期权是什么东西，还没有接触这个新兴事物。很多人没看见就更谈不上看懂，所以最终结局肯定是来不及，等真正行情来的时候，看不见、看不懂的人，最终肯定是把握不住机会。所以我们要做的就是先看见，然后看懂，最终去把握。

期权类似股票，它属于一种投资工具。就像我们用的交通工具一样，有汽车、高铁，还有飞机……我们做投资要达到盈利的目的，也要掌握多种投资工具，股票是最基本的，相当于我们交通工具里面的汽车，同样的距离，我们要到达目的地，一定是飞机最快！期权，就可以比作是交通工具里面的这个飞机，是我们可以最快盈利的一种工具，所以也一定要掌握好。

期权是一个新兴的事物，也是国家在近两年内重点开设的一个投资品种，就像2005年、2006年的权证，还有像2014年、2015年的融资融券，那么这一次开设的就是期权。大家要知道，每一个新兴事物的出现，都伴随着重大的历史性机遇。老股民很多都知道，2005 年、2006 年的权证是最暴利的，包括葛洲坝、宝钢等，当时牛市行情中，这些权证是最为疯狂的。那么在 2015 年的牛市，大家可能都经历过，第一个做融资融券的肯定是赚的盆满钵满的，当然，到了后期再去参与的话，就很难实现盈利了，因为这个机会不大了，后面行情暴跌。所以在新兴的事物刚刚推出来的时候，我们一定要掌握好、运用好它，那么最终一定会给我们带来很大的投资机会。

权证是没有门槛的，不过期权是有门槛的。门槛也不高，上证 50ETF50 万就可以，不过它投资的金额可以很少，买一张只需几百元，可以投入几千元、一万元、几万元操作、但是它以小博大的空间却是很大的，就在 2018 年国庆节前，9 月份有一天就暴涨 10 倍，当然，你很难精准买到最厉害暴涨 10 倍的合约，但是大部分合约都是暴涨了 2 倍以上，这是什么意思呢？假如你把握到 10 倍的合约，那就是 10 万变成了 100 万。当然，我们刚开始投资的时候，也没必要用太大的金额，可以用几千块、几万块，先慢慢地去摸索经验，等后期机会来的时候，比如等下一波牛市到来的时候，那就很恐怖了，你都不敢想象会有多少倍，应该说上万倍是很正常的，也就是一万块钱做一波，把握的好，到几千万应该不难。像 2018 年年初，从 3600 点开始的第一波暴跌，认沽期权涨幅有一千多倍，换句话说，一万元在相对高位做空，那十天的暴跌，有一千多倍，这是什么概念？就是说一万进去可以赚一千多万出来，假设去头、去尾，就赚个三五百倍也是大有机会的，所以只要能把握住一波大的，那基本上都是暴利！

年初那次暴跌机会才 10 天，不说把握一千倍，我们把握到三五百倍应该是很正常的。牛市的机会应该很多，所以我们没必要每波机会都把握到，这个也不可能，但是我们能够真正看的准，把握一波就行。所以台上一分钟，台下十年功，我们现在就是要在台下做好这个功课，等到真正机会来的时候，看准并一击即中就行。为了做到这一点，我们现在磨刀就是等待机会的到来。

1. 期权是什么

期权对很多人来说是一个新事物，对它可能不了解，其实它很简单，跟操作股票是一样的，所以不要把它想得很高深、很艰难。最终期权做的好不好根源在哪里？比如上证 50 期权，它对应的就是上证 50ETF，也就是上证 50 的走势，上证 50 想必大家都很清楚，2017 年走得最好的就是上证 50 指数，所以只要能看懂上证 50 的波动，买卖上证 50 的高低点，这个节奏能够踏的准，那么就能做好这个交易了。最重要的就是刚才讲到的，要看准上证 50 的波动，这才是盈利的核心。

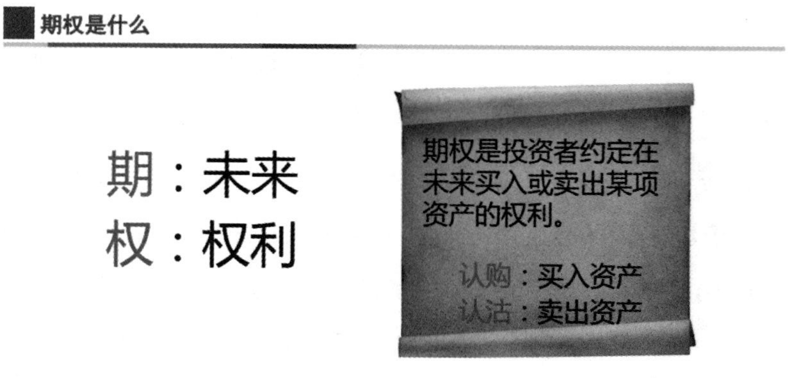

期与权这两个字，可以看到，期就是未来的意思，权就是权利，也就是买了这个期权，就是买到未来的一种权利。期权是投资者约定在未来买入或卖出某项资产的权利，它分为认购期权和认沽期权。认购期权就是你有权利在未来某一价格买入这个资产，认沽期权就是你在未来有权利以某个价格卖出这个资产，这个很好理解。比如说，现在上证 50 指

数是 2500 点，接下来我们判断上证 50 要上涨，那我们就买入认购期权，上证 50 如果从 2500 点上涨到 2600 点或者 2700 点，期权就会像股票一样出现变化，而且期权对应指数是具有杠杆的，指数从 2500 点涨到 2600 点，才上涨 100 点，但是对应的期权可能涨 20 倍，也就是一万元可以变成 20 万元。简而言之，我们在 2500 点买入认购期权，上证 50 指数上涨，就能盈利，而且是具有杠杆的。

这时有人会问：下跌亏了呢？这里也简单提一下，投入资金亏损，不是说投入了 1 万元也要亏损 10 万元，不是这样子的。你盈利了，盈利空间可以无限大，但是你亏损了，亏损是有限的，最多就是投入的 1 万元本金。而且，期权是 T+0 的，你买入之后可以随时出来，比如我投入了一万元，亏了几百元，我觉得方向买错了，那可以先出来，最多也就亏个几百元。如果买入之后坚信会涨，然而一直往下跌，那顶多就亏损这一万元，不会让你追加资金，也就不会亏两万、三万、五万、十万……但是一旦你看对了方向，上证 50 指数从 2500 点涨到 3000 点，甚至出现一波牛市，这一万元就可能变成一百万元、一千万元，甚至一个亿。

所以期权是一个很好的以小博大的投资工具。比如 2018 年大半年一直在暴跌，很多人可能在股票上亏了几百万，如果同时间，你拿三五万资金去做期权，三万元赚 30 倍就是 90 万元。期权波动 30 倍是很正常的，一个小波段就能有 30 倍的涨幅。所以不要觉得股票亏损就没办法盈利回来，利用好期权这个工具，抓住一波中级行情，获利三五十倍都很正常。小资金博取大利润！这就是工具速度不同的效果。你坐汽车、高铁肯定没有坐飞机快，期权就相当于飞机，所以一定要掌握好这个工具。

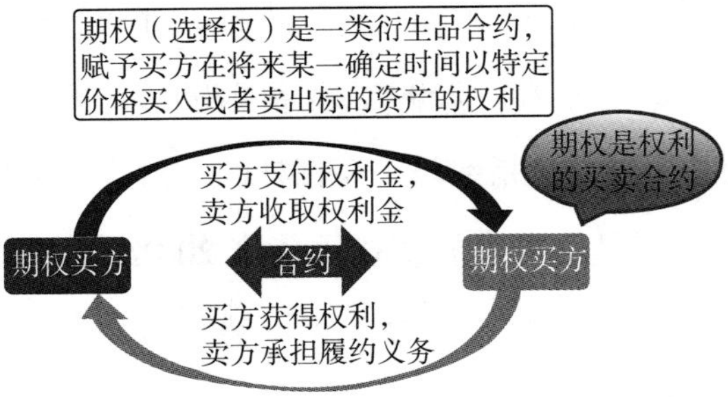

在生活中，其实大家都遇到过期权，比如你去买楼的时候，今年的楼盘价格比如是 5 万（刚开盘的），你刚去买的时候只要花定金就行了，花两万元交付了定金之后，哪怕这个楼盘再继续涨价，涨到 8 万元也没有关系，你可以按照预定的 5 万元购买。所以你付出了两万元的定金即（权利金），使你获得以 5 万元买入这个价格的权利，就是这么简单。还有保险也是一样，比如你买一份意外险或者是财产险，只要每年买两万元的保险费，但是能获得的保额可能是一百万，这也是一个期权，你买入获得了未来能够得到保障的权利。还有彩票也是一样，大家在生活中经常会碰到，只是大家可能没有理解这个概念。

2. 期权的要素

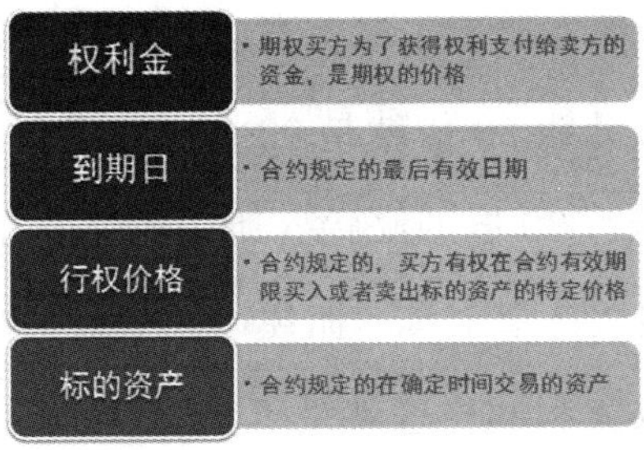

期权主要有 4 个要素。第 1 个是权利金，也就是你付出两万元买楼盘的定金，或者是两万元的保险费，这些都属于权利金。你付出了权利金就得到了这个权利。第 2 个是到期日，这个不难理解，就是行权日，

就是合约规定的最后有效日期。第 3 个要素，就是行权的价格，这个是规定的，每个合约都是规定的行权价格，它是不变的。第 4 个要素就是标的资产，上证 50ETF 期权，它对应的标的资产就是 50ETF（50ETF= 上证 50=60% 金融），所以我们最重要的就是要把握上证 50 的走势，而把握上证 50 就是把握金融股关键标的的走势，具体的策略后面章节分享。

来看个实例加深印象：

上证 50ETF 期权，它的标的资产就是上证 50ETF。到期日是到期月第四个星期的星期三，这里举的例子正好是在 2017 年到期月 8 月 23 日星期三的时候。那么延伸下，如果今天是 2018 年 10 月 11 日，正好是到期月份，它的到期日是哪天？就是 10 月 24 日（星期三），这一天是行权日，还有十多天就到期。那么回到案例，可以看到权利金很便宜，0.1126 元 / 份，你可以只买一份。案例中老王就是以 1126 元买入一张“50ETF 购 8 月 2100”合约，合约单位是 10000，所以 0.1126 元 / 份买一份就是 1126 元。老王买入了这张期权，就有权利在 2017 年 8 月 23 日（到期日），以 2.100 元 / 份的价格，从期权卖方处买入 10000 份上证 50ETF。这个合约还算是比较贵的，有一毛多，很多期权大部分都是几厘钱，一分钱都不到，可想而知，买一张的话也才几百元，一万元可以买几十张，所以你投入的成本可以很小，几百元、几千元、几万元都可以做。但是你只要能拿得准一波，获利的空间却很大，一万元进去，一百倍就是一百万元，所以大家一定要掌握好这个工具。

3. 期权的分类

现在我们看下期权的分类。期权的类型按照规定的交易方向，可以分为看涨期权和看跌期权，也就是认购期权和认沽期权。看涨期权就是你在未来拥有在某一特定时间以特定价格买入资产的权利，这是买权，即你有买入的权利；看跌期权同样也如此，你有这个权利在某一特定的时间卖出资产。

比如我觉得后市看涨，就可以买入看涨期权，如果按照预期上涨就盈利；看跌期权就是我觉得接下来上证 50 指数还要暴跌，那就买入看跌期权，只要继续暴跌，同样也是盈利。简而言之，就是多跟空双向，上涨的时候做多，大家买入认购期权能获利，下跌的时候做空，买入认沽期权也可以获利，就是这个意思。期权交易的方向不像股票那么单一，只有涨的时候才能获利，所以在上证 50 下跌的时候，你买入看跌期权（认沽期权），只要它跌，同样也能获利。

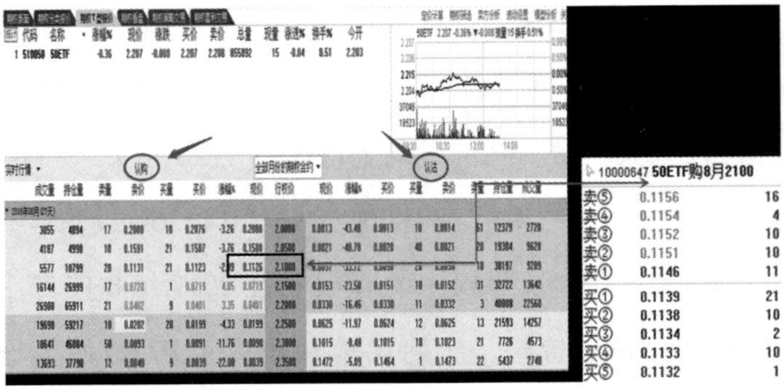

图案回顾点睛：2016年8月期权盘中截图

配个 T 型报价（后面章节会讲到）或许更易理解，左边是认购，右边是认沽，看涨做多买入认购就买左边的合约，看跌做空买入认沽就买右边的合约。点击案例中的 50ETF 购 8 月 2100 合约，进入后就会显示该合约的具体状况，界面则和股票类似。

每份合约都有一个固定的行权时间，根据行权时间的规定，可分为欧式期权和美式期权，我们的上证 50ETF 期权就是欧式期权。美式期权有大商所的豆粕，还有郑商所的白糖等。现在期权品种还比较少，而且豆粕期权跟白糖期权也推出来不久，推出最久的就是 50ETF 期权。

根据行权的时间：欧式和美式

合约	上证50ETF期权	大商所豆粕期权	郑商所白糖期权
类型	欧式	美式	美式

- **可以把欧式期权理解为电影票**
  - **只能在指定日期使用，不能提前和延后使用**
- **可以把美式期权理解为月饼票**
  - **可以在到期日前的任意一天行使权力**

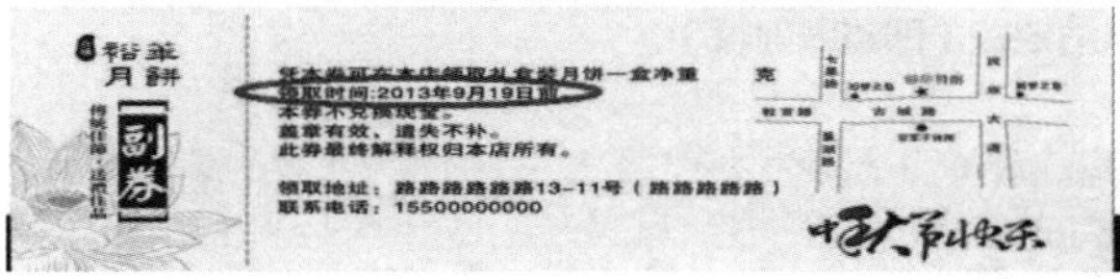

大家可以看下欧式期权跟美式期权的区别，稍微理解一下。行权日定在月份的第四个星期的星期三，规定只能在这一天行权，这就是欧式期权；那么在行权日前的任意一天都可以行权，这就是美式期权。简单的例子就是欧式期权可以理解为电影票。你买了这个电影票，就约定了在什么时间什么场次去看，你也只能在这个时间去看，在其他时间不能去看。所以欧式期权就是如此理解，你买了这个期权，你要行权只能到那一天去行权，其他时间都不能行权，这就是欧式期权。而美式期权是可以在任何一天都可以行权，就相当于中秋节的月饼票，你有这个月饼票，只要在它指定的日期之前，随便哪一天都可以兑换这个月饼。在哪一天都可以行使这个权利，这就是美式期权。

上证 50 期权是欧式，只能在规定的行权日行权。而豆粕期权跟白糖期权，在行权日之前任意一天都可以行权。这就是欧式跟美式的区别。

4. 看懂 T 型报价和价值

4.1 T 型报价

期权和股票一样，登入账号，进入交易软件界面就能看到。下图就是 T 型报价和操作界面，有很多的数字看着眼花缭乱，但是大家都很清楚，那么多数字其实很多是没用的，只要知道价格波动是涨还是跌就可以了。期权也有买价、卖价、涨跌幅等的数据，这跟股票是一样的，所以不要被那么多的数字迷惑，就相当于股票的数字一样，知道是什么意思就可以了。1

总量	交易状态	卖价	买价	涨幅%	涨跌	最新	购<行权价>沽	最新	涨跌	涨幅%	买价	卖价	交易状态	总量
6144	闭市	0.1986	0.1980	-34.68	-0.1051	0.1980	2.2500	0.0071	0.0060	545.45	0.0071	0.0072	闭市	56365
8394	闭市	0.1543	0.1541	-39.80	-0.1020	0.1543	2.3000	0.0120	0.0109	990.91	0.0119	0.0120	闭市	79869
13844	闭市	0.1124	0.1108	-45.44	-0.0936	0.1124	2.3500	0.0229	0.0202	748.15	0.0229	0.0230	闭市	132106
41165	闭市	0.0795	0.0790	-50.93	-0.0825	0.0795	2.4000	0.0390	0.0324	490.91	0.0390	0.0391	闭市	215062
99911	闭市	0.0518	0.0514	-55.99	-0.0654	0.0514	2.4500	0.0606	0.0461	317.93	0.0605	0.0606	闭市	255763
186292	闭市	0.0334	0.0333	-59.09	-0.0481	0.0333	2.5000	0.0898	0.0613	215.09	0.0898	0.0899	闭市	238130
192978	闭市	0.0204	0.0203	-60.77	-0.0316	0.0204	2.5500	0.1272	0.0784	[illegible]	0.1264	[illegible]	闭市	111945
167813	闭市	0.0121	0.0120	-61.59	-0.0194	0.0121	2.6000	0.1692	0.0932	122.63	0.1690	0.1692	闭市	64962
138794	闭市	0.0071	0.0070	-59.89	-0.0106	0.0071	2.6500	0.2150	0.1025	91.11	0.2140	0.2150	闭市	27737
80635	闭市	0.0038	0.0037	-58.70	-0.0054	0.0038	2.7000	0.2632	0.1081	69.70	0.2620	0.2632	闭市	16652
51675	闭市	0.0023	0.0022	-52.08	-0.0025	0.0023	2.7500	0.3122	0.1072	52.29	0.3099	0.3122	闭市	5041
23881	闭市	0.0017	0.0016	-15.00	-0.0003	0.0017	2.8000	0.3570	0.1020	40.00	0.3550	0.3595	闭市	2703
25578	闭市	0.0013	0.0012	18.18	0.0002	0.0013	2.8500	0.4055	0.1005	32.95	0.4055	0.4092	闭市	2272

图案回顾点睛：2018年10月11日期权收盘

可以看到界面正中间（行权价）的这一列数据，2.2500，2.3000，2.3500，一直到 2.8500，这个就是 50ETF 的价格。前面跟大家讲了目标资产就是 50ETF，那 50ETF 案例的价格是 2.439，接近 2.4500，这个就是平值合约。其他还有那么多的合约其实就是供我们自己去判断，假设现在的 50ETF 价格是 2.4500，我判断市场接下来要涨，从 2.45 要涨到 2.5、2.6、2.8……那这里的合约都可以买。具体这些合约有什么不同，后面会详细阐述，这里简单提一下，其实就是实值、合约和虚值合约的区别。

学习温馨小提示

股票只有做多，界面单一，而期权不仅有做多（左边认购），还有做空（右边认沽），最简单的理解，如果50ETF涨的好，左边各种大涨右边各种巨亏；如果50ETF跌的多，右边各种大涨左边各种巨亏。T+0又可以双向交易，所以期权更具操作性。

再继续看上页图界面的左边，也就是认购的期权合约，右边的那部分就是认沽的期权合约。比如上证50ETF接下来看涨，那就买入认购期权，也就是左边的合约。这里面任何一个合约你都可以买，只是它们的振幅和涨幅不同。上页图就是2018年10月11日的期权收盘，这一天是跌的。所以左边认购涨幅是负的，其中–34.68%是跌的最少的，–61.59%是跌了最多的。一天幅度达60%！如果做对了方向，一天就可以获利60%！这幅度还是比较小的，如果前一个交易日10月10日买进去做空，我们看右边的认沽期权，涨幅最大的是990.91%。这什么概念？就是10月11日暴跌，你如果前一日买中了这个合约，单日你可以赚10倍！一天的波动就是10倍！所以在10月10日这天，你认为11日那天市场会跌，那你就买入一份保险做空，买入认沽期权，数据也看到了，11日这天最大的涨幅接近10倍，最少的是涨32.95%，而很多合约基本上都是在一倍以上，122.63%，317.93%，545.45%，990.91%……随便选一个合约都能赚到三五倍。这就是2018年10月11日的波动，最高涨幅近10倍！当然，我们不需要每天去把握，只要看准一次，做准一次波段，那么基本上20倍是很正常的。

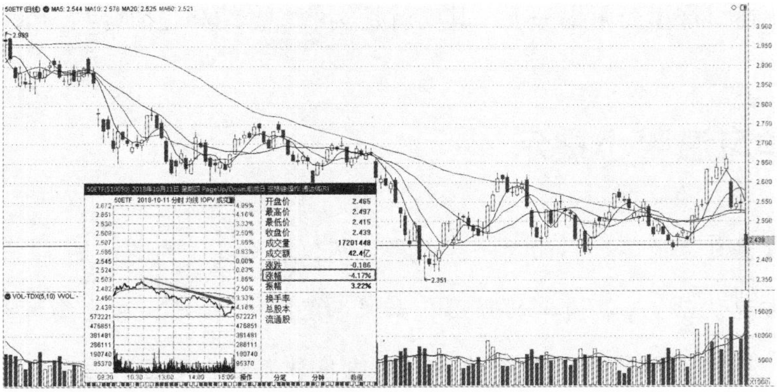

图案回顾点睛：50ETF2018年10月11日分时以及日线图

所以很简单，你认为接下来行情要涨就买左边的认购，你认为接下来行情要跌就买右边的认沽。具体挑哪个合约，这里面是有技巧的，后续章节会跟大家讲到。这里主要先知道这个界面的基本意思。

学习温馨小提示

期权合约的选择，最简单的方法，就是选择平值附近的合约，实二档，实一档，平值，虚一档，虚二档，偏向于进攻就选择虚值的，偏向于防守就选择实值的，往往平值附近的这五个合约，涨幅都比较乐观。

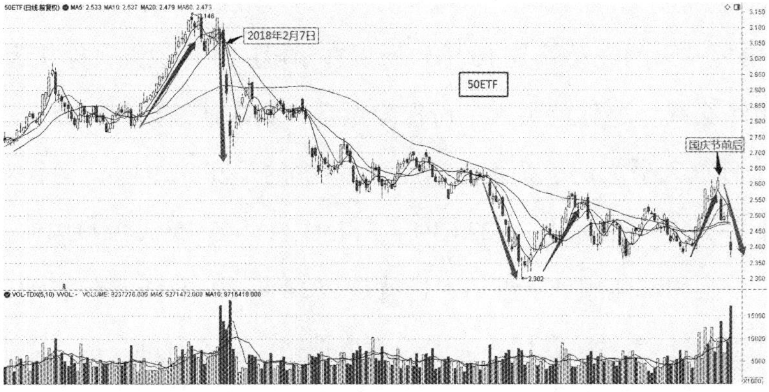

图案回顾点睛：50ETF2018年10月11日日K线图

这就是 50ETF，对应的就是 50ETF 的期权。可以看到有很多波段机会，所以做期权盈利的根源就在于你要看得准波动。比如国庆节前这一波上涨，不说最暴利的，相对中庸的也涨了 20 倍。

只要看准了，做一波就行。我们也不要想着每次抓最暴利的，这不可能，我们就讲中庸的一个涨了 20 倍的合约，2018 年 9 月 18 ~ 2018 年 9 月 26，六个交易日最低到最高涨幅达 2005%。如果你在相对低位一万元买入，你在节前最后一天出来，可能赚 20 倍。很多人可能赚不到 20 倍，那赚 10 倍也不错。这一点点波动都有几十倍。那波动稍微大点呢，我们再看下 50ETF2018 年 2 月份的这段波动，也就是上证指数从 3587 点暴跌的第一波，仅十天这一波暴跌期权有 1000 倍！

图案回顾点睛：2018年50ETF购9月2550合约K线图

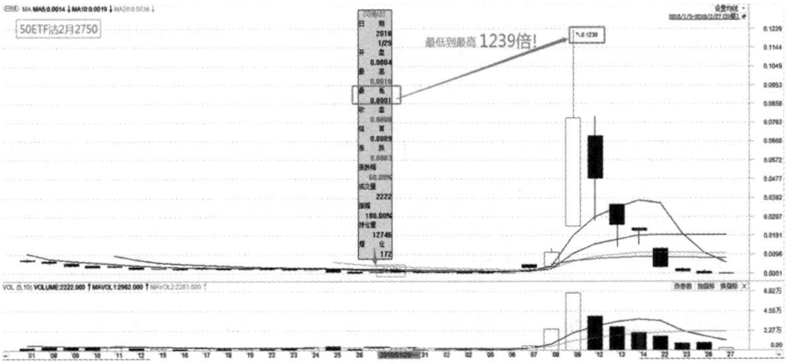

图案回顾点睛：2018年50ETF沽2月2750合约K线图

可以看其中的一个合约，50ETF 沽 2 月 2750，最低到最高涨 1239 倍！就这一波，如果你在相对高位买入一万元的认沽，你就可以获得一千万，而且就十天解决问题。很多时候机遇就是这样，不是你有多厉害，而是看对了方向，你可能自己都没反应过来利润就到手了。未来如果来波大牛市，这个倍数都不敢想象了。所以我们没有必要每一波都做，我们只要做看的准的，做到一波大的就行。

学习温馨小提示

成熟的资本市场，涨幅可能只有几百倍。但是我国期权才推出几年时间，还不是很成熟，目前主要以个人投资者参与为主，97% 以上的公募 / 私募机构，因流动性问题而没有介入，涨跌波动性会远远大于香港、美国等成熟期权市场表现。

4.2 期权的价值及合约时间分类

根据标的资产价格与行权价格大小，期权有三种价值状态（以下以认购为例）：①实值：行权价格小于标的资产当前价格的看涨期权（行权价小于市价）。②平值：行权价格等于标的资产当前价格的看涨期权（行权价等于市价）。③虚值：行权价格大于标的资产当前价格的看涨期权（行权价大于市价）。

以 50ETF 期权为例，这三个对应的就是 50ETF 的价格。沿用 2018 年 10 月 11 日 50ETF 的价格，这天上证 50ETF 的收盘价格是 2.439，接近 2.45。如果买入这个认购期权（看涨期权），买入 2.45 这一档的期权，就是平值期权。如果你买入 2.4，2.35，2.3……这些就都是实值期权，简单的理解就是现在 50ETF 标的资产价格：2.439（2.45）已经在

2.4、2.35、2.3 之上，这些小于 2.45 的期权就是实值期权。实值期权是有价值的，所以可以看到 10 月 11 日暴跌，有价值的期权它们的跌幅也是最小的。而大于 2.45 这些就都是虚值期权，虚值期权就是它现在还没有价值，它现在的价格在 50ETF 之上，即 50ETF 还没到这个价格，那么这些就属于虚值。

这些是对于这个行权价而言的，在认购期权，行权价小于市价，它就是实值；等于就是平值；行权价大于市价，它就是虚值。在认沽期权正好相反，行权价小于市价，它就是虚值；等于就是平值；行权价大于市价，它就是实值。结合下图图例理解（左边是认购）。

期权T型报价　帮助　期权统计

行情　指标　风险　信息　合约选择 50ETF　2018年10月（13天）　标的名称：50ETF　最新价：2.439　涨跌：-0.106　幅度：-4.17　成交量：17201448　持仓量：—　金额：423719万

总量		交易状态	卖价	买价	涨幅%	涨跌	最新	购<行权价>沽↑	最新	涨跌	涨幅%	买价	卖价	交易状态	总量
6144	实值	闭市	0.1986	0.1980	-34.68	-0.1051	0.1980	2.2500	0.0071	0.0060	545.45	0.0071	0.0072	闭市	56365
8394		闭市	0.1543	0.1541	-39.80	-0.1020	0.1543	2.3000	0.0120	0.0109	990.91	0.0119	0.0120	闭市	79869
13844		闭市	0.1124	0.1108	-45.44	-0.0936	0.1124	2.3500	0.0229	0.0202	748.15	0.0229	0.0230	闭市	132106
41165		闭市	0.0795	0.0790	-50.93	-0.0825	0.0795	2.4000	0.0390	0.0324	490.91	0.0390	0.0391	闭市	215062
99911		闭市	0.0518	0.0514	-55.99	-0.0654	0.0514	[redacted]	0.0606	0.0461	317.93	0.0605	0.0606	闭市	255763
186292	虚值	闭市	0.0334	0.0333	-59.09	-0.0481	0.0333	2.5000	0.0898	0.0613	215.09	0.0898	0.0899	闭市	238130
192978		闭市	0.0204	0.0203	-60.77	-0.0316	0.0204	2.5500	0.1272	0.0784	160.66	0.1264	0.1272	闭市	111945
167813		闭市	0.0121	0.0120	-61.59	-0.0194	0.0121	2.6000	0.1692	0.0932	122.63	0.1690	0.1692	闭市	64962
138794		闭市	0.0071	0.0070	-59.89	-0.0106	0.0071	2.6500	0.2150	0.1025	91.11	0.2140	0.2150	闭市	27737
80635		闭市	0.0038	0.0037	-58.70	-0.0054	0.0038	2.7000	0.2632	0.1081	69.70	0.2620	0.2632	闭市	16652
51675		闭市	0.0023	0.0022	-52.08	-0.0025	0.0023	2.7500	0.3122	0.1072	52.29	0.3099	0.3122	闭市	5041
23881		闭市	0.0017	0.0016	-15.00	-0.0003	0.0017	2.8000	0.3570	0.1020	40.00	0.3550	0.3595	闭市	2703
25578		闭市	0.0013	0.0012	18.18	0.0002	0.0013	2.8500	0.4055	0.1005	32.95	0.4055	0.4092	闭市	2272

图案回顾点睛：2018年10月11日期权收盘

行权价格对应 50ETF 的价格，之间的关系就决定它是实值、平值还是虚值，上图可以清晰看到。

学习温馨小提示

认沽的虚实情况则刚好与认购相反，平值相同，右边认沽平值的下方是实值，平值上方是虚值。虚实与认购对角相同。

合约到期月份：当月、下月、后面两个季度月。这里的案例就是10月、11月、12月、3月这四个月。

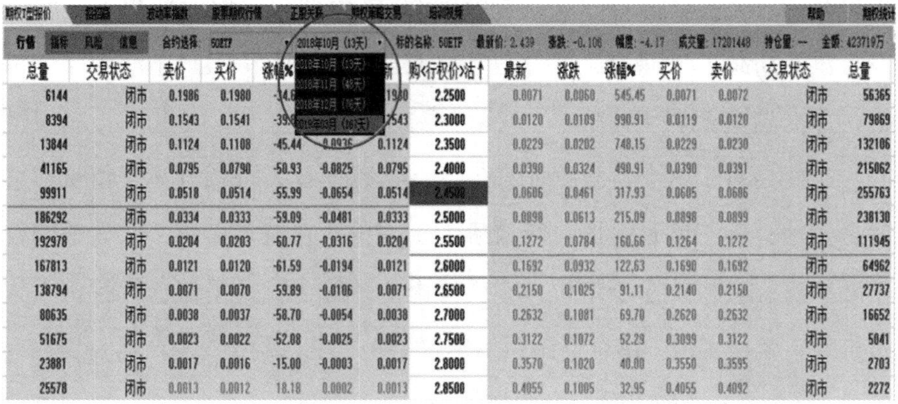

总量	交易状态	卖价	买价	涨幅%	[illegible]	新	购<行权价>沽↑	最新	涨跌	涨幅%	买价	卖价	交易状态	总量
6144	闭市	0.1986	0.1980	[illegible]	[illegible]	[illegible]	2.2500	0.0071	0.0060	545.45	0.0071	0.0072	闭市	56365
8394	闭市	0.1543	0.1541	[illegible]	[illegible]	[illegible]	2.3000	0.0120	0.0109	990.91	0.0119	0.0120	闭市	79869
13844	闭市	0.1124	0.1108	-45.44	-0.0936	0.1124	2.3500	0.0229	0.0202	748.15	0.0229	0.0230	闭市	132106
41165	闭市	0.0795	0.0790	-50.93	-0.0825	0.0795	2.4000	0.0390	0.0324	490.91	0.0390	0.0391	闭市	215062
99911	闭市	0.0518	0.0514	-55.99	-0.0654	0.0514	2.4500	0.0606	0.0461	317.93	0.0605	0.0606	闭市	255763
186292	闭市	0.0334	0.0333	-59.09	-0.0481	0.0333	2.5000	0.0898	0.0613	215.09	0.0898	0.0899	闭市	238130
192978	闭市	0.0204	0.0203	-60.77	-0.0316	0.0204	2.5500	0.1272	0.0784	160.66	0.1264	0.1272	闭市	111945
167813	闭市	0.0121	0.0120	-61.59	-0.0194	0.0121	2.6000	0.1692	0.0932	122.63	0.1690	0.1692	闭市	64962
138794	闭市	0.0071	0.0070	-59.89	-0.0106	0.0071	2.6500	0.2150	0.1025	91.11	0.2140	0.2150	闭市	27737
80635	闭市	0.0038	0.0037	-58.70	-0.0054	0.0038	2.7000	0.2632	0.1081	69.70	0.2620	0.2632	闭市	16652
51675	闭市	0.0023	0.0022	-52.08	-0.0025	0.0023	2.7500	0.3122	0.1072	52.29	0.3099	0.3122	闭市	5041
23881	闭市	0.0017	0.0016	-15.00	-0.0003	0.0017	2.8000	0.3570	0.1020	40.00	0.3550	0.3595	闭市	2703
25578	闭市	0.0013	0.0012	18.18	0.0002	0.0013	2.8500	0.4055	0.1005	32.95	0.4055	0.4092	闭市	2272

图案回顾点睛：2018年10月11日期权收盘

50ETF合约，有四个月份的合约供大家选择。以上图为例，它包括当月合约比如10月份，下月合约如11月份，还有后面两个季度月的，也就是12月跟3月。每个月份合约行权日（到期时间）不同。10月份就是本月第四个星期的星期三，还有13天就要行权。11月份的还有48天，12月份的还有76天，你买明年三月份的就还有167天（注意这里的天数不是交易日，而是包括双休日的）。具体的时间大家开户登入后就可以清晰地看到，它有当月、下月，还有两个季度月的合约可供选择。

这里简单说一下，选合约的时候，比如案例这里，10月份的合约行权日已经很近，只有13天，已经没几个交易日，所以10月份的合约马上就要归零，它的风险比较大，当然它的机会也比较大。比如2018年9月底，暴涨了10倍的合约就是在当月合约。

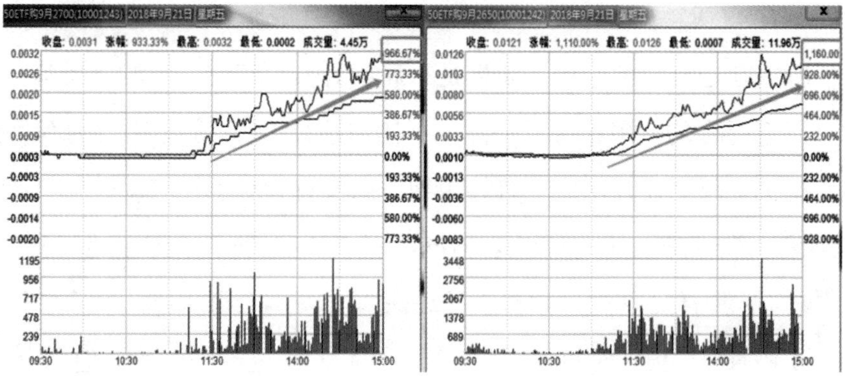

图案回顾点睛：2018年9月21日购9月2700与2650合约分时图

因为临近到期波动就越大，所以当月的合约是最活跃的，看2018年9月21日单日，购2700涨966.67%，购2650涨1160%。所以当月合约临近到期，涨10倍几十倍很疯狂，跌的时候也同样疯狂。但是在买入合约的时候，不要重仓去买当月的合约，除非这个方向你非常确定。比如10月份我非常确定它是涨的，那么就可以买入当月的合约，一旦按照预期上涨，那么10月份涨的一定是最多最快的，比11月份12月份和3月份的涨幅都要大的多；如果你确定10月份是跌的，而且非常确定，那就可以买入10月份的认沽期权，博弈10月当月合约临近到期的波动幅度。

当然，在买入的时候，我们一定要对行情有比较确定的把握，只有非常确定的时候，我们才重仓去参与当月合约，不然的话，我们还是不要参与当月的。因为当月合约行权的时间很短，它的时间价值已经非常少。所以很多人看对了未来，但是死在了当下。比如10月份我看涨，但是如果在十月份上半个月先暴跌，那可能在上半个月短期的波动中就已经输了，因为它只剩下13天（没几个交易日了），未来确实是涨的也和我们没关系了，已经到期了。但是如果我买了远期的合约，比如买入11月份的合约，那10月份先暴跌，但是我可以到11月份才行权，后面只要能涨上来，照样能够盈利，当然我们要能够抗得住一定的波动，11月份到期时间还有 48 天，只要市场到 10 月底或者 11 月份涨上去，我们照样盈利。

所以在选合约的时候，如果是布局相对长时间的一个波段投资，那就可以选择合约期限稍微长一点的，比如选择 11 月份或者 12 月份，这在心态上也就会比较从容。就算短期方向没有看对也没有问题，只要大方向看对了，照样盈利。所以操作期权并不难，我们不一定要看对当下，只要看对未来照样能盈利，而且还可以慢慢地布局，会很从容。除了 11 月和 12 月，还有一个更长时间的，明年三月份才到期，还有 167 天，时间更长，你可以做一个中期的投资，当然这没有必要。如果真要做中期的投资，还不如去买股票，时间长达半年它的时间成本太大，而且波动是所有月份合约里最小的，有时候可能还不如股票赚的多。这就是选择合约的技巧。

学习温馨小提示

如果是在慢牛行情，比如 2017 年的那波上涨，行情一直动荡上涨，上涨时间长，能够消化时间的消耗，买入半年的合约也是可以的，而且涨幅也蛮乐观。所以关键还是研判好行情的性质和方向，再选择合约。

图案回顾点睛：2018年50ETF购10月2650日K线图

这是 10 月份的 50ETF 购 10 月 2650 合约，时间只剩下 13 天，可以看到它在 18 年国庆节之前上涨了一波，国庆节后是暴跌。

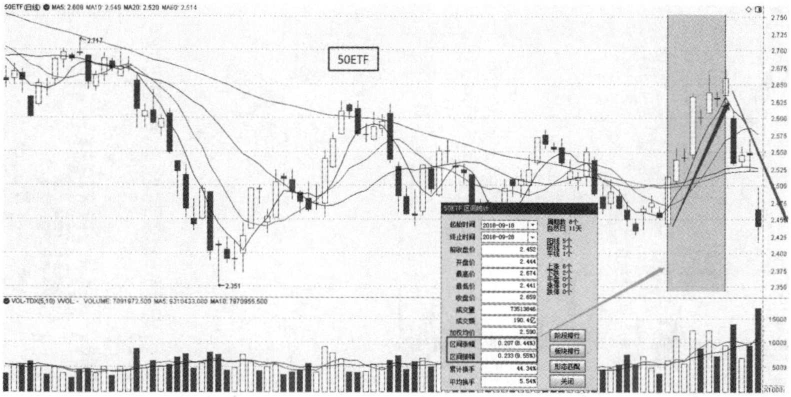

图案回顾点睛：50ETF 2018年日K线图

对比可以发现，50ETF 购 10 月 2650 合约的波动跟上证 50ETF 是一样的，所以我们只要看对了 50ETF 或者上证 50 的波动，我们就能够把握好期权的操作。不用觉得很难，其实很简单，和买股票一样，买进→卖出。再看下国庆节前合约的这波上涨，最低价格大概是在 0.01，一直涨到最高 0.79，涨幅近八倍！ 50ETF 涨幅还不到 10%，但是期权可以涨 8 倍！这一波去头去尾抓四五倍应该不难。

图案回顾点睛：2018年50ETF购11月2700日K线图

刚才看到的是10月份的合约，这个是11月份的50ETF购11月2700合约，还剩余48天，时间还很长。

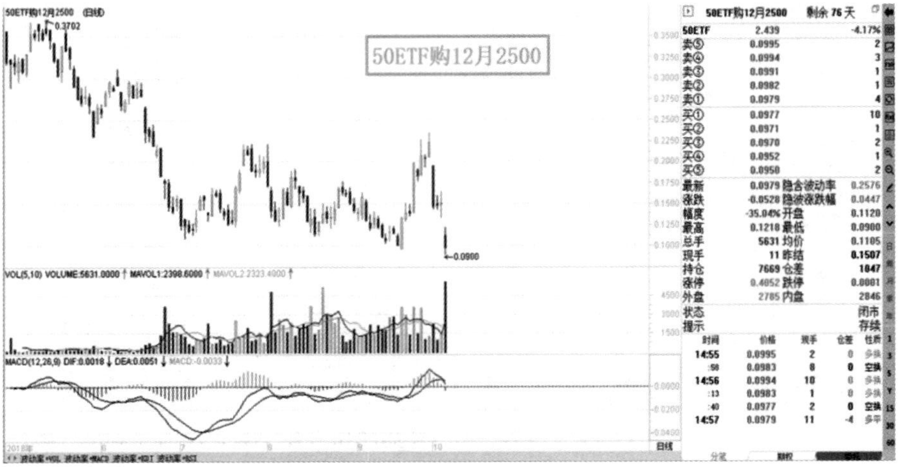

图案回顾点睛：2018年50ETF购12月2500日K线图

这个是12月份的50ETF购12月2500合约。还剩余76天，时间很长。可以看到它的波动对比上证50其实很像，基本上结构是一样的，涨跌时点也是一样的。

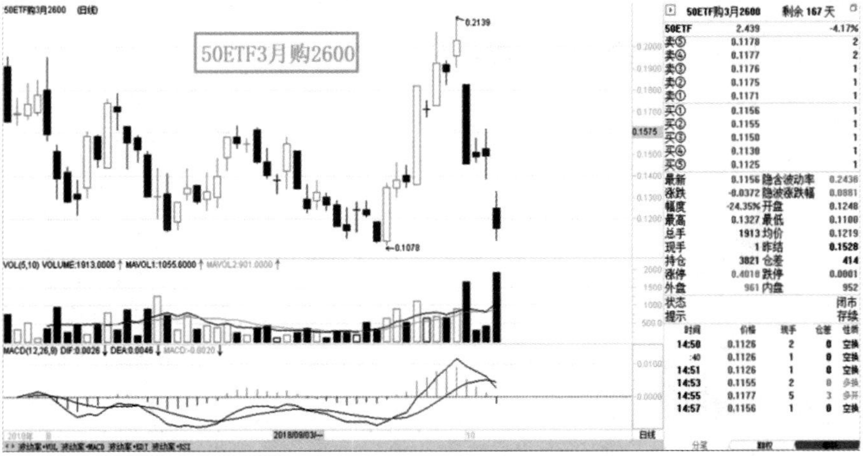

图案回顾点睛：2018年50ETF购3月2600日K线图

这个是三月份的 50ETF 购 3 月 2600 合约，还剩余 167 天。

这些就是 10 月份，11 月份，还有两个季度月 12 月份跟 3 月份的合约。它们的波动可以稍微简单认知一下，当月合约的波动是最活跃的，越临近到期日越疯狂；下月合约的波动仅次于当月合约，比较活跃；两季度月波动逐渐减小，下季度月波动是最小的。

学习温馨小提示

虽然不建议频繁日内操作，不过喜欢日内操作的投资者可以选择当月的合约，因为波动最大，而喜欢波段的投资者，则可根据行情的性质、时间来选择合约，甚至可以各个月份的合约进行组合布局。

4.3　影响期权价格的因素

之前简要提到影响期权价格的因素，最重要的就是目标标的资产，如 50ETF 的走势，也就是上证 50 的走势，所以只要把握好上证 50 的走势，看准并把握好节奏，我们去操作 50ETF 期权就是很简单的事情，这也是我们买方盈利的根源！期权的价格与到期日的时间有关系，到期时间越长，时间价值越大，到期时间很短，时间价值就很小。期权的价格还与波动率有关系。

影响期权价格（权利金）的主要因素如下：

①标的资产价格：可理解为被保资产的价格越贵的保险越贵（奥拓 VS 奥迪的保险费）。

认购，行权价越高，属虚值期权或远月合约。认沽，行权价越高为实值期权。

②时间：时间越长保费越贵（一年期保险费 VS 十年期保险费）。

到期时间越长，时间价值越大，买方选择余地越大，行使期权机会越多，获利的可能性越大。剩余时间越短则相反。

③波动率：波动率增加，期权向实值转化可能性越大，价格波动越大，权利金越高，价格趋势逆转可能性越大。

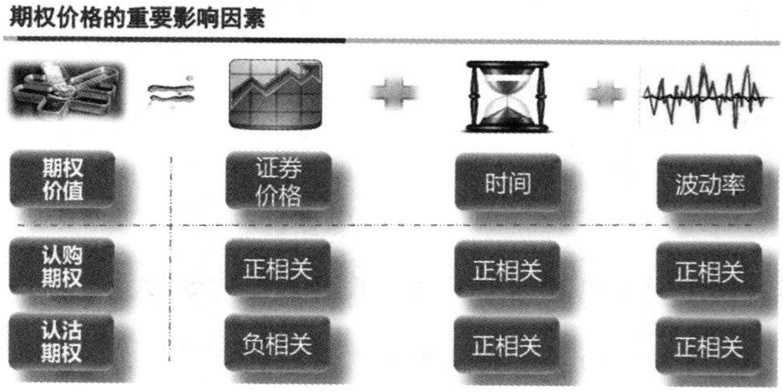

这里已经很清晰地罗列出来。期权的价格与标的的价格是正相关，与时间也是正相关。所以标的的价格越高，时间越长，期权的价格就会越贵一些，当然，这个贵与不贵都是相对的，基本上意义不大。最重要最核心的就是波动与节奏，这才是根源，我们在哪个点买进，在哪个点卖出，这个波动节奏才是最重要的，这才是决定能否盈利的关键。

学习温馨小提示

期权是三维的品种，玩期权可以赚方向的钱，也可以赚时间的钱，还可以赚波动率的钱，所以期权如果买方与卖方结合，就会有很多种玩法，也就形成了各种组合策略。

虽说方向最根本，但通常也因为期权的价格受到这三个因素的影响，所以常常会出现看对方向却还亏损的状况。比如波动率，与期权的价格是正相关，波动率下跌，期权的价格也会降低，而往往每日开盘时波动率都相对偏高，大多数时候日内波动率都是高开低走的情况，如果追在了波动率的高点，波动率下降，这也算是一种追高。但是对于期权合约，时间价值和波动率的影响，并不统一。

对于实值合约，由于到期行权概率较大，且实值合约的时间价值占比较小，内在价值占比较大，故而波动率的变化影响对实值合约价格的影响较小，其价格变化主要是受到股价变化的影响。

对于平值合约，其主要受到股价和波动率的双重影响。一方面股价的变动会直接影响内在价值，另一方面会受波动率的影响进而间接影响期权的时间价值。

对于虚值合约，主要受到波动率变化的影响，合约价格几乎完全由时间价值组成。

在股价大幅波动的情况下，期权的隐含波动率大幅上升，进而使得时间价值大大增加，虚值期权的价格涨幅往往超过实值合约。但在股价小幅变动的时候，期权的隐含波动率没有变化，此时虚值合约涨幅往往不及实值合约，甚至有可能出现股价上涨、认购虚值合约下降的情形。对此，投资者要特别小心当中存在的风险。

除此之外，隐含波动率有时还可以作为标的资产的预测工具。如果波动率过高或者过低，那就要警惕标的资产价格是否会发生转折——止涨回落或是止跌反弹。如果隐含波动率无缘由地出现推升比较高的现象，那很有可能是标的资产即将有爆发性波动的先兆。所以波动率推升，期权价格上涨，对买方有利，但是如果预期爆发性波动兑现，或者不及预期，情绪退潮，波动率急速回落，期权的价格也会下跌，这就有利于卖方。

4.4　期权的规则、特性以及优势

期权核心优势对比（对比数据反映平均水平）：

品种	股票（现货）	期货	50ETF 期权
安全性	沪、深交易所	上海、大连、郑州商品交易所及北京金融交易所	上海交易所
流动性	T+1	T+0	T+0
保证金	100%	30%	0-30%
杠杆倍数	1	3	10-50
灵活性	多	多、空	多、空、横盘
风险收益匹配	中风险、中收益	高风险、高收益	损失有限收益无限
操作性	研究标的股票走势	研究标的商品走势	研究50ETF（上证50）走势

期权是个立体化交易，股票是一维只能做多获取收益，期货是二维，除了做多还能做空，期权是三维，除了做多做空，还能运用组合策略，赚取波动率的收益。股票大多数人都懂，这里就简单谈一下期权和期货的区别。

期权与期货的区别

	期权	期货
权利和义务	买方享受权利无义务；卖方只承担履约的义务	买卖双方权利与义务对等
权利金	买方支付给卖方	无
保证金制度	卖方需要缴纳保证金，买方无需缴纳保证金	买卖双方都需缴纳保证金
风险特征	买方与卖方都有一定风险，而且双方风险不对等	买卖双方风险是对等的
上市合约的数量	每个合约月份有多个合约	每个合约月份只有一个合约

①期权的权力和义务是买方享受权力无义务，卖方只承担履约的义务。而期货则是买卖双方权力与义务对等。

②期权的权利金，买方支付给卖方就行，期货是没有权利金的。

③期权的保证金制度，卖方需缴纳保证金，买方无需缴纳保证金，卖方等于是开赌场的，需要交保证金才能做庄家，庄输了，你就赢N倍，你输了，也就是输押金。期货则买卖双方都需要缴纳保证金。

④风险收益区别，期权是不对等的，买方损失有限收益无限，卖方收益有限，损失无限。期货则是对等的，就是你赚10他就亏10。

⑤合约的数量不同，期权每个合约月份有多个合约，而期货每个合

约月份只有一个合约。

在个股期权没有推行之前，我国曾有过与之特别类似的一种产品存在——权证。期权与权证都是一种选择权。在支付一定的权利金后，给予持有者按照合约内容，在规定的期间内或特定的到期日，按约定价格买入或卖出标的资产的权利，是持有者一种权利（但没有义务）的证明。但两者又存在许多的差别：

	期权	权证
发行主体	无	标的证券上市公司、投资银行（证券公司）或大股东等第三方
交易机制	双向交易机制	无卖空机制
合约特点	标准化合约	由发行人决定
合约供给量	理论无限	受发行人的意愿、资金能力以及市场上流通的标的证券数量等因素限制
风控制度	采用当日无负债结算、中央清算等期货市场风控制度	采用证券市场风控制度
风险管理的功能	期权能够实现精细化风险管理	无法实现精细化风险策略

期权和权证之间的区别

期权是 T+0 交易，可以随时进出，交易非常灵活，当发现行情不对时就可以出来，当发现行情启动时就可以随时进去。

简单案例：

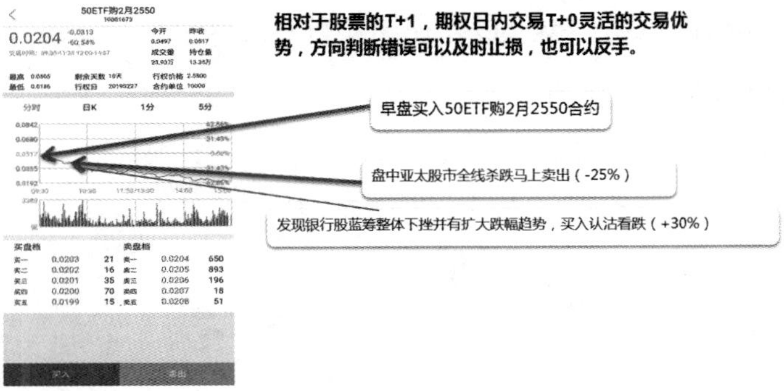

图案回顾点睛：2019年50ETF购2月2550手机软件分时图

看完案例就能感知到期权非常灵活，T+0 操作。而且期权没有过夜费，跟股票一样只有交易的手续费。期权没有涨跌幅限制，一天可以涨 10 倍、20 倍、30 倍，这都很正常，甚至一天涨 100 倍都有可能，换句话说，期权获利的倍数可以无限大，而亏损仅仅是投入的权利金。

简单案例：

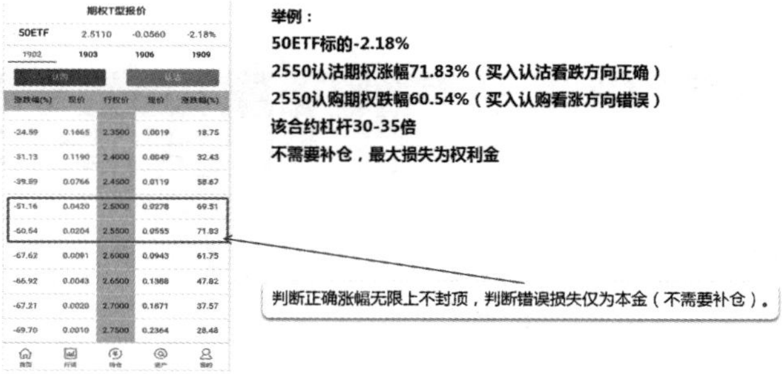

图案回顾点睛：2019年2月、3月、6月、9月手机T型报价

除了这个案例，之前的案例也已经分享过，2018 年年初的那波暴跌，十天时间就有一千倍！期权不像股票，股票一天只能涨 10 个点，要想涨一千倍得涨多少年！这就是坐高铁跟坐飞机的区别，同样从广州到北京，坐飞机四个小时不到，但是坐高铁需要坐八个小时。所以做期权就是在坐飞机，同样赚 10 倍，在期权工具可能就只需要两三天，而在股票上同样赚 10 倍，就需要一波牛市才能解决。

关于期权的运用，不仅可以在期权自身的这个市场，还可以跟股票这个市场结合起来。比如：

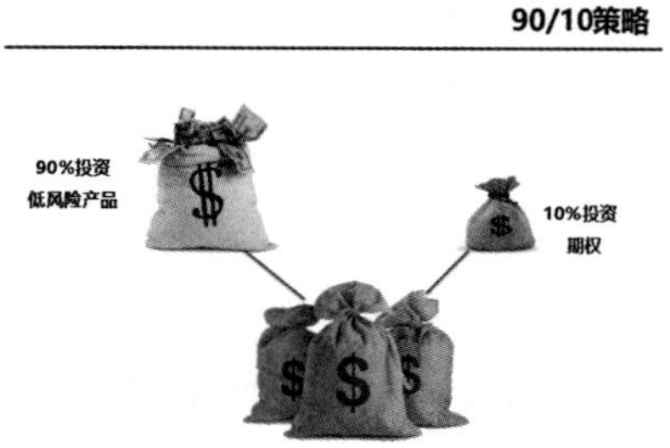

期权只是我们做投资其中的一个工具，股票也是我们要重点把握的未来大机会之一，所以在配置方面要了解一下。今后去做投资，也可以用 90/10 策略，比如做投资的总资金是 100 万，其中 90 万（90%）的资金投资股票，然后剩下的 10 万（10%）的资金以小博大，配置这个期权市场，或者是用 95%∶5% 也行，或者 80%∶20% 也行，可以结合自身的风险承受能力，资金的情况，还有自身对行情的把握度，来确定这个配置的比例。那么 90∶10 策略这样做有什么好处？其实从收益的角度来说，还是有很大的区别。

90/10期权投资 VS 融资融券

8月29日，50ETF收盘价格2.789元。假设某投资者账户资金100万：

若9月27日收盘时	90万现金+10万买入50ETF期权 假设买入50ETF购9月2800，权利金0.0445元	融资融券满仓 杠杆倍数约为1.8，忽略融资利息
50ETF累计上涨10%	90万现金+60万期权=150万 50ETF购9月2800到期价格0.2679元	198万股票-80万融资负债=118万 180万*1.1=198万
50ETF累计下跌10%	90万现金+0万期权=90万 50ETF购9月2800到期价格虚值价值为零	162万股票-80万融资负债=82万 180万*0.9=162万
	投入资金少 不存在爆仓风险	投入资金较多 下跌时需要补足保证金

比如上图这个案例比较，8 月 29 日 50ETF 当时收盘价是 2.789，假如当时投资者账户是 100 万资金，按照现金期权九比一的策略，90 万现金，10 万配置期权；另一边同样是一百万资金，采用融资融券满仓的策略，买股票可以开通这个融资融券，那么这个融资融券如果是 1.8 倍的杠杆，那么就是 180 万。从 8 月 29 日到 9 月 27 日收盘的时候，也就是一个月的时间，如果在这一个月行情涨 10%，可以看到使用期权的策略，期权从 10 万涨到 60 万，这个时候的本金变成了 150 万，而如果是采用融资融券的策略，180 万涨 10 个点，就变成了 198 万，然后减掉 80 万

的融资负债，总资金是 118 万，还不到 120 万。可以发现，用十万做期权，小资金就可以做到总资金 150 万，但是用满仓满融的状态，同样是涨十个点的背景下，却只能做到总资金 118 万，相差很远！一个只动用了 10 万资金，而另一个动用了 180 万，可以看到，10 万的收益最终比 180 万的收益还要大。这还只是涨 10% 的背景下，如果在波动更大的情况下，股票的涨幅是有限的，而期权的这个倍数涨幅将会更大。

刚才是在方向正确上涨 10% 的情况下，那如果下跌 10%，那么这个 10 万资金的期权将全部亏损，期权最多就是亏损投入的权利金，最多亏 10 万。再看使用融资融券这边的，180 万如果亏损 10%，那就是剩下 162 万，还要减掉 80 万的融资负债，总资金就只剩 82 万，亏损 18 万。在同样是下跌 10 个点的背景下，期权这边最多是损失 10 万，融资融券那边却要亏损 18 万。换句话来说，同样是上涨或下跌，期权这边上涨的时候赚的多，下跌的时候亏的少；而融资融券这边上涨的时候赚的少，下跌的时候亏的多。在股票市场，亏损几十万，几百万，甚至是几千万，对很多大户都是很正常的，但是思考一下，如果利用这个期权工具，最大的亏损就是投入的那一部分，但是成功了却可以撬动很大的资金。所以从收益与风险的角度对比，这个好处很明显。

再举个例子，使用期权做风险控制也有很大的好处。比如某一个机构是 1000 万资金，如果盈利到 1200 万，即盈利 20% 之后，如果还要继续持仓，无非就是接下来行情上涨，1200 万继续盈利，还有一种情况就是行情下跌，那 1200 万就要受到损失。无非就是这两种情况，那么在这个时候，我们这么做可以达到同样的效果。在这个时候 1000 万已经盈利了 200 万，我们可以把 1100 万撤出来，只剩下 100 万。也就是我们对于接下来行情的判断，涨跟跌在不确定的背景下，我们采取这种策略，是最优的策略。比如在1200万的背景下，最多就是止损100万（10个点），这就是我们最大的忍受额度100万。我们可以把1100万撤出来，只剩下100万，这一百万可以配置到股票期权上面（对于机构，他们可以做股票期权），这100万去做个股期权，就相当于1000万的资金，因为它有1:10的杠杆，它撬动了一千万，可以说是同样的仓位在里面。如果行情继续上涨，那么这1000万就继续盈利，如果行情下跌，那么就只有这100万承担风险。所以我们的风险强度就只是100万，但是如果不这么做，纯粹拿着股票，那我们的风险强度是1200万。可以想象一下，如果遇到黑天鹅，很多个股就是停牌之后连续暴跌，2018年也特别多，假设1200万遇到长生生物，想出都出不来，但是如果利用这个期权，我们的风险强度就变成了100万，但是资金的额度基本上是相似的，它能够撬动到1000万，如果接下来继续上涨，相当于是1000万在涨，而如果继续下跌，那就是100万在跌。所以这也是很好的一个对于期权的利用，很多机构也经常利用期权做保险策略。

小故事

为什么要学习期权投资工具，就是因为未来它是最暴利的。我们未来能运用的好，一定会有赚千万甚至上亿的机会。我身边就有成功的例子，我的一个朋友，他就是用十万元做到4个亿，而他的一位员工在2017年的时候，那个时候港股创了历史新高，国内也有一个小的中级行情，当时他就买了香港的吉利汽车的股票期权，几个月时间从10万元赚到几千万元，马上在深圳买房、买车，然后结婚，这仅仅是公司的一个员工！所以期权这个工具，它是非常有效的投资盈利的方式，我们一定要掌握好。而且前面也有提到，新事物往往意味着暴利机会，未来牛市一旦见底启动，期权一定会起到推波助澜的作用，就像2014年、2015年的融资融券，不过期权会比融资融券更加暴利。

很多人可能不明白期权的原理，我在这里简单分享一下（后面章节会详细阐述）。期权核心优势是以小博大，它比融资融券杠杆还要大，还要暴利。融资融券比如一百万就可以融一百万（一般是1：1），一百万变成两百万操作。而期权的杠杆不是一倍两倍，前面分享的案例就可以知道，上证50波动一个点，50ETF期权就可以涨几倍。指数一个点期权可以涨几倍，就更不用说指数一波10个点，20个点，那期权的涨幅就更加恐怖，比如上证50涨了20个点，对应的50ETF期权可以有几十倍、几百倍，甚至上千倍，这个放大的倍数可以很大。期权资金推波助澜的作用比融资融券还要大。

未来小展望

未来这波牛市行情，不要想着没有资金，甚至觉得没有机会，在这我可以告诉大家，未来行情一旦见底，开启上涨的话，那一定是中国历史上最波澜壮阔的一波行情，6000多点一定是会被踩在脚下，甚至可能去8000点！你可以看道琼斯指数它能达到26000点，它最低的时候也到过47点，也是从100点起步，慢慢到1990年涨到两千多点，克林顿时代一口气涨到了一万点，又到了奥巴马时代从6000点涨到了26000点。大家可以想一想，我刚才估算上证指数的8000点可能还是最保守的估计。所以一定要在机会来临之前，掌握好工具，还有规律，未来行情来的话，一定是可以通过这波行情改变人生际遇的。

A股七年轮回

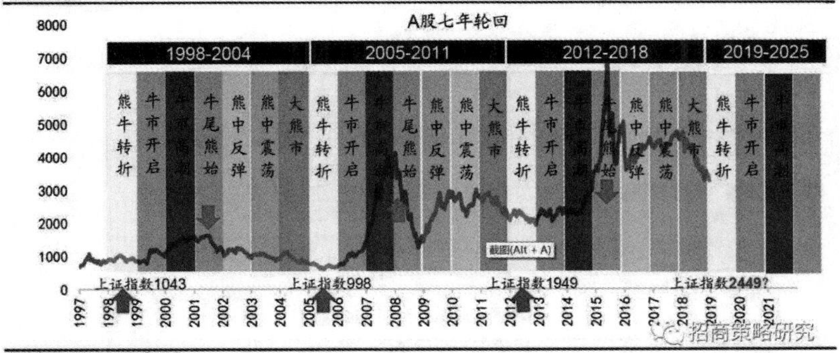

资料来源：Wind，招商证券

大牛市的人生机遇，一辈子能遇到5次就很厉害了。2006、2007年是一次，2014、2015年是一次，2015年到2019年又是接近5年，基本上就是五六年一次，七年一个轮回。人生能有几个轮回？我们一辈子只要能把握住三个轮回就很不错，所以一定要珍惜机会，一旦错过一次至少要等7年，所以一定要在机会到来之前，好好学习做好准备！

期权的特性决定了以下八类人群非常适合期权交易：

①配资杠杆交易者　　②大幅亏损交易者

③风险对冲交易者　　④以小博大交易者

⑤策略量化交易者　　⑥专业研究交易者

⑦频繁T+0交易者　　⑧风险偏好交易者

⑨大盘把握交易者　　⑩风险厌恶交易者

可以看到，期权是比较符合大众心理的，适合多样化的人群，而且期权的玩法有很多，当你了解了期权，并找到属于自己的玩法，就会给你的投资带来更多的乐趣。我相信未来玩期权的投资者会越来越多。

4.5　上证50期权的特征

① 50成份股：金融股占60%，关注金融板块动向；与上证50指数联动。

②合约到期月份：当月、下月、后面两个季月度。

③当月合约容易出爆发式行情，季度合约容易出趋势行情，跌透后的反向上涨最好。

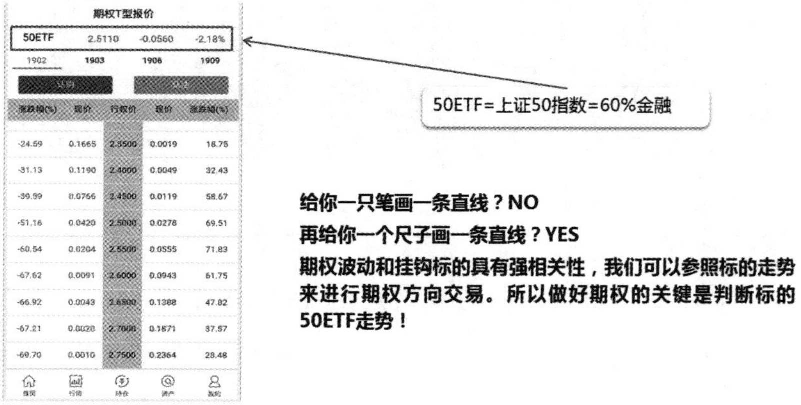

图案回顾点睛：2019年2月、3月、6月、9月手机T型报价

一直谈到，研判 50ETF 期权的走势就是研判 50ETF 的走势，而 50ETF= 上证 50 指数 =60% 金融，所以最核心的就是要判断 50 指数的走势！判断 50 指数的走势就是判断其权重成分股的走势。这也是期权的一个核心优势，参照标的交易：

贡献度排名(仅供参考)

上证指数 | 深证成指 | 深证综指 | 沪深300 | 中小板指 | 创业板指 | 上证50 | 中证500 | 恒生指数

品种代码	品种名称	贡献点数	涨幅%	昨收盘	参与计算股本(万)	权重	名次
601318	中国平安	-9.33	-2.84	65.100	986994.56	12.74	50
600036	招商银行	-5.19	-2.38	29.860	1431909.75	8.48	49
600519	贵州茅台	-3.02	-1.68	737.160	47742.58	6.98	47
601166	兴业银行	-3.34	-2.54	16.530	1558066.88	5.11	48
601328	交通银行	-2.61	-2.09	6.210	3925086.50	4.83	44
600016	民生银行	-1.33	-1.33	6.030	3261882.25	3.90	37
600030	中信证券	-2.63	-3.42	19.300	781496.63	2.99	46
600887	伊利股份	-1.57	-2.16	25.980	550125.81	2.83	40
600000	浦发银行	-1.04	-1.48	10.820	1273688.25	2.73	34
601288	农业银行	-1.12	-1.62	3.710	3668829.50	2.70	35
601390	中国中铁	-0.76	-1.15	6.940	1863591.13	2.56	26
601398	工商银行	-1.61	-2.48	5.650	2257790.75	2.53	41
601818	光大银行	-0.91	-1.48	4.050	2955961.50	2.37	28
600276	恒瑞医药	-1.38	-2.29	65.800	178667.42	2.33	38
600048	保利地产	-2.63	-5.31	13.380	726105.44	1.93	45
601857	中国石油	-0.39	-0.80	7.510	1277891.00	1.90	18
600104	上汽集团	-2.32	-4.96	27.600	331198.28	1.81	43
601601	中国太保	-1.46	-3.19	31.710	282156.97	1.77	39

分析 导出 关闭

研判上证 50 指数我们可以从五个维度分析：

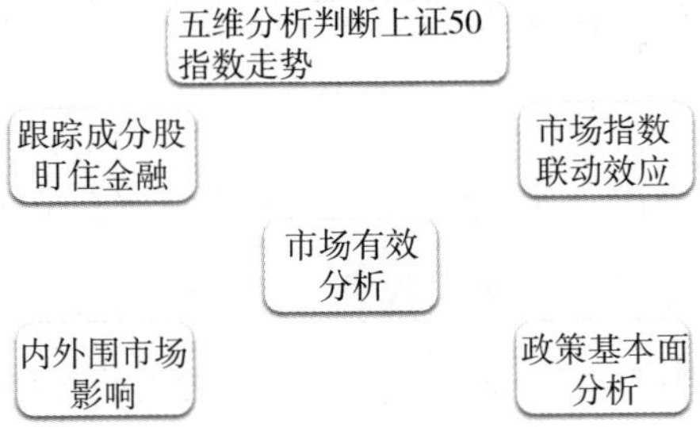

①盯成分、观龙头。50ETF 复制上证 50 指数，由 50 只大蓝筹组成（50ETF= 上证 50=60% 金融），金融影响最大；金融由银行、证券、保险组成，三个行业龙头股可能不是成分股，但是对该板块影响非常大，所以在一定程度上我们必须重点关注龙头股表现。

②资金博弈分析。市场运行由资金推动，流动是资金典型的特点，利益是最大的驱动力。通常情况市场资金量有限，资金以利益为导向进行博弈，其行为概况有轮动、避险、趋同三种行为，在不同阶段资金的行为也是不同的。例如 2019 年上半年这一轮行情，创业板强势上涨，引领 50ETF 也上涨一波这可以解释为趋同；创业板大涨，50 指数不涨可以解释为利导（利益导向）；创业板大跌，50 指数强势不跌并上涨可以解释为轮动或者避险。

③内外市场影响。外围资本市场波动对国内有一定影响；外围市场直接反映到 A50 连续期指，它能够提前反映国内 50 指数开盘情况；它涨，50ETF 很大概率也会跟着涨。

时间：中国——欧洲（英国、德国、意大利）——美洲（美国）——亚太（日本、韩国、香港）——中国。

④政策基本面。趋势交易必须关注政策和基本面。政策影响更为深远，简单来说就是国家政策、行业环境、企业状况；基本面影响的是当下市场走势，如果市场有效基本反映到盘面上，简单来说就是感受当下的市场温度和周围的风吹草动，比如证监会、券商媒体、股民言论。总体来说，我们必须对我们身边发生的每一件事情具有高度的敏感性。举

例：2019 年 3 月 7 日中信证券看空中国人保、3 月 8 日华泰证券看空中信建投等对市场的情绪效应。

⑤市场有效性分析。这里我们不理解为广义的市场有效，而是理解为狭义的。这个狭义怎么定义？假设最先涨停的是龙头，我们从市场入手，龙头能带领板块或者行业正向趋同。比如中信建投在 2019 年一季度作为券商板块的龙头涨停，其他个股趋同上涨我们理解为正向趋同即为市场有效，反之无效。市场有效是合力的开始后面会走好，反之视为市场分化后面走差。合久必分、分久必合。风险是一个不断释放和形成的过程！

学习温馨小提示

操作期权，尽可能在行情研判上多下功夫，少在交易上花太多的精力。比如找到一年之内，极少的、可做的、概率极大的行情去把握，其他时间尽可能不要交易或者休息，那么最终的赢面是很大的。这也是给读者的一个忠告。

5. 期权的行权和价值

5.1 期权的三种价值状态

①实值（in-the-money 价内期权）：行权价格小于标的资产当前价格的看涨期权，行权价格大于标的资产当前价格的看跌期权（假如立即行权可以获利，获利数额为实值额）。

②平值（at-the-money 平价期权）：行权价格等于标的资产当前价格的看涨期权和看跌期权（假如立即行权获利为零）。

③虚值（out-of-the-money 价外期权）：执行价格大于标的资产当前价格的看涨期权，行权价格小于标的资产当前价格的看跌期权（假如立

即行权将会亏损，亏损额称为虚值额）。

之前已经讲到过实值、平值和虚值，它们就是期权的价格跟标的资产价格做对比而来的。

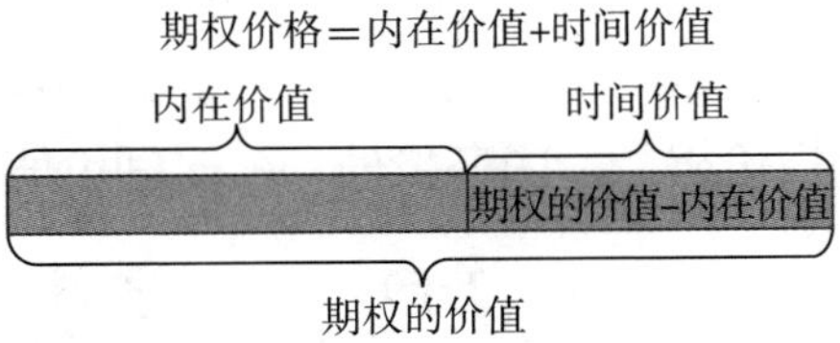

期权的价值，是由内在价值和时间价值决定的。内在价值就是标的资产（如上证 50ETF）的价格与行权价格的差价。比如现在标的资产上证 50ETF 的价格是 2.5，行权价格是 2.4，这个差价 0.1 就是它的内在价值，这标的资产的价格与行权价格的差价就是内在价值。时间价值也就是期权的价格减去内在价值，剩下的部分就是时间价值。所以期权的价值是由内在价值与时间价值决定的。

举个例子：

50ETF购6月2300　认购　2017年6月(62

最新	虚实度%	投机度	趋势度	内在价值	时间价值	溢价%	杠杆	真实杠杆	执行价
0.0995	4.18	0.271	0.294	0.0940	0.0055	0.23	23.56	21.36	2.250
0.0998	4.18	0.202	0.298	0.0940	0.0058	0.25	23.49	21.30	2.250 A
0.0594	1.96	0.385	0.183	0.0450	0.0144	0.61	39.46	30.46	2.299 A
0.0588	1.91	0.507	0.295	0.0440	0.0148	0.63	39.86	30.63	2.300
0.0303	-0.17	0.942	0.083	—	0.0303	1.46	77.36	46.71	2.348 A
0.0280	-0.26	0.436	0.053	—	0.0280	1.45	83.71	49.76	2.350
0.0139	-2.21	0.372	0.083	—	0.0139	2.85	168.63	53.24	2.397 A
0.0128	-2.33	0.202	-0.053	—	0.0128	2.94	183.12	54.76	2.400

把这个例子看懂，就知道什么是内在价值，什么是时间价值，什么是期权的价值。比如说案例在 4 月 27 日，上证 50ETF 收盘价格，也就是

期权的 ETF 资产价格是 2.344 元，如果这个价格一直维持不变，到行权日，我们可以看到内在价值就是权利方可获得（2.344–2.3=0.044 元）的价值（上证 50ETF 目标资产价格 – 行权价格），0.044 就是它的内在价值。他的交易价格（0.0588）减去它的内在价值（0.044）就是它的时间价值（0.0148）元。即期权的价格 = 内在价值 + 时间价值：

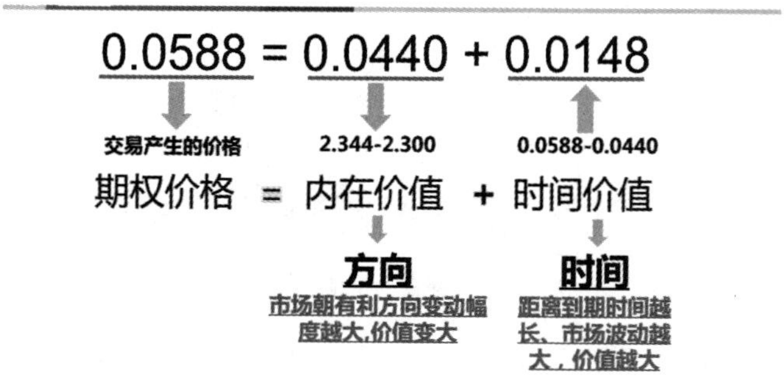

这些概念知道就好，以后交易次数多了，自然而然也就知道是什么意思了，这些没有必要太深究。刚才也已经强调，最重要的就是标的资产价格的这个方向的判断，短线方向、中线方向、长线方向大方向的判断，这才是最重要的！就像买股票一样，最终是涨还是跌才是最重要的，这只股票是好是坏还不是最重要，就算坏股票你有能力能抓到涨的那部分你也能盈利，所以你只要能抓到涨的股票就是好股票，换句话就是你只要能抓得准方向，大概率就能盈利。

6. 新手常犯的错误

新手常犯以下错误：①买深度虚值的便宜期权；喜欢买远月合约。②裸卖认购认沽；重仓买方投入。③下单后不关注；亏损后加仓抄底（不能抄底，合约有时间价值，底下有底）。④赚 10% 清仓走人；跌 30% ~ 50% 吓得不行，赶紧割肉平仓。⑤喜欢大仓博末日期权。⑥频繁短线，没有大局观，沉迷分钟级别波动。

很多人在买合约的时候，喜欢买入深度虚值合约，因为很便宜。其实，买太远期的还不如买股票，所以我们要买到合理的合约。有些人则是下单后不去看它，这也是不行的，下单后虽然不用天天看，但是偶尔还是要看一下，虽然期权的风险是很有限的，你买入一万元最多就亏损一万元，但是你发现方向趋势不对，你可以亏损三五百先出来，截断亏损，所以不去看它是不行的。还有很多人觉得它波动大，下跌百分之三十就吓的不行，马上平仓，这么频繁交易可是大忌。

其实我告诉大家，做期权，虽然一天波动三五十个点很正常，但是风险并不大，为什么这么说，因为风险是在于自己去控制的，比如总资金一万元，买入两千元，不要全仓操作，错了就止损，对了就可以顺势追加布局至重仓，一万元可以分三次进去。比如之前案例，上证 50ETF 在 2018 年年初的暴跌，一万元我们可以先认沽三分之一，50ETF 往下跌我们再认沽三分之一，它再往下跌，我们再认沽三分之一，这一万元不说赚 30 万，赚个 20 万也是可以的，这样做的风险就很有限。有些人这时会想，如果像股票一样越跌越买，一旦反转不就赚翻了。当然，对高低点把握高的人，会采取在相对低点加仓，这是有技术含量的，而不是机械地越跌越买，所以期权不建议反复加仓。期权交易对时间点位的精准度要求很高，因为合约有时间价值，到期时大部分合约要归零，所以不适合越跌越买的策略，除非是大趋势方向已定，对远期合约可以采取这个策略，当月的仍是不建议。所以我们要掌握方法和技巧，在后面章节会详细讲策略问题，现在先理解最基本的概念。

所以在做期权的时候，我们就要注意了，要接受这个波动。有些人进去赚点就想出，我可以说，这种心态去做一定赚不了钱，就像做股票一样，今天买入就想明天出来一定盈利，甚至今天进去就一定要盈利，频繁去买卖，这个不行就砍掉，再换一个，行就赚点马上出来，也不行又换掉，用这种思路去操作股票或者期权，最终一定是亏钱的，就是帮证券公司赚手续费。你在有限的成本上做无限的交易，最终一定是输。做期权其实很简单，就是在相对低位的时候做布局，分仓分批次进场，然后拿着不动，顺势而为，不要想着经常去动，因为一波行情可能在几天就走出三五十倍，就是这么简单。不论做股票，还是做期权，一定要以最简单的思路去面对，越简单越好。如果不信，可以以后去试，就以最笨的方法，在相对低位看准了，慢慢布局，拿着不动，涨完这波大的，我们在相对高位止盈出局就行，大的赚个两三百倍，小的赚个三五十倍，做确定性的一波，一年做几波就 OK 了。我们要抱有这种心态，又轻松获利空间又大。你不要想着一年三百六十五天，天天去折腾，我告诉大家，你折腾个十天本金就没有了，还不如一年操作两三次。

这和做股票是一样的道理，为什么做股票很难赚到钱？就是因为它的流动性太好，一键就可以卖掉，一键又可以重新买回来，但是如果把它的流动性锁死，我相信大部分人都是赚钱的。所以很多时候，任何事物都是一把双刃剑，流动性越好，大家越喜欢折腾。

学习温馨小总结

期权虽然也是简单的买→卖，但是个人综合能力的强弱，在期权市场显得更加重要，因为在期权可以直接迅速地兑现个人的认知，能力越强的人，会更具优势，所以要好好学习，提升自我。

第四章

期权实战策略大全

学前须知

第四堂课主要是讲买方与卖方的基本获利理论，学习最重要的跨式策略，以及根据行情特征，买方主要用到的基本策略。重点认知买方的风险，并做好风险控制。

本堂课内容在牛散大学堂股威宇宙的等级划分为中学。

1. 期权实战策略理论

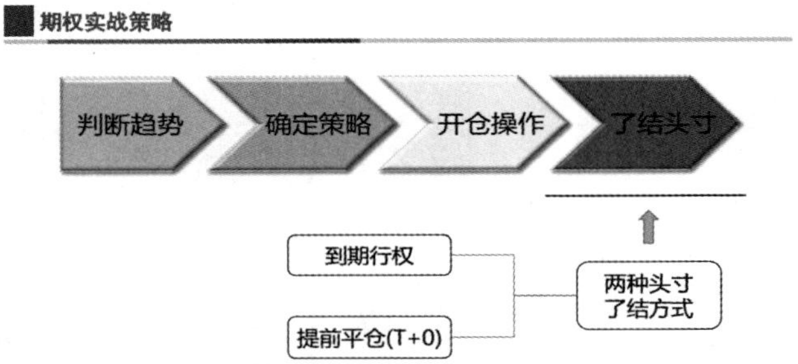

前面章节已经强调，做期权最重要的就是对趋势的判断，目标标的比如上证 50 的走势，决定了期权的方向，所以第一步我们就要判断这个趋势。判断完趋势之后，我们就要进行策略的确定，是开多单还是开空单。确定买卖的方向之后就要确定开仓的仓位问题。最终就是了结头寸获利的问题。所以这四个步骤每一个步骤都是至关重要的，也最终决定盈亏的大小。就像做股票一样，我们首先要判断阶段性是涨还是跌，才确定我在这个位置是买入还是耐心等待，最终决定开多大仓位，以及最终在哪个位置卖出，这每一个步骤都决定了最终的盈亏情况。所以大家不要小看这个小的细节点，应该来说都是起了至关重要的决定性作用。每一个步骤在后面都会做详细的分析，关于趋势的判断，策略的应用，以及仓位大小，还有在什么时候了结头寸。

那么先来看趋势。趋势无非就是两个趋势（当然要细分一点就是四个趋势），从理论上来讲，趋势就两个：第一个就是上升趋势，第二个就是下跌趋势。至于震荡，它无非就是上涨过程中的震荡，或者是下跌过程中的震荡，属于上涨中续或者是下跌中续，那么其实它也是属于上升趋势或者是下跌趋势而已。所以首先就要判断趋势，据此确定投资策略。

1.1　买方策略

前面章节已经简单提到，如果我们判断阶段性行情要涨，我们可以买入认购合约，如买入 50ETF 认购期权；如果判断接下来行情要跌，那么我们就买入认沽。所以第一步判断趋势之后，第二步就是根据这个方向选择买入认购或者是买入认沽。

那么买入认购它是怎么获利的？什么情况下获利？以及最大的盈利是多少？最大的亏损是多少？这个理论是需要知道的。

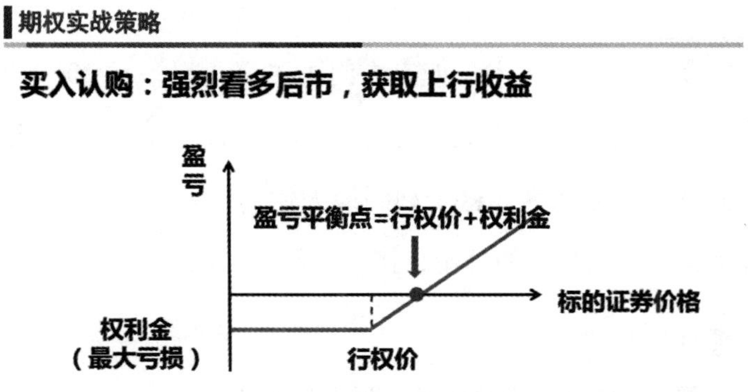

可以看这个坐标，横坐标是标的证券的价格，以 50ETF 为例，横坐标就是 50ETF 的价格，纵坐标就是我们的盈亏。比如我们预计接下来行情要涨，那我们就买入认购合约，也就是横坐标和曲线的交点（箭头所指的这个点）。我们买入之后，如果接下来价格按照我们的方向出现上涨，即标的证券价格上升（向右移），那我们买入认购的盈利慢慢就开始增大了，也就是这个交点右边的部分，随着标的价格的上涨，我们的盈

利就会越来越大。简而言之，我们买入之后，市场按照预期上涨，随着涨幅加大，我们的盈利会无限制的放大。但是，如果我们买入后，这个市场没有出现预期的上涨，而是出现下跌，也就是交点左边部分的价格下跌走势，这个时候我们买入的认购合约就要亏损了，盈亏线也在往下走，然而这个亏损风险并不是无限大。图中也很清晰地反映出来，最多亏完我们投入的本金，即买入认购期权的权利金。

投入的权利金就是我们最大的亏损，不论行情再往下怎么跌，我最大的损失也就这么多。如果方向对了，那么我们的获利是无限大的。举个例子，比如我们投入一万元本金，接下来的行情我们看涨，买入认购期权，接下来如果按照预期上涨，那我们的一万元可以盈利无限大，如果期权涨十倍我们就盈利十万，如果涨一百倍我们就盈利一百万，如果是一千倍那就盈利一千万。但是如果方向错了，下跌亏损，我们的亏损最大就是投入的这一万元本金。当然，我们要注意的是，不要让自己的本金全部归零，一万元买入，如果方向不对就止损，亏 20 个点先出来，因为期权是 T+0 交易操作很灵活，方向不对可以出来，而一旦做对的背景下，我们就要顺势而为让这个利润最大化。

这就是买入认购盈亏的理论，接下来看买入认沽的盈亏：

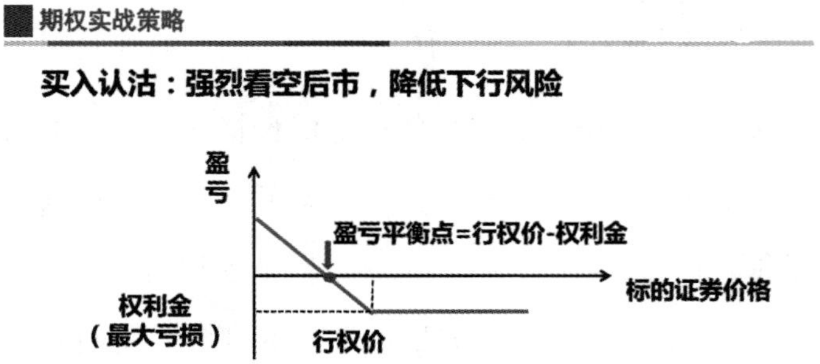

行情下跌可以做空，买入认沽期权。上图我们可以看到曲线和横坐标的交点（盈亏平衡点），就是我们买入的价格，如果我们判断行情接下

来继续跌，那就买入认沽。如果行情真的往下跌，也就是标的证券价格下降，横坐标往左边走，这个盈利曲线是正比例上升的，换句话就是我们看对了方向，我们的盈利是无限制的放大，即交点左边部分，随着价格的下跌，幅度越大，盈利越大。当然，如果看错了，接下来行情没有出现预期的下跌，而是出现上涨，也就是交点的右边部分，随着标的价格的上涨，开始出现浮亏，但是我们的损失也是有限的。图中可以看到，亏损到一定程度之后，线就走平了，而不是无限制的成正比的放大，也就是说我们的亏损像刚才买入认购时是一样的，最大的损失就是投入的权利金。如果方向研判错了也没有问题，亏损到一定程度认错止损，再找下一次机会就是。

所以知道买入之后的盈亏，跟标的证券价格的关系，也就能理解为什么一直强调方向对了才是最关键的。

学习温馨小提示

做期权的买方主要就是赚取方向的收益，所以尽可能地减少时间价值的影响，这个比较好控制。但波动率也是重要的一个维度，波动率的上升有助于买方的操作，波动率的下降有助于卖方的操作，所以在升波时可以相对激进，在降波时可以相对保守。

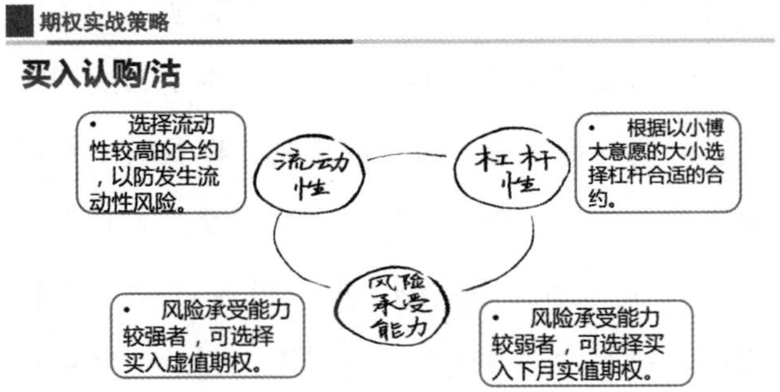

我们买入认购和买入认沽，也就是买涨与买跌。但是在选择合约的时候，还要考虑一下上图这些因素，首先要考虑流动性的问题。初学者还没有实战过，可能对流动性这方面还没有太多感觉，但是做股票应该感受过，就是在熔断的时候，大盘几分钟就跌停，没有买盘，全是卖盘，你想卖都卖不出去，这就是流动性问题。那么对于期权，我们也要了解经常会遇到流动性问题的地方。在前面章节已经学习了期权的基本要素，比如 50ETF 期权，它有当月的合约，下月的合约，还有两个季度月的合约，共四个月份的合约。而每一个月份的合约又分为不同的行权价，基本上每一个月份可以有十几个合约供大家选择，包括实值的合约、平值的合约、虚值的合约。那么从价值角度考虑，流动性的问题容易出现在虚值的合约，因为虚值只有时间价值没有内在价值，时间到期虚值就要归零；从时间分类的角度，当月的合约以及远期的合约也容易出现流动性的问题。举个例子，比如十月是当月的合约，五六天就要到期，所以很多人不会买十月份的合约，他会买十一月份的合约或者是十二月份的合约，因为买入的人减少，又临近到期价值要归零，它的买盘跟卖盘就很少，所以十月份的合约它就会出现流动性的问题。所以在选择合约的时候，要看持仓，持仓比较大的可以买入，基本上就不会出现流动性的问题，这还是比较简单的。

考虑了流动性，接着就是考虑杠杆性的问题。刚才也已经回顾，期权有四个月份合约的选择，每一个月份合约包括实值合约、平值合约和虚值合约，它们的波动率其实并不一样。波动率是影响期权价格的因素之一，还有一直强调的标的资产价格的波动，以及时间价值。越是往后面走，时间价值越少，它也会影响到这个波动率，尤其是在接近末日轮的期权。假设十月份的期权还只剩下七天就要行权，基本上已经接近“末日轮”，那么在这个“末日轮”的背景下，它的波动是很大的，也就是说期权价格的波动会很大。大家可以先下载模拟软件盯盘，感受下当月合约临近到期“末日轮”的走势。

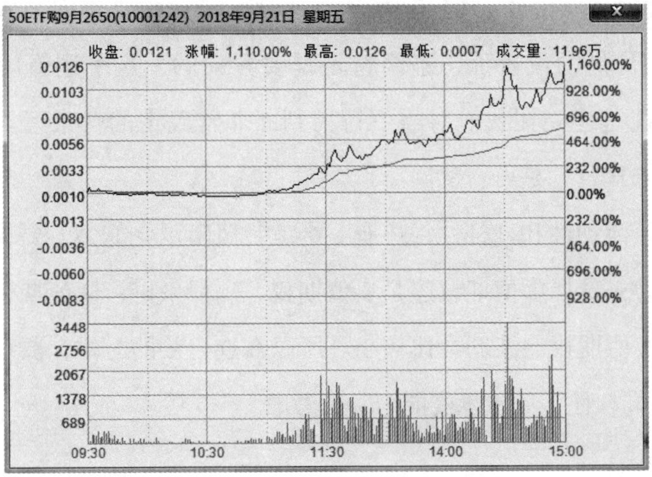

图案回顾点睛：2018年9月21日50ETF购9月2650合约分时图

这就是2018年9月份“末日轮”的一个期权合约，一天就出现十倍的涨幅。当时九月份一路下跌，到了九月十六号的时候，市场止跌向上，出现了九月末的反弹。如果我们当时判断九月份大概率会收阳线，那么我们买入就可以做到这一波，所以这前提就是建立在判断基础上，确定了方向，然后在当时低位买入认购，像这个案例合约，一天可以涨十倍，如果投入一万元当天就是十万元，这就是杠杆的力量。所以根据行情的确定性，自身资金的情况，以及承受风险能力的情况，选择适度的杠杆就OK了。当然，刚才讲到“末日轮”，其实我不建议大家去玩这个“末日轮”，因为在没有非常确定的方向背景下，如果去做“末日轮”，风险是比较大的。像案例中这个九月份，我们只有确定大概率九月份要上涨，那才去做这个最暴利的“末日轮”期权，而且因为流动性风险仓位也不能太大，所以这建立在行情判断具有很大确定性的基础上，我们才考虑去做当月的合约，还是下月的合约。

所以短期的波动也一定要看对，这个很重要，因为看对了未来但是死在当下的很多。比如接下来11月份看涨，当月10月份临近到期，而后面11月份确实涨了，但是10月当下没有涨又快要到期，如果买了这个当月10月份的没有涨，最终肯定是要亏损的，这个逻辑应该浅显易懂。所以这是建立在我们对当下行情判断非常确定的背景下，我们再去做这个“末日轮”是可行的。

考虑了流动性和杠杆性，还有一个就是风险承受能力。要根据自身风险承受能力去选择虚值期权还是实值期权。一般来讲，虚值期权的波动会比较大，实值期权的波动会比较小。所以在选合约的时候，要综合这三者（流通性、杠杠性、风险承受能力）去考虑。

学习温馨小提示

越临近到期日，波动越大，但相应的风险也越大，有时候是买方的“末日轮”机会，有时候是卖方的“末日轮”机会。末日就是奔着归零而去，不建议重仓参与，仅做彩票娱乐。重心做好有把握的机会和策略，才能在期权的路上走的更远。

1.2　卖方策略

刚才讲的是买涨（买入认购）和买跌（买入认沽），它们的对手盘就是卖出认购和卖出认沽。做投资有买方必然也有卖方，期权也一样，我们做买方不论买涨也好或者买跌也好，这个合约都是从对手那里买过来的。所以有期权的买方必然会有期权的卖方。但是我们要知道，期权的买方和卖方，这两方的权利，以及它们承担的盈亏是不一样的。刚才已经看了买方（也就是买涨和买跌）的盈亏，以及标的证券价格之间的关系，那么我们现在来看看卖方的盈亏情况：

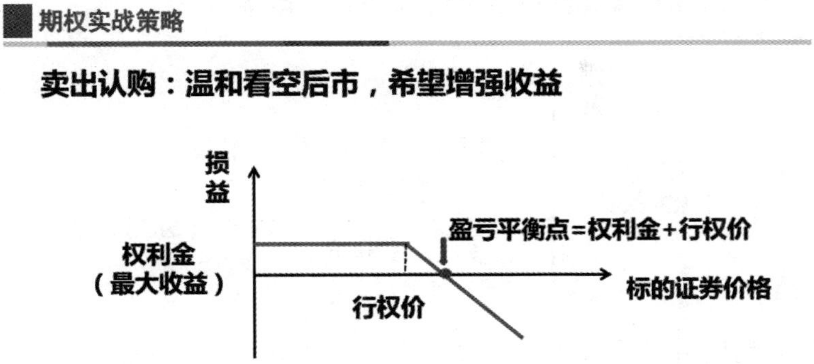

随着价格的上涨或下跌，卖方的盈亏是不一样的。曲线和横坐标的交点就是卖方卖出认购期权，也就是卖方卖给（买入认购）的盈亏平衡点，那它的盈亏情况随着价格变动会有什么关系呢？可以看到上图，卖方卖给我们之后，如果这个标的价格上涨，卖方亏损，也就是交点的右边。我们买入认购是随着价格上涨盈利无限大，而卖方卖给我们认购，随着价格的上涨，它损失的风险是无限大的，看图应该比较容易理解；如果价格下跌，我们买入认购就要亏损，损失的这个资金就到了卖方手里，也就是亏给对手盘。所以随着价格的下跌，即交点左边部分，卖出认购就会盈利，但是它盈利的钱是有限的，也就是我们的权利金。

我们买入认购，上涨盈利无限大，下跌亏损只损失投入的权利金，而卖方卖出认购亏损无限大，盈利的就是我们投入的本金，最大也就这么多。那这时有朋友就会问，谁来当卖方？其实这个不用担心，有买就有卖，就像买股票，你不知道是谁卖给你的，但是肯定有人会卖给你，除非出现流动性问题，在买的时候买不到或者是在卖的时候卖不出去，不然的话，肯定会有买盘跟卖盘，所以不用担心谁来当卖方。

这就是卖出认购。我们接着来看一下卖出认沽：

■ 期权实战策略

卖出认沽：温和看多后市，降低买入成本

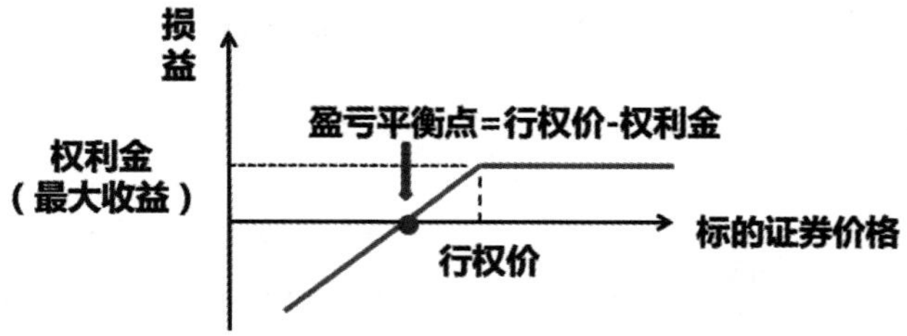

前面我们讲过买入认沽的盈亏状况。比如我们行情看跌，就买入认沽，可以看上图的盈亏平衡点，在这个点买入认沽和卖出认沽同时成交。我们买入认沽，对方就卖出认沽卖给我们，如果行情下跌，买入认沽就盈利，而且盈利空间可以无限大，而对应的卖出认沽的亏损也是无限大的，也就是盈亏平衡交点的左边部分。但是如果行情没有下跌，而是出现了上涨，就是上图盈亏平衡点右边部分，随着价格的升高，我们买入认沽就要亏损，最大的损失就是投入的权利金，所以卖出认沽的盈利是有限的，就是赚我们的权利金。结合图形多看看，应该就会比较清晰了。

那在这里我提出一个问题：你说当买方好还是当卖方好？很多人学到这肯定会说："我愿意当买方，因为我买对的时候可以盈利无限大，而买错了，我的损失就是权利金而已，但是当卖方做错了亏损无限大，做对了盈利的也只是权利金，赚太少了"。没错，理是这个理，但是要知道的一点就是，很多人还是愿意当卖方，为什么？因为卖方盈利的概率大。所以才会有人愿意去当卖方，不然谁愿意吃这个亏呢。亏多赚少，没有人愿意做这亏本的买卖，之所以有人愿意去做卖方，就是因为买方最终的赢面会小很多。通俗的解释一下，就是说做为买方操作就像做股票一样，最终亏钱的人很多，甚至占 80% 以上，真正能盈利的只占 20%，也

是二八分化，买方的赢面比较小，80% 的人是亏损的，所以卖方愿意去赚这 80% 亏损的钱，这样解释通俗易懂吧。

谈到了买方和卖方就要给大家提个醒。去开期权真实账户的时候会有三个权限：一级投资者模拟交易经历须包括备兑开仓及保护性认沽期权的买入开仓、相对应的平仓以及行权；二级投资者模拟交易经历须在一级投资者模拟交易经历的基础上，增加期权合约的买入开仓、卖出平仓；三级投资者模拟交易经历须在一级、二级投资者模拟交易的基础上增加期权合约的卖出开仓及买入平仓。一级是基础，二级权限通俗的意思就是做买方，三级权限就是做卖方。新手开到二级权限可以了，刚刚开户不要去当卖方，刚才也分享了，卖方的损失风险是无限大，作为新手，做买方的亏损风险是有限的，但是盈利是无限的，所以开到二级权限就 OK 了。券商在你开户的时候会问你“要不要开通三级权限”，先不要开通，因为刚开始操作的时候，对界面也不熟悉，点击的时候万一按错当了卖方，那你的风险是无限大的。所以新手要记住，先开通二级权限，只有当买方的权利，没有当卖方的权利，刚开始我们只做买方，买涨或买跌。当然，等期权工具使用非常熟练之后，有几年的交易经验，再去开通这个三级权限当卖方。

卖出认购或者卖出认沽，卖方也有几个点是需要考虑的问题：

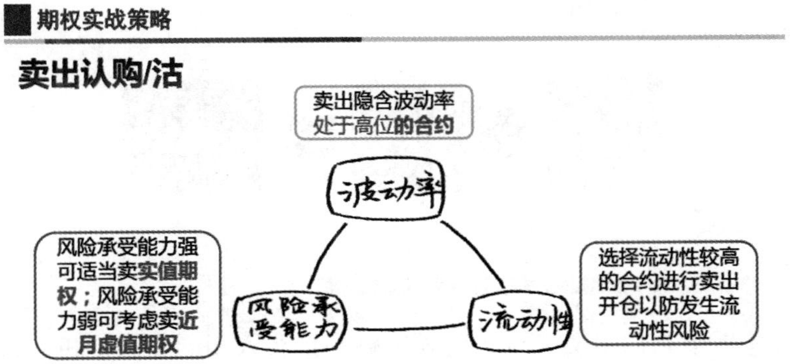

卖方则需要考虑这个波动率的问题，也要考虑流动性的问题，也要考虑自身风险承受能力。所以在卖出合约的时候，也要考虑这几点。

学习温馨小提示

期权卖方获利的概率大，对标的资产方向上的判断要求会弱一些，但是卖方存在追加保证金的风险，所以做卖方对期权的研究就要更透彻，要学习各种组合策略，来达到对冲风险、稳定盈利的目的。而买方就只需全身心研究好标的物即可。

1.3 买入跨式策略

在期权的操作中，有很多的策略，这里我们先学习简单的，也经常会用到的策略，对于初学者也是必须要掌握的策略。但还是要强调一下，不论什么策略，归根结底都是根据行情的状况来搭配选择实施的，所以最终研究好标的资产的走势才是最关键的。

那我们先来学习买入跨式策略：

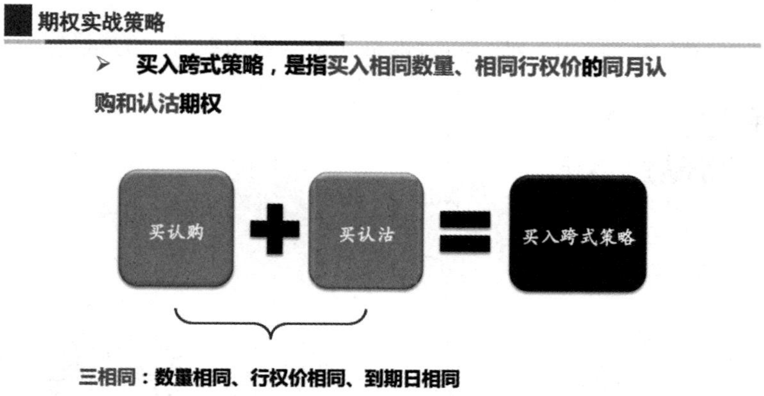

首先看下它的定义，买入跨式策略是指买入相同数量、相同行权价

的同月认购和认沽期权。三个相同，数量相同、行权价相同、到期日相同。这个策略就是说我们买两份，一方面买入一份认购，另一方面买入一份认沽，同时开两个方向的单，而且这两个单数量是相同的，买涨 50 份，买跌也是 50 份，同时买入的这个行权价都是 2500，而且同时都是买当月的，或者同时买下月的，月份也要相同，即三个相同的认购和认沽，这就是买入跨式策略。

很多人此时就会想：“一边买涨、一边买跌那不就不赚钱了？上涨买涨的盈利，但是买跌的不就亏损了？”正常的道理是这样，但是因为期权的收益和风险不对称，在不同的市场环境下，这个跨式策略反而是很保险的策略。这个策略是一定要掌握的！

举个例子：2018 年国庆节后第一天暴跌！上证 50 暴跌近 5%。

名称	涨幅%	现价	涨跌	买价	卖价	总量	现量	涨速%	换手%	今开	最高
50ETF	-4.74	2.533	-0.126	2.533	2.534	1381万	801	-0.11	8.90	2.600	2.610
沪铜指数	0.06	49880	30	49860	49890	195266	4	-0.10	–	49850	50080
豆粕指数	2.95	3285	94	3283	3285	164.2万	60	0.06	–	3193	3293
白糖指数	2.67	5109	133	5108	5109	528226	2	-0.10	–	5091	5146

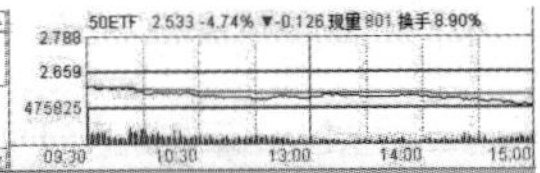

2018年10月(16天)

认购									认沽							
成交量	持仓量	卖量	卖价	买量	买价	涨幅%	现价	行权价	现价	涨幅%	买价	买量	卖价	卖量	持仓量	成交量
2495	2724	21	0.2900	1	0.2889	-30.59	0.2900	2.2500	0.0013	62.50	0.0013	5	0.0014	30	28489	9292
3404	4574	1	0.2445	1	0.2443	-33.45	0.2443	2.3000	0.0020	81.82	0.0019	21	0.0020	75	31163	14893
5815	4966	1	0.1998	3	0.1980	-37.64	0.1980	2.3500	0.0043	207.14	0.0042	10	0.0043	5	47545	28697
8859	11678	15	0.1531	16	0.1530	-43.30	0.1531	2.4000	0.0099	241.38	0.0098	94	0.0099	11	56956	46868
20378	17016	16	0.1126	1	0.1123	-49.39	0.1126	2.4500	0.0185	218.97	0.0184	155	0.0185	370	73958	99716
43771	34783	43	0.0779	27	0.0777	-56.07	0.0778	2.5000	0.0343	229.81	0.0343	11	0.0344	2	69484	120444
84748	49693	259	0.0500	31	0.0497	-63.42	0.0500	2.5500	0.0579	201.56	0.0579	13	0.0580	10	57399	149640
161831	95561	17	0.0332	20	0.0331	-66.60	0.0332	2.6000	0.0888	177.50	0.0888	39	0.0891	5	57373	162380
153895	107702	9	0.0203	98	0.0201	-70.87	0.0201	2.6500	0.1259	145.90	0.1256	4	0.1259	141	44616	85144
124754	99496	62	0.0124	11	0.0123	-73.26	0.0123	2.7000	0.1662	115.01	0.1662	10	0.1669	40	27101	36639
121324	91167	75	0.0073	39	0.0072	-75.26	0.0072	2.7500	0.2210	101.28	0.2125	3	0.2215	1	9678	15358
63887	52345	1	0.0043	50	0.0041	-76.84	0.0041	2.8000	0.2604	75.59	0.2588	1	0.2597	1	3905	6028

图案回顾点睛：2018年10月8日（国庆节后第一天）期权收盘

上图可以看到，当日期权认沽很多都是翻倍的，甚至超 200%！而再看认购，下跌幅度在 60% ~ 75%，这就是期权的风险与收益不对称性！那如果我们在国庆前开单使用跨式策略，一万元买入认购平值 2650，一万元买入认沽平值 2650，就计算这单日，认购亏损 70.87% 损失 7087 元，认沽盈利 145.90% 获利 14590 元，除去损失，最终算下来还盈利 7503 元，这就是一个跨式策略的运用。假设再继续下跌几天，认沽再涨几倍，那错的一边最多就损失权利金一万元，而盈利的一边利润可以继续奔跑，可以多赚好几万。这就是跨式策略。

1.4 买入勒式策略

买入勒式策略，又称宽跨式策略，是指买入相同数量、低行权价的认沽期权，同时买入高行权价的认购期权。跨式策略是三个相同，现在是两个相同，即数量相同、到期日相同，唯一不同就是行权价不同。

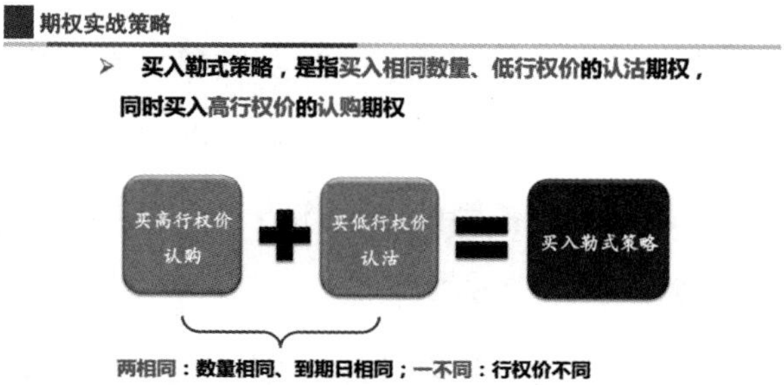

买入勒式就是行权价不同，通俗讲就是买涨（认购）的时候买行权价高一点的，买跌（认沽）的时候买行权价低一点的，而数量和到期日相同，这就是买入勒式。

举个例子：2018 年国庆节后第四天再暴跌！上证 50 暴跌超 4%。

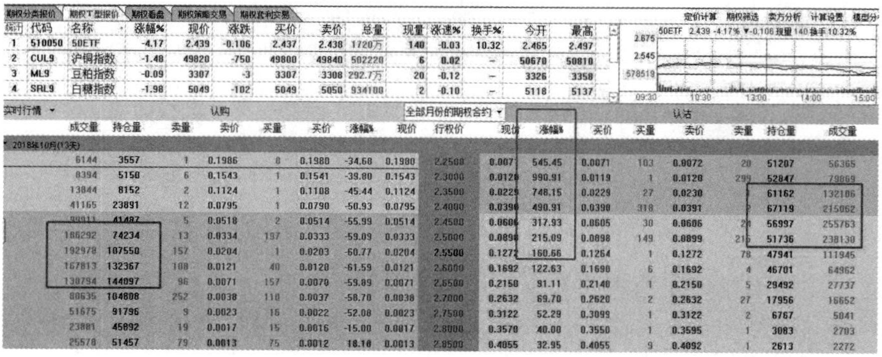

序号	代码	名称	涨幅%	现价	涨跌	买价	卖价	总量	现量	涨速%	换手%	今开	最高
1	510050	50ETF	-4.17	2.439	-0.106	2.437	2.438	1720万	140	-0.03	10.32	2.465	2.497
2	CUL9	沪铜指数	-1.48	49820	-750	49800	49840	502220	6	0.02	–	50670	50810
3	ML9	豆粕指数	-0.09	3307	-3	3307	3308	292.7万	20	-0.12	–	3326	3358
4	SRL9	白糖指数	-1.98	5049	-102	5049	5050	934100	2	-0.10	–	5118	5137

认购								行权价	认沽							
成交量	持仓量	卖量	卖价	买量	买价	涨幅%	现价	行权价	现价	涨幅%	买价	买量	卖价	卖量	持仓量	成交量
6144	3557	1	0.1986	8	0.1980	-34.68	0.1980	2.2500	0.0071	545.45	0.0071	103	0.0072	20	51207	56365
8394	5150	6	0.1543	1	0.1541	-39.80	0.1543	2.3000	0.0120	990.91	0.0119	1	0.0120	299	52847	79869
13844	8152	2	0.1124	1	0.1108	-45.44	0.1124	2.3500	0.0229	748.15	0.0229	27	0.0230	[illegible]	61162	132106
41165	23891	12	0.0795	1	0.0790	-50.93	0.0795	2.4000	0.0390	490.91	0.0390	318	0.0391	[illegible]	67119	215062
[illegible]	41487	5	0.0518	2	0.0514	-55.99	0.0514	2.4500	0.0606	317.93	0.0605	30	0.0606	[illegible]	56997	255763
186292	74234	13	0.0334	197	0.0333	-59.09	0.0333	2.5000	0.0898	215.09	0.0898	149	0.0899	[illegible]	51736	238130
192978	107550	157	0.0204	1	0.0203	-60.77	0.0204	2.5500	0.1272	160.66	0.1264	1	0.1272	78	47941	111945
167813	132367	108	0.0121	40	0.0120	-61.59	0.0121	2.6000	0.1692	122.63	0.1690	6	0.1692	4	46701	64962
130794	144097	96	0.0071	157	0.0070	-59.89	0.0071	2.6500	0.2150	91.11	0.2140	1	0.2150	5	29492	27737
80635	104808	252	0.0038	110	0.0037	-58.70	0.0038	2.7000	0.2632	69.70	0.2620	2	0.2632	27	17956	16652
51675	91796	9	0.0023	16	0.0022	-52.08	0.0023	2.7500	0.3122	52.29	0.3099	1	0.3122	2	6767	5041
23881	45892	19	0.0017	15	0.0016	-15.00	0.0017	2.8000	0.3570	40.00	0.3550	1	0.3595	1	3083	2703
25578	51457	79	0.0013	75	0.0012	18.18	0.0013	2.8500	0.4055	32.95	0.4055	9	0.4092	1	2613	2272

图案回顾点睛：2018年10月11日（国庆节后第四天）期权收盘

可以看到，行权价高于认购平值 2550 的跌幅整体在 60% 以下，而行权价低于认沽平值 2550 的涨幅却是 1 倍、2 倍、3 倍、5 倍、7 倍、10 倍……

这里很直观，买入勒式策略，亏损的一边顶多是权利金，而获利的一边可以利润无限大。

买入跨式和买入勒式有什么区别？下图就是他们盈亏的关系图：

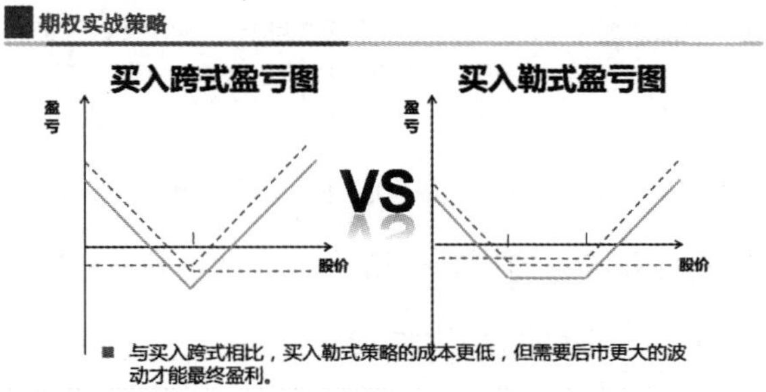

可以看到买入勒式的成本相较会低一点点，但是它盈利相对难一些，它需要更大的波动才能够最终盈利。所以一般运用比较多的是三个相同的跨式策略。

在什么情况下使用跨式和勒式策略？当出现可能剧烈影响市场行情的事件，但又不知其对行情的发展利多还是利空时，就可以使用买入跨式策略和勒式策略，对此，我们总结了四种类型：

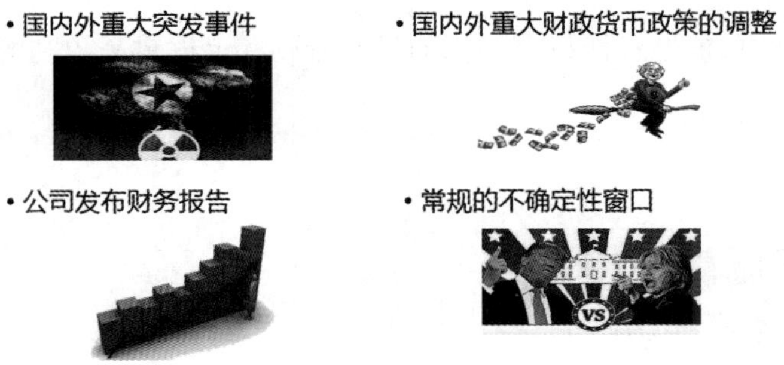

2015 年 6 月 18 日至 6 月 29 日期间，股市出现了断崖式下跌，投资者在下跌过程中有着想抢反弹的心理，也害怕市场有持续下跌的惯性。投资者无法预测下一日的涨跌，但心中有这样一个共识：接下来不是大涨就是大跌。

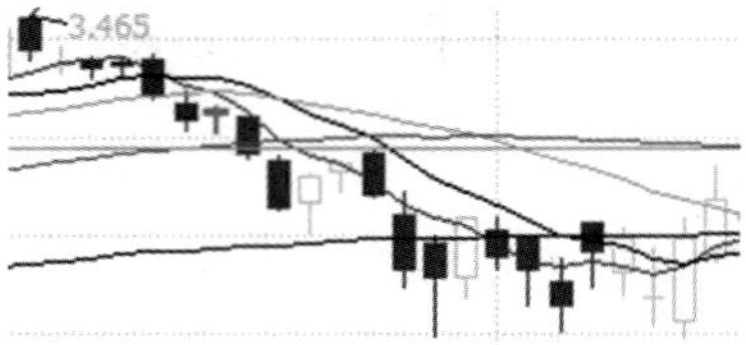

图案回顾点睛：2015年6月9日至7月10日50ETF日K线图

在这样的预期下，若投资者在6月18日开盘采用买入跨式策略，则需要花费每股权利金0.3743元，之后50ETF价格出现持续下跌，到了6月29日开盘，整个跨式组合持仓的权利金市值已达到每股0.5533，此时平仓意味着每股收益0.1790元，期间收益率47.82%。

尽管“买入跨式组合”建仓者的最大亏损是有限的，等于两份权利金支出之和，潜在的盈利却是无限的，但“跨式组合”付出了双重的权利金，成本一般是比较高的，因此建立跨式组合前需要对后市波动幅度有比较大的把握方可操作。

在实际操作中，当标的价格突破了盈亏平衡点，处于盈利区域时，投资者可根据自身的投资哲学与风险偏好，选择提前平仓或继续持有到期。两者各有千秋：提前平仓的投资者虽获得小额盈利，但放弃了股价更大波动的可能性；而持有到期的投资者则在追逐更高盈利的同时承担了后市变化的风险。

学习温馨小提示

当预期有大波动却不明方向时，可以使用跨式买入策略，但往往这个时候，波动率也会被推高，期权的价格会上升，一旦预期未能兑现，上证50没有波动，情绪退潮，波动率急速下降，跨市策略可能会亏损。所以无波动不跨式。

2. 化繁为简，把握期权交易核心策略

常见策略选择

市场预期	策略选择
看大涨	买认购
看大跌	买认沽
温和看涨	卖认沽
温和看跌	卖认购
不涨不跌	卖跨
持股怕跌	保险策略
波动剧烈	跨式策略、勒式策略

已经学习了作为买方或是卖方，与价格波动的盈亏关系，以及一个最重要的策略组合，现在化繁为简，根据行情真实案例，讲解把握核心的策略。

2.1　大涨策略

策略：买认购

上涨盈利无限，下跌损失权利金；

右图：30%涨幅，200倍杠杆，加大众心理共振，至少涨幅200倍以上。

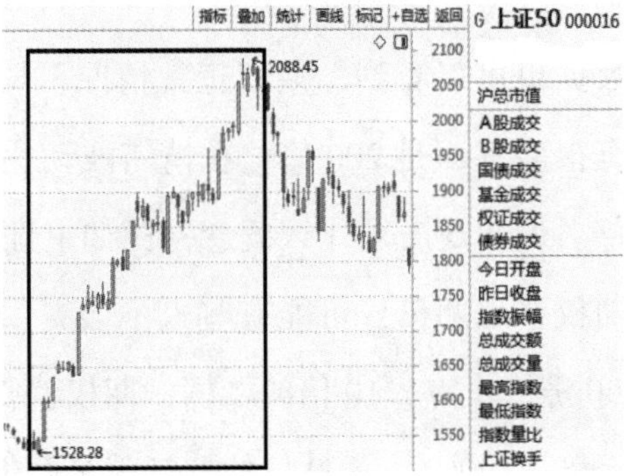

图案回顾点睛：2012年12月4日启动上涨的上证50日线图

上图是上证 50 的走势，从最低 1528.28 点涨到了最高 2088.45 点，这是在 2012 年的 12 月 4 日，行情见到底部的时候，这一天创业板见到历史大底 585.44 点，上证 50 也开启了一波凌厉的拉升走势。面对这样的一个大涨，我们要用什么策略？那必然是买涨！所以我们可以运用买入认购的策略。行情只要一直涨，我们的盈利是无限的，而我们的损失是

有限的，仅仅是我们的权利金。

那么正常情况下，期权的倍数就像飞机的速度一样快，它为什么速度那么快？因为它的杠杆倍数大，能够使盈利放大十倍、百倍、甚至千倍！

认购期权					1907 M (14天)	认沽期权				
内在价值	时间价值	溢价率	杠杠比率	最新	执行价	最新	杠杠比率	溢价率	时间价值	内在价值
0.4210	0.0040	0.14%	6.87	0.4250	2.5000	0.0009	3245.56	14.44%	0.0009	0.0000
0.3710	0.0020	0.07%	7.83	0.3730	2.5500	0.0009	3245.56	12.73%	0.0009	0.0000
0.3210	0.0012	0.04%	9.07	0.3222	2.6000	0.0015	1947.33	11.04%	0.0015	0.0000
0.2710	0.0035	0.12%	10.64	0.2745	2.6500	0.0018	1622.78	9.34%	0.0018	0.0000
0.2210	0.0061	0.21%	12.86	0.2271	2.7000	0.0030	973.67	7.67%	0.0030	0.0000
0.1710	0.0089	0.30%	16.24	0.1799	2.7500	0.0049	596.12	6.02%	0.0049	0.0000
0.1210	0.0139	0.48%	21.65	0.1349	2.8000	0.0102	286.37	4.49%	0.0102	0.0000
0.0710	0.0235	0.80%	30.91	0.0945	2.8500	0.0200	146.05	3.12%	0.0200	0.0000
0.0210	0.0404	1.38%	47.57	0.0614	2.9000	0.0370	78.95	1.99%	0.0370	0.0000
0.0000	0.0375	2.28%	77.89	0.0375	2.9500	0.0627	46.59	1.15%	0.0337	0.0290
0.0000	0.0216	3.44%	135.23	0.0216	3.0000	0.0967	30.21	0.61%	0.0177	0.0790
0.0000	0.0074	6.38%	394.73	0.0074	3.1000	0.1825	16.01	0.12%	0.0035	0.1790
0.0000	0.0033	9.66%	885.15	0.0033	3.2000	0.2781	10.50	-0.03%	-0.0009	0.2790
0.0000	0.0018	13.04%	1622.78	0.0018	3.3000	0.3777	7.73	-0.04%	-0.0013	0.3790
0.0000	0.0011	16.44%	2655.45	0.0011	3.4000	0.4772	6.12	-0.06%	-0.0018	0.4790

图案回顾点睛：2019年7月份某天的期权数据

数据也可以看到，期权正常情况平均下来大约是200倍的杠杆，当然，有很多都不是200倍，在情绪波动比较剧烈的时候，它可以放大到一千倍。那200倍是什么概念？比如上证50指数涨一个点，200倍的杠杆，期权要涨两倍！可能有些人不会算，那先算简单的十倍杠杆，如果上证50涨一个点，10倍的杠杆，期权就要上涨10%，那100倍的杠杆就要涨一倍（100%），200倍的杠杆就是两倍（200%）。这样也就理解期权为什么那么暴利，因为它的杠杆倍数大！股票上涨10倍难度很大，一波牛市下来可能还赚不到10倍，但是在期权，只要上证50涨5个点，200倍的杠杆期权就能涨10倍，甚至有时一天十倍！

刚才的案例2012年12月4日启动的这波上涨，上证50从1500到2000涨了30%，200倍的杠杆期权要涨60倍！也就是投入一万元资金就可以变成60万，十万元变成600万。但是我告诉大家，这60倍其实还只是平均情况，如果加上投资者心理面共振，人性疯狂的时候，它会放大这个效应，放大这个倍数，很多时候它可能达到200倍。也就是说上证50上涨30%，阶段性期权可能有200倍的涨幅，非常刺激又恐怖。就像2018年年初的那波暴跌，期权走出了1000倍，也就是你在当时买入认沽做空就有机会赚1000倍！

2.2　震荡小涨策略

卖方：卖出认沽。

收获权利金收入，如果大跌，损失较大。（卖方需要保证金交易，没有一年的实战经验不建议做卖方）

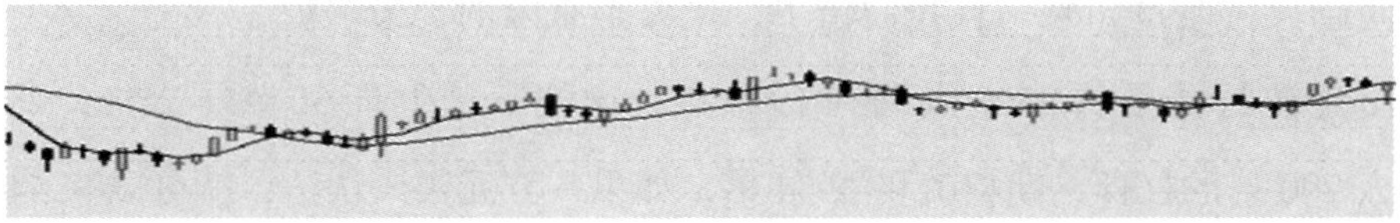

上一小节的策略是如果上涨我们就买涨，那如果是震荡，也就是行情不涨不跌或震荡小涨的时候，在这时要记住，如果买入认购，很多时候它可能较难盈利，为什么？因为期权的价格受三个因素影响：标的资产价格的波动、时间价值以及波动率。其中的时间价值是一直在损耗的，时间价值是卖方的朋友，对于买方非常不利。如果行情震荡小涨，作为买方是不赚钱的，时间每过一天，时间价值就要消耗一天，它就把这个涨幅对冲掉了，这个时候做买方是很难盈利的，而这个时候作为卖方，能够赚取保证金。所以在震荡的时候，买方最好不要做，很难盈利。

所以做买方，越是波动大的时候越容易盈利，而没有波动的时候是不赚钱的，只有涨的时候或者跌的时候，投入的本金才会出现让大家心跳的感觉。在震荡的时候不仅消耗精神还消耗本金，所以在不涨不跌的时候，买方最好不要做，休息等待，只做趋势性的机会。

2.3 大跌策略

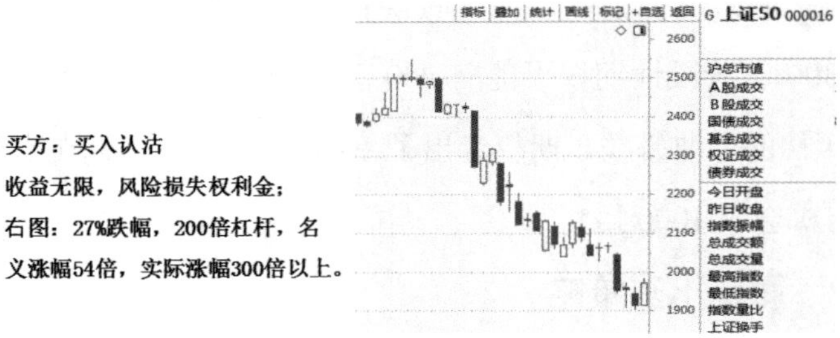

图案回顾点睛：2015年12月23日开始下跌的上证50日线图

在大跌的时候，我们就买入认沽，行情越是往下跌，我们的盈利空间越大，但是如果一旦我们错了，损失是有限的，最多就是权力金。上图这波行情是从2500点跌到1900点，这波下跌上证50跌了27%，那么200倍的杠杆，期权就要涨54倍，如果一万元买入认沽，就可以赚54万。但是实际情况也远远不止这个54倍，认购案例已经解释了缘由，所以市场做空的预期一旦形成，它这个效应会放大，它实际涨幅可能会达到300倍。所以只要上证50阶段性上涨30%，或者下跌30%，期权就可以达到200倍到300倍的涨幅。

上证50下跌27%，理论值是涨54倍，但是因为预期的作用，以及大众心理情绪的影响，它实际的波动更大，能达到200倍到300倍。所以掌握好理论情况跟实际情况，用好期权这个工具，方向对了，趋势对了，在大众疯狂的情绪下，很多时候不经意就赚得盆满钵满。

2.4 震荡小跌策略

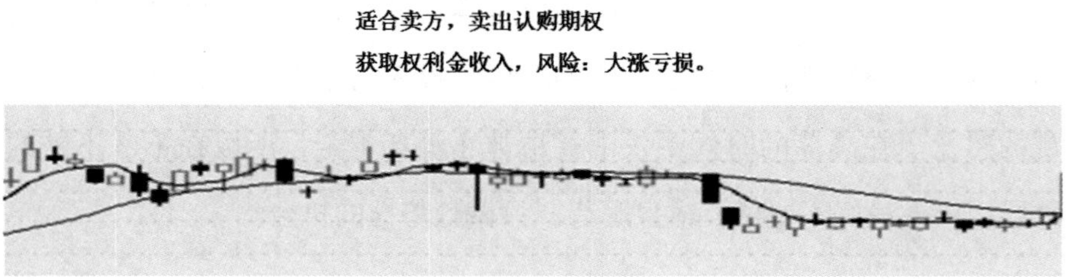

震荡小跌和震荡小涨是一个道理，买方在震荡的时候最好不要做，很难盈利，这个时候做为卖方可以赚取权利金。

建议买方不要在震荡没有行情的时候折腾，除非你是 T+0 高手，但是很多人修行不够，就是喜欢在震荡的时候去折腾，不仅损耗精神还损耗本金。

2.5　突然大幅涨 / 跌策略

① 适用行情：预期行情大波动，但方向不明。如英国脱欧、美国大选、非农数据影响等。

② 操作：买入相同到期日，虚值的一份认购、一份认沽（跨式策略）。

③ 收益：一方大赚，一方亏损权利金，综合获利。

④ 风险：事件影响不及预期，未出现大波动，迟早止损。

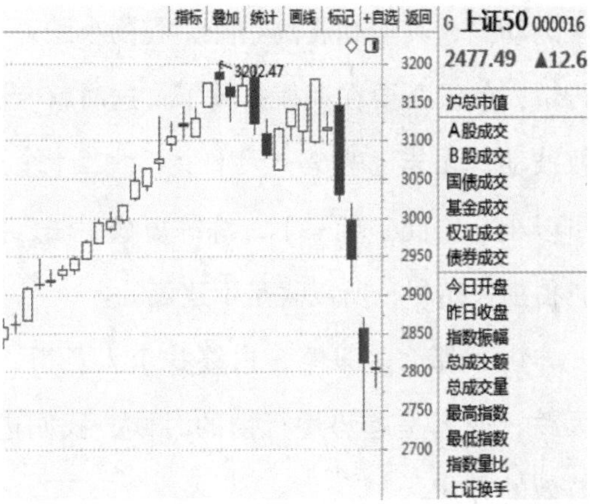

图案回顾点睛：2018年年初上证50日线图

在 2018 年年初的时候，一波暴涨和一波暴跌，这个时候就容易盈利。在动荡时方向不明，又预期有大波动，这个时候就可以运用跨式策略。前面章节也已经分享了跨式策略，买入相同数量、相同行权价、相同到期日的认购和认沽，一方大赚，另一方仅损失权利金。所以在预期有大波动时，方向不明，都可以运用该策略，这是最保险的策略，也可以说是稳赚不赔的。只要行情波动比较大，就可以盈利，但是如果没有出现预期的波动，那损失的就是双份权利金，但整体依然是损失有限，收益无限。

2.6　震荡小波动策略

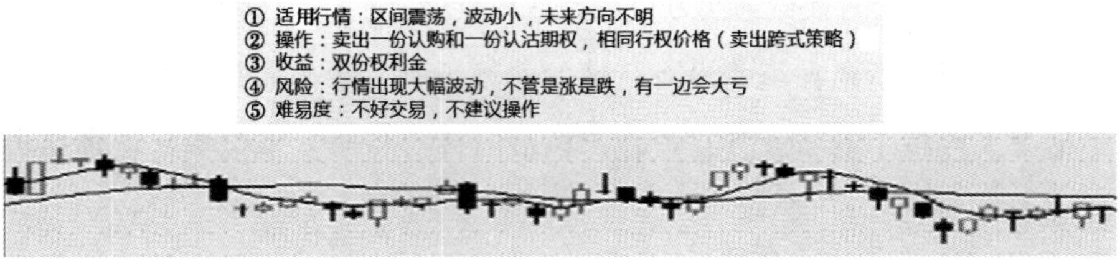

做期权买方不需要时时在场，有些时候可以干脆不做，比如上图这个区间动荡，其实和震荡小涨、震荡小跌一个意思，在没有太大波动的震荡行情，就没必要在期权折腾了，这时就专心做好股票即可。因为此时的期权波动，无非也就是一天十个点，二十个点左右，当然，做T+0有自信的可以小仓位偶尔玩一下，练练短线手法，但是频繁交易，很容易被市场折腾得损失殆尽，所以我是不建议的。

讲了那么多策略，最终我个人觉得，期权的主要价值就是在大涨跟大跌，或者是趋势性行情的时候，我们进行一种配置操作，就是一种最有效的方式。

2.7　保险策略

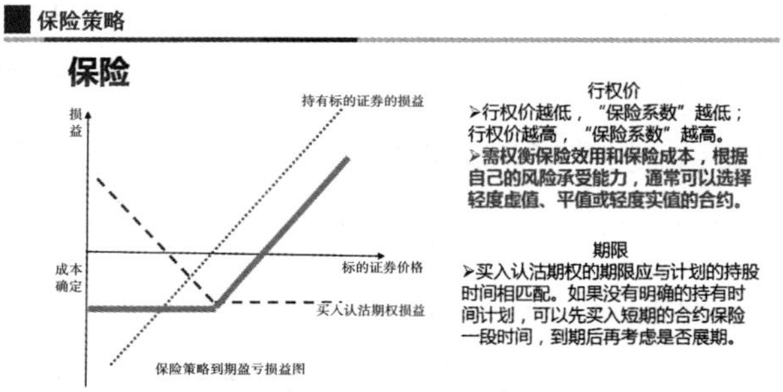

期权可以作为对冲风险的工具，当你持有股票，产生较大获利，担心市场下跌利润回吐，你就可以操作一个认沽期权。这和跨式策略一个道理，在股票上做多，在期权上买空对冲。比如本金一千万，现在持有的股票翻了一倍，又担心市场下跌，那就买点认沽期权，比如买入利润

的 1%，即买入 10 万的认沽，万一市场暴跌，认沽这里能赚个十倍，那也有 100 万的收益，相当于股票的利润回吐一根跌停板也没关系，给对冲掉了。而它的风险就是如果继续上涨，会损失投入期权的 10 万权利金，但是股票仍继续上涨获取收益。所以这就能做到很好的保险对冲效果。保险策略就好像每年我们交保险费一样，用小的本金，去买一个保险，类似这样的道理去理解，就会很清晰了。

①适用：持有股票，产生较大获利，提心市场下跌利润回吐。

②操作：可用利润的 1%，买份认沽期权，既可对冲风险，又可继续享受上涨收益。

③收益：持仓股票继续上涨获利，损失权利金，如果市场下跌，认沽期权大赚。

④风险：损失权利金。

构建保险策略的图形可以看到，利用认沽做对冲保护之后，标的证券价格如果下跌，保险策略是走横线，而标的证券价格如果继续上行，保险策略是正比例上涨。图形也很好地诠释了保险策略，图形的盈亏平衡点 = 标的证券买入价格 + 认沽期权权利金。其保险策略最大的损失 = 标的证券的买入价格 + 认沽期权权利金 − 认沽期权的行权价。

2.8　技术共振策略

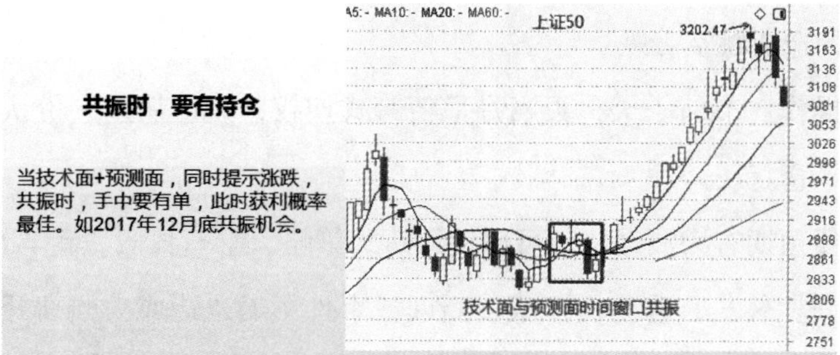

图案回顾点睛：2017年12月底上证50日线图

技术面，比如MACD底背离。

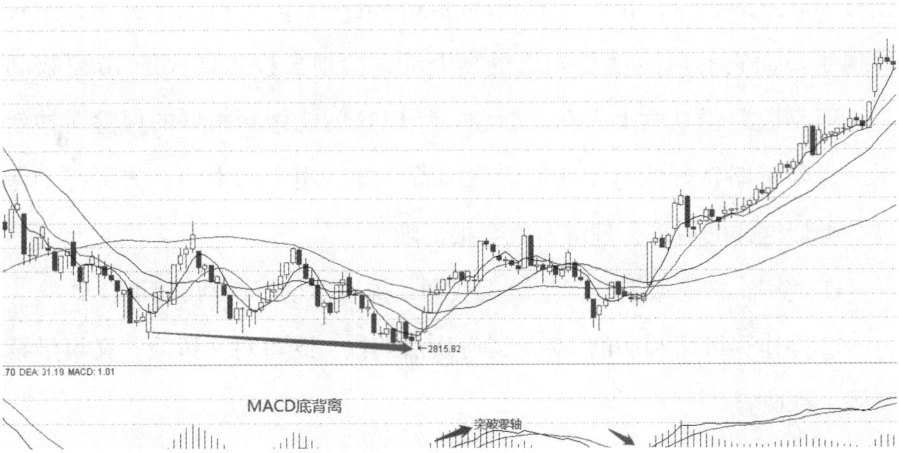

图案回顾点睛：2017年12月份上证50指数60分钟K线图

预测面，比如斐波那契数列。从同一个高点开始调整，日线调整至21日附近企稳，正好周线回调至第五周也企稳收阳，时间窗口5周与21日形成共振，预测短期是时间拐点。

当重要的时间窗口共振，底部转折点也到来的时候，比如案例是转折向上，那就可以考虑做一个期权多单，先做好布局，一旦趋势形成，一波行情走出来，就可以赚得盆满钵满。

2.9　节日跨式策略

①适合行情：十一、春节。假期长，期内会出现许多新闻信息，容易对标的造成跳空涨跌。

②操作：节前一天，买当月平值跨式期权，一份认购一份认沽。高开开盘平仓。

只要预期有大波动，都可以使用跨式策略。十一长假、春节长假等，假期时间比较长，容易出现很多新闻或事件影响，造成大幅高开或者大幅低开的概率比较大，这个时候运用跨式策略是比较好的，在节前一天买入一份认购，买入一份认沽，运用这个跨式策略套利。

但是如果假期时间太短，大波动概率比较小，使用跨式策略，就有可能发生失败的情况。

图案回顾点睛：2019年6月10日平值6月2750认购与认沽分时图

端午节前一天6月6日如果开了跨式策略，至6月10日上证50高开开盘，但期权没有大幅波动，如果开盘就卖出亏损并不大，如果收盘再卖，亏损约20%。

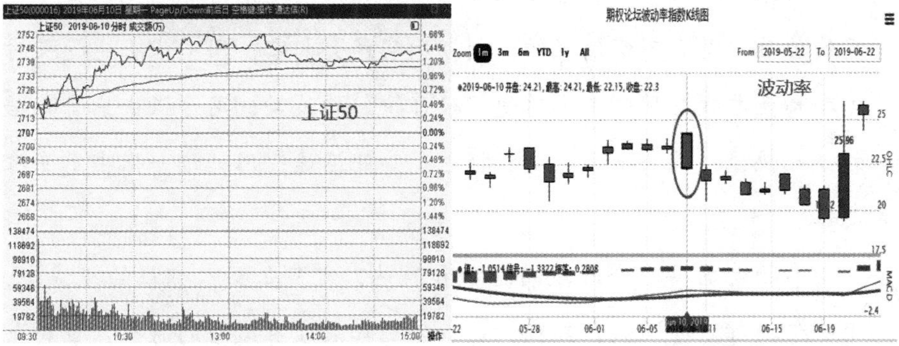

图案回顾点睛：2019年6月10日上证50分时图与当日波动率状况

由于当天的波动率高开低走，一直下降，加上多天假日，与时间价值共同影响，上证50虽然上涨超1.5%，但是波动率下降压制，期权认购平值涨幅也压制在10%附近。使用跨式策略，未能获利。当然，如果研究清楚了方向和波动，就可以重新制定对应的策略，或者根据行情调整策略。比如行情确定会向某一方向继续，那就止损一边，让另一边继续；如果并不清楚方向，但又很确认会有大波动的走势，那可以继续维持跨市不变；如果都不清楚，那就果断开盘就止损跨式策略。期权就是可以如此灵活，但策略选择的大前提就是对标的物的判断，而选择跨式策略的前提是要有大波动，不论做单日也好，还是趋势机会也好，要有能对冲掉另一边亏损的波动才行。

这些策略都是我们在操作过程中所运用的核心策略，如果买方能够把这些策略掌握，应该可以很从容地应对这个市场。建议初入期权，一定要轻仓试水，用一张合约去感受这些策略，认知期权的风险和机会，不打没有准备的仗。

学习温馨小提示

轻仓试水，用一张去感受做空也能盈利；用一张持有到期，去感受时间价值确实是在不断消耗的，到期确实是会归零；用一张去感受买对了方向却还亏钱；用一张去感受“末日轮”的波动；用一张去感受翻倍真的如此快捷；用一张去感受亏损也是如此迅速；用一边一张去感受跨式策略。

新事物都需要一个阶段的适应和磨炼，尤其是初入期权的投资者，使用一张操作感受并认识期权，然后想想如果在有风险的时候，重仓介入结局会如何。提升自我，回避风险，把握机会，学会使用期权工具，让自己的投资之路更具操作性。

3. 风险管理：如何降低风险并获取暴利

3.1 期权的暴利机会

①转向行情。牛熊市转化，中级反弹与下跌转化，如 2014 年 11 月、2018 年 1 ~ 2 月大起落行情。

②低价合约。关注持续性整体低价合约，如 50 期权的 2017 年 4 月转向后就是暴利。

③趋势单。所有赚大钱的都是趋势单，期权也是如此，买方跟踪好趋势来下单，趋势未形成之前没有什么大肉。

④中线加速涨 / 跌。如 2017 年 11 月、2018 年 1 月快速涨。

⑤黑天鹅 / 突发事件，如 2018 年 2 月初美股暴跌传导到国内。

最好的盈利方法就是做趋势单，也就是顺势而为做趋势交易，基本上所有赚大钱的都是趋势单。前面章节也讲到，在震荡市的时候是不好赚钱的，就算能赚，盈利幅度也不会很大。只有在趋势性行情形成，连续性的上涨或者是连续性下跌的时候，趋势单是能够赚大钱的。期权是如此，股票也是如此，所以最重要的就是判断上证 50 的趋势。还有就是在加速的过程中，中线加速比如牛市中期暴涨的时候，这时是最好赚钱的，可以放心买入，在牛市中天天暴涨，天天创新高，买的也很放心，拿着它天天涨，一天涨百分之几十甚至一天涨几倍都有可能。

前面小节已经分享了，只要上证 50 阶段性上涨或下跌百分之二三十，就可以有 200 倍 300 倍的机会。百分之二三十也就是一波小周期的反弹，如果是牛市行情就更不用说了，指数都要翻倍，期权就更是暴利了。基本上一年的时间，指数出现百分之二三十的振幅是很常见的，也就是说一年内出现 200 倍 300 倍的机会，每年都是有的，所以一万变 300 万，十万变 3000 万的机会每年都有。像 2018 年年初那一波，十天就是1000倍的振幅，远超300倍，就是因为期权的波动很大。所以期权秒杀市场上一切工具，包括比特币。比特币很疯狂，但是我要告诉大家，未来更疯狂的就是期权，因为比特币很多还不是合法的，而期权是合法的，是国家大力支持推进的，所以一定要掌握好这个工具。

3.2 期权的风险之买方风险

①时间价值损耗。买方不利因素之一，随时间流失，时间价值到期归0，同时对实值/虚值/平值期权影响不同。实值和虚值期权，最后一周时间流失的影响小，到期日虚值期权价值归0，实值期权则仅剩下内在价值，而平值合约，最后10天下降最快。

期权就像“阳光下的冰”一样，其时间价值呈抛物线加速衰减。

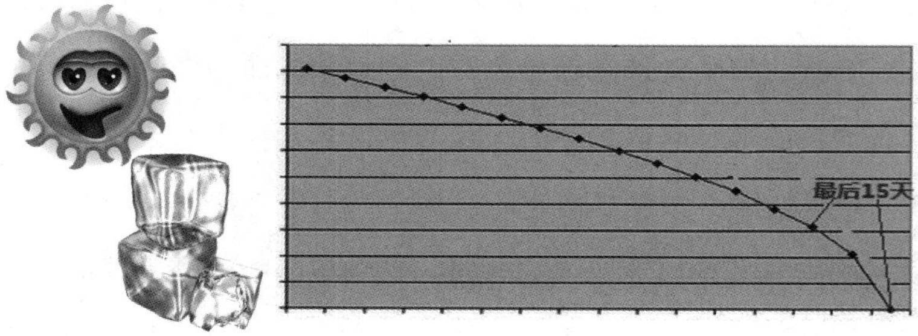

随着时间到期日的临近，时间价值是一路走低的，到最后15天，尤其最后七八天，它的时间价值消耗更快（上图）。在行情软件可以观察，当月合约离到期不足七八天的时候，观察一下这段末日时间的价格波动，是很暴力的。如果我们判断市场接下来要绝地反击，整个市场到了上涨的临界点，反弹一触即发，这个时候如果刚好处在“末日轮”，那么这波上去单日20倍都可能算少的，这就是“末日轮”的波动，每月末都可以观察这个“末日轮”的波动，波动很精彩。

随着时间的推移，时间价值会越来越低，所以对于买方而言，时间就是金钱，为什么？因为买进去之后，特别是在当月，方向就一定要马上出来。比如接下来我们看涨，现在买入，上涨了，马上价值就能体现。

但是如果买入之后，行情不涨，当月的合约它会一直跌，一直跌，跌到归零，因为时间价值最终是要归零的。所以如果不涨，那就要先出来，或者选择下月或远月的合约，不能在当月死守，死守的最终结果是归零。

学习温馨小提示

一般情况下，买卖期权都是根据50ETF的涨跌进行买入与卖出，但是在时间价值消耗最快的“末日轮”15天，买入与卖出的把握要求就需要极为精准，往往在这即将到期的15天，常常会出现看对了方向却亏损的情况。

前面章节也讲到，在方向比较确定的情况下，我们就可以买入当月的合约；而在方向不确定的背景下，或者是不那么确定的背景下，我们要买下月的合约，要有更多的时间让行情涨上去。所以对于大部分人而言，可以买入下月的合约，现在不涨没关系，当月下跌了，但是下月涨上去，照样能盈利。但是如果我们买入当月的合约那就要必须马上就涨，不涨的话，它会一直损耗跌下去。所以期权的时间价值更为重要，它不仅要像期货一样看对方向，还要看对启动点，更要考虑这个时间价值。所以很多人不管做期货也好，还是做期权也好，看对了未来却死在了当下。所以当我们不太确定的时候，就不要买入当月的合约，选择下月或者远月的合约，不要给自己设那么多的限制，从容应对，只要大方向看对了，有足够的时间让它涨，最终一定是盈利的。

这就是时间价值的耗损，也就是买方的风险，选择当月就一定要有确定的把握，不然就选择下月或者远月的合约。

②横盘、振荡市风险。如果行情震荡、横盘，认购认沽双杀，购沽都容易下跌；相反，区间震荡对卖方最有利，稳收权利金。

横盘震荡的市场，买方是不容易盈利的。最怕的情况就是，买入之后，行情不涨也不跌，就在那里震荡，这个时候对于买方是很不利的，这个时候随着行情不断震荡，时间消耗的越多，时间价值会越来越小，那么它的价格会不断的下跌。所以这个横盘震荡的风险，是个很重要的风险，他的根本原因就是时间价值。

③重仓风险。期权买方最大的损失为权利金，相对股票，期权金更便宜，但仓位太重，方向错误，可能损失投入的全部权利金，金额就会偏大。

期权是有杠杆的，所以不能重仓。不能100万直接买进去，这是不行的。在期权市场，能够投入资金在50万以上，就是比较大的大户。而在股票市场50万只能算是中小户，但在期权就已经是大户，可以想一想，50万加上200倍杠杆相当于多少资金？就相当于上亿的资金。所以仓位不宜过重，尤其是新手，刚开始玩买一张或两张练手，一张几百元的，尝试学习到的策略练练手，还有跨式策略、勒式策略等都试一下，演练几十次，经过几个月之后，再把仓位加上去，等使用熟练了，就可以轻车熟路地运用适当的资金把握大的机会。所以在平时要抓紧时间学习，掌握好这个工具，积累实战经验。

④流动性风险。一般平值合约较活跃，深度实/虚值不活跃，资金较大可以买流动性好的，多个合约持仓，同时提前分批平仓，不要等行情拐点出现才平，平仓价格会大幅下降。

深度虚值的合约，以及深度实值的合约，它们的交易量是比较小的，就是因为流动性不好，所以要尽量买流动性比较高的合约。而流动性的高与低，从期权的行情软件上，我们看持仓量，持仓量比较大的都可以买，而持仓量比较小的我们尽量少买，这就是关于流动性的风险。

⑤溢价过高风险。新开出来的合约，一般都有溢价，容易下跌，新上合约的前两周不要参与。

新开出来的合约溢价比较高。比如当月合约到期结束，会有一个新的月份合约出现，这个新开出来的合约，往往价格比较高，会存在溢价，这个时候它往往风险比较大。因为新出合约价格高，很多虚值合约、平值合约最终是要归零，它的价格越高风险自然越大，所以新开出来的合约具有溢价过高的风险。注意！一般的话，新上市的合约，前两周尽量不要去参与，回避溢价过高的风险。

⑥忘记平仓风险。50ETF 期权属欧式期权，到日期才能行权，一般都提前平仓，所以不要持有不动，因平值与虚值期权到期归 0。

忘记平仓风险。比如有些人买了股票，账户都不记得了，还好股票不会归零。但是期权有到期日，如果放着不动它是会到期的，所以一定不要忘了账户密码，忘记平仓是不行的。股票没有到期日，就算退市也还有一定的权利，但是期权一定要平仓。比如 2005 年、2006 年的时候，很多人买权证，有些老人家不懂，他以为买了权证就像买股票一样，可以放在那里一直涨，买了几十万的权证，最终全部到期，几十万就都打水漂了。要也要不回来，注销掉了，也就是没有了！所以期权不同于股票，它和权证一样，一定要记得平仓！

3.3 期权的风险之卖方风险

①保证金风险。期权卖方可能被要求提高保证金数额，若无法按时补交，会被强行平仓。

②巨额亏损风险。标的价格波动、方向完全和预期相反，有可能造成期权卖方出现巨额亏损。

③流动性风险。卖出开仓某些远月或深度实值的期权，投资者可能

面临无法及时买入平仓的风险。

④行权交割风险。期权的卖方存在交割违约风险，即无法在规定的时限内备齐足额的现金、现券，导致交割违约。

学习温馨小提示

买方与卖方是对手盘，买入认购的对手是卖出认购，买入认沽的对手是卖出认沽。我们先做好买方——买入认购（做多）、买入认沽（做空），掌握更多知识并积累一定实战经验再去做卖方。

简单的买方与卖方的对比

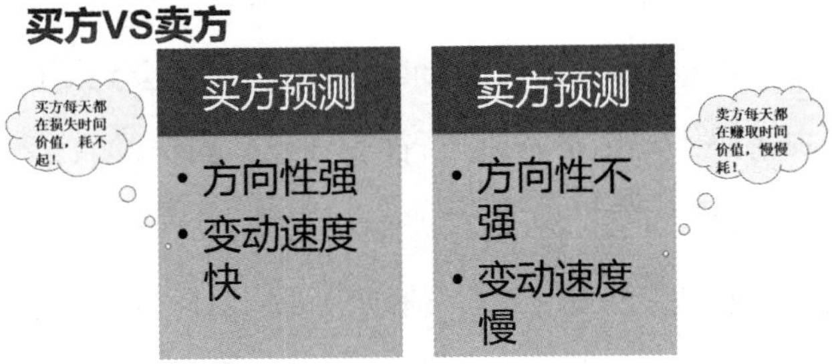

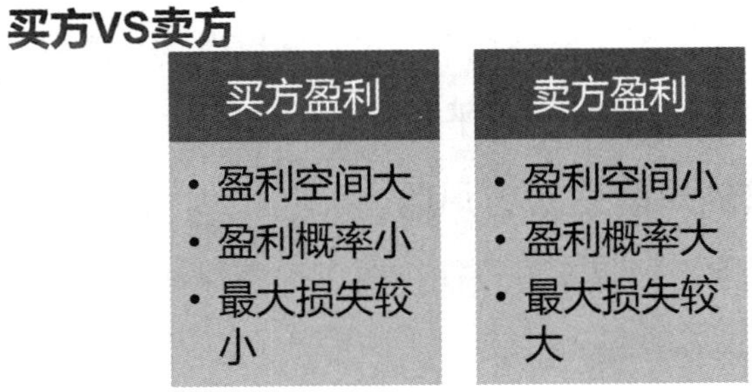

3.4 风险控制

风险控制是交易成功的基石，开仓到平仓是一个完整的交易过程，成功的关键在于开仓和平仓时间点的选择。在什么时候适合开仓、什么时候适合平仓，我们必须去人性化，根据盘面来进行。

开仓时间

认购开仓：上涨中顺势买入或下杀出现拐点时买入。

认沽开仓：下跌中顺势买入或上涨出现拐点时买入。

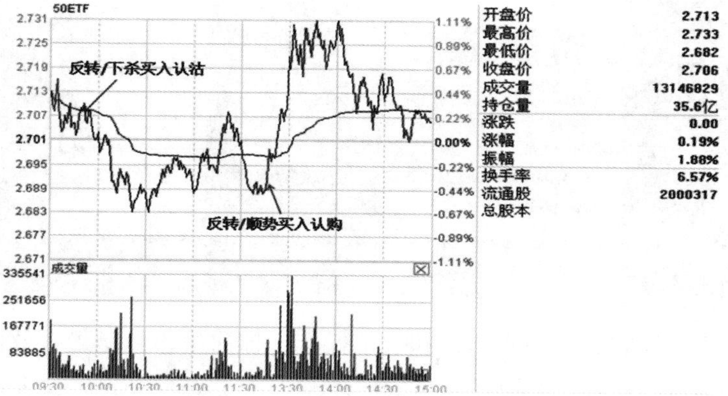

平仓时间

认购平仓：下跌中顺势卖出或上涨出现拐点时卖出。

认沽平仓：上涨中顺势卖出或下杀出现拐点时卖出。

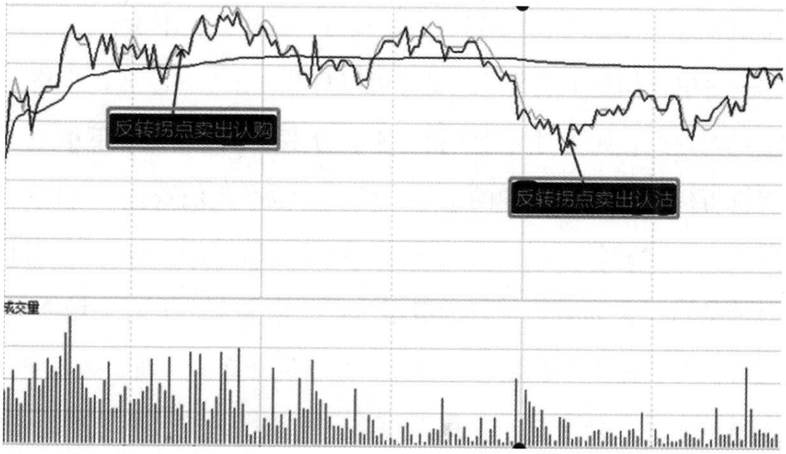

认购合约的开仓时间即是认沽合约的卖出时间。

认沽合约的开仓时间即是认购合约的卖出时间。

案例：

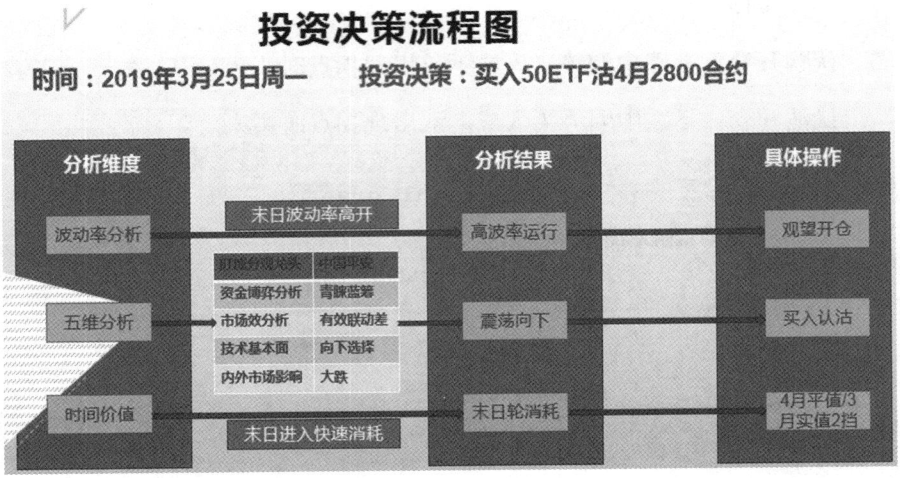

虽然期权的买入→卖出，和股票操作一样简单，但是最有效的操作，还是要控制好风险，控制好仓位等，这样才能成为市场中盈利的少数人。

①资金配置。买方拿股票总资金 5% ～ 10%，即使亏完也不受影响。在有巨大机会时也不要超过 20%。

②合理的仓位控制可以规避风险，扩大战果。仓位管理时将投入资金看作 100%，首次开仓不要超 30%，没有共振机会，不重仓。

③一手单。如新手刚开始交易，可以只开一张，熟悉各种策略。

④买卖分批。如买时可分 3 批，平仓分多次，不一次性下单。

期权可以作为股票对冲的工具，所以它也是我们资金配置的一种资产。那么在做对冲的时候，要记住，拿股票总资产的百分之五到百分之十去对冲即可。比如有一百万的股票资产，最多拿个五万去做期权，因为期权有杠杆，相当于有几百万资金。在仓位管理上，新手更是要注意，刚投入时的本金一定要先小，练手为主，先积累经验，哪怕理论知识再丰富，也要去积累实战的经验。因为实践是检验真理的唯一标准，否则就只是纸上谈兵！所以在期权操作时不要急，首次开仓仓位不宜过重，买一张或两张，最终不要超过投入期权资金的 30%，多练习、多熟悉。

在买卖的时候也要注意，一定要采取分批的策略。期权具有杠杆，我们要能够容忍一定的波动。做日内交易容忍的回撤幅度相对会小一些，做趋势交易容忍的回撤幅度相对就要大一些，因为比如我们买涨的时候，不可能买在最低点；买跌的时候，不可能买在最高点。所以在买入的时候千万不要一开始就重仓。比如说我们认为接下来行情要出现中级反弹，而且概率非常大，那我们就可以慢慢布局多单，但是我们在布局的过程中，千万要记住，我们要采取分批的策略，我们可以先进三分之一仓位，然后慢慢地加，那么行情一旦反转往上，就能够全部盈利。注意！这是对方向比较确定会转折可以这样加仓，否则三分之一仓位进场后要等有盈利了，再顺势加仓，行情一旦延续，就让利润不断的奔跑。

⑤出金。遵循行情“涨多会调，跌多会涨”规律，做完一波行情，把大部分的利润转出去，按照原有本金交易，没有盈利干扰，下单心态会更好，转到股票账户或其他开支。

如果盈利较多，可拿 20% 算新成本，即使遇到黑天鹅，也不至于受重创。有人一次性赚 10 倍利润，没有出金，继续移仓新的平值合约，结果一个大跌就回吐掉大半盈利，甚至归 0，纸上富贵一回。如 2017 年 5 ~ 11 月大涨，12 月亏损。

期权获利要出金，千万要记住，不要贪婪！任何行情涨多了都会调整，跌多了会上涨，所以做完一波行情，就要把大部分利润转出去，比如哪一天你从一万做到一百万，就不要拿着一百万在里面博弈，如果继续全部在里面博弈，最终可能全部归零，都是很正常的。所以赚到利润之后，一定要转出去，可以适当从利润抽取百分之几增加本金继续博弈，慢慢地滚雪球，否则空欢喜一场得不偿失。

A 股市场亏损很容易，盈利却很难，而且牛短熊长，来行情的时候时间往往都很短，如果没有把握到，那就要经历漫长的熊市过程。所以千万要记住，大机会来临的时候，我们一定要把握好，同时全身而退，这才是最终的目的。所以在没有机会的时候要保存实力，并尽可能地加强市场的研究工作，多学习，一有机会就要一击必中。

⑥止盈（买方）。单边行情时，出现大幅盈利，可分批止盈，或开虚值反向单做保护；震荡市，如果有较好盈利，也要即时止盈。

⑦止损，对行情判断错误时及时止损（留有余地，遇到大机会，即使 4900 元也可以赚 40 万）。

止盈的时候我们可以采取分批止盈的策略，止损同样如此。虽然作为买方风险是有限的，但是发现行情不对的时候，我们也要果断出来，敢于止损，不要让它到达归零的境地。比如你投入一万资金进去，发现行情不对，跌百分之二三十我们可以先出来，再找下次机会。留得青山在不怕没柴烧，只要留有余地，遇到大的机会，即使 4900 元也可以赚 40 万，因为期权就是以小博大，只要留得青山在（本金），把握一波就能扭转乾坤。

⑧几个不买：不买快到期合约（新手）；不买深度虚值；不买最远合约（太贵）；少买刚上市合约；行情没把握不开仓；不买溢价过高合约。

不买到期的合约，也就是这个“末日轮”，最好不要去玩，特别是对于新手。不买深度虚值的合约，因为其流动性很差。不买最远期的合约，因为它的流动性也很差，而且很贵，而且波动还很小，买这个最远期的合约还不如买股票。在行情没有把握的时候不要开仓，只做确定性的机会。不买溢价过高的合约，也就是新上市的合约。掌握这几个原则就好。做期权最好不要像股票一样天天在里面折腾，交易是要成本的，交易次数越多，亏损的概率就越大，不确定性也就越大，所以我们尽量不出手，一出手就要有很大赢的概率。

⑨不要小富即安。期权涨跌时常会超预期，饿死胆小的，撑死胆大的。比如 2018 年 1 月涨、2 月跌，2 月初的这一波下跌就有 1000 倍，很多人可能赚个一倍两倍就跑了，没想到后面达到 1000 倍，所以我们不能用股票的思维去做期权。举个例子：如台湾出现过棉花大行情，期权从 1 元涨到 1000 元，有个做股票的客户，从 1 块钱买进去，一个小时就涨到 1.4 元，赚 40%，吓了一跳，股票一年也不一定有 40%，所以他赶紧落袋为安，在股票上是波段止盈，但是，后面棉花期权从 1 块一直涨到 1000 块。例子中的客户赚了 40% 就跑了，踏空非常大。所以做期权，不要小富即安，有的时候上涨或者下跌的方向，一旦对的时候，那就要乘胜追击，把这个利润放大，当然也不要贪婪，到一定程度之后，比如涨个二三十倍，那能够把握十几倍也不错，如果出现一波两三百倍的行情，我们做到五六十倍也很好了。

学习温馨小总结

期权的策略还有很多，这里是最基本的买方策略，也是必须要掌握的策略。必须要注意买方的风险，认清盈利与亏损的状况，控制好风险，然后根据对标的物的研判选择相应的策略，把握看得准的机会，只有这样，买方把握期权才能更加得心应手。

第五章

如何利用期权把握千倍机会

学前须知

第五堂课主要是讲做好对标的物的研究。研究得越透彻，对时间节点掌握的越精准，在历史性机遇面前，把握到大机会的概率就越大。

本堂课内容在牛散大学堂股威宇宙的等级划分为中学。

1. 做好期权的基础是对标的物的研究

期权只是个工具，我们没有必要花大量时间研究它是个什么东西，我们要花大量时间在标的物判断上。

①上海股票交易所：上证 50ETF 股票指数期权。

②大连商品交易所：豆粕期权。

③郑州商品交易所：白糖期权。

④大的券商、期货公司的场外期权。

期权只是个工具，就像高铁、飞机，只是个工具而已。所以我们没有必要像工程师一样，研究这个飞机、高铁是怎么制造的，作为掌舵者，只要知道列车开往哪里，怎么驾驶，知道具体的方向就可以了。所以我们没有必要花大量时间研究期权是怎么出来的，重点是要去研究标的物的方向，也就是你要知道怎么掌舵，怎么使用期权。而这个方向的判断是做好期权的基础，所以这个主次要搞清楚。

在我们国内，资本市场现有的期权品种，有上海交易所的 50ETF 期权，也就是指数期权。沪深 300 在若干年后可能会推出来，但是目前指数期权只有上证 50ETF 这一个。除了指数期权还有商品期权，包括大连商所的豆粕期权、郑州商所的白糖期权等，后续也会增加新的品种。对于大的券商，期货公司的场外期权就涉及到个股期权，比如银行股、保险、地产等，而场外的个股期权只有机构（公私募机构）可以参与，个人投资者不能够参与。所以了解下即可。

那么我们现在要重点参与的品种就是上证 50ETF 期权，为什么重点去参与这个？因为 50ETF 是当下最佳的标的物。

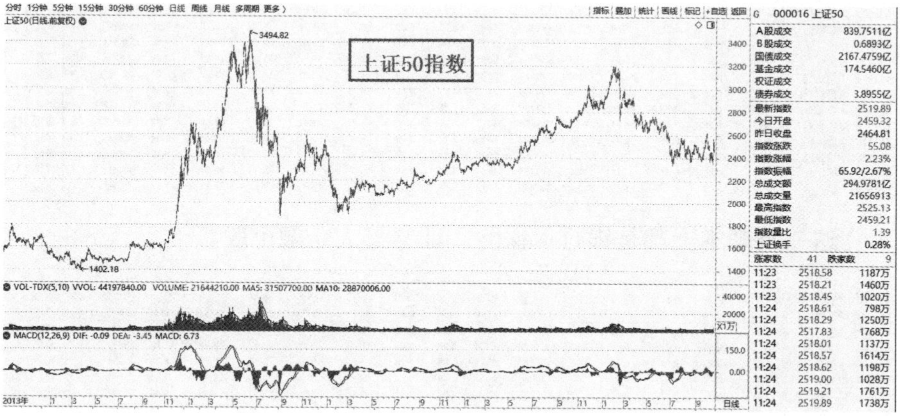

图案回顾点睛：2018年上证50指数日线图

为什么 50ETF 是最佳标的物？因为从流通性的角度，它的交易量很大，所以很多时候就不用去考虑交易不活跃的问题。期权推出的时间不长，会玩的人很少，等到后面大部分人参与的时候，其实已经没有太多机会，反而是风险，所以在新事物刚推出时，我们就要了解它，掌握它，争取做第一个吃螃蟹的人。50ETF 是最活跃的品种，不用考虑流动性的问题，而且未来成交量会更大。其次，上证 50 并不陌生，尤其是经过 2016 年、2017 年走了两年的牛市，对它的认知也很深，同时上证 50 的成分股 60% 是大金融——银行、券商、保险。所以判断这个 50 的走势，主要就是判断这个金融股的动向，因为金融股占了大部分。

2019 年 7 月更新的上证 50 成分股：

代码	名称	涨幅%	现价	涨跌	买价	卖价	总量	现量	涨速%	换手%	今开	最高	最低	昨收	市盈(动)	总金额	量比	细分行业↑
600690	海尔智家	0.00	17.31	0.00	17.31	17.32	185616	1190	0.52	0.30	17.40	17.67	17.21	17.31	12.90	3.23亿	0.84	家用电器
601989	中国重工	-1.00	5.95	-0.06	5.95	5.96	100.6万	11909	-0.16	0.55	6.06	6.11	5.93	6.01	64.32	6.05亿	0.41	船舶
601766	中国中车	0.00	7.88	0.00	7.87	7.88	219501	1623	0.00	0.10	7.93	7.95	7.85	7.88	31.76	1.73亿	0.56	运输设备
600031	三一重工	2.72	12.82	0.34	12.81	12.82	705880	7012	0.08	0.85	12.60	12.89	12.59	12.48	8.33	9.01亿	1.45	工程机械
600050	中国联通	0.68	5.96	0.04	5.95	5.96	606213	5482	0.17	0.29	5.97	6.03	5.92	5.92	28.46	3.62亿	0.70	电信运营
600000	浦发银行	0.44	11.40	0.05	11.40	11.41	232858	1503	-0.08	0.08	11.43	11.46	11.34	11.35	5.08	2.66亿	0.86	银行
600016	民生银行	0.17	5.99	0.01	5.98	5.99	398168	3208	0.00	0.11	6.00	6.03	5.98	5.98	4.15	2.39亿	0.53	银行
600036	招商银行	2.22	35.90	0.78	35.89	35.90	598290	5424	0.06	0.29	35.46	36.06	35.31	35.12	8.97	21.4亿	1.51	银行
601166	兴业银行	0.40	17.79	0.07	17.78	17.79	474682	3455	0.06	0.25	17.85	17.98	17.74	17.72	4.70	8.47亿	0.94	银行
601229	上海银行	0.00	8.79	0.00	[illegible]	8.79	126602	925	0.00	0.19	8.81	8.86	8.76	8.79	6.22	1.11亿	0.54	银行
601288	农业银行	0.00	3.59	0.00	[illegible]	[illegible]	128.9万	15341	0.00	0.04	3.59	3.60	3.58	3.59	5.13	4.63亿	0.64	银行
601328	交通银行	0.17	5.75	0.01	5.75	5.76	380226	6373	-0.16	0.10	5.76	5.79	5.74	5.74	5.07	2.19亿	0.46	银行
601398	工商银行	0.36	5.57	0.02	5.57	5.58	106.3万	15969	0.00	0.04	5.56	5.58	5.55	5.55	6.05	5.92亿	0.76	银行
601818	光大银行	-0.26	3.77	-0.01	3.77	3.78	342572	2445	-0.25	0.09	3.79	3.81	3.76	3.78	5.08	1.30亿	0.57	银行
601939	建设银行	0.72	7.04	0.05	7.03	7.04	101.9万	4510	-0.13	1.06	7.03	7.07	7.00	6.99	5.72	7.18亿	1.27	银行
601988	中国银行	0.27	3.71	0.01	3.70	3.71	534320	8440	0.27	0.03	3.71	3.72	3.70	3.70	5.36	1.98亿	0.54	银行
600030	中信证券	-0.09	23.18	-0.02	23.18	23.19	123.8万	12555	0.00	1.26	23.40	23.64	22.99	23.20	16.49	28.9亿	1.26	证券
600837	海通证券	0.37	13.74	0.05	13.74	13.75	638766	5097	0.07	0.79	13.79	13.97	13.65	13.69	10.48	8.82亿	1.03	证券
601066	中信建投	-4.61	20.29	-0.98	20.28	20.29	630471	5822	0.35	7.29	21.40	21.46	19.23	21.27	26.07	12.9亿	1.96	证券
601211	国泰君安	0.17	18.06	0.03	18.05	18.06	336380	3408	0.11	0.45	18.15	18.28	17.86	18.03	13.38	6.08亿	0.99	证券
601688	华泰证券	-1.94	20.71	-0.41	20.71	20.72	848727	6524	0.05	1.35	21.25	21.39	20.52	21.12	16.91	17.8亿	1.44	证券
601318	中国平安	0.11	87.98	0.10	87.97	87.98	514869	4013	0.06	0.48	88.49	89.30	87.69	87.88	8.83	45.5亿	0.92	保险
601319	中国人保	0.78	9.02	0.07	9.02	9.03	353397	1646	0.11	3.49	9.01	9.15	8.98	8.95	16.94	3.20亿	1.06	保险
601336	新华保险	0.87	53.12	0.46	53.12	53.13	149959	1526	0.04	0.72	53.00	53.79	52.70	52.66	12.30	7.99亿	0.89	保险
601601	中国太保	2.37	36.21	0.84	36.21	36.22	313404	1985	0.06	0.50	35.64	36.65	35.59	35.37	14.97	11.3亿	1.55	保险
601628	中国人寿	3.29	29.20	0.93	29.20	29.21	244370	1673	0.21	0.12	28.61	29.67	28.51	28.27	7.93	7.15亿	2.72	保险

上证50成分股

这一页基本上都是银行、保险、证券等大金融个股。

代码	名称	涨幅%	现价	涨跌	买价	卖价	总量	现量	涨速%	换手%	今开	最高	最低	昨收	市盈(动)	总金额	量比	细分行业↓
600340	华夏幸福	0.60	31.76	0.19	31.76	31.77	125945	2358	-0.15	0.43	31.67	32.39	31.65	31.57	8.04	4.03亿	1.08	区域地产
600048	保利地产	0.07	13.47	0.01	13.46	13.47	534942	5833	0.15	0.45	13.57	13.65	13.39	13.46	17.27	7.24亿	0.54	全国地产
601800	中国交建	-0.18	10.84	-0.02	10.84	10.85	69336	1028	0.00	0.06	10.91	10.96	10.82	10.86	11.15	7547万	0.39	建筑工程
601668	中国建筑	0.17	5.78	0.01	5.77	5.78	506964	4811	0.00	0.12	5.80	5.85	5.78	5.77	6.85	2.95亿	0.51	建筑工程
601390	中国中铁	0.00	6.42	0.00	6.41	6.42	192032	5843	0.00	0.10	6.44	6.46	6.40	6.42	9.54	1.23亿	0.57	建筑工程
601186	中国铁建	-0.21	9.61	-0.02	9.60	9.61	262655	2676	0.00	0.23	9.69	9.75	9.57	9.63	8.40	2.54亿	0.53	建筑工程
601111	XD中国国	0.33	9.10	0.03	9.10	9.11	205795	4367	-0.32	0.22	9.12	9.27	9.07	9.07	12.14	1.89亿	0.74	空运
600029	南方航空	0.41	7.42	0.03	7.41	7.42	168765	1276	0.13	0.24	7.45	7.52	7.40	7.39	8.59	1.26亿	0.69	空运
601888	中国国旅	-2.07	86.12	-1.82	86.11	86.12	110088	596	0.24	0.56	88.59	89.60	85.33	87.94	18.23	9.64亿	0.81	旅游服务
603259	药明康德	-1.26	63.67	[illegible]	63.67	[illegible]	49469	345	0.19	0.49	64.70	64.80	63.20	64.38	67.36	3.16亿	0.78	化学制药
600276	恒瑞医药	-1.11	66.66	[illegible]	[illegible]	[illegible]	114917	993	0.09	0.26	67.70	67.95	66.40	67.41	61.80	7.72亿	0.70	化学制药
600196	复星医药	-0.40	27.21	-0.11	27.21	27.22	206277	1998	0.26	1.08	27.47	27.56	26.81	27.32	24.48	5.62亿	1.13	化学制药
600104	上汽集团	-0.62	25.53	-0.16	25.53	25.54	240174	2847	-0.07	0.21	25.87	26.08	25.38	25.69	9.04	6.17亿	0.96	汽车整车
600519	贵州茅台	-0.10	981.50	-1.02	981.50	981.51	30514	281	0.15	0.24	989.96	998.38	976.00	982.52	27.47	30.1亿	0.80	白酒
600887	伊利股份	2.17	33.88	0.72	33.87	33.88	549605	2807	0.24	0.91	33.48	34.20	33.29	33.16	22.69	18.6亿	1.27	乳制品
600585	海螺水泥	0.64	41.08	0.26	41.07	41.08	198048	1314	-0.01	0.50	41.12	41.68	41.00	40.82	8.95	8.17亿	0.76	水泥
600309	万华化学	0.60	41.69	0.25	41.68	41.69	109224	2188	0.02	0.77	41.78	42.36	41.53	41.44	11.70	4.58亿	0.77	化工原料
603993	洛阳钼业	0.00	3.86	0.00	3.86	3.87	377881	4551	-0.25	0.21	3.88	3.92	3.84	3.86	64.76	1.47亿	0.83	小金属
600019	宝钢股份	-0.16	6.34	-0.01	6.33	6.34	237726	1198	0.16	0.11	6.39	6.43	6.30	6.35	12.95	1.51亿	1.05	普钢
600028	中国石化	0.38	5.22	0.02	5.21	5.22	974982	27047	0.00	0.10	5.24	5.25	5.20	5.20	10.70	5.09亿	1.28	石油加工
601857	中国石油	0.15	6.67	0.01	6.67	6.68	670404	6487	-0.14	0.04	6.68	6.71	6.66	6.66	29.77	4.48亿	0.77	石油开采
601088	中国神华	-0.21	19.03	-0.04	19.03	19.04	79661	353	0.00	0.05	19.20	19.27	19.00	19.07	7.52	1.52亿	0.61	煤炭开采
600703	三安光电	-0.27	11.13	-0.03	11.12	11.13	375441	2236	0.09	0.92	11.22	11.37	11.03	11.16	18.27	4.21亿	0.68	半导体
601138	工业富联	0.47	12.79	0.06	12.78	12.79	316966	2481	0.08	1.97	12.84	12.99	12.71	12.73	22.08	4.07亿	0.76	通信设备

上证50成分股

上证 50 成分股共 50 只，可以看到第一页基本上是银行、券商和保险，第二页有中国石油、中国石化、贵州茅台这些大的蓝筹品种。前面章节也已经分享了，研判分析上证 50 最关键的就是成分股大金融。所以判断上证 50 的趋势，我们关键是拿准这个大金融的动向，大金融的动向最终往往也决定了整个市场的动向，为什么？因为它们权重大，像阶段性银行、券商大涨，那么整个市场也会被带起来。在 2015 年股灾的时候，国家救市主要是拖这个银行股，稳定市场的重心。所以说金融股的动向，也就决定了整个市场的动向。所以我们判断市场的涨跌，金融股是要重点考虑的一个方向。

学习温馨小提示

研判上证50的本质就是研判金融股，把握关键性权重标的的波动才是核心，不论把握趋势还是日内波动，都要紧密关注50成分股关键性标的的协同状况。

期权除了上证50是最佳标的物，还有一些商品期权，豆粕和白糖等。做商品期货的人对这些并不陌生，其实这两个在期货也是属于很活跃的品种。像豆粕，也简单的谈一下，豆粕的走势主要是由什么决定？做商品期货的都知道，基本上大豆商品的定价权都是在美国，在我们国内，一年要消费1.1亿吨大豆，其中9000万吨来自进口，这个比例达90%！欧美国家是大豆的产出国，我国是进口国，所以这个定价权掌握在欧美市场，国内的豆粕主要就是跟国际市场走。所以判断国内豆粕期权怎么走，一定要借鉴的指标就是国际市场运行的规律，还有基本面的因素也需要花精力重点去研究。因为商品期权的豆粕、白糖，它们最终的价格是由供求关系决定，像豆粕的需求基本上是稳定的，全球整个的消费量，基本上是逐年递增，不会有太大的变化，所以最终决定的因素是供给，也就是决定这个价格最终基本面的因素就是供给。那供给会受到什么因素影响？很多时候会受到天气的影响，比如说自然灾害，在美国经常会出现非常严重的自然灾害，三五年一次，在春耕与秋收的季节，一旦出现自然灾害，供给端就会出现很大的变化，要么就是歉收，要么就是丰产，所以会导致这个价格波动很剧烈，不容易去把握。

2. 从 10 万到 1 亿，期权有多难就有多刺激

2.1 期权的机会在哪里?

研究标的对象是我们做期权的基础，前面章节也分享过：

50期权：每年中线级别机会约5—8次
空间大小每次一般20—30倍涨幅
其中一次大的机会有150倍以上涨幅。

每年理论上是有300倍的概率，
1万本金变300万，10万本金变3000万。

50ETF 是最佳标的，因为它的机会很大，每年基本上都会出现 5 ~ 8 次 20 ~ 30 倍涨幅的机会，理论上一年基本上有一次 300 倍这样的一个机会，一万变三百万，对应的十万变三千万。当然，很多人看到这个 300 倍觉得很恐怖，做股票一波牛市赚十倍就已经很恐怖了，这里是 300 倍，那就更恐怖了。虽然看起来很恐怖，但是很多时候你只要能想到，那就能做到。

举个简单真实的案例：有一个朋友，上一轮 2014 年、2015 年的那波牛市，他主要是做国际市场的期权，包括香港、美国的期权。那波牛市他就做了香港的期权，投入两百万，在 2014 年行情刚刚起来的时候，也就是六七月份进场。在 2014 年六七月份之后，慢慢行情重心不断抬升，第一波一直涨到十二月份，也就是上证指数当时第一波比较疯狂的上涨，就那一波，他买进去之后几个月的时间，两百万就变成了四千万，他也不知道能赚那么多，四千万就拿了一半出来，留了两千万在里面。后面大家也都知道，国内 A 股市场，从 2015 年的一月份一直上涨至 6 月份股灾之前，又是一波暴力拉升，就在这一次，他剩下的两千万，变成了 4

个亿，短短几个月时间，就这么实现了。所以很多时候，把握这个机会不要觉得很难，往往就是你站在了那个风口，猪都能飞得起来，这就是顺势而为的力量。很多时候我们只有去做了，只有去尝试了，才有可能把握这个机会，不做也不尝试是不可能有这个机会的。

梦想是要有的，万一实现了呢！所以有机会就应该好好的利用、尝试，敢想敢做。刚才的数据 300 倍很多人觉得太恐怖，但是 2018 年年初的暴跌，前面章节也讲过其中一个合约，涨幅是上千倍！

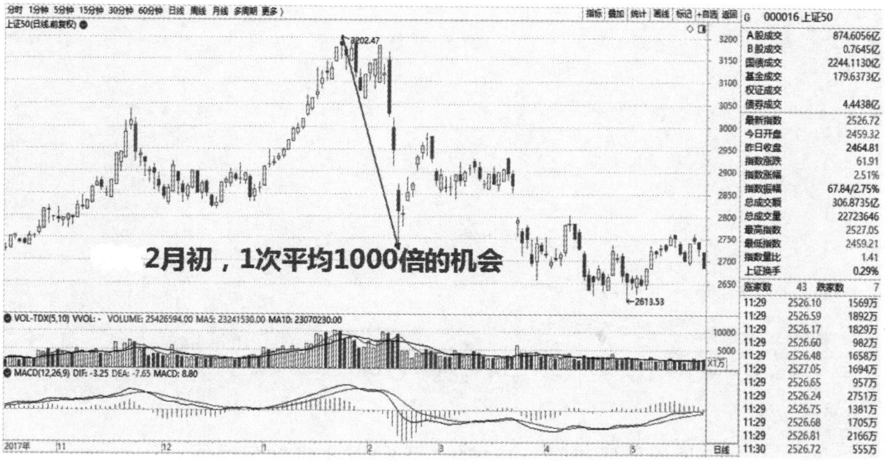

图案回顾点睛：2018年2月初上证50日线图

2018 年 2 月初，一次平均 1000 倍的机会。不止 300 倍，是一千倍！我们都知道那几天出现了连续的暴跌，可以看一下 2 月初的几个当月合约状况，看下它们最大的涨幅是多少：

牛散大学堂

什么是机会，假如只投入1万元，在2月上旬做出人生正确的决定

1、你买1万块的50ETF2月沽2650合约	一周后	最高你已经坐拥800万
2、你买1万块的50ETF2月沽2700合约		最高你已经坐拥1000万
3、你买1万块的50ETF2月沽2750合约		最高你已经坐拥1239万
4、你买1万块的50ETF2月沽2800合约		最高你已经坐拥1568万

可能有些人只是玩一下的心态买了一万元，但是仅仅一周，买入这几个合约就有一千倍的机会，很多人可能想都不敢想。这就是顺势而为的力量！所以人生的幸与不幸，就在一刹那之间，这就是期权的暴利机会。而且这样的机会以后一定有，因为这是熊市周期，可能很多人没有做空的习惯，更多的习惯是做多，所以牛市周期对大家更有利，大家做多的思维可以在牛市中尽情去发挥。

2015 年 6 ~ 8 月股市大跌，上证 50 看跌期权暴涨 10876 倍：

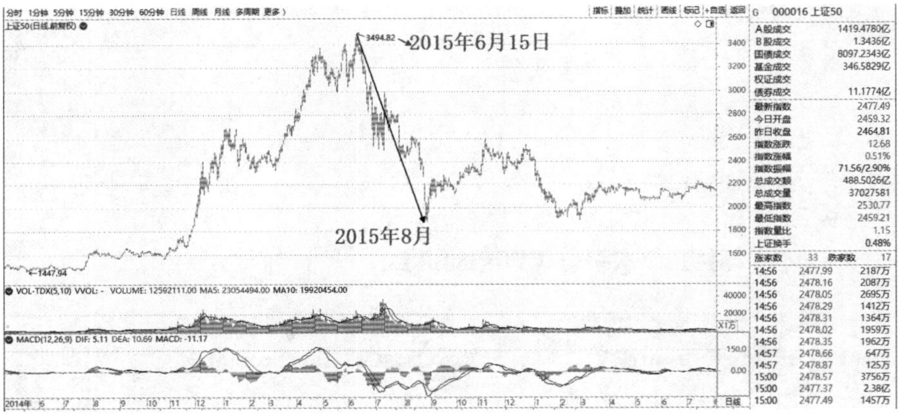

图案回顾点睛：2015年6月至8月上证50日线图

刚才的千倍机会，指数跌幅还不到 20%。更早期 2015 年的股灾就更不用说了，2015 年 6 月到 8 月，短短不到两个月时间，出现中国创历史的大跌，当时股指一口气跌了 40%。中国 A 股市场一直是创历史的，跌的时候是创历史的，涨的时候也是创历史，但是我们可以发现，期权这个工具，越是在大波动的时候，往往机会也越大，而且很多时候波动越大越是无风险套利。比如我们可以使用跨式策略，一边买一万元的多单，一边买一万元的空单，总有一边会赢，比如 2018 年 2 月份或者是大牛市的时候，因为朝一个方向走，所以跨式策略有一个方向一定是赢的，而且走得越远，赚的就越多。而亏损的仅仅是一边的权利金。所以在有大波动的时候，跨式策略就是无风险套利，操作期权也更有利。

A 股市场往往就是这个特性，每次都是创历史，所以不用担心没有行情，而且波动越大对我们期权市场越有利，一旦做对，收益也会很大。2015 年股灾千股跌停，两个月暴跌 40%，而 50ETF 期权从高位到低位是暴涨 10876 倍，一万倍的机会，也就是一万元变成一个亿！当然，这是理论化的，实际操作也不会拿那么久，但是一万倍的机会，多的拿个千倍，少的拿个几百倍，这是可以做到的，因为当时天天跌停，开盘就跌停，像熔断十五分钟就跌停，所以要做到几十倍几百倍不难，这样的行情一旦出现，顺势而为就好。这就是股灾的一万倍的机会，如果大牛市行情同样也是万倍，所以大牛市的万倍机遇一定要把握好。

学习温馨小提示

这些数据都是真实的，这就是趋势性机会与情绪共振，放大了倍数，每年都有一次比较大的机会，只不过大部分人都在折腾一两倍的收益，或者日内的波动，损耗了精力和本金，在大机会来临的时候却失之交臂。所以做期权也要有格局和耐心。

2012年12月4日

策略：买认购

右图：30%涨幅，200倍杠杆，加大众心理共振，涨幅200倍以上。

这个在前面章节已经看过，2012 年 12 月 4 日，股指经历大跌之后，迎来一波报复性反弹，这波反弹上升的是 500 点的空间，如果我们可以看到这一波，上证 50 上涨 30%，平均两百倍的杠杆，名义上有 60 倍，这是理论值，但是加上心理共振，事实上可以达到 200 倍以上的涨幅。

2015年12月23日

策略：买入认沽

右图：27%跌幅，200倍杠杆，名义涨幅54倍，实际涨幅300倍以上。

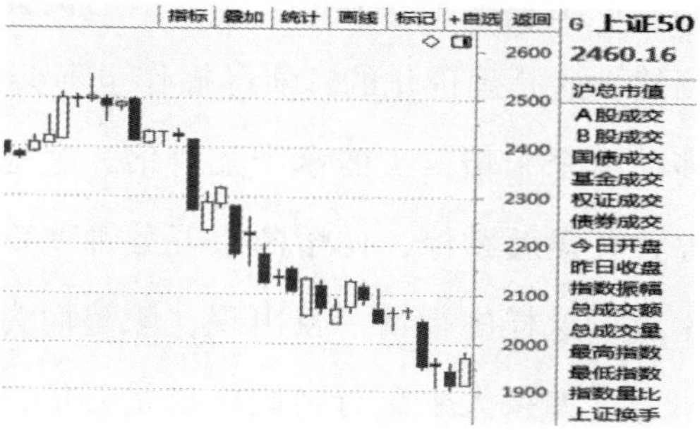

这是 2015 年 12 月 23 日，也就是熔断之前的这一波，即第三浪股灾，其中有一天大盘十五分钟不到就跌停了，所以这一波暴力下跌，跌幅也接近 30%，如果这个时候我们可以买入认沽，平均 200 倍的杠杆，理论涨幅是 54 倍，加上心理共振，实际涨幅可达 300 倍。当时中国市场还没有期权，不过国际市场有，做空可以达到 300 倍以上。所以基本上只要指数有个 25% 到 30% 的剧烈波动，期权就能够达到上百倍的涨幅。讲这些有什么用？因为下一节会讲到，怎样从 10 万元做到 1 个亿，也就是在实现路径上怎么做到这一点。所以在脑海里要有个定义，连续涨跌幅大约在 25% 到 30% 左右，其实这无非就是一个稍微级别大一点的反弹。我们回顾历史就可以看到，一波趋势性行情形成，牛市和熊市的主升浪就不用说了，比如牛市的趋势一旦形成的时候，第一波往往会有 30% 以上的涨幅，这第一波就是多头奠定牛市的基础。可以再回忆一下从 998 点到 6124 点 2006 年、2007 年这波行情，还有 2014 年、2015 年这波牛市行情，都参考一下，第一波涨幅基本上都是在百分之三四十以

上，这是多头奠定气氛的一波行情，只要顺势而为做一波，基本上就有200倍到300倍的机会。

2.2　从10万到1亿的实现路径

10万到一个亿，很多人想都不敢想，甚至怀疑，能做到吗？其实，前面章节已经看了那么多的例子，自己可以想一想，思考一下怎么样做得到。当然，讲之前还是要提示风险，毕竟期权不仅受上证50波动的影响，还受时间和波动率的影响，如果确定不了方向和行情状况，也确定不了行情转变的大概时间，请回避当月合约，选择下月或者远月合约，用平值附近的合约进行博弈。选深度虚值的当月合约归零是常态，千万不要和期权市场对着干，顺势而为，做自己确定、有把握的机会！不要因为期权的暴利波动而迷失了自我。

那具体如何实现？首先拿出十万元本金进入期权，上一小节讲到上证50指数，只要能够连续涨幅达30%左右，也就是在市场大幅反弹的背景下，或者是牛市启动波段式行情的时候，能够做到第一波30%，把握到200倍到300倍的机会，十万元200倍就是2000万。在牛市来临启动时，指数第一波就有30%以上的涨幅，后期主升浪跟疯狂浪就更不用讲了。启动第一波走得会相对慢一点，不过一波30%或者一波40%的行情是很确定的，这样的波动，在期权市场就能够实现200倍到300倍的涨幅，只要能够把握这样一波上涨，资金10万涨200倍就变成2000万，这离一个亿已经很近了。但是这个时候要注意，你不能拿着2000万再去博弈，万一博错了就都没了。所以首先要抓住一个这样的波段性行情，在期权市场，每年都会有这样的一次大机会，当然，大牛市来了，就是最确定性也是最好的机会，而且持续性和稳定性也是最好的，也就是不用想太多，拿着很放心，走势很迅猛的那种，把握住第一波行情就能够实现从10万到2000万。

而且这只是第一波，牛市行情一旦启动，不可能只有一波，基本上它会有三波，最少也有两波，就是很连贯性的这种拉升。就像前面章节看到的这种暴涨暴跌连贯性的走势。那么到了2000万,一定要记住，不管三七二十一，先把利润撤走，只留一百万，也就是赚到2000万就撤走1900万，剩100万，这1900万落袋为安。如果还想全仓继续博，就算做对了，进去容易要出来都很难，而且一旦错了就是灰飞烟灭。就像2014年、2015年的牛市，用杠杆赚了大钱，最终不撤杠杆爆了仓，纸上富贵一回。所以一定要获利出金。万事开头难，最难的就是我们要打出第一波，要打一个漂亮的歼灭战。

一定要把第一波打好，第一波要抱着上百倍的空间而去，这个是至关重要的。从十万实现一个亿，通过一波大牛市行情是能够实现的。上一小节讲的例子就是如此，他还只是在香港市场，香港市场在2014年、2015年的涨幅并不大，还没有A股市场的涨幅大，A股市场在2014年、2015年在全球市场可以说是最暴利的。所以说一波大行情是能够解决这个问题的，而且是保守地解决，不是激进地解决。所以最重要的就是要打好第一波，要抓一个百倍的涨幅，只要指数连续涨个30%就可以实现。尤其是在牛市气氛形成之后，做多情绪的欲望膨胀，放大的倍数就会更大，2018年年初的暴跌，就是悲观情绪共振形成的千倍机遇，这放大了远不止两百倍。所以气氛一旦形成之后，情绪会慢慢上升，行情只要继续涨，情绪就会越放越大，放大的倍数超乎想象。

不用担心实现不了，只要指数能够实现30%的连贯涨幅，然后能够抓到这一大波，也就能完成第一步。完成第一步之后，基本上也就轻松多了，撤出1900万剩个100万，用100万再打第二波。一波大牛市至少有三波行情，第二波只需要把握住一百倍的机会，就能够完成一个亿。因为本金不是十万而是一百万，而且一百万是已经撤走了1900万之后剩下的，已经没有任何压力。所以这个时候心态会更好，再加上牛市气氛，后面是越涨越快的。大牛市的第一波会慢一些，但是后面的第二波和第三波只会越涨越快，后面的机会更加暴利。比如第一波可能只放大两百倍到三百倍，后面就可能放大到四百倍六百倍甚至是一千倍。换句话讲，接下来后面只要指数再爆涨个 30%，期权的涨幅不是 200 倍，可能放大到 600 倍，后面放大的倍数会越大，100 万进去几天就能解决，100 万只需 100 倍，一个亿就到了，可能还不止一个亿，第二波就完成了目标。

这个实现路径，最重要的就是要走好第一步，如果第一步没走好也没关系，可以把握第二步的机会。因为牛市股指往上演绎的方式，第一波至少是 30% 到 40% 的行情，它才会出现像样的调整，可以观察 2014 年、2015 年、2006 年、2007 年……当然，未来的牛市行情怎么演绎不能一概而论，但是就算像 2017 年的上证 50，走慢牛也很恐怖，时间走的更长，最终期权的涨幅一定也不会小。这是十万起步的资金，很多人可能没有十万，那从十万到一个亿换成一万到一千万，其实是一样的道理。这就是实际运用的方法，比每天去折腾要好得多，天天折腾可能还赚不到钱，所以我们一定要简单投资、快乐投资。

等真正趋势行情到来之后，做大波段的收益一定是最大的，和做股票是一个道理。不要觉得期权就不能这么玩，千万不要有这种想法，做任何投资品种一定要这么玩，不管是做期货也好，做股票也好，要想真正赚到大钱，一定要这么玩才行。天天去追涨杀跌，怎能赚到钱，甚至在一波牛市行情追涨杀跌，亏钱的大有人在。天天折腾，一波牛市可能赚了一点，但是一波熊市下来，全部套在里面。反而真正赚到大钱的、顶尖级的高手，他们就是在市场极度恐慌，甚至说大盘要推倒重来的背景下巨资进场，就像曾经的 998 跌破一千点的时候，也像 2014 年 2000 点的时候，重仓抄底，做一波大的牛市行情，到高位的时候就撤，就这么简单。

所以一定要注意方式、方法，股票、期权、期货都是相通的。资本市场的机会，不是年年都有，七年一个轮回，比如你30岁开始，七年轮回五次就是35年，30岁五次就65岁，基本上一辈子了。可想而知，一辈子才五个轮回而已，一旦错过一次轮回就少一次。所以当机会来临的时候，不要轻易错过，要尽最大的努力，使用一切可以使用的工具去把握它，包括股票、期权等。所以学好期权，抓住重大的历史性机遇，一波行情就可能改变你的一生。

学习温馨小提示

大牛市行情有关键性的三次机会，启动浪、主升浪、高潮，一次比一次疯狂。我们只要研判好上证50，根据上证50的行情选择正确的合约操作即可，也许收益超乎你的想象。

3. 期权投资研究：时间节点和交易周期尤为重要

期权价格是受方向、波动率、时间三个因素共同影响，形成的立体三维空间图形。

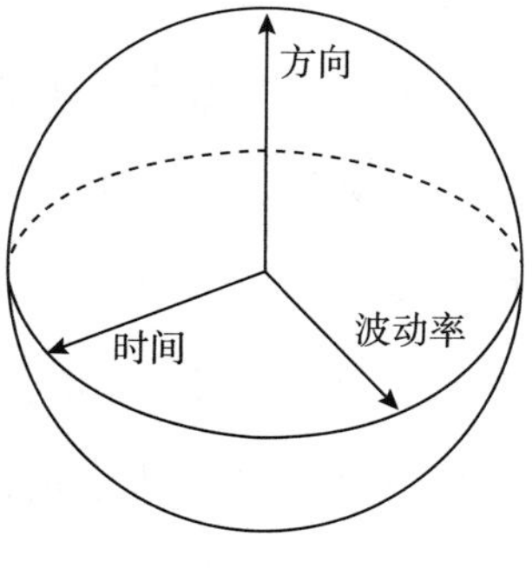

做好期权投资研究，时间节点和交易周期是最为重要的。时间节点为什么重要？因为期权有时间价值，选择当月的合约买进去必须要涨，当然，远期合约稍微好一点，但是会浪费很多机会成本。同时这个交易周期，也就是买卖的节点，进场到结束做多长时间，这个周期是最为重要的。所以做期权投资，就是围绕这两个问题去研究，第一就是研究这个买点（时间节点），第二就是研究交易周期，交易周期也就决定了卖点。

时间节点决定了什么时候进场，交易周期决定了什么时候出来。那交易周期是由什么决定？这由我们对行情级别的判断所决定。如果判断这波行情是大牛市行情，我们肯定不是拿一天两天，也不是拿一个月两个月，那至少是拿几个季度，这就是交易周期；那么如果是一个阶段性的行情，我们可能就做个三五周；如果是一个中级反弹行情，像 2016 年、2017 年，我们可以多拿几个月。这个交易周期就是由行情的性质决定的。

期权研究的核心内容，第 1 点是交易模式。我们尽可能不要去做卖方，卖方承受的风险很大，没有必要，作为买方就够了，风险有限可控，而盈利机会无限大。第 2 点就是标的选择。前面讲了，上证 50 最佳，主要就是判断大金融的动向，结合基本面、技术研究、交易研究，最终选择波动性、流动性比较好的品种。接着就是时机选择以及策略布局。

因为时间节点对应着我们买点，行情的性质对应的是交易周期，也就是卖点。所以时间节点和行情性质的研判都很重要。案例：2019 年 7 月中旬 ~ 2019 年 8 月中旬，我们对这一阶段行情的研判也是比较准确的。

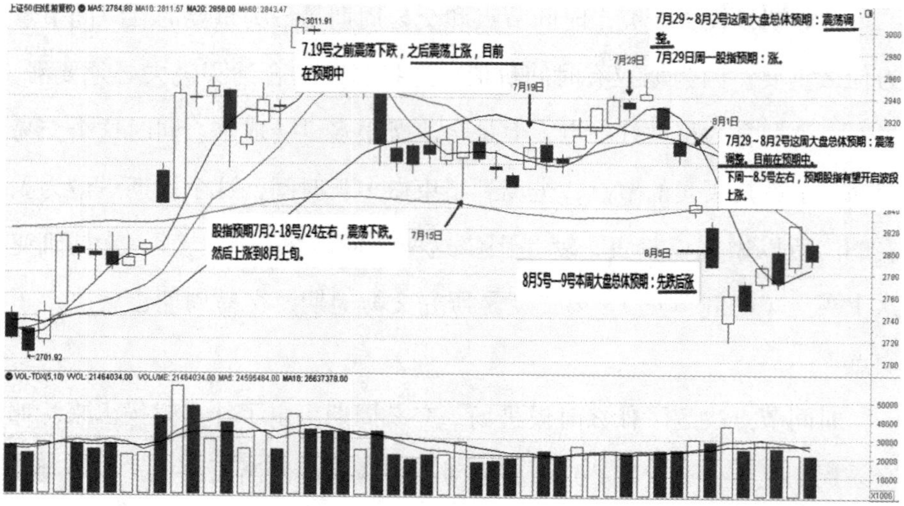

图案回顾点睛：2019年7月中旬～8月中旬上证50日K线图

2019 年 7 月 15 日开盘 6 分钟，我们在微信群中就提示，接下来还要震荡下跌至 18 日或者 24 日，然后开始上涨。

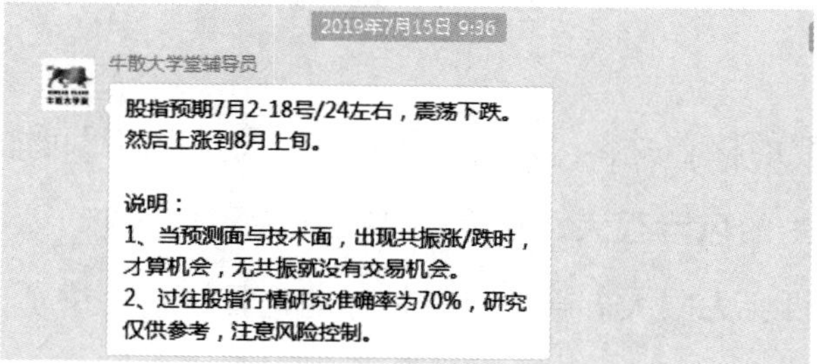

行情动荡下跌三日，形成底背离共振，开启上涨。2019 年 7 月 19 日上午收盘，提示如预期演绎。

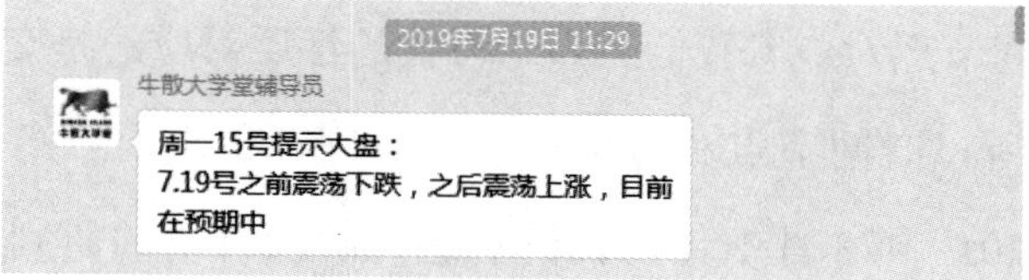

7 月 19 号上涨，回调两日，再动荡上涨三天，至 7 月 29 日。

2019 年 7 月 29 日竞价开盘，我们预期接下来是震荡调整，7 月 29

当天应该能涨。

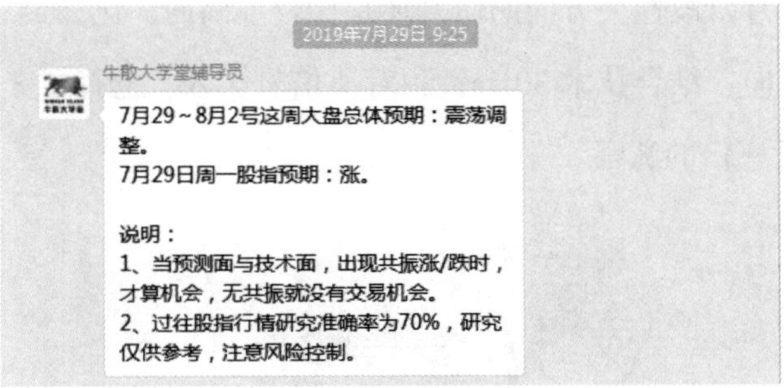

不过当天29日的预判错了，当天没有上涨而是横盘动荡，7月30日再缩量上攻了1%。不过7月30日直接低开下跌1%。开始震荡调整。

2019年8月1日中午，我们提示调整如预期演绎中，可能会在8月5日有望转折。

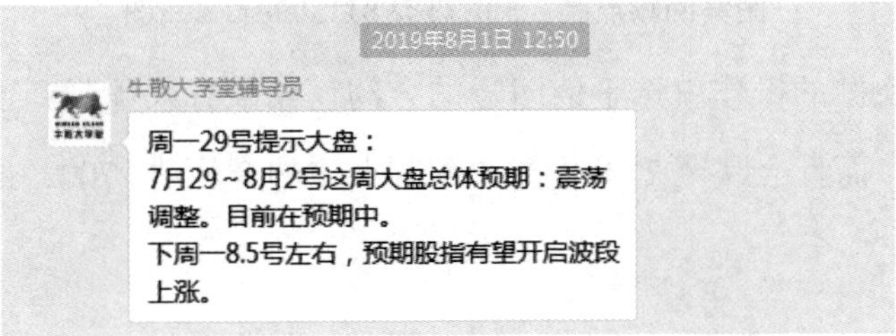

行情如预期下跌至8月5日。2019年8月5日竞价还未结束，再次指出一周的整体情况，将会先跌后涨。

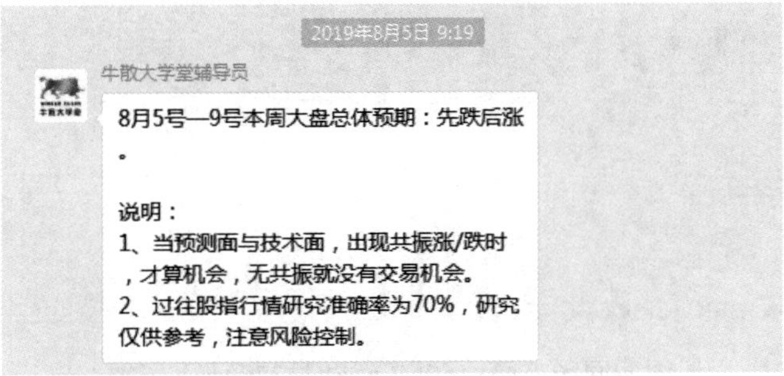

果不其然，8 月 5 日继续下跌，8 月 6 日探底回升，开始动荡上涨。

这一个月阶段性大方向的研判还是比较准确的，比如最后这波调整，预判好了方向，结合技术 30 分钟顶背离信号买入。选择了 8 月认沽平值 3000 也有近三倍的涨幅。

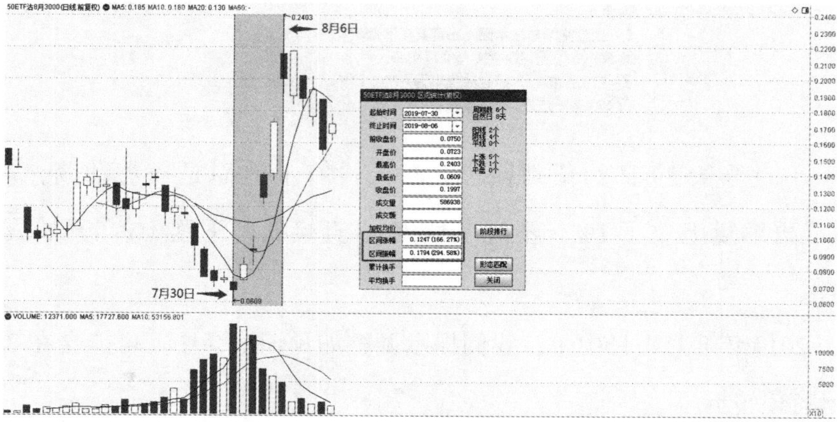

图案回顾点睛：50ETF沽8月3000日K线图

一般稳健的操作就选平值附近的合约。如果有人预判到这次下跌速度比较快，而且会跌至 2700，买了预判点位的 8 月沽 2700，最大涨幅近 16 倍。

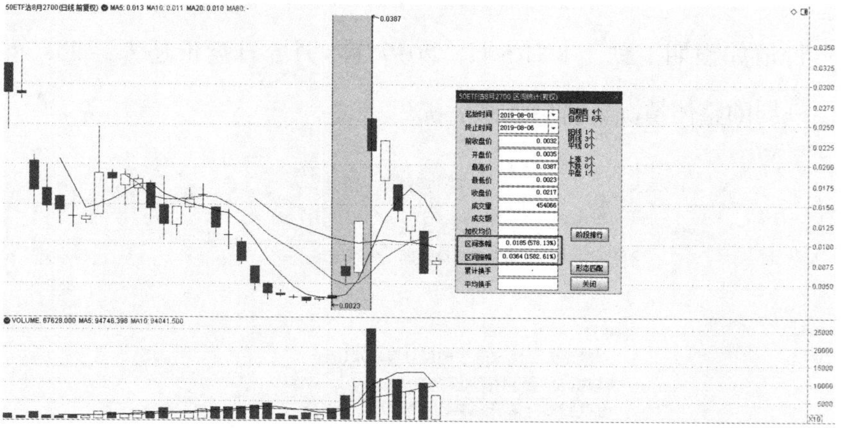

图案回顾点睛：50ETF沽8月2700日K线图

所以研判上证 50 的方向和性质对于买方非常重要。时间节点没把握好、买入时间过长、没有按预期波动就是白白损耗，踏准行情节奏尤为重要。而行情的性质就决定了获利的大小，比如曲折的波动，可能实值涨的比虚值好，如果是流畅的趋势，就像这波下跌，3 倍和 16 倍之间差了 5 倍的距离！研判越精准，获利越丰厚。

第六章

如何精选期权合约

学前须知

第六堂课主要是讲近月合约与远月合约的区别，以及杠杆大小影响的因素，即期权希腊字母的理解，真正懂合约的选择。

本堂课内容在牛散大学堂股威宇宙的等级划分为中学级别。

怎么样去精选合约？在具体操作过程中，每个月份的合约，包括当下的、下月的、季月的还有隔季月的，那么多的合约，到底该选择哪一个，这个时候很多人会很头疼。选择合适的合约是期权交易的关键因素。我相信操作过的朋友应该深有体会，有时候行情明明是看对了，但是反而是亏钱的，或者说有时候行情确定性很大，但是因为合约选的不对，盈利非常少，我相信很多人应该有这样的感受。

1. 合约选择关乎交易成败

谈及期权交易，首先要明确的就是合约到期月份。以上证 50ETF 期权为例，其到期月份分为当月、下月、季月和隔季月。对不同到期月份的合约进行交易，取得的效果差别很大。

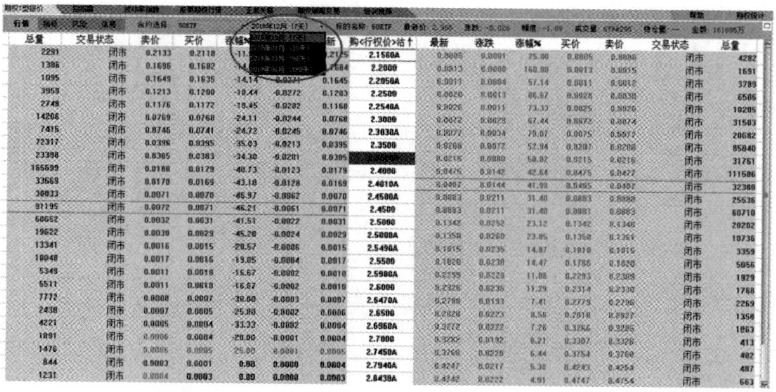

总量	交易状态	卖价	买价	涨幅%	涨跌	最新	购<行权价>沽	最新	涨跌	涨幅%	买价	卖价	交易状态	总量
2291	闭市	0.2133	0.2118	-11.[illegible]	[illegible]	[illegible]0.2125	2.1560A	0.0005	0.0001	25.00	0.0005	0.0006	闭市	4282
1386	闭市	0.1696	0.1682	-14.[illegible]	[illegible]	[illegible]0.1684	2.2000	0.0013	0.0008	160.00	0.0013	0.0015	闭市	1691
1095	闭市	0.1649	0.1635	-14.14	-0.0271	0.1645	2.2050A	0.0011	0.0004	57.14	0.0011	0.0012	闭市	3789
3959	闭市	0.1213	0.1200	-18.44	-0.0272	0.1203	2.2500	0.0028	0.0013	86.67	0.0028	0.0030	闭市	6506
2748	闭市	0.1176	0.1172	-19.45	-0.0282	0.1168	2.2540A	0.0026	0.0011	73.33	0.0025	0.0026	闭市	10205
14206	闭市	0.0769	0.0768	-24.11	-0.0244	0.0768	2.3000	0.0072	0.0029	67.44	0.0072	0.0074	闭市	31503
7415	闭市	0.0746	0.0741	-24.72	-0.0245	0.0746	2.3030A	0.0077	0.0034	79.07	0.0075	0.0077	闭市	20682
72317	闭市	0.0396	0.0395	-35.03	-0.0213	0.0395	2.3500	0.0208	0.0072	52.94	0.0207	0.0208	闭市	85840
23398	闭市	0.0385	0.0383	-34.30	-0.0201	0.0385	[illegible]	0.0216	0.0080	58.82	0.0215	0.0216	闭市	31761
165699	闭市	0.0180	0.0179	-40.73	-0.0123	0.0179	2.4000	0.0475	0.0142	42.64	0.0475	0.0477	闭市	111586
33669	闭市	0.0170	0.0169	-43.10	-0.0128	0.0169	2.4010A	0.0487	0.0144	41.93	0.0485	0.0487	闭市	32380
38833	闭市	0.0071	0.0070	-46.97	-0.0062	0.0070	2.4500A	0.0883	0.0211	31.40	0.0883	0.0888	闭市	25536
91195	闭市	0.0072	0.0071	-46.21	-0.0061	0.0071	2.4500	0.0883	0.0211	31.40	0.0881	0.0883	闭市	60710
60652	闭市	0.0032	0.0031	-41.51	-0.0022	0.0031	2.5000	0.1342	0.0252	23.12	0.1342	0.1348	闭市	20202
19622	闭市	0.0030	0.0029	-45.28	-0.0024	0.0029	2.5000A	0.1358	0.0260	23.05	0.1358	0.1361	闭市	10736
13341	闭市	0.0016	0.0015	-28.57	-0.0006	0.0015	2.5490A	0.1815	0.0235	14.87	0.1810	0.1815	闭市	3359
18048	闭市	0.0017	0.0016	-19.05	-0.0004	0.0017	2.5500	0.1820	0.0230	14.47	0.1786	0.1820	闭市	5056
5349	闭市	0.0011	0.0010	-16.67	-0.0002	0.0010	2.5980A	0.2299	0.0229	11.06	0.2293	0.2309	闭市	1929
5511	闭市	0.0011	0.0010	-16.67	-0.0002	0.0010	2.6000	0.2326	0.0236	11.29	0.2314	0.2330	闭市	1768
7772	闭市	0.0008	0.0007	-30.00	-0.0003	0.0007	2.6470A	0.2798	0.0193	7.41	0.2779	0.2796	闭市	2269
2430	闭市	0.0007	0.0005	-25.00	-0.0002	0.0006	2.6500	0.2828	0.0223	8.56	0.2810	0.2827	闭市	1358
4221	闭市	0.0005	0.0004	-33.33	-0.0002	0.0004	2.6960A	0.3272	0.0222	7.28	0.3266	0.3285	闭市	1863
1891	闭市	0.0006	0.0004	-20.00	-0.0001	0.0004	2.7000	0.3282	0.0192	6.21	0.3307	0.3326	闭市	413
1476	闭市	0.0006	0.0005	25.00	0.0001	0.0005	2.7450A	0.3768	0.0220	6.44	0.3754	0.3768	闭市	482
844	闭市	0.0003	0.0001	0.00	0.0000	0.0004	2.7940A	0.4247	0.0217	5.30	0.4243	0.4264	闭市	487
1231	闭市	0.0004	0.0003	0.00	0.0000	0.0003	2.8430A	0.4742	0.0222	4.91	0.4747	0.4754	闭市	663

图案回顾点睛：2018年12月19日期权收盘

这是 2018 年 12 月 19 日的期权收盘，可以看到有四类月份的合约，当月 2018 年 12 月，下月 2019 年 1 月，还有季月 2019 年 3 月和隔季月 2019 年 6 月。每一个月份的合约，显然它的杠杆是不一样的，下面是当天截下来的图片。

期权T型报价 ｜ 帮助 ｜ 期权统计

行情 指标 风险 信息 合约选择：50ETF 2018年12月（7天） 标的名称：50ETF 最新价：2.365 涨跌：-0.026 幅度：-1.09 成交量：6794290 持仓量：— 金额：161695万

总量	交易状态	卖价	买价	涨幅%	涨跌	最新	购<行权价>沽↑	最新	涨跌	涨幅%	买价	卖价	交易状态	总量
2291	闭市	0.2133	0.2118	-11.64	-0.0280	0.2125	2.1560A	0.0005	0.0001	25.00	0.0005	0.0006	闭市	4282
1386	闭市	0.1696	0.1682	-14.65	-0.0289	0.1684	2.2000	0.0013	0.0008	160.00	0.0013	0.0015	闭市	1691
1095	闭市	0.1649	0.1635	-14.14	-0.0271	0.1645	2.2050A	0.0011	0.0004	57.14	0.0011	0.0012	闭市	3789
3959	闭市	0.1213	0.1200	-18.44	-0.0272	0.1203	2.2500	0.0028	0.0013	86.67	0.0028	0.0030	闭市	6506
2748	闭市	0.1176	0.1172	-19.45	-0.0282	0.1168	2.2540A	0.0026	0.0011	73.33	[illegible]	0.0026	闭市	10205
14206	闭市	0.0769	0.0768	-24.11	-0.0244	0.0768	2.3000	0.0072	0.0029	67.44	[illegible]	0.0074	闭市	31503
7415	闭市	0.0746	0.0741	-24.72	-0.0245	0.0746	2.3030A	0.0077	0.0034	79.07	[illegible]	0.0077	闭市	20682
72317	闭市	0.0396	0.0395	-35.03	-0.0213	0.0395	2.3500	0.0208	0.0072	52.94	[illegible]	[illegible]	闭市	85840
23398	闭市	0.0385	0.0383	-34.30	-0.0201	0.0385	[illegible]	0.0216	0.0080	58.82	[illegible]	[illegible]	闭市	31761
165699	闭市	0.0180	0.0179	-40.73	-0.0123	0.0179	2.4000	0.0475	0.0142	42.64	0.0475	0.0477	闭市	111586
33669	闭市	0.0170	0.0169	-43.10	-0.0128	0.0169	2.4010A	0.0487	0.0144	41.98	0.0485	0.0487	闭市	32380
38833	闭市	0.0071	0.0070	-46.97	-0.0062	0.0070	2.4500A	0.0883	0.0211	31.40	0.0883	0.0888	闭市	25536
91195	闭市	0.0072	0.0071	-46.21	-0.0061	0.0071	2.4500	0.0883	0.0211	31.40	0.0881	0.0883	闭市	60710
60652	闭市	0.0032	0.0031	-41.51	-0.0022	0.0031	2.5000	0.1342	0.0252	23.12	0.1342	0.1348	闭市	20202
19622	闭市	0.0030	0.0029	-45.28	-0.0024	0.0029	2.5000A	0.1350	0.0260	23.85	0.1350	0.1361	闭市	10736
13341	闭市	0.0016	0.0015	-28.57	-0.0006	0.0015	2.5490A	0.1815	0.0235	14.87	0.1810	0.1815	闭市	3359
18048	闭市	0.0017	0.0016	-19.05	-0.0004	0.0017	2.5500	0.1820	0.0230	14.47	0.1786	0.1820	闭市	5056
5349	闭市	0.0011	0.0010	-16.67	-0.0002	0.0010	2.5980A	0.2299	0.0229	11.06	0.2293	0.2309	闭市	1929
5511	闭市	0.0011	0.0010	-16.67	-0.0002	0.0010	2.6000	0.2326	0.0236	11.29	0.2314	0.2330	闭市	1768
7772	闭市	0.0008	0.0007	-30.00	-0.0003	0.0007	2.6470A	0.2798	0.0193	7.41	0.2779	0.2796	闭市	2269
2430	闭市	0.0007	0.0005	-25.00	-0.0002	0.0006	2.6500	0.2828	0.0223	8.56	0.2810	0.2827	闭市	1358
4221	闭市	0.0005	0.0004	-33.33	-0.0002	0.0004	2.6960A	0.3272	0.0222	7.28	0.3266	0.3285	闭市	1863
1891	闭市	0.0006	0.0004	-20.00	-0.0001	0.0004	2.7000	0.3282	0.0192	6.21	0.3307	0.3326	闭市	413
1476	闭市	0.0006	0.0005	25.00	0.0001	0.0005	2.7450A	0.3768	0.0228	6.44	0.3754	0.3768	闭市	482
844	闭市	0.0003	0.0001	0.00	0.0000	0.0004	2.7940A	0.4247	0.0217	5.38	0.4243	0.4264	闭市	487
1231	闭市	0.0004	0.0003	0.00	0.0000	0.0003	2.8430A	0.4742	0.0222	4.91	0.4747	0.4754	闭市	663

平均50%以上涨幅

图案回顾点睛：当月合约2018年12月（7天）期权收盘

在市场大跌的背景下，可以看到当月合约认沽状况，平均涨幅都在 50% 左右，实值涨幅较小，虚值涨幅较大。

期权T型报价 ｜ 帮助 ｜ 期权统计

行情 指标 风险 信息 合约选择：50ETF 2019年01月（35天） 标的名称：50ETF 最新价：2.365 涨跌：-0.026 幅度：-1.09 成交量：6794290 持仓量：— 金额：161695万

总量	交易状态	卖价	买价	涨幅%	涨跌	最新	购<行权价>沽↑	最新	涨跌	涨幅%	买价	卖价	交易状态	总量
2144	闭市	0.1897	0.1874	-11.40	-0.0243	0.1888	2.2000	0.0087	0.0024	38.10	0.0087	0.0089	闭市	8544
659	闭市	0.1845	0.1831	-11.59	-0.0242	0.1846	2.2050A	0.0091	0.0028	44.44	0.0091	0.0092	闭市	7750
1963	闭市	0.1480	0.1475	-12.56	-0.0212	0.1476	2.2500	0.0157	0.0047	42.73	0.0157	0.0158	闭市	15459
813	闭市	0.1433	0.1426	-13.62	-0.0226	0.1433	2.2540A	0.0170	0.0050	41.67	0.0170	0.0171	闭市	4509
3817	闭市	0.1106	0.1102	-15.43	-0.0201	0.1102	2.3000	0.0295	0.0076	34.70	0.0295	0.0296	闭市	18101
1625	闭市	0.1107	0.1085	-14.97	-0.0191	0.1085	2.3030A	0.0305	0.0083	37.39	[illegible]	[illegible]	闭市	3072
11332	闭市	0.0795	0.0794	-17.36	-0.0167	0.0795	2.3500	0.0484	0.0107	28.38	[illegible]	[illegible]	闭市	19864
3557	闭市	0.0780	0.0774	-17.89	-0.0170	0.0780	2.3520A	0.0493	0.0110	28.72	[illegible]	[illegible]	闭市	4090
43724	闭市	0.0554	0.0552	-20.00	-0.0138	0.0552	2.4000	0.0741	0.0139	23.09	[illegible]	[illegible]	闭市	33804
4359	闭市	0.0537	0.0536	-20.68	-0.0140	0.0537	2.4010A	0.0745	0.0143	23.75	0.0739	0.0745	闭市	3686
32382	闭市	0.0362	0.0360	-22.58	-0.0105	0.0360	2.4500	0.1051	0.0176	20.11	0.1050	0.1051	闭市	21220
4834	闭市	0.0363	0.0362	-22.15	-0.0103	0.0362	2.4500A	0.1046	0.0171	19.54	0.1041	0.1052	闭市	4428
3692	闭市	0.0220	0.0217	-27.91	-0.0084	0.0217	2.5000A	0.1407	0.0200	16.57	0.1401	0.1414	闭市	2593
21951	闭市	0.0221	0.0220	-26.91	-0.0081	0.0220	2.5000	0.1401	0.0194	16.07	0.1393	0.1401	闭市	9786
2356	闭市	0.0127	0.0126	-30.00	-0.0054	0.0126	2.5490A	0.1804	0.0221	13.96	0.1800	0.1813	闭市	627
16585	闭市	0.0115	0.0112	-34.66	-0.0061	0.0115	2.5500	0.1809	0.0219	13.77	0.1809	0.1820	闭市	2466
8028	闭市	0.0060	0.0059	-41.18	-0.0042	0.0060	2.5980A	0.2230	0.0160	7.73	0.2204	0.2242	闭市	478
13055	闭市	0.0063	0.0061	-34.41	-0.0032	0.0061	2.6000	0.2250	0.0160	7.66	0.2248	0.2262	闭市	926
17444	闭市	0.0038	0.0036	-26.53	-0.0013	0.0036	2.6500	0.2717	0.0112	4.30	0.2726	0.2730	闭市	973
7321	闭市	0.0022	0.0020	-33.33	-0.0010	0.0020	2.7000	0.3208	0.0116	3.82	0.3195	0.3211	闭市	702

平均30%左右的涨幅

图案回顾点睛：下月合约2019年01月（35天）期权收盘

可以看到 1 月的认沽平均涨幅在 30% 左右。当月 12 月认沽涨幅是 50% 左右，下月 1 月认沽涨幅是 30% 左右，之间就相差 20%。

期权T型报价 | 招招赢 | 波动率指数 | 股票期权行情 | 正股关联 | 期权策略交易 | 培训视频 | 帮助 | 期权统计

行情 指标 风险 信息 合约选择：50ETF ▾ 2019年03月（98天）▾ 标的名称：50ETF 最新价：2.365 涨跌：-0.026 幅度：-1.09 成交量：6794290 持仓量：— 金额：161695万

总量	交易状态	卖价	买价	涨幅%	涨跌	最新	购<行权价>沽↑	最新	涨跌	涨幅%	买价	卖价	交易状态	总量
323	闭市	0.2666	0.2650	-8.01	-0.0231	0.2653	2.1560A	0.0178	0.0027	17.88	0.0176	0.0183	闭市	3218
184	闭市	0.2310	0.2300	-8.43	-0.0212	0.2304	2.2000	0.0269	0.0046	20.63	0.0265	0.0270	闭市	1251
282	闭市	0.2270	0.2256	-8.32	-0.0206	0.2270	2.2050A	0.0275	0.0043	18.53	0.0276	0.0278	闭市	2151
180	闭市	0.1943	0.1927	-9.05	-0.0193	0.1939	2.2500	0.0403	0.0070	21.02	0.0403	0.0407	闭市	893
400	闭市	0.1914	0.1900	-9.03	-0.0190	0.1914	2.2540A	0.0412	0.0063	18.05	[illegible]	0.0411	闭市	925
282	闭市	0.1611	0.1596	-9.20	-0.0164	0.1618	2.3000	0.0555	0.0069	14.20	[illegible]	0.0566	闭市	1293
182	闭市	0.1593	0.1579	-8.83	-0.0155	0.1600	2.3030A	0.0576	0.0086	17.55	[illegible]	[illegible]	闭市	532
639	闭市	0.1317	0.1310	-10.76	-0.0158	0.1310	2.3500	0.0769	0.0106	15.99	[illegible]	[illegible]	闭市	1615
404	闭市	0.1301	0.1293	-10.21	-0.0148	0.1301	2.352BA	0.0768	0.0095	14.12	[illegible]	[illegible]	闭市	927
1543	闭市	0.1061	0.1048	-11.25	-0.0135	0.1065	2.4000	0.0998	0.0111	12.51	0.1000	0.1013	闭市	1503
405	闭市	0.1056	0.1046	-11.04	-0.0131	0.1056	2.4010A	0.1004	0.0117	13.19	0.1004	0.1013	闭市	643
1222	闭市	0.0834	0.0831	-12.50	-0.0119	0.0833	2.4500	0.1270	0.0133	11.70	0.1279	0.1293	闭市	738
1026	闭市	0.0835	0.0833	-12.29	-0.0117	0.0835	2.4500A	0.1272	0.0135	11.87	0.1277	0.1282	闭市	432
619	闭市	0.0661	0.0651	-11.84	-0.0089	0.0663	2.5000A	0.1601	0.0168	11.72	0.1591	0.1605	闭市	361
887	闭市	0.0652	0.0650	-13.43	-0.0101	0.0651	2.5000	0.1590	0.0157	10.96	0.1590	0.1605	闭市	975
377	闭市	0.0512	0.0506	-14.12	-0.0083	0.0505	2.5490A	0.1927	0.0173	9.86	0.1927	0.1943	闭市	355
445	闭市	0.0509	0.0499	-13.75	-0.0080	0.0502	2.5500	0.1931	0.0176	10.03	0.1935	0.1950	闭市	153
690	闭市	0.0393	0.0384	-13.81	-0.0062	0.0387	2.5980A	0.2294	0.0189	8.98	0.2295	0.2311	闭市	144
1357	闭市	0.0386	0.0380	-13.64	-0.0060	0.0380	2.6000	0.2315	0.0196	9.25	0.2309	0.2326	闭市	613
1008	闭市	0.0292	0.0290	-14.16	-0.0048	0.0291	2.6470A	0.2690	0.0085	3.26	0.2684	0.2701	闭市	141
633	闭市	0.0290	0.0283	-14.16	-0.0047	0.0285	2.6500	0.2704	0.0099	3.80	0.2709	0.2726	闭市	123
625	闭市	0.0221	0.0217	-12.35	-0.0031	0.0220	2.6960A	0.3101	0.0051	1.67	0.3095	0.3113	闭市	90
952	闭市	0.0211	0.0209	-14.81	-0.0036	0.0207	2.7000	0.3134	0.0044	1.42	0.3131	0.3149	闭市	60
1736	闭市	0.0161	0.0157	-13.11	-0.0024	0.0159	2.7450A	0.3535	-0.0005	-0.14	0.3535	0.3542	闭市	234
1495	闭市	0.0113	0.0111	-14.62	-0.0019	0.0111	2.7940A	0.3964	-0.0066	-1.64	0.3966	0.3984	闭市	382

平均15%的涨幅

图案回顾点睛：季月合约2019年03月（98天）期权收盘

可以看到季月认沽平均涨幅是 15% 左右。

期权T型报价 | 招招赢 | 波动率指数 | 股票期权行情 | 正股关联 | 期权策略交易 | 培训视频 | 帮助 | 期权统计

行情 指标 风险 信息 合约选择：50ETF ▾ 2019年06月（189天）▾ 标的名称：50ETF 最新价：2.365 涨跌：-0.026 幅度：-1.09 成交量：6794290 持仓量：— 金额：161695万

总量	交易状态	卖价	买价	涨幅%	涨跌	最新	购<行权价>沽↑	最新	涨跌	涨幅%	买价	卖价	交易状态	总量
109	闭市	0.2911	0.2833	-5.02	-0.0151	0.2854	2.2000	0.0475	0.0060	14.46	0.0475	0.0476	闭市	1034
212	闭市	0.2817	0.2798	-5.69	-0.0170	0.2820	2.2050A	0.0486	0.0059	13.82	0.0486	0.0492	闭市	831
125	闭市	0.2505	0.2487	-6.10	-0.0163	0.2508	2.2500	0.0628	0.0083	15.23	0.0618	0.0628	闭市	490
607	闭市	0.2483	0.2478	-5.92	-0.0156	0.2477	2.2540A	0.0645	0.0086	15.38	0.0635	0.0640	闭市	227
104	闭市	0.2186	0.2168	-5.98	-0.0139	0.2184	2.3000	0.0806	0.0093	13.04	0.0798	0.0810	闭市	1702
23	闭市	0.2167	0.2149	-6.14	-0.0142	0.2169	2.3030A	0.0814	0.0093	12.90	[illegible]	[illegible]	闭市	80
117	闭市	0.1894	0.1881	-5.46	-0.0110	0.1905	2.3500	0.1007	0.0114	12.77	[illegible]	[illegible]	闭市	223
24	闭市	0.1884	0.1866	-6.88	-0.0138	0.1868	2.352BA	0.1011	0.0111	12.33	[illegible]	[illegible]	闭市	77
222	闭市	0.1630	0.1618	-8.42	-0.0147	0.1598	2.4000	0.1224	0.0118	10.67	[illegible]	[illegible]	闭市	399
138	闭市	0.1625	0.1617	-6.44	-0.0112	0.1628	2.4010A	0.1238	0.0118	10.54	0.1225	0.1240	闭市	53
160	闭市	0.1394	0.1351	-7.09	-0.0105	0.1377	2.4500	0.1480	0.0129	9.55	0.1476	0.1491	闭市	217
187	闭市	0.1394	0.1386	-7.49	-0.0111	0.1371	2.4500A	0.1478	0.0127	9.40	0.1476	0.1488	闭市	104
49	闭市	0.1184	0.1174	-6.01	-0.0076	0.1189	2.5000A	0.1793	0.0173	10.68	0.1757	0.1774	闭市	51
631	闭市	0.1185	0.1176	-5.53	-0.0070	0.1195	2.5000	0.1782	0.0162	10.00	0.1758	0.1775	闭市	475
101	闭市	0.1002	0.0988	-8.16	-0.0088	0.0991	2.5490A	0.2088	0.0183	9.61	0.2058	0.2076	闭市	81
149	闭市	0.0998	0.0984	-7.22	-0.0077	0.0989	2.5500	0.2073	0.0168	8.82	0.2065	0.2083	闭市	915
56	闭市	0.0843	0.0830	-6.11	-0.0055	0.0845	2.5980A	0.2407	0.0182	8.18	0.2382	0.2401	闭市	53
229	闭市	0.0843	0.0829	-6.92	-0.0062	0.0834	2.6000	0.2404	0.0173	7.75	0.2395	0.2414	闭市	67
182	闭市	0.0705	0.0693	-8.49	-0.0065	0.0701	2.6470A	0.2726	0.0121	4.64	0.2727	0.2746	闭市	7
211	闭市	0.0697	0.0685	-6.85	-0.0051	0.0694	2.6500	0.2759	0.0154	5.91	0.2747	0.2766	闭市	47
271	闭市	0.0589	0.0581	-7.44	-0.0047	0.0585	2.6960A	0.3093	0.0043	1.41	0.3091	0.3111	闭市	14
1194	闭市	0.0580	0.0577	-5.72	-0.0035	0.0577	2.7000	0.3115	0.0025	0.81	0.3121	0.3141	闭市	73
893	闭市	0.0484	0.0478	-7.72	-0.0040	0.0478	2.7450A	0.3400	-0.0140	-3.95	0.3397	0.3400	闭市	119

平均10%的涨幅

图案回顾点睛：隔季月合约2019年06月（189天）期权收盘

最后看到的隔季月认沽涨幅是 10% 左右。

四个月份的数据可以清晰看到，近期合约和远期合约，在同样上证

50 下跌的背景下，认沽上涨的幅度是不一样的。如果当天买了 12 月份的合约，那平均就有 50% 的涨幅，而买入远期 6 月份的合约，就只有 10% 左右的涨幅，之间就相差了 40%！这之间的差别还是挺大的，所以合约选的对不对，选的好不好，也就直接决定了收益的大小。

2. 近月合约与远月合约的区别

当月和下月合约又称为近月合约，季月和隔季合约又称为远月合约。近月合约和远月合约存在以下三点区别：

第一是流动性不同。近月合约，做过交易的也清楚，交易量基本上都比较大，流动性都比较好，当然，已经接近“末日轮”的，流动性会逐步减少。而远月合约的交易量一般都比较小，比如前面案例 2018 年 12 月 19 日时，6 月份的合约就很少，从波动的流畅度就可以看到，6 月份的基本上是横着走的，很少有波动，而 12 月、1 月的合约，它们的波动就具有连贯性，不像 6 月份的，涨上去之后停顿很久，这就是流动性的区别所致。可以打开自己的行情软件，看下近月合约与远月合约的波动也就一目了然了。那么据统计，2018 年上半年近月合约成交占比高达 90% 以上，所以大部分的持仓都是在近月合约，也就是在 12 月，或者是 1 月这两个合约，远期合约成交占比仅 10% 左右，这个差别还是挺大的。当然，在交易的过程中，这个流动性是变化的，当月合约随着到期日的临近，很多资金会移仓，当月合约流动性就会变得很差，尤其是在“末日轮”这阶段，那些很虚值的基本上也是横着走的，已经没有什么交易量了，几手在那里波动，价格可以一下子向上跳动 50 个点，也可以向下跳 50 个点，它的波幅已经变得很大，实值合约可能还有一定的交易量。

第二是杠杆大小不同。2018 年 12 月 19 日的四个月份数据可以看到，当月 12 月合约平均涨幅达 50%，但是远月 6 月合约只有 10%，那么也就意味着它们的杠杆大小是不同的。那么这个杠杆大小与什么有关呢？这个是后面分享的重点。

第三是合约价格主要的影响因子也不一样。前面看了近期合约和远期合约，有没有发现影响价格波动的因素是不一样的。有哪些不一样，这也是后面分享的重点。

3. 何为期权的杠杆，杠杆大小与什么有关

期权杠杆为期权价格变化幅度与标的资产价格变化幅度的比值——期权价格变化幅度 / 标的资产变化幅度 = 杠杆！比如标的资产价格变化了1%，那么这个期权价格变化可能是20%或者50%，甚至是一倍或者两倍，这就是杠杆。

期权入门篇讲到，期权的这个杠杆平均是200倍，注意！这个是平均值。在波动小的时候，它到不了200倍，甚至很多时候波动很小，但是在波动幅度大的时候，它甚至可以达到上千倍，比如2018年2月份的时候。所以要理解这个概念，这个杠杆是怎么定义的。

同时期权杠杆的大小与标的价格有关，还与期权的价格有关。那么近月合约跟远月合约，肯定是近月合约杠杆更大，为什么？前面案例就知道，标的物相同的波动情况下，近月波动比远月波动大的多，而近月合约价格越低，远月合约价格越高，所以期权杠杆与期权的价格是成反比的。

同时期权杠杆还与Delta有关系，Delta是什么？是一个指标，衡量的是标的价格变化对期权价格变化的影响。怎么理解呢，比如标的价格变化对期权价格变化影响不大，说明Delta值很小，如果标的价格变化，期权价格大幅变化，那说明Delta值很大，说明标的价格对于期权价格影响很大。所以期权杠杆的大小与标的价格、Delta成正比。

期权杠杆的大小与标的价格、Delta 成正比，与期权价格成反比。这一点从定义也可以看的出来，为什么标的价格越大，它的杠杆越大，期权价格越小，杠杆也越大。我们来推导一下期权杠杆的定义。

期权杠杆 = 期权价格变化幅度 / 标的资产价格变化幅度

期权价格变化幅度 = 期权价格变化 / 期权价格

标的资产价格变化幅度 = 标的资产价格变化 / 标的价格

↓

期权杠杆 =（标的价格 × 期权价格变化）/（期权价格 × 标的价格变化）

Delta（衡量的是标的价格变化对期权价格变化的影响）

Delta = 期权价格变化 / 标的资产的价格变化

↓

期权杠杆=（标的价格 × Delta）/ 期权价格

经过推导，可以看到标的价格在分母的位置，那么标的价格越大，期权杠杆也就越大，公式中还可以看到，期权杠杆和 Delta 也是成正比的，和期权的价格是成反比的。期权的价格是分子，所以期权价格越大，波动幅度就越小，杠杆也就越小。结合公式就更容易理解期权的杠杆。

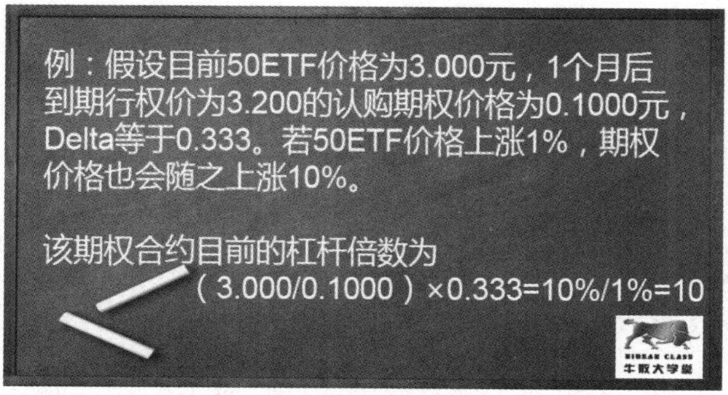

期权后面的知识，需要有一定的数学基础，也不要觉得很难，可以透过定义去理解。一般而言，近月合约与远月合约的平值合约 Delta 都

在0.5左右，打开行情软件就可以看到，基本上平值合约的Delta都在0.5左右，同时近月合约比远月合约要便宜得多，所以近月平值合约的杠杆大于远月合约。如2018年12月19日的波动状况，当月的合约平均波动在50%，远月合约平均涨幅只有10%，这就是因为它的杠杆不同。

再举个例子：在2018年7月20日50ETF一度涨逾3%，当月行权价为2.6元的平值合约收盘涨幅高达550%，而12月到期行权价为2.6元的平值合约涨幅仅35%，两者相差近16倍。

图案回顾点睛：2018年7月20日分时图购7月2600（左）购12月2600（右）

这个例子跟2018年12月19日的情况是一样的，12月19日的当月是50%的涨幅，远月的只有10%，也相差40%，所以这就是杠杆的区别，所带来的涨幅不同。

4. 合约价格的主要影响因子

我们的合约价格和哪些因子有关呢？包括近月合约，包括远月合约，它这个价格波动到底是受什么影响，主要影响因子是什么？这个是我们要研究的。比如一只股票上涨，影响的因子有很多，包括基本面、事件推动刺激、股性等。股票的影响因子有那么多，那么期权的价格波动也有影响因子，它的影响因子有哪些呢？一起来看一下。

前面已经谈到了一个 Delta，它就是其中一个影响因子。Delta 衡量的是标的价格变化对期权价格变化的影响，比如标的价格上证 50ETF 涨幅 10% 涨停，那么期权价格变化有多大，这个是 Delta 衡量的。

Gamma 则用来表示 Delta 值对于标的价格变动的敏感程度。先看一下这个概念，慢慢理解这个意思。Gamma 衡量的是标的资产价格变化对 Delta 的影响，即标的资产价格变化一个单位，期权 Delta 相应产生的变化，同时也间接度量了标的资产价格变化对期权价格的二阶影响。可能看下公式更好理解些：Gamma = Delta 的变化 / 标的资产格变化。通俗来讲，在其他变量恒定的前提下，当标的资产价格发生微小变化时，期权 Delta 的变化量就是 Gamma。

Vega 代表了期权价格关于标的价格波动率的敏感程度。Vega 衡量隐含波动率变动对期权价格的影响，通常而言，近月合约的 Vega 相对来说比较小，为什么近月会比较小？因为近月合约价格主要是受到 Delta 跟 Gamma 的影响，短期价格剧烈变动对于近月合约影响更大，Vega 衡量的是波动率，隐含波动率对期权价格的影响程度需要通过时间来证明，距离到期时间越远，影响效果越显著，Vega 值越大。看下公式：Vega= 期权价格变化 / 波动率变化。近月合约由于时间关系，相对波幅比较小。假设一年的时间，那上证 50 指数波动的空间就可能有 2000 点，时间越长，波动的空间就可以越大。如果只有一天，是不可能波动 2000 点的。所以近月合约它这个波动空间肯定是有限的，不可能一天波动涨 2000 个点，一天涨跌幅限制才 10%，所以近月合约的 Vega 就比较小，而远月合约的 Vega 就较大。所以短期价格剧烈变动，对于近月合约影响更大，也就是它受 Delta 的影响更大，远月合约的 Vega 值比较大，价格受到波动率的变化的影响相对来说大一些，而对于短期价格变动反应小一些。因为短期价格变动对远期期权价格影响是比较小的，就比如前面的案例数据

2018年12月19日收盘，上证50涨两个点，但是6月份的期权只涨了10%，所以短期的波动对于远期合约影响小一点。

这几个因子是比较重要的希腊字母，Delta、Gamma、Vega要好好理解一下。再简单看下这几个因子。

Delta衡量的是标的价格变化对期权价格变化的影响，Delta绝对值越接近于1，期权就越实值。

这里可以看到，Delta绝对值越接近于1，期权就越实值。左边认购从下往上走，Delta值从0.1618到0.7848，越来越大，一路走高，越接近1就越实值，所以可以看到，认购平值上面都是实值，越上面越实值。右边认沽也是一样，Delta绝对值往下，从0.2152到0.8382，越往下，绝对值越大，所以越下面的合约就越实值，所以Delta衡量的就是这个合约的虚实程度，绝对值越接近1，这个合约就越实值，变化规律就是如此。

行情 指标 风险 信息 合约选择 50ETF 2019年03月（98天） 标的名称：50ETF 最新价：2.365 涨跌：-0.026 幅度：-1.09 成交量：6794290 持仓量：— 金额：161695万

Theta	Rho	Gamma	Delta	溢价率	真实杠杆率	杠杆比率	购<行权价>沽↑	真实杠杆率	溢价率	Delta	Gamma	Rho	Theta	Vega
-0.2554	0.4274	0.8467	0.7848	2.3805	6.9960	8.91	2.1560A	-28.5933	9.5899	-0.2152	0.8467	-0.1504	-0.1617	0.3601
-0.2718	0.4086	0.9353	0.7422	2.7653	7.6184	10.26	2.2000	-22.6663	8.1142	-0.2578	0.9353	-0.1811	-0.1762	0.3978
-0.2735	0.4062	0.9447	0.7371	2.8330	7.6799	10.42	2.2050A	-22.6058	7.9281	-0.2629	0.9447	-0.1847	-0.1777	0.4018
-0.2868	0.3841	1.0216	0.6901	3.3362	8.4173	12.20	2.2500	-18.1855	6.5666	-0.3099	1.0216	-0.2190	-0.1890	0.4345
-0.2878	0.3820	1.0277	0.6858	3.3996	8.4741	12.36	2.2540A	-18.0353	6.4355	-0.3142	1.0277	-0.2221	-0.1898	0.4371
-0.2971	0.3570	1.0884	0.6352	4.0930	9.2845	14.62	2.3000	-15.5455	5.0951	-0.3648	1.0884	-0.2594	-0.1971	0.4629
-0.2976	0.3553	1.0918	0.6318	4.1438	9.3392	14.78	2.3030A	-15.1167	5.0571	-0.3682	1.0918	-0.2619	-0.1974	0.4643
-0.3022	0.3281	1.1329	0.5786	4.9049	10.4458	18.05	2.3500	-12.9597	3.8858	-0.4214	1.1329	-0.3018	-0.2000	0.4818
-0.3023	0.3269	1.1342	0.5763	4.9514	10.4766	18.18	2.3520A	-13.0468	3.7970	-0.4237	1.1342	-0.3035	-0.2000	0.4824
-0.3019	0.2981	1.1537	0.5216	5.9831	11.5825	22.21	2.4000	-11.3373	2.7400	-0.4784	1.1537	-0.3452	-0.1976	0.4907
-0.3018	0.2975	1.1539	0.5204	5.9873	11.6557	22.40	2.4010A	-11.2964	2.7230	-0.4796	1.1539	-0.3460	-0.1975	0.4907
-0.2964	0.2678	1.1511	0.4653	7.1163	13.2102	28.39	2.4500	-9.9574	1.7759	-0.5347	1.1511	-0.3888	-0.1899	0.4895
-0.2964	0.2678	1.1511	0.4653	7.1247	13.1785	28.32	2.4500A	-9.9418	1.7844	-0.5347	1.1511	-0.3888	-0.1899	0.4895
-0.2862	0.2380	1.1264	0.4108	8.5116	14.6536	35.67	2.5000A	-8.7037	1.0613	-0.5892	1.1264	-0.4321	-0.1775	0.4790
-0.2862	0.2380	1.1264	0.4108	8.4609	14.9237	36.33	2.5000	-8.7639	1.0148	-0.5892	1.1264	-0.4321	-0.1775	0.4790
-0.2721	0.2097	1.0835	0.3600	9.9154	16.8596	46.83	2.5490A	-7.8547	0.3679	-0.6400	1.0835	-0.4735	-0.1613	0.4608
-0.2718	0.2092	1.0825	0.3590	9.9450	16.9130	47.11	2.5500	-7.8507	0.3425	-0.6410	1.0825	-0.4743	-0.1610	0.4604
-0.2550	0.1830	1.0253	0.3125	11.4884	19.0952	61.11	2.5980A	-7.0881	-0.1522	-0.6875	1.0253	-0.5133	-0.1420	0.4360
-0.2542	0.1819	1.0226	0.3106	11.5433	19.3309	62.24	2.6000	-7.0429	-0.1480	-0.6894	1.0226	-0.5149	-0.1412	0.4349
-0.2356	0.1580	0.9552	0.2687	13.1543	21.8348	81.27	2.6470A	-6.4298	-0.5497	-0.7313	0.9552	-0.5514	-0.1205	0.4062
-0.2343	0.1566	0.9507	0.2661	13.2558	22.0826	82.98	2.6500	-6.4188	-0.6173	-0.7339	0.9507	-0.5537	-0.1191	0.4043
-0.2147	0.1352	0.8771	0.2289	14.9260	24.6061	107.50	2.6960A	-5.8809	-0.8837	-0.7711	0.8771	-0.5873	-0.0975	0.3730
-0.2129	0.1335	0.8704	0.2258	15.0402	25.8014	114.25	2.7000	-5.8421	-0.9133	-0.7742	0.8704	-0.5902	-0.0956	0.3702
-0.1931	0.1146	0.7942	0.1933	16.7400	28.7491	148.74	2.7450A	-5.3971	-1.1205	-0.8067	0.7942	-0.6211	-0.0738	0.3378
-0.1716	0.0963	0.7099	0.1618	18.6089	34.4751	213.06	2.7940A	-5.0008	-1.3784	-0.8382	0.7099	-0.6525	-0.0502	0.3019

图案回顾点睛：2018年12月19日期权季月合约收盘

Gamma衡量标的资产价格变化对Delta的影响，是波动性交易收入的主要来源，平值期权的 Gamma 值较大，且随期权到期日临近会趋于无穷大，卖出平值期权的投资者会面临“大头针”风险。

Theta	Rho	Gamma	Delta	溢价率	真实杠杆率	杠杆比率	购<行权价>沽↑	真实杠杆率	溢价率	Delta	Gamma	Rho	Theta	Vega
-0.2554	0.4274	0.8467	0.7848	2.3605	6.9960	8.91	2.1560A	-28.5933	9.5899	-0.2152	0.8467	-0.1504	-0.1617	0.3601
-0.2718	0.4086	0.9353	0.7422	2.7653	7.6184	10.26	2.2000	-22.6663	8.1142	-0.2578	0.9353	-0.1811	-0.1762	0.3978
-0.2735	0.4062	0.9447	0.7371	2.8330	7.6799	10.42	2.2050A	-22.6058	7.9281	-0.2629	0.9447	-0.1847	-0.1777	0.4018
-0.2868	0.3841	1.0216	0.6901	3.3362	8.4173	12.20	2.2500	-18.1855	6.5666	-0.3099	1.0216	-0.2190	-0.1890	0.4345
-0.2878	0.3820	1.0277	0.6858	3.3996	8.4741	12.36	2.2540A	-18.0353	6.4355	-0.3142	1.0277	-0.2221	-0.1898	0.4371
-0.2971	0.3570	1.0884	0.6352	[illegible]	[illegible]	[illegible]	[illegible]	[illegible]	5.0951	-0.3648	1.0884	-0.2594	-0.1971	0.4629
-0.2976	0.3553	1.0918	0.6318	[illegible]	[illegible]	14.78	[illegible]	[illegible]	[illegible]	-0.3682	1.0918	-0.2619	-0.1974	0.4643
-0.3022	0.3281	1.1329	0.5786	[illegible]	[illegible]	[illegible]	[illegible]	[illegible]	[illegible]	-0.4214	1.1329	-0.3018	-0.2000	0.4818
-0.3023	0.3269	1.1342	0.5763	[illegible]	[illegible]	[illegible]	[illegible]	[illegible]	[illegible]	-0.4237	1.1342	-0.3035	-0.2000	0.4824
-0.3019	0.2981	1.1537	0.5216	[illegible]	[illegible]	[illegible]	2.4000	[illegible]	2.7400	-0.4784	1.1537	-0.3452	-0.1976	0.4907
-0.3018	0.2975	1.1539	0.5204	[illegible]	[illegible]	[illegible]	[illegible]	[illegible]	[illegible]	-0.4796	1.1539	-0.3460	-0.1975	0.4907
-0.2964	0.2678	1.1511	0.4653	7.1163	13.2102	[illegible]	[illegible]	-9.9574	1.7759	-0.5347	1.1511	-0.3888	-0.1899	0.4895
-0.2964	0.2678	1.1511	0.4653	7.1247	13.1785	28.32	2.4500A	-9.9418	1.7844	-0.5347	1.1511	-0.3888	-0.1899	0.4895
-0.2862	0.2380	1.1264	0.4108	8.5116	14.6536	35.67	2.5000A	-8.7037	1.0613	-0.5892	1.1264	-0.4321	-0.1775	0.4790
-0.2862	0.2380	1.1264	0.4108	8.4609	14.9237	36.33	2.5000	-8.7639	1.0148	-0.5892	1.1264	-0.4321	-0.1775	0.4790
-0.2721	0.2097	1.0835	0.3600	9.9154	16.8596	46.83	2.5490A	-7.8547	0.3679	-0.6400	1.0835	-0.4735	-0.1613	0.4608
-0.2718	0.2092	1.0825	0.3590	9.9450	16.9130	47.11	2.5500	-7.8507	0.3425	-0.6410	1.0825	-0.4743	-0.1610	0.4604
-0.2550	0.1830	1.0253	0.3125	11.4884	19.0952	61.11	2.5980A	-7.0881	-0.1522	-0.6875	1.0253	-0.5133	-0.1420	0.4360
-0.2542	0.1819	1.0226	0.3106	11.5433	19.3309	62.24	2.6000	-7.0429	-0.1480	-0.6894	1.0226	-0.5149	-0.1412	0.4349
-0.2356	0.1580	0.9552	0.2687	13.1543	21.6348	81.27	2.6470A	-6.4298	-0.5497	-0.7313	0.9552	-0.5514	-0.1205	0.4062
-0.2343	0.1568	0.9507	0.2661	13.2558	22.0826	82.98	2.6500	-6.4188	-0.6173	-0.7339	0.9507	-0.5537	-0.1191	0.4043
-0.2147	0.1352	0.8771	0.2289	14.9260	24.6061	107.50	2.6960A	-5.8809	-0.8837	-0.7711	0.8771	-0.5873	-0.0975	0.3730
-0.2129	0.1335	0.8704	0.2258	15.0402	25.8014	114.25	2.7000	-5.8421	-0.9133	-0.7742	0.8704	-0.5902	-0.0956	0.3702
-0.1931	0.1146	0.7942	0.1933	16.7400	28.7491	148.74	2.7450A	-5.3971	-1.1205	-0.8067	0.7942	-0.6211	-0.0738	0.3378
-0.1716	0.0963	0.7099	0.1618	18.6089	34.4751	213.06	2.7940A	-5.0008	-1.3784	-0.8382	0.7099	-0.6525	-0.0502	0.3019

图案回顾点睛：2018年12月19日期权季月合约收盘

图中方框可以发现，Gamma 值从平值到上下两边是逐渐减少的，越往两端越小，越靠近平值越大，认沽认购都是如此。这也就意味着 Gamma 值越大，Delta 变化就越大，那它的杠杆也就越大，前面也已经分析过逻辑。所以在选合约的时候，不要选择太虚的，也不要选太实的，其实太虚和太实的敏感性比不上平值附近的合约，越靠近平值，Gamma 值越大，说明杠杆大。所以买方选合约选择实一两档、平值、或者虚一两档都是可以的，如果太实或者太虚，它们的波动率是比较小的。作为卖方就不用选平值附近的合约，因为波动太敏感，随时可能出现较大波动，而选择两端就没那么敏感了。所以选合约时从敏感性也能看出来，选 Gamma 值相对大一些的合约。

Vega 衡量隐含波动率变动对期权价格的影响，隐含波动率对期权价格的影响程度需要通过时间来证明，距离到期时间越远，影响效果越显著，Vega 值越大。

Vega	Theta	Rho	Gamma	Delta	溢价率	真实杠杆率	购<行权价>沽↑	溢价率	Delta	Gamma	Rho	Theta	Vega
0.3601	-0.2554	0.4274	0.8467	0.7848	2.3805	6.9960	2.1560A	9.5899	-0.2152	0.8467	-0.1504	-0.1617	0.3601
0.3978	-0.2718	0.4086	0.9353	0.7422	2.7653	7.6184	2.2000	8.1142	-0.2578	0.9353	-0.1811	-0.1762	0.3978
0.4018	-0.2735	0.4062	0.9447	0.7371	2.8330	7.6799	2.2050A	7.9281	-0.2629	0.9447	-0.1847	-0.1777	0.4018
0.4345	-0.2868	0.3841	1.0216	0.6901	3.3362	8.4173	2.2500	6.5666	-0.3099	1.0216	-0.2190	-0.1890	0.4345
0.4371	-0.2878	0.3820	1.0277	0.6858	3.3996	8.4741	2.2540A	6.4355	-0.3142	1.0277	-0.2221	-0.1898	0.4371
0.4629	-0.2971	0.3570	[illegible]	[illegible]	[illegible]	[illegible]	[illegible]	[illegible]	[illegible]	1.0884	-0.2594	-0.1971	0.4629
0.4643	-0.2976	0.3553	1.0918	[illegible]	[illegible]	[illegible]	[illegible]	[illegible]	[illegible]	1.0918	-0.2619	-0.1974	0.4643
0.4818	-0.3022	0.3281	1.1829	[illegible]	[illegible]	[illegible]	[illegible]	[illegible]	[illegible]	1.1329	-0.3018	-0.2000	0.4818
0.4824	-0.3023	0.3269	[illegible]	[illegible]	[illegible]	[illegible]	[illegible]	[illegible]	-0.4237	1.1342	-0.3035	-0.2000	0.4824
0.4907	-0.3019	0.2981	1.1537	[illegible]	[illegible]	[illegible]	[illegible]	[illegible]	-0.4784	1.1537	-0.3452	-0.1975	0.4907
0.4907	-0.3018	0.2975	1.1539	[illegible]	[illegible]	[illegible]	[illegible]	[illegible]	-0.4796	1.1539	-0.3460	-0.1975	0.4907
0.4895	-0.2964	0.2678	1.1511	0.4653	7.1163	13.2102	2.4500	1.7759	-0.5347	1.1511	-0.3888	-0.1893	0.4895
0.4895	-0.2964	0.2678	1.1511	0.4653	7.1247	13.1785	2.4500A	1.7844	-0.5347	1.1511	-0.3888	-0.1893	0.4895
0.4790	-0.2862	0.2380	1.1264	0.4108	8.5116	14.6536	2.5000A	1.0613	-0.5892	1.1264	-0.4321	-0.1775	0.4790
0.4790	-0.2862	0.2380	1.1264	0.4108	8.4609	14.9237	2.5000	1.0148	-0.5892	1.1264	-0.4321	-0.1775	0.4790
0.4608	-0.2721	0.2097	1.0835	0.3600	9.9154	16.8596	2.5490A	0.3679	-0.6400	1.0835	-0.4735	-0.1613	0.4608
0.4604	-0.2718	0.2092	1.0825	0.3590	9.9450	16.9130	2.5500	0.3425	-0.6410	1.0825	-0.4743	-0.1610	0.4604
0.4360	-0.2550	0.1830	1.0253	0.3125	11.4884	19.0952	2.5980A	-0.1522	-0.6875	1.0253	-0.5133	-0.1420	0.4360
0.4349	-0.2542	0.1819	1.0226	0.3106	11.5433	19.3309	2.6000	-0.1480	-0.6894	1.0226	-0.5149	-0.1412	0.4349
0.4062	-0.2356	0.1580	0.9552	0.2687	13.1543	21.8348	2.6470A	-0.5497	-0.7313	0.9552	-0.5514	-0.1205	0.4062
0.4043	-0.2343	0.1566	0.9507	0.2661	13.2558	22.0826	2.6500	-0.6173	-0.7339	0.9507	-0.5537	-0.1191	0.4043
0.3730	-0.2147	0.1352	0.8771	0.2289	14.9260	24.6061	2.6960A	-0.8837	-0.7711	0.8771	-0.5873	-0.0975	0.3730
0.3702	-0.2129	0.1335	0.8704	0.2258	15.0402	25.8014	2.7000	-0.9133	-0.7742	0.8704	-0.5902	-0.0956	0.3702
0.3378	-0.1931	0.1146	0.7942	0.1933	16.7400	28.7491	2.7450A	-1.1205	-0.8067	0.7942	-0.6211	-0.0738	0.3378
0.3019	-0.1716	0.0963	0.7099	0.1618	18.6089	34.4751	2.7940A	-1.3784	-0.8382	0.7099	-0.6525	-0.0502	0.3019

图案回顾点睛：2018年12月19日期权季月合约收盘

隐含波动率可能时间越短越体现不出来，比如一年时间，这个隐含波动率可能就比较大了，可以500个点、2000个点，甚至来波牛市一年走个3000点都有可能，这里的隐含波动率就很大了，为什么？因为它这个时间足够长。所以Vega衡量隐含波动率变动对期权价格的影响，隐含波动率对期权价格的影响程度需要通过时间来证明，距离到期时间越远，影响效果越显著，Vega值越大，可以去行情软件对比近月和远月的数据就很清晰了。

这几个因子应该了解了，除了这三个，还有两个希腊字母，一个是Theta，衡量到期时间变化对期权价格的影响，还有一个是Rho，用于衡量利率变化对期权价格的影响。

5. 如何挑选合适的行权价

对于认购期权而言，行权价越高，意味着虚值程度越高；而对于认沽期权则相反。那么到底应该选择实值合约、平值合约还是虚值合约呢？我们一般作如下考虑。

首先我们再回顾一下：

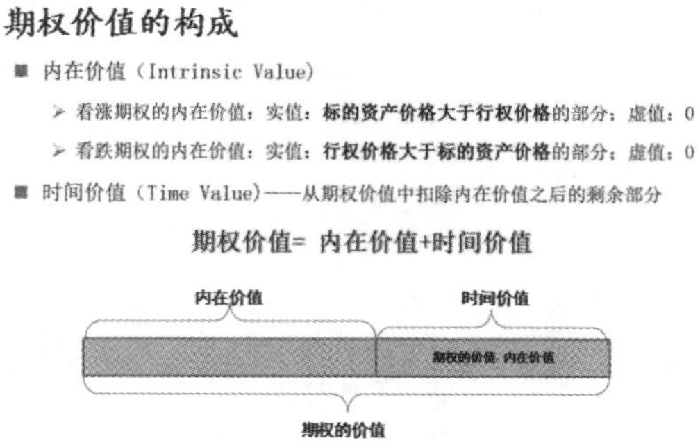

期权的价格与内在价值和时间价值有关系。比如行权价格是2400，但是现在上证50指数涨到了2500，它们之间的差值100就是内在价值，时间价值就是期权的价值扣除内在价值，剩余的就是时间价值。所以为什么合约离到期日越来越近，它的价格会不断地跌，因为它的时间价值一直在下挫，如果它的内在价值不提升，那它的价格就是一直在跌。除非内在价值提升，那就源于标的资产要大涨，如果标的资产不涨，也就是上证50一直横盘，它的内在价值是没有上涨的，但是时间价值却是越来越小，所以期权的价格就会一直往下降。这一段时间的运行就比较清楚。

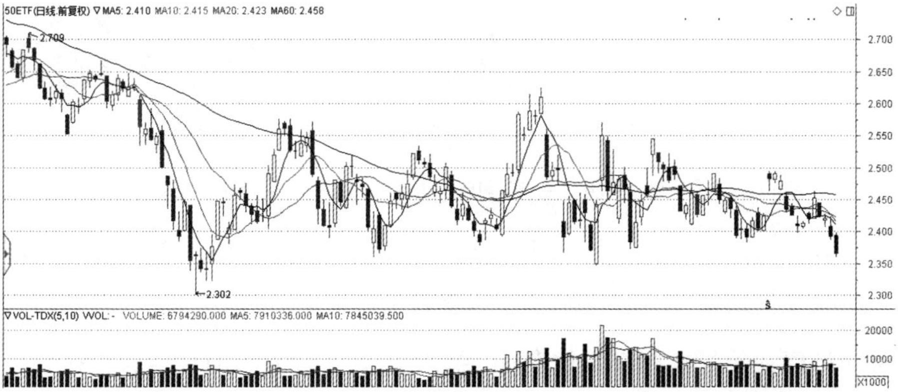

图案回顾点睛：截至2018年12月19日50ETF日线图

这段时间一直在横盘，横了三四个月，但是可以发现，从 11 月份开始，认购的一路跌，认沽的也是一路跌。比如区间中间值 2450 认购与认沽的合约状况。

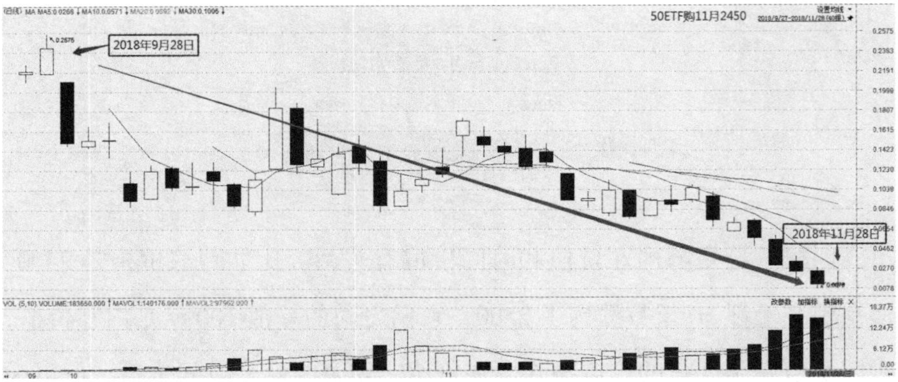

图案回顾点睛：2018年50ETF购11月2450（10001471）

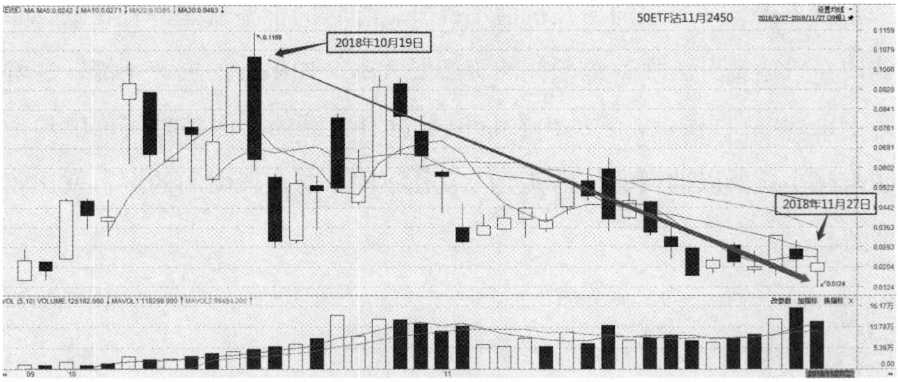

图案回顾点睛：2018年50ETF沽11月2450（10001480）

比较直观的可以看到，认购和认沽 11 月份都呈下跌趋势。所以在这阶段买认购也亏钱，买认沽也亏钱，这就是因为它的内在价值变化不大，但是时间价值却一直在下滑，所以期权的价格就一直在跌。这就是因为时间价值在作怪，内在价值变动不能抵消时间价值的消耗，那它就会一直跌，所以在这个时候作为卖方就舒服了。

所以根据不同的行情，也就明白怎么选择合约建立策略。比如行情属于震荡市，那最好就是做卖方，就躺着收钱，但是做卖方会受到价格剧烈波动的风险，这也是需要考虑的。所以在案例这段时间，从 11 月份开始，你买认购也不赚钱，买认沽也不赚钱，到 12 月份也是如此，因为 11、12 月的价格都没动，只有到了 2018 年 12 月 19 日，短期才出现比较大的波动。

○对于实值合约，由于到期行权概率较大，且实值合约的时间价值占比较小，内在价值占比较大，故而波动率的变化影响对实值合约价格的影响较小，其价格变化主要是受到股价变化的影响。

换句话来讲，如果你这个合约是处于实值的状态，你去看这个价格波动，它基本上是受到上证 50 这只标的物波动的影响，至于这个波动率对它价格的影响是很小的，所以实值合约与上证 50 的走势相近，主要是受到这个股价的影响。可以看 2018 年 10 月 12 日至 2018 年 11 月 28 日这段时间，用图形加深印象。

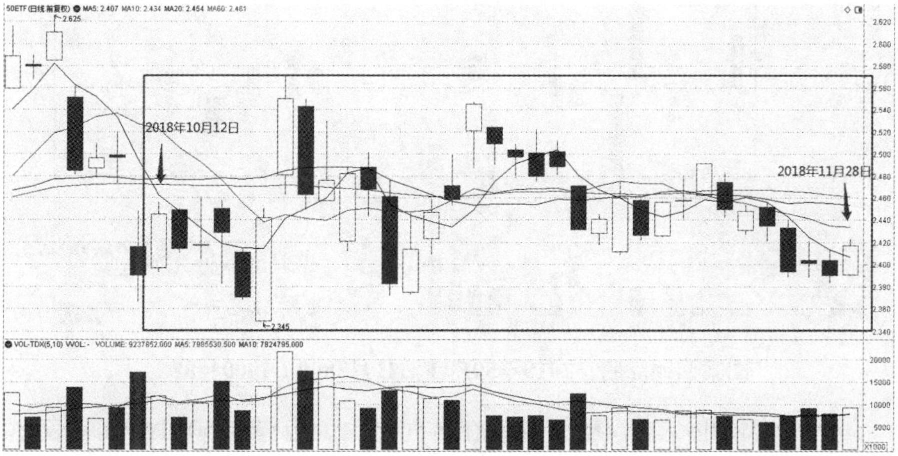

图案回顾点睛：2018年10月12日～11月28日50ETF日K线

这段时间是卖方的天堂，买认购与认沽往往都是亏损的，那对比看下认购较实值合约的走势。

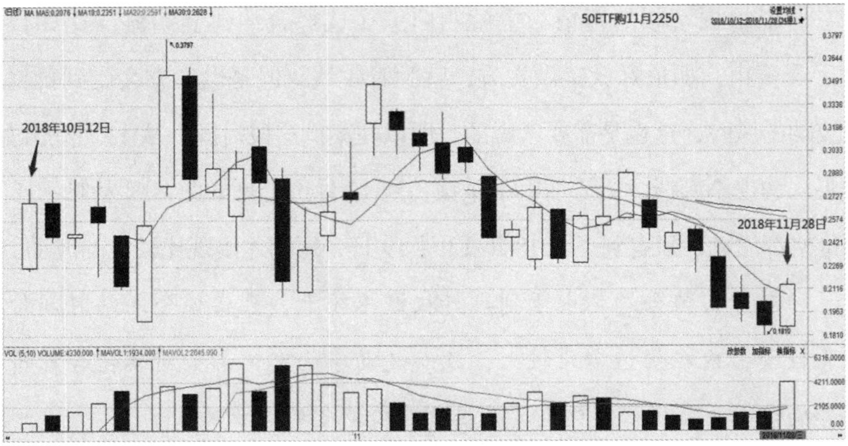

图案回顾点睛：2018年50ETF购11月2250（10001493）

可以看到，认购整体走势和50ETF相同，仅最后到期几天有些影响，合约略微创新低。但也说明了，实值合约与上证50的走势相近，实值主要是内在价值，这个时间价值对它价格的影响是比较小的。

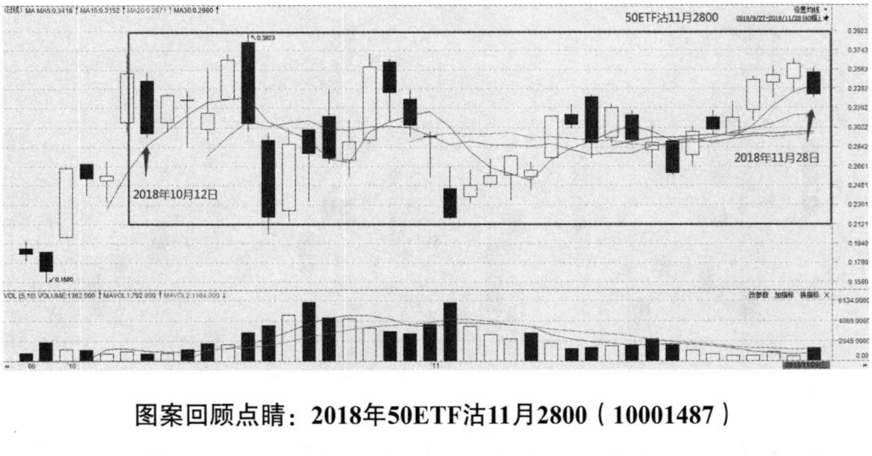

图案回顾点睛：2018年50ETF沽11月2800（10001487）

认沽实值也一样，整体维持在区间之内，走势与50ETF反向相近。所以越实值时间价值影响越小，期权的价格主要是受到50指数的影响。

○对于平值合约，其主要受到股价和波动率的双重影响。一方面股价的变动会直接影响内在价值，另一方面会受波动率的影响进而间接影响期权的时间价值。

平值合约受两方面影响，一方面是上证50标的物波动的影响，另一方面是受到波动率的影响。前面2018年11月2450认购与认沽合约图已经看到，标的物维持横盘，波动幅度不大，最终受时间价值消耗不断动荡下跌。

○对于虚值合约，主要受到波动率变化的影响，合约价格几乎完全由时间价值组成。

因为虚值合约基本上没有内在价值，内在价值是0，所以只有波动率大才有钱赚，波动率不大就一直处于下跌的状态。

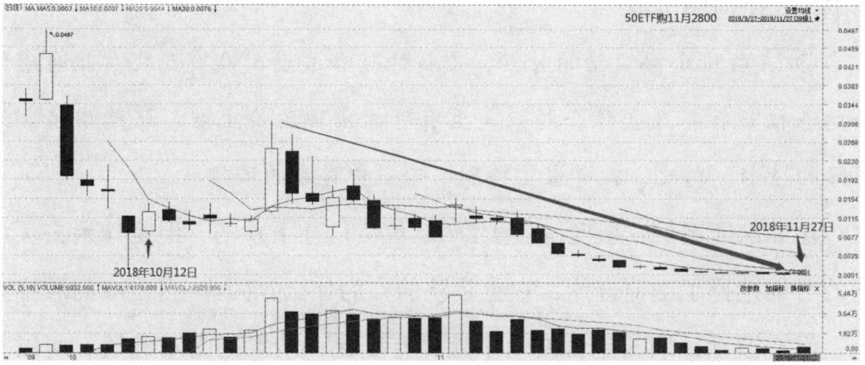

图案回顾点睛：2018年50ETF购11月2800（10001478）

相同时间段，看这两个虚值合约，不论是认购虚值还是认沽虚值，没有大波动时，几乎就是呈现单边下跌的状态。结合图形来看会比较好理解。

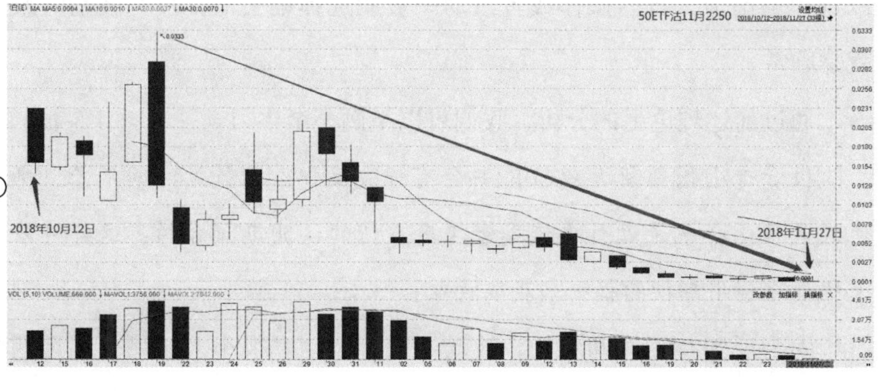

图案回顾点睛：2018年50ETF沽11月2250（10001495）

○在股价大幅波动的情况下，期权的隐含波动率大幅上升，进而使得时间价值大大增加，虚值期权的价格涨幅往往超过实值合约。

波动率上升幅度越大，它的时间价值越可以大大增加，所以时间价值要的就是波动率，哪怕时间不够，只要有波动率，照样有机会赚钱，照样可以起死回生。最怕的就是没有波动率，比如时间价值马上就要到期了，同时又没有什么波动率，那基本上就是判死刑了。所以虚值期权价格的涨幅往往会超过实值合约，逻辑就在于此，其中的隐含波动率，影响了这个时间价值。

○ 在股价小幅变动的时候，期权的隐含波动率没有变化，此时虚值合约涨幅往往不及实值合约，甚至有可能出现股价上涨、认购虚值合约下降的情形。对此，投资者要特别小心当中存在的风险。

比如前面案例这段时间，上证 50 价格是往下跌的，但是如果去买认沽的时候选择了虚值合约，它也是跌的，为什么？因为上证 50 的波幅太小，没有波动，期权隐含波动率就没有变化，结果还是不赚钱。所以买认沽的时候不赚钱，哪怕行情是跌的也不赚钱，就是这个逻辑。所以这是要特别小心的一个风险。

一直强调在选合约时，以平值附近的合约为宜，趋势大波动机会可以选择偏虚值，日内操作或者波动一般般选择偏实值，没有波动时最好就是欣赏。

通过前述理论上的分析，我们可以举例小试牛刀。

投资者小张判断近期 50ETF 会有一波反弹，但持续时间不长，那么他的最佳选择就是近月平值或者轻度虚值的认购期权合约，这样可以最大程度地利用期权的杠杆来获取收益。

因为反弹持续时间不长，波动不大，波动率很小，如果去买远期合约基本上是没怎么动的，只有买近期合约，波动率才会体现出来，所以选择近月平值、轻度虚值。为什么不买太虚的？因为涨幅有限，对太虚值的合约也没什么影响，只有买近月轻度虚值的，这个涨幅才是最好的，才能最大程度利用这个杠杆。

投资者小金认为50ETF会持续震荡上涨，波动率会大幅上升，那么他不妨买一个远月的虚值认购期权合约，这样的话有望获得波动率大幅增加的收益。

首先我们要判断这波行情上涨的时间，也就是判断这个持续性。如果这波行情会有延续的时间段，而且是一段大的波段，那么这个时候我们做远月的合约是可以的，因为远月的合约时间价值比较大，同时又有比较大的波动率的话，那么远月合约的涨幅其实也不会小，因为它的Vega值比较大。当然，买这个近月的合约也是可以的，在这种行情状况选择合约，买近月还是远月都是可以的。当然，近月有个问题就是要去移仓，因为行情有一定持续性，假设这段行情延续三个月，如果买近月的合约就要进行移仓，买远月的合约就不用移仓了，而且它的这个涨幅不会小。所以在做布局的时候，如果未来有一波中级反弹行情，或者是一波牛市行情，那么在这个时候一定要注意配置，远月合约和近月合约进行组合，根据自己的研判分配仓位。近月合约随着到期日的临近就往下个月移仓，这个是可行的。这是在行情具备一定规模的状况下，比较不错的选择。

投资者小李对50ETF的波动率走势不太明确，但是喜欢根据现货指标做日内交易，那么不妨选择近月实值合约，两者走势最为契合。

对于这波行情到底是上涨还是下跌，不是太清楚，那么在这个时候，就可以选择做日内。对于一段行情没有方向感的时候，选择日内近月实值合约操作，换句话讲，就是对后市方向不太明确时，就可以选择做日内，选择近月合约。因为近月合约的走势跟上证50的走势是非常契合的，选择实值契合度更高。也就是说上证 50 如果是涨的，近月实值合约基本上都是涨的，上证 50 如果是跌的，近月实值合约基本上都是跌的，它们这个走势的契合度会比较大，做日内肯定要选择这个契合度比较大的，不然有时候行情涨，有些近月的，还有些远月的它就不一定涨了，所以这也是选择合约不一样的地方。

所以基本上选择合约是根据行情的判断。一直反复阐述，我们选择合约到底是选择当月的、近月的还是远月的，关键是在于对这个行情的判断，到底是属于小级别的行情还是属于大级别的行情。归根结底还是对于标的物的研判。只要清晰了阶段性市场行情的走势，选择什么合约，读者也应该都非常清晰了。比如预期行情有比较大的反弹，短期就爆发的行情，那肯定是买当月的认购。如果是短期马上暴跌的行情，肯定就是买当月的认沽，这肯定最暴利的。如果我们预期这个行情有一定的规模，有一定的时间，有一定的持续性，那肯定是近月和远月一起配置。所以选择合约读者应该都非常清晰了，关键是对于行情的判断，我们要落实的是什么级别的行情，这才是根本。我们做 50ETF 期权，所有的策略都是建立在判断行情的基础上，判断错了，哪怕策略再好，基本上就是亏多亏少的问题，都是亏损。但是如果方向判断对了，哪怕策略稍微差一点，也就是赚多赚少的问题。所以准确判断行情的规模，这个才是最重要的。

判断行情一定要尽可能的精准，是现在启动还是过段时间再启动，到底是大涨还是小涨，直接决定了我们是选择近月合约还是远月合约，是选平值、虚值还是实值。选择合约其实没什么技术含量，当经历了一段时间的实战，经验比较丰富一些的时候，这个应该不会是什么难点。

像 2018 年 2 月份的时候，空头能量很强，属于主跌浪，那个时候就是直接买当月的合约，偏虚值的合约都有上百倍的涨幅，最高的达到千倍级别，选择当月合约是最暴利的。再举个例子：假设研判了一波行情是动荡下跌的概率比较大，比如熊市末期，空头力量逐渐衰竭，有多头力量在抵抗，不太可能直接暴跌，在这个时候，因为这个波动率不会太大，不能买太远期的合约，比如隔季月的就不行，因为波动率太小，对价格影响很小。当然，也不能买当月的合约，因为当月的时间价值有限，如果假设行情停顿三五天并没有下跌，那么当月的合约就要亏损，所以在这个时候，我们就要选择去布局下月合约或者季月合约，这两个月份的合约就会比较适宜。

还有一点要明白，其实做期权的关键是在于做波动率。有大的波动率，用期权是最暴利的，没有大的波动率的时候，尽可能不做或者是少做。做期权就是做波动率，没有波动率的话，其实你是很难盈利的，因为就算方向对了，期权的杠杆其实也不大，可能能赚一点，但是这个收益比不大，因为期权本身就是以小博大，我们用小的资金去撬大的杠杆，只有在波动率大的时候。比如 2018 年年初，或者是一轮行情的主升阶段，那时是最好的。所以一定要选择时机去做，不要天天折腾，等真正的主升行情，或者是趋势性行情出来之后，我们再去把握是最好的。

第七章

大道至简顺应趋势

学前须知

第七堂课主要是分享势的重要性，操作时要懂得顺势而为，主要介绍了波浪理论的大格局技术分析，以及相关阶段的特征，有助于读者认清市场整体运行的轨迹。有了技术辅助，在把握市场时，结合基本面、政策面、资金面等综合运用就会更加有底气，最终赢在大波段。

本堂课内容在牛散大学堂股威宇宙的等级划分为中学级别。

期权的投资分为四个步骤：

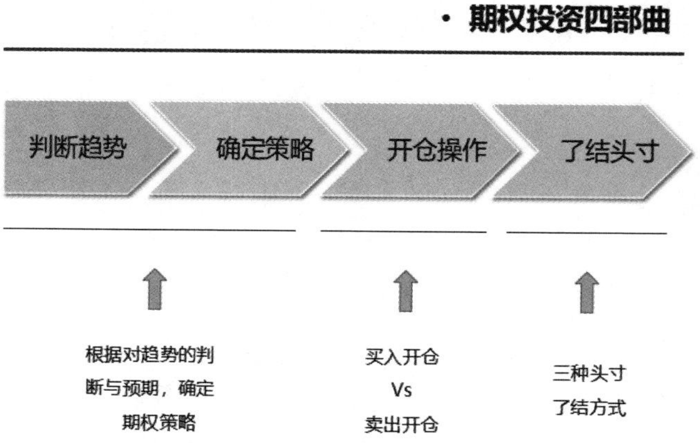

首先最重要的就是趋势的判断，判断了趋势之后，就是确定策略。可以看到，是在对于趋势进行判断之后，才会确定某个策略，并不是我确定这个策略再去看这个趋势，所以哪个重要，哪个次要，从这里就可以看的出来。

做期权，我们只要知道它是个工具，没必要花太多时间研究它是什么东西，我们要重点去研究标的物方向，比如上证 50ETF，它跟上证 50 指数的波动一致。最近很多朋友总是问策略的问题，却没有问怎么样判断这个趋势的问题，主要矛盾和次要矛盾搞错了，我们主要应该去学怎么判断这个趋势，学习研判趋势的方向和速度，而策略并不是越多越好。前面章节阐述了买方的核心策略，做买方掌握好最简单的就可以了，策略的制定也主要根据对行情的判断而定，不同的行情，策略会有不一致的地方，但是也大同小异，无非就是涨跟跌方向的问题，一个是上涨趋势，一个是下跌趋势，还有一个是震荡市。基本上就是这三个方向，用好最简单的认沽和认购即可，至于震荡策略，我想说的是，最好是不要做。不要觉得自己很厉害，在震荡时可以赚钱，但是结果往往事与愿违，所以不要觉得策略越多越好。

总体而言，做期权的重心，要放在对标的物走势的判断上。判断标的物的走势，从交易风格来看，有做波段的，有做日内的，我个人建议，少折腾，刚开始时熟悉一下可以。就像麻将馆和赌场一样，一直开在那里，你还天天跑过去玩一把，就像丢硬币一样，最终大概率是输的。我们不要频繁折腾，一定要有所为有所不为。前面章节经常强调，一年做两三波就行，平时不要交易太频繁，经常去折腾最终肯定是亏钱的。所以在以后，交易次数方面要注意，做自己看得懂得机会，不要看得懂的、看不懂的全部去交易，这跟赌博没有任何区别。看得懂得时候我们才做，而且这个看得懂是要有大机会的时候，比较确定性的时候我们才去做，一定要记住了！

分析上证 50 的走势，研究其成分股是比较关键的，但是在具体操作期权买卖时，我们可以利用技术分析辅助操作，所以学会一种或两种核心的技术分析方法，比如趋势理论、道氏理论、K 线理论、量价理论、江恩理论、波浪理论、缠论等，就能更好地把握行情。和股票研究其实类似，政策基本面、技术面、资金面、情绪影响等，进行综合分析才能更好把握这个时间节点和交易周期。在入门篇阐述过，时间节点和交易周期是期权交易最为重要的两个核心要素，因为期权有时间价值，交易节点不对，随着时间价值的消耗，是很难赚到钱的。交易周期也就决定了我们做多长时间，关系着我们获得的利润有多大，行情越大自然我们的交易周期会越长，行情越短那么我们的交易周期就会相对的缩小。最终的根本还是对于行情的判断，所以掌握一到两种核心的技术分析方法很有必要。

那有朋友就会问，哪种方法更加适用一些？我个人建议可以学一学波浪理论，还有缠论，不过缠论比较复杂，也可以尝试去学习，对判断行情还是有很大帮助的。尤其是应对日内的分时策略，日内的交易也是很有规律性的，它的波动是很有节奏感的，当然，不会看的话，自然就不知道它会怎么演绎，但是如果掌握了这个分析技术，那么就可以大体推演它下一步将会怎么走。所以做日内交易不是去掷硬币，去赌接下来是涨还是跌，一定要有法可依，要有判断的依据，这样我们才可以做到大概率的优势。

学习温馨小提示

尽可能先用小资金，把握市场操作的一些规律，一开始不要重仓在期权市场博弈。要知道，资本市场永远是80%的人是亏损的，盈利的注定是少数。所以一定要去博弈大概率的机会，不要像做股票一样天天去折腾，如果抱着这种心态去做，建议最好不要做。

对于期权这个交易品种有一定的认识之后，接下来的重点就是一定要去掌握这个分析方法，回归到本源，也就是第一点——趋势的判断上。期权操作四部曲，最重要的是判断趋势，如果第一步就打了✘（没过关），那接下来怎么制定策略，如果制定策略也打个✘，那么最终结局肯定是亏钱的。所以一定要解决第一步。前面章节解决的问题就是怎样了结头寸，怎么样开仓操作，以及买方具体的策略，现在需要解决的就是判断趋势。所以一定要回到源头，解决最重要的判断趋势的问题，在这方面一定要多花精力。判断趋势不单单对期权有帮助，对今后判断行情，把握整个资本市场，都有很大的帮助，所以要在这方面多花功夫。这就是我们怎样赢在这个起跑线上，需要继续加深对趋势的判断，加强这方面的认知。

1. 势的重要性

首先我们要知道势的重要性，为什么要顺应趋势。在这里我想借用孙中山先生的一句话：

世界潮流浩浩荡荡，顺之者昌、逆之者亡！

世界潮流讲到的就是势！周金涛当年有一句名言叫“人生发财靠康波”，意思是，每个人的财富积累，一定不要以为是你多有本事，财富积累完全来源于经济周期运动的时间给你的机会。其实这也就说明了这个势和天时的重要性！

比如过去，中国暴富的典型是煤老板，大家在心里认为煤老板肯定是不如我有本事。为什么他成为煤老板，原因就是在于天时给的机会。按照康德拉季耶夫理论来看这是大宗商品的牛市，就给煤老板人生发财的机会。

但是现在再去看一下，煤价跌的很厉害，那么当下的势就不存在了。所以当时能够出现暴富，这是天时给到的机会，像证券市场 2005、2006、2007 年的大牛市，也是天时给到的机会，包括 2014、2015 年的。天时给到的机会是有周期性的，并不是说每一年都有，比如像2018年就没有，这一年所有的大宗商品，包括权益类市场，基本上都是暴跌的，这就是没有给到天时的这个机会。在2018年真正能在投资市场上赚到钱的，基本上是凤毛麟角，不是说你不厉害，也不是说你很笨，而是天时没有给到你机会。对于这个天时，把握到了就把握到，没把握到就没把握到，就这么简单。把握到了能够迅速让自己的财富上一个新的台阶，没有把握到就是在原地踏步甚至浮亏。所以市场给到的天时的机会，是非常珍贵的。

所以我们要懂得把握这个天时，也就是要顺应这个趋势，顺之者昌逆之者亡，就是这个道理。

大道至简，投资致胜的关键是顺势而为！

小势对应小机会，大势对应大机会。

这么简单的道理，每个人都懂，但是就是做不好，就像G·理查德谢尔的书——《听了那么多大道理，为什么依旧过不好这一生》，所以知道是一回事，但是能够真正做到，达到知行合一，又是另外一回事。我们不单要在知上下功夫，更应该在行上去努力，做到知行合一。

首先能够真正做到理解势，或者是能够嗅到这个势，这也不是一般人马上能做好的。那怎么样去把握这个势，去感知这个势？这是很重要的，在这里补充一点，一方面我们可以透过自身的学习，去感知市场的这个机会，同时另一层面我们要懂得借力。不要觉得自己不行，就觉得对未来的机会把握不了，其实借力也是一种借势，所以不要吝啬去借力。巨人虽然很厉害，但是站在巨人的肩膀上，你就能更厉害，所以要懂得去借力，不要自己闭门造车。闭门造车是做任何事的大忌，所以我们要抱着开放的心态，懂得去借力。

那么这个力从哪里着手，对这个投资市场而言，一方面股票市场是一个着力点，另一方面期权市场也是另一个力，它们都是投资的工具！我们多掌握一些投资的工具，也就比别人多了一个机会。但是我们要好好利用它，不能因此给自己造成负担。如果去做一件事情，反而产生负面的效果，这个时候一定要适可而止，不要急于求成。期权也是如此，并不是说有这个机会我们就一定能够把握，但是首先我们要学习怎么去做，要想利用好并驾驭它，我们就要彻底弄懂它，达到真正能够为己所用，能够产生正面效应的工具，这才是有用的，不然的话还不如不做。所以一定要正确去看待这些工具，也要反思一下到底有没有掌握好它们，如果没有掌握好，就一定要抱着敬畏的心，不断加强实践，不断加强学习充实自己，让自己掌握它。

投资，我们要达到的目的有三个，第一个是跑赢大市，第二个是绝对盈利，第三个是解决问题。这才是真正的投资价值，真正能够驾驭这个市场，或者是能够懂得让它产生正面的效果。第一是要跑赢大市，如果跑不赢大市，像 2018 年大盘跌 25%，你亏 80%，或者亏 50%，都是没有跑赢大市的，当然你可能只亏了百分之十几，但是也依然不够，为什么？因为你没有绝对盈利，还是亏钱的，所以要做到第二点绝对盈利，那要做到这一点不是那么简单的，但是有些人是可以做到的，而且年复一年，每年如此，这就是区别。那么第三点就是解决问题，不能说来了波行情就赚两万元，这并没有解决问题。那么来一波行情要达到什么目的？就是要让自己的财富上一个新的台阶，才无愧于真正把握住了这次机会，毕竟天时是有限的，也是非常珍贵的，并不是每年都有的。

2. 势的力量

比如 2018 年年初的时候，一波一千倍的机会：

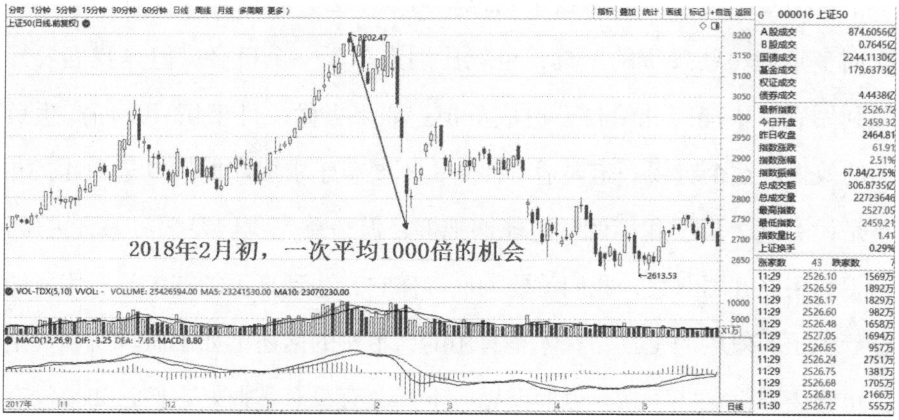

图案回顾点睛：2018年年初上证50日K线图

2015 年 6 ~ 8 月股市大跌，上证 50 看跌期权暴涨 10876 倍。

图案回顾点睛：2015年股灾上证50日K线图

股灾万倍机遇，这就是势的力量。

还有阶段性的机会：

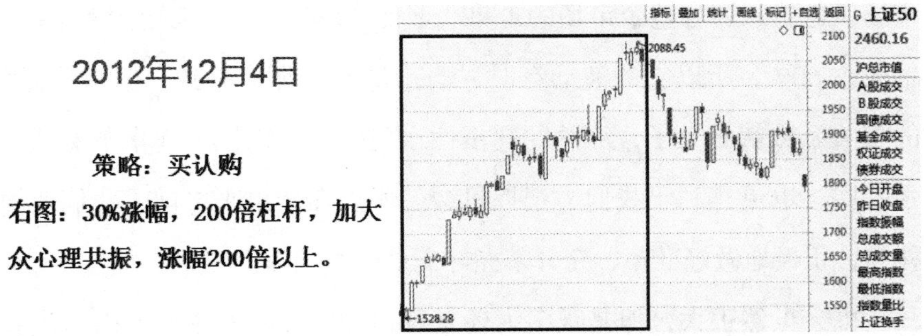

图案回顾点睛：2012年12月4日上证50日K线图

一波短期的反弹行情，200倍。

还有2015年的熔断下跌：这一波下跌，期权上涨300倍。

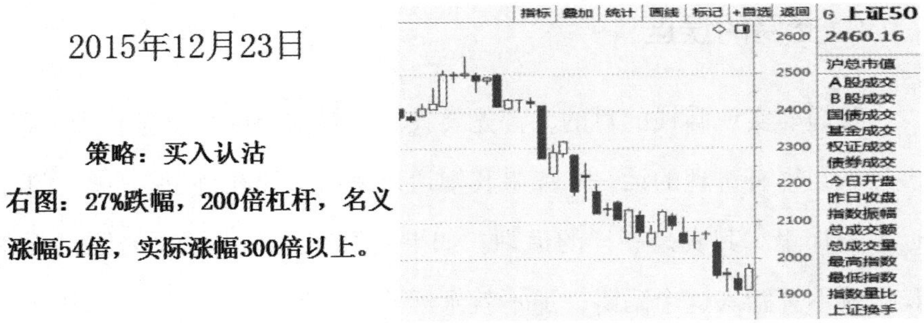

图案回顾点睛：2015年12月23日上证50日K线图

涨幅达200倍300倍，甚至一千倍、上万倍，这里面的机会不言而喻，同时这样的机会也并不是每次都有，这些机会发生在2015年，2012年，2018年，当然，接下来2019年、2020年，还有未来都会有这样的机会。所以在大的机会还没有来临之前，我们就要做好充足的准备，这也是为什么我们在行情没有真正来临之前，要加强期权学习的目的所在。未来还会陆陆续续有很多期权品种推出来，包括沪深300，包括中证500，这个投资的机会就更大了，上证50只是第一个，还会有第二个，第三个，所以未来的这个投资机会，以及投资的这个产品，会更加契合这个市场，也更加迎合整个市场的走势。上证 50 毕竟还是以大盘股为主，金融股占 60%，所以它的波动有时候与市场并不那么一致，但是沪深 300 的相关系数就更大了，涨跌的同步性也更强，所以把握起来节奏感会更强一些，也更有利于我们去把握机会。所以在推出来之前，我们要厉兵秣马，积极地做好准备，充分掌握好交易的基础知识。

机会虽然很大，但是很多人还是亏损的，亏钱的主要原因一定要理解透彻，赚钱的方法可能不一样，有的可能是短线，有的可能是中长线，有的是日内，有的是波段，但是亏损的原因基本上是一致的，所以我们要想达到赚钱的目的，首先要摆脱亏损的陷阱，也就是交易的误区。

3. 交易的误区

我们要实现赚钱的目的，首先要找到亏钱的原因。就像查理·芒格讲过一句很有哲理的话——如果我知道未来将会死在哪里，那么我将永远不去那里。其实是一样的道理。如果我们知道产生亏损的原因所在，我们就不去踏入这个陷阱，那不就永远不会亏钱了，对不对，一样的道理，所以一定要学会联想。那么要搞清楚亏损的原因在哪里，我们就要知道雷在哪里，不要踏入进去，那就不会亏损了。那么我们就必须分析这个雷在哪里，如果我们不断踩雷，那肯定是亏钱的，就好像 2018 年，股票市场质押率很高的爆雷，业绩很差的爆雷，康得新直接 ST，信托计划持股比例 2018 年爆雷，还有商誉风险比较大的也是雷，那么知道了这些雷，在我们选股的时候，就不要去选择这些，至少踩雷的概率就小很多。所以不亏损，就像巴菲特一样，保住本金，永远做到这一点，那你不亏钱了，最终肯定是会赚钱的，所以我们要找到亏损的原因所在。

第 1 个要排的雷是对市场缺乏认知。期权的涨跌与标的物价格的涨跌有关系，比如上证 50ETF 期权，就与上证 50 的走势有关系，50ETF 涨的时候它有可能涨，跌的时候它有可能跌，但是它并不是一一对应关系，它同时还受时间价值和波动率的影响。比如说上证50涨了，但期权有时并不一定涨，尤其是当月合约，时间价值消耗很快，时间不充分马上要行权的时候，对于那些虚值的合约，那基本上就是难以起死回生了。比如很虚的合约，上证50是涨的，但是它不一定涨，可能跌的很厉害，不论再怎么涨，它都回不去了，因为时间已经不够了，最终归零。

举个例子：现在的价格是在2500点，如果去买一个3000点以上的合约（很虚的合约），时间只剩不到一两周，除非连续超级暴涨，3000点几乎不可能在这么短的时间内变成实值，随着时间的到期归零，虚值最终都要归零，所以往往很虚的合约不涨，反而暴跌。这个时间价值也很重要，尤其是买当月合约的时候，就一定要警惕，因为时间价值消耗很快。除了标的物和时间价值，还与波动率有关系。前面章节的案例也分享了，在2018年11月份，买多也是亏损，买空也是亏损，做多做空都亏，最赚钱的是卖家，因为上证50一直在横盘，没有波动，不管是做多还是做空都是亏损，因为它没有波动率，随着时间价值的消耗，做多做空都亏钱。所以标的物涨跌，期权不一定就对应涨跌，因为波动率可能不够，或者是时间价值消耗很快，价格反其道而行。

所以在做期权的时候，首先要考虑三个因素。第一个因素，标的物的方向是涨是跌，这个是关键因素，但是我们还要考虑另外两个因素：时间价值和波动率。如果时间价值不够，千万不要去买这个当月合约，或者是确定性不强，或者是接下来波动率不大，切记不要去买当月的合约，当然啦，只有交过学费，有血淋淋的教训，可能才记得住。新手在做期权的时候，千万不要一下重仓、满仓去参与，这是不可取的，赌性不要那么大，做任何事情都要留有余地，不能靠赌，有赌字摆在前面，最终的结局一定是亏损。新手刚交易时，一定要把风险放在第一位，不要觉得它很简单，巴菲特曾经讲过一句话——做期权，是在跟魔鬼签订契约。你想一想，你玩得过魔鬼吗？所以我们要先知难，而达到后易的目标。你如果先知易，就会知道后面有多困难，甚至都不知道钱是怎么亏的。

第 2 个要排的雷就是频繁交易。频繁交易是投资的大忌，不论是做股票，还是做期权，只要频繁交易，只有一个字——“死”，不信可以试一下。我们做了那么多年交易，认识那么多高手，除非做量化，把机器人搬过来可能不一样。但是作为人，因为有情绪变化，你不可能像机器人一样没有情绪，没有人性的弱点，只要你有人性的弱点，频繁交易就会落入陷阱，所以不要频繁交易。我们都知道只要开盘的时候，就一定有涨跌，有涨跌就有机会，就像期货可以做多也可以做空。所以每一位投资者都在市场上赚过钱又赔过钱，但是绝大多数人都是赚少赔多，究其原因，最主要的就是天天想杀进杀出，总想抓住每次上涨或下跌的机会，这就是人性的贪婪。可以看一下“贪”字是怎么写的，上面一个今字下面一个贝字，你想赚今天的钱，想赚每一天的钱，就是一个贪，中国的文字博大精深，这很形象。所以不能贪，切忌频繁交易、过度投机。

第 3 个陷阱就是没有设置止损。这个在文章中也多次强调过，但是做的好得很少。

避免交易误区一定要从这三方面着手，做不好这三点，是很容易踩雷的。虽然分享过“十网九网空，一网可以补全空”。十次错九次，只要有一次抓住了机会，就可以全部赚回来，但是我们不要陷入背水一战尴尬的境地，不要总是把自己搞的那么被动。一定要留有余地，这个很重要，做任何事都要留有余地，世上没有绝对，就算你认为明天百分之百涨，或者是百分之百跌，可以大胆的假设，但是我们一定要小心的求证。有句话叫做散户注重对错，明天看涨，涨了很开心，跌了就很难过，这就是散户的心理。散户是注重对错，但是高手注重的是盈亏。所以记住！以后做投资要注重的是盈亏，我们看对了能赚多少钱，看错了只能亏多少钱，而不是看对了就开心，看错了就不开心。一定要注重盈亏，错了，但亏的很少，那也很开心，至少把风险控制住了，这样也是成功的。同时在看对的时候，我们能大幅的盈利，最终下来肯定是盈利的。因为赚时赚的多，亏时亏的少，最终下来一定是赚钱的。我们的目标不是探讨对与错，而是怎样去赚到钱，勿忘初衷，来到市场的初衷是什么——是实现盈利，增长财富。所以我们要注重盈亏，要把这个思路找出来，思路决定出路，你思路搞错了，以后走的路都是错的，还怎么盈利。所以首先我们要把这个路走对，走的是弯路还是正路，要搞清楚这一点。

做期权，每天要告诫自己，要留有余地，不要跟人家背水一战，把自己逼到非常尴尬的境地，就像孙子兵法里面讲到的：昔之善战者，先为不可胜，以待敌之可胜。意思就是先要做到不会被敌人所战胜，然后待机战胜敌人。这就是留有余地，让自己始终处在一个主动的地位，不要让自己处在一个被动的地位，不然总有一次会很被动。虽然这些道理都很简单，但是如果你不真正去理解，不真正落实到位的话，这就是空话，就像散户注重对错一样，没有意义，我们一定要注重盈亏的本质。

学习温馨小提示

做人做事，还是炒股，都是一个不断纠错的过程，面对错误和失败，要敢于接受，总结，避免下次再犯。为什么炒股难，就是因为人性使然，七情六欲让自己在错误的道路上愈行愈远，所以失败不可怕，可怕的是知错不改。

4. 好的波段交易策略——波浪理论及每浪特征

总体而言，我们到底怎么样做好这个交易？本节的主题就是赢在大波段，做好波段目的就是要踏准这个势。那么怎么样去踏准“势”？用什么方法去把握这个势？这就是接下来要分享的重点——波浪理论。

波浪理论是研究和把握势的一种方法。我们不仅要有理论，也要有方法，理论和方法相结合，理论和实践相结合，再去市场上验证这个方法可不可行。如果行，那就融入到自身的体系中，如果不行，我们再改进。所以要不断学习，学习理论知识、学习方法论，然后再不断去实践，不断去总结，使这个方法成为有效的方法，无效的方法那就要 pass 掉。就像做生意一样，这个生意不赚钱还去做，就会越亏越多。但是这个生意只要赚钱，并且继续经营好，那么大概率就会继续赚钱。所以如果这个店面不赚钱，你要想方设法尽早的止损，做生意也是一个道理，要及时止损。前面小节也阐述了亏损的其中一个原因就是没有止损，而很多人做股票也是不及时止损，年复一年每年亏。所以当你做这件事感觉很困难，很吃力的时候，那肯定是方法出现了问题，当你做这个事很顺手，而且赚钱很轻松的时候，那这个时候你就做对了。所以也不要觉得这个事情很难，难是因为没有掌握方法，方法是错的。你只要掌握了方法，其实你投资赚钱是很简单的，很轻松的。但是大部分人觉得很难，是因为他想每天都赚到钱，就是一个贪！等你摆脱了这个贪，那就不难了。

为什么说不难呢，这里分享一个简单的道理——今天出发去池塘钓鱼，池塘里面如果没有鱼，那你去钓的话，能钓到鱼吗？肯定钓不到，因为没有鱼。再比如 2018 年的行情没有机会，相当于 2018 年没有鱼，如果拼命去钓，肯定钓不到鱼。如果钓到鱼那说明你运气好，并不能说明你厉害。就像前面周天王周金涛讲的，是天时给到你的机会，但是你不可贪天之功，没有机会的时候你还贪，继续钓，总有一天要赔回去。但是这个池塘鱼很多的时候，你去钓，一定可以钓得到，就只是钓多钓少的问题。也就是说等市场整个机会起来了，有机会的时候，你再去买股票，那就只是赚多赚少的问题，这是必然。

所以要等待天时！在本章节开篇就谈到顺势而为，引用了孙中山的话——顺之者昌逆之者亡。所以你不要逆势而为，要看天时，然后找到池塘鱼比较多的地方再去钓。那很多人会问：我怎么知道池塘里有没有鱼呢？其实要想知道有没有鱼也很简单，打点窝钓一两个小时，看能不能钓上来。换言之就是现在做股票或做期权能不能赚到钱，可以先小仓位去试一下，买个100股看看能不能赚到钱，如果你做十次亏十次，那肯定是天时不行，肯定是不好赚钱，你就要换地方或者换个时间钓；如果你试十次，七八次能赚到钱，那说明环境变了，说明赚钱容易了，这个时候就是天时到了，要开足马力重仓去参与。所以赚钱不是那么难，你不要觉得咽不下这口气一定要钓到，认为今天钓十次没赚钱，明天再上，明天不赚钱，后天再上，一年下来总有一次对的，那就大错特错了，没有认清环境，这就是性格缺陷。所以很多人赚不到钱，并不是说他很笨，也就是存在性格缺陷，他的性格就是要证明自己，不管赚不赚得到钱，就为了证明自己，很多人亏钱的原因就是在于自己的性格。所以在做投资时一定要摒弃这个性格，性格也是人性的弱点，一定要知己知彼百战百胜，要看到自身的弱点，也要看到自身的优势，扬长避短。

以前英国著名大臣牛顿，万有引力的发现者，他炒股差点破产，还说了一句很出名的话——我可以精准的计算天体的运行轨迹，但却难以预料到人们的疯狂。所以人性的疯狂是很难去把握的。牛顿是著名的物理学家，还是著名大臣，非常聪明，但是他就是赚不到钱，就是因为在认知层面，没有掌握方法，再聪明的人也白搭。所以说不是投资者不聪明，只是再聪明，方法不对也白搭。那么现在就来学习一种方法——波浪理论。

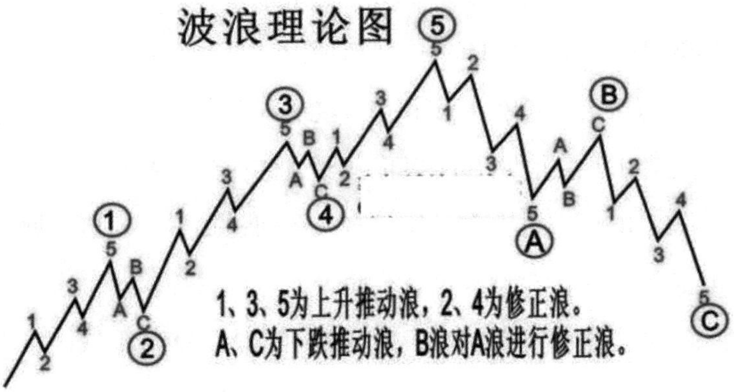

图中可以看到，波浪理论分为上涨阶段还有下跌阶段，这个上涨就是涨势，下跌就是跌势，所以我们要做的就是顺应这个趋势。而在这个大的趋势里面，又分为小的趋势，所以这就是阴阳的结合，阴中有阳，阳中有阴，阴阳交替。但是会有阶段性的侧重，涨的时候是以阳为主，跌的时候是以阴为主。所以你会发现涨的时候并不是天天涨，涨中有跌，跌的时候也不是天天跌，跌中有涨。但是我们要看清大的方向，到底是偏阳还是偏阴，到底是偏牛还是偏熊。你不要看到熊市中的这根大阳就认为是牛市来了，也不要看到牛市中的巨阴就认为熊市来了，这是不可取的。我们要尊重市势，要做的就是顺势把握这个阶段性的势。所以我们要顺势，首先就要判断这个势，就要知道每个阶段市场运行的特征，从而决定这个势处于什么阶段。接下来主要分享了每个阶段每个势它都有什么特征。结合这个行情的特征去把握这个势，你就知道市场现在处于什么阶段，至少你的盘感，对判断这个势的能力方面就会比别人强。

学习温馨小提示

阴阳平衡，股市也保持着一个微妙的平衡，股市有句话——阴至极则阳，阳至极则阴。这也是一种平衡的体现，所以市场没有永远的上涨，也没有永远的下跌。不论市场是上涨还是下跌，总有个股在上涨，也总有个股在下跌，这也是一种平衡。

4.1 第一浪

第一浪往往出现在大熊市以后，在整个波浪循环开始后，一般市场上大多数投资者并不会马上意识到上升波段已经开始。在第一浪出现的过程中，成交量较前期调整过程中有所放大，但投资者一般会把它作为熊市中的一次反弹对待。所以，在实际走势中，大约半数以上的第一浪属于修筑底部形态的一部分。由于第一浪一般产生于空头市场的末期，所以，市场上的空头气氛以及习惯于空头市场操作的手法未变，因此，跟随着属于筑底一类的第一浪而出现的第二浪的下调幅度，通常都较大。

第一浪就是在大熊市之后的第一波上涨，也是在波浪循环开始后，大多数投资者并不会马上意识到的上升波段。所以等真正牛市来的时候，很多人都发现不了，只有到了牛市的中后期，他才知道牛市来了。第一浪的特征，成交量方面，一般熊市阴跌阶段成交量处于极度的萎缩，在第一波刚刚开始阶段，它的成交量会有所放大，但是也不要一两天的放大就觉得牛市来了，势转了，并非如此。这个量能的放大，它是有一个过程，有一段时间，这段时间它会出现温和的放大，而不是当天或几天的爆量，一定是温和的放大，而且持续一段时间。那么为什么会有这个特征？这是因为大资金在底部逐渐的建仓、吸筹所导致的，就会出现成交量温和的放大，而且会持续一段时间。那持续一段时间说明什么？说明是持续不断的建仓，所以不要一两天放量就觉得牛市来了，它一定有一个持续的过程。回顾历史牛市，除了2008年9月份是V型反转，其他历史底部大都是圆弧底，都会持续一段时间。那么2008年为什么会直接V型反转，那是因为直接4万亿下去，直接强扯回来的，其他时间都是慢慢出现底部的反转，所以做股票不用怕踏空，底部阶段有大部分的时间和机会让你进场。

那么做期权，在第一浪的时候，就不要直接进去就满仓了，这是不行的，还要考虑时间价值和波动率。刚刚起来的时候，波动率不大，所以刚开始的时候不要过于重仓。关键是考虑波动率，期权波动率大的时候才赚钱，那波动率大是什么时候？那就是主升的阶段，所以主升的阶段是最好赚钱的，进去就暴涨，或者是主跌的阶段，进去就暴跌，主升跟主跌都是波动率最大的时候，也是顺势的最好阶段。至于熊市的尾声阶段，就不是那么好做，因为它有抵抗性，空头宣泄至尾声，它的能量慢慢衰竭，多头力量慢慢在聚集，就会有挣扎，下跌就不会那么顺畅，跌一段反弹一下，不是一口气往下跌，会出现挣扎，那么波动率就不会那么大，下跌也不会那么流畅。所以在操作的时候就要考虑行情的流畅性的问题，波动率的问题，同时考虑时间价值的问题。

在第一浪的时候，往往大部分人还没有反应，但是有反应的是大资金，大资金在建仓，所以这个时候市场空头气氛很浓厚，还有惯性，习惯性的操作和手法没变，同时市场没有什么反应，同时认为市场方向没有发生改变，那么第二浪开始调整的时候，往往它调整幅度会很大。

4.2 第二浪

通常第二浪在实际走势中调整时间较短、调整幅度较大，而且还具有较大的杀伤力，多数在第一浪升幅的50%以上，这主要是因为投资者常常会误以为熊市尚未结束，往往将第二浪作为新一轮下跌行情的开始。

第二浪的特点是成交量逐渐萎缩，波动幅度渐渐变窄，反映出抛盘压力逐渐衰竭，出现传统图形中的转向形态，如常见的头肩底、双底等。

比如998见底的时候。

图案回顾点睛：2005年6月~11月日K线图

998启动第一浪上涨的回踩差点创出新低，之后的第二浪回调，回撤幅度超70%。所以往往第二浪的回踩，踩的很深，就是因为市场预计还没有见底，还要继续创新低，做空的力量还比较大，多头力量有聚集，但是相对还比较弱，所以从阴阳的角度来看，就是阴极阳升的阶段，它的力量还比较弱，就像新生儿生命特征比较脆弱，只有慢慢长大抵抗力才越强。市场也是如此，刚刚涨的时候，它的力量还比较弱，只有到后面才越涨越快，从阳升到阳极。在易经里面讲到物极必反就是这个道理！任何事情都是这样子，阴极的时候会升阳，阳极的时候会升阴，所以我们要注意好这个节奏。

第二浪往往调整的幅度比较大，而且具备很大的杀伤力，也就是牛市的第二只脚回踩，它往往回踩的幅度达第一浪升幅的50%以上，所以这个时候误以为熊市没有结束，所以踩的很深。但是在第二浪回踩的时候，它的成交量会逐渐萎缩，也就是下跌的这个能量会衰竭，往下打不下去了，所以它的波动幅度会慢慢变窄，抛压衰竭，其实这个时候它就是在筑底，头肩底或者是双底等。这就是第二浪的特征。

学习温馨小提示

学习波浪理论就是学习把握这个势，阶段性转折筑底阶段，股票可以提前埋伏，但是期权操作不同于股票，可以晚一小段时间，因为期权有时间价值和波动率的影响，阶段性的筑底，虚值合约往往仍然在下跌，所以进攻型虚值合约可以耐心等趋势雏形初现介入顺势操作。不论标的资产怎么上涨，期权都有几百元一张的合约可供买卖，不用担心买不到。

4.3 第三浪

第三浪在绝大多数走势中属于主升段的一大浪，因此，通常第三浪属于最具有爆炸性的一浪。 它的最主要的特点是：第三浪的运行时间通常会是整个循环浪中最长的一浪，其上升的空间和幅度亦常常最大；第三浪的运行轨迹，大多数都会发展成为一涨再涨的延升浪；在成交量方面，成交量急剧放大，体现出具有上升潜力的量能；在图形上，常常会以势不可挡的跳空缺口向上突破，给人一种突破向上的强烈信号。在第三浪上升过程中，投资者热情高涨，交投也相当活跃。由于第三浪具有很强的爆发力，一般不应盲目预测顶部，而应顺势而为。

其实第一浪和第二浪，不适合太大仓位操作，因为这个时候多空的情绪反应还是很大，跌的时候可以跌的很厉害，涨的时候涨幅并不大，所以在牛市初级阶段去做多，其实并不可取，因为空头反扑的力量还是比较强大，所以第二浪回踩的力度很大，那么在第三浪的时候，也就是主升的阶段，就要大胆把握。

第三浪往往就是主升阶段，做股票也是一样，很多时候经过一轮大跌之后，比如2018年大跌之后，虽然市场可能迎来这个反转，涨了第一波，那么在第二波回踩的时候，它回踩力度很大，然后再迎来第三浪的上涨。所以在第二浪的时候，很多股票才是真正见底的时候，换句话讲，市场在第二浪回踩的时候，市场虽然不破前低，但是很多个股可能会破前低，回顾2014年启动牛市的时候，很多个股还在底部反复，不断地打新低，不断地暴跌，只有在牛市第二只脚出现，慢慢往上走的时候，很多个股才陆陆续续见底，慢慢往上走。当然，只有属于很少数的一部分个股，像以前的东方财富、同花顺，在2014、2015年就提前见底，然后带领指数走牛，但是那只是小部分。大部分个股，可以说80%的个股都是在后期才见底，即在第二浪的低点才见底。

在做期权的时候也要注意，市场在初级阶段，整个运行的流畅性并不是很强，大家尽可能控制仓位，控制好风险，注意时间价值，还有注意波动率。真正趋势性比较好做的阶段就是第三浪，它是一波上涨的主升，第三浪的运行也是整个循环浪中最长的一浪，上涨的空间和幅度很大，同时第三浪往往会出现延伸浪，在成交量方面急剧放大，常常伴有势不可挡的跳空缺口向上突破，所以在这个时候，投资者才反应过来，当然，能反应过来的也是少数人，其实大部分人可能还是没有反应过来，往往大部分人是在第三浪走完之后，第四浪调整时才反应过来，第五浪才把握到。也就是说只有等到第三浪出现并走完之后，财富效应出现，很多人才反应过来，发现市场有机会了，但事实市场已经走了一大部分，可能市场已经到了第四浪，等你重仓去参与的时候，能吃的已经只剩下牛尾巴了，牛尾巴一旦暴跌反转的话，重仓套牢，漫长的熊市。所以这就是很多人赚不到钱的原因，买卖点把握不到位，节奏感的问题，所以这个问题都是今后要注意的问题，要避免犯这种错误。

那么第三浪往往具有很强的爆发力，一般不要盲目去预测顶部，应该顺势而为，就像熊市的时候，不要贸然去参与，像2007年6000点一路下来的时候，到4500人人都说是底，到3000点的时候又说是底，接着说2000点才是底，最后跌到1600点反而不说是底了，反而说要推倒重来，这就是人性，市场往往就是这样子。

4.4 第四浪

作为对第三浪的调整，第四浪往往具有强势调整的特征。从形态的结构来看，第四浪经常是以三角形的调整形态运行。在调整的过程中，第四浪的调整方式一般会与第二浪不同。第四浪的调整还必须遵守波浪理论的铁律，不应低于第一浪的顶部。在第四浪的调整过程中，成交量会有大幅萎缩，但一般会高于第二浪的成交量。第四浪调整时，投资者心态较为稳定，市场抛压不会太重，而且由于处在牛市氛围中，投资者还会采取逢低吸纳的方式。

第四浪的上涨，是第三浪上涨之后的调整，第四浪经过大涨之后，它的调整往往比较强势，也就是说往往不以空间形式的下跌，而是以时间形式的震荡，震荡完之后继续上涨。那么在这过程中，第四浪的方式一般与第二浪不同，第二浪大多是以空间形式的大跌，回调的幅度很深，而第四浪因为经过大涨之后，市场做多的热情非常高涨，交投踊跃，所以往往它的调整很弱，调整的幅度很小，调整完之后继续涨。所以在牛市的时候，你就不要去追求这个完美，不要觉得这个点位还没到就不进，那你就错了，在牛市的时候，买在合理就行，不要追求绝对，因为牛市有句话讲的好——千金难买牛回头！所以牛起来的时候，你就不要去追求这个绝对点位，这是致命的，它往往会到不了，很有可能就会踏空，它会一条道走到黑，直到这个反转。但是在熊市的时候，你要去追求完美，因为熊市的时候，你不要觉得差不多就行了，这是很致命的。比如6000点跌到3000点时，你觉得差不多了，但是3000点后面还腰斩，所以在熊市的时候就要追求完美，不要觉得差不多就行了，很多个股腰斩了还可以再腰斩，比如乐视、康得兴，可以跌得更惨！

所以一般在熊市追求完美是不会错的，等右侧出来再做也不迟，很多个股是在第二浪回踩的时候才真正见底，所以你不用怕踏空，在右侧买入的机会很多，但是你不追求完美，一旦错了，那可能就是致命的。相信很多人都是经历过熊市的惨烈的。

4.5 第五浪

最后的疯狂。第五浪是三大推动浪之一，但其涨幅在大多数情况下都要比第三浪小。第五浪的特点是市场人气极为高涨，乐观情绪往往充斥着整个市场，但此时成交量往往没法跟进，出现量能的萎缩。

第五浪是最后的疯狂！这个时候人气达到极致，乐观情绪充斥整个市场，大街小巷可能谈论的都是资本市场。所以对做期权而言，最好做的阶段就是第三浪和第五浪，第五浪是最后的疯狂浪，那可能会走出类似2018年2月份的暴跌行情一样，期权都是暴涨，天天大涨，第二天直接开盘就大涨，这个时候期权的波动率就上来了，这时是最暴利的时候，所以这个时候我们要顺势，而且这个势是最好顺的。人性的疯狂，短期的涨幅会特别大，这个时候就是积极去博弈的时候，大胆参与其中，几天可能就是几百倍的涨幅。所以第三个阶段和第五个阶段是我们最好参与的阶段。而第一阶段，由于刚刚开始上涨，往往上涨的时候并不是那么流畅，而且反复的很剧烈，空头的能量还很强大。所以一定要注意市场的特征，在什么时候重点去参与，在什么阶段要懂得休息，适当规避风险，这就是根据市场特征所做的交易策略。

讲完了上升阶段的特征。那上升完之后，接下来市场对应的就是熊市周期。熊市分为三个阶段调整，往往以 ABC 三浪进行。

4.6 A 浪

属于大牛市后的第一次调整，在上升循环中，A 浪的调整是紧随着第五浪而产生的，由于刚经历了长期的上升趋势，A 浪的调整一般会具有强势的特征，所以，市场上大多数投资者往往都会把 A 浪作为牛市中的一次调整，而非牛市结束后的调整，且认为市势仍未逆转，毫无防备之心。

A 浪属于第一次调整，经历长期上升趋势，刚开始调整的时候，很多人反应不过来，认为只是牛市中的一次正常调整，而并非熊市的开始，所以都认为市场没有逆转，没有防备之心，就像 2015 年第一次股灾的时候，虽然连续十几个跌停下来，但是其实每天都有跑的机会，并不是像熔断一样没有跑的机会。2015 年第一波股灾，每天低开之后都是宽幅震荡，都有跑的机会，但是收盘都压在跌停板，很多人不愿意跑，认为牛市没有结束，继续持股，等到十几个跌停板之后，才发现深套了，才发觉现在是熊市了，甚至这个时候还有人也不觉得是熊市。所以第一次下跌时毫无防备之心。

4.7 B 浪

B 浪的上升常常会作为多方的“单相思”，升势较为“情绪化”，这主要是市场上大多数人仍未从牛市冲天的市场中醒悟过来，还以为上一个上升尚未结束，一般仍会认为是新的上升行情已经展开，而并非反弹行情。在图表上常常出现典形的多头陷阱的特征，从成交量上看，成交稀疏，出现明显的价量背离现象，上升量能已接济不上。B 浪的上升，将收复 A 浪的绝大部分失地。

很多人这个时候仍未从牛市冲天的市场上醒悟过来，还以为是新上升的开始，其实它只是一个反抽，那这个时候出现的就是一个多头的陷阱，往往构筑顶部，比如 M 头。其实说实话，中国的资本市场，M 头很少，基本上都是 V 型的反转，可以回顾历史牛市顶部，六次大的顶部，近五次都是 V 型反转，真正给到 M 头的很少，仅 2007 年 10 月份的时候给到一次 M 头，2008 年跌的很惨，是历史上第一大跌幅，2018 年是历史上第二大跌幅。但是事实上，2008 年还没有 2018 年的惨，因为 2008 年构筑了 M 头还可以跑，2018 年是 V 型的反转，跑都不给你机会，等意识到市场已经转向的时候，短期已经大幅下跌。这不单单是中国，历史成熟的资本市场也是如此，往往大部分都是圆弧底，对应的是尖顶，十次有九次是圆弧底，十次有九次是尖顶，这就是特征，要自己去总结，自己去回顾。所以牛市见高点的时候往往是非常短暂的逃命机会。

B 浪的上升，它能够收复 A 浪的一大部分失地，但是这只是少数，大部分是 V 型顶。

4.8 C 浪

紧随着 B 浪之后的是 C 浪，期望继续上涨的希望彻底破灭，所以，市场开始全面下跌，从性质上看，其破坏力较强。C 浪调整的幅度会达到 A 浪幅度的 1.618 倍甚至更多。C 浪往往熊气蔓延，投资者会不惜成本地进行抛售，在 C 浪的末期，市场气氛极度悲观。

C 浪是紧随着反抽浪的下跌浪，2018 年下跌也是 C 浪。

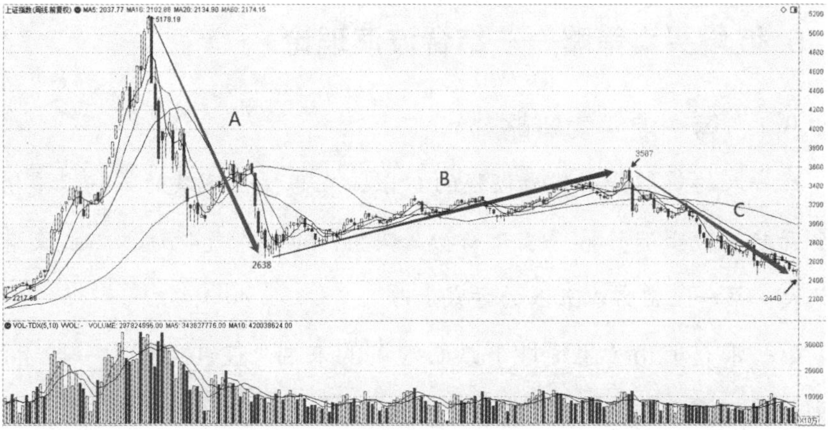

图案回顾点睛：2015年～2019年上证指数周线图

从2015年的5000点下来跌到2638点（A浪），2638点开始是2016年1月份开启的两年B浪反弹，涨到3587点。2018年从3587点一路暴跌到2019年的2400点，这个走的就是大C浪的下跌。所以紧随B浪之后的C浪，是希望彻底破灭的阶段，2018年是绝望之年，市场全面下跌，从性质上来看，破坏力极强，C浪的调整幅度会达到A浪幅度的1.618倍甚至更多，熊气蔓延，投资者也是不惜成本抛售，在C浪的末期，市场气氛会极度悲观。我个人觉得也是，每次都是如此，包括“998”的时候，最大的声音是要推倒重来；2008年的1664点，当时最大的声音，是要背炸弹去炸什么的；2638点也是重要的低点，2015年第三轮股灾，当时是血流成河，极其惨烈，熔断之后的2638点，后面开启2016、2017年的慢牛B浪反弹行情。所以每一次重要的低点，基本上都是在绝望中见底，很少会在乐观中见底。

所以一定要知道这个市场特征。讲完每个大阶段的特征之后，就要相对应的对照，现在处于什么阶段，同时做好策略上的安排。因为你心中有数了，能够很好地感知到这个市场现在已经运行到什么阶段，也就不至于踏错了节奏，或错失了机会。

5. 波段买卖策略——结合波浪理论

5.1 第一浪买卖策略

第一浪的前期是杀伤力极强的C浪，在恐慌性下跌的末端，市场往往会开启一段上涨。第一浪开始初露头角，市场人气低迷，但成交量温和放大。第一浪常常以五浪的方式上涨。

第一浪是熊市（恐慌性下跌C浪）的末端，往往会开启一段上涨，多头开始初露头角，但是市场人气低迷，成交量会出现温和的放大，而且第一浪往往会以五浪的方式上涨。也就是真正熊市见到这个低点（市场底）之后，它会走出第一波上升的五浪，这一波五浪是一个推动浪，也是牛市的第一条腿，第二浪回调之后，也就是第二条腿，然后再进入到主升，这个也是在构筑底部的阶段，所以第一浪通常会以五浪形式运行，是一个推动浪，推动浪往往是有生命力的。

5.2　第二浪买卖策略

当第一浪上升以后，市场接连出现A、B、C的三个调整浪形态，走势出现在第一浪五个小浪的上升之后，表明调整已经结束随后可进行买入。一般第二浪调整的买入点可放在0.5~0.618的范围内，如果第二浪的调整以之字形展开，则该范围比较可靠。买入后可将止损盘放在之字形调整的底部，如果第二浪以A、B、C三个浪形形态进行回调，则C浪与A浪的长度相等衡量。

当第一浪上升之后，市场会出现A、B、C三浪的调整，走势出现在第一浪五个小浪的上升之后，那么这个时候第二浪回调，其实会是很好的买点，因为他是第三浪主升的起点，那么这个时候第二浪的调整，随时都可以买入。第二浪回调一般会打在第一浪0.618的范围内，他的回撤幅度是很大的，调整的形式会以之字形的形式展开，基本上比较可靠，在之字形底部可以买入，就是对应这个买点。这个买点是在第二浪回调ABC之字形的底部，这个时候就可以逐步布局了，布局主升的起点，这是关于第二浪的买卖策略。那么止损点呢？止损点放在前期低点，如果破了前低那就说明不是第二浪了，那很可能还是熊市，继续创新低。

5.3　第三浪买卖策略

当第一浪以五个小浪形态上升，其后出现三个向下调整的第二浪，接着高一级的第三浪的第一浪和第二浪先后运行完毕，并回升到第一浪的浪顶附近收盘。当第二日出现跳空上涨时，证明高一级的第三浪的第三浪应具有较强的爆发力，缺口和成交量越大，表明第三浪的上升力度越强。第三浪的缺口不会在短期内填补，如果缺口在短期内被填补，则说明此数浪有可能出现误差。

第一浪上涨之后，出现第二浪回调，第二浪回调是第三浪的起点，第三浪会以第一浪第二浪运行，达到前期高点附近，那么这个时候，市场突破往往会直接跳空高开，高举高打，这时往往伴随着大的跳空缺口，这就是第三浪的主升，三浪三（第三浪的第三浪），是最强的爆发力量，缺口和成交量越大，说明第三浪的上升力度越强，而且第三浪的跳空缺口不会在短期内回补，如果跳空缺口短期内回补，这就说明你可能判断错误，这还不是第三浪，那仍旧是在反复阶段，还没有开启第三浪，所以在设止损的时候，就放在缺口的回补。

第三浪的买入时机相对比较好掌握，可以在跳空向上时积极参与。买入后将止损盘放在两个位置：

①第一浪的顶点，因为既然是高一级的第三浪的第三浪，市场就不会犹豫不决的下跌，与第一浪发生重叠。

②放在缺口的下方，既然认为是主升段中的主升段，市场就应该义无反顾地上涨。

第三浪的最低涨幅应与第一浪长度相等，通常为第一浪地 1.618 倍或者 2.618 倍，特殊情况下是 4.236 倍。

第三浪就是鱼多的地方，尤其是三浪三，市场就不会犹豫不决地下跌，与第一浪发生重叠，也不会回补缺口，就应该义无反顾上涨。所以就要重仓买，而且买入后要耐心持有，因为这是给到你的天时，这个时候市场不犹豫，你也不要犹豫，市场义无反顾地涨，你就要义无反顾地买，因为错过这个村就没这个店了，天时把握到就把握了，没有把握到就没有了，那你也就只能等下一个轮回了。

学习温馨小提示

技术分析不能神话，它是一门艺术，但是也不可或缺，对时间节点的把握，不仅要掌握知识，也要实战的积累，所以还不具备精准买卖的投资者，在首次把握类似主升快要来临的阶段，可以先小仓位逢低布局远期的合约，不仅可以起到防止踏空的风险，还可以密切跟踪，发现确认信号时，也敢于重仓。

5.4　第四浪底的买入

当市场以推动浪的形式走完上升的三个浪时，就可以考虑在四浪底买入。上升的三个浪是否属于推动浪的判断：第三浪出现跳空缺口；第三浪比第一浪长。而第四浪的终点将有几种可能性：①第三浪的 0.382~0.5 的范围；②第一浪的浪顶上方；③价格通道的下边线；④可能与第二浪的长度相等；⑤调整到低一级的第四浪范围之内，也就是第三浪中的第四浪。假如几种可能性的目标价位相差不远，可靠性将比较高。第五浪的预期目标可以用价格通道和第一、第三浪的幅度来预测。

第四浪是第三浪之后的调整，它属于强势调整，基本上不以空间下跌，而是以时间震荡。那么第四浪的终点有几种可能性，第一个就是在第三浪的 0.382 回撤；第二个是第一浪的顶点，一般来说第二个的可能性不大；最有可能的就是第三个，价格通道的下边线，也就是说市场的运行会遵循上升通道，所以第四浪往往是通道的下轨。

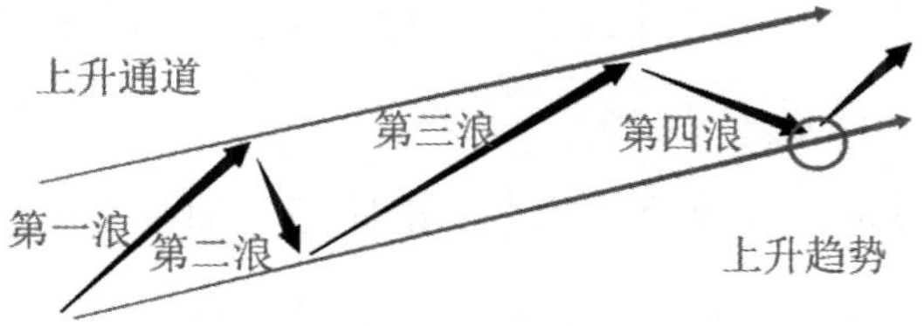

上升趋势的点，就很有可能是回调的低点，这个点是可以积极参与的。

学习温馨小提示

做投资就是做大概率，市场的赢家永远是少数人，一个贪字就可以万劫不复，实战操作时，没有把握就尽可能选择时间充足的合约，我们要以盈利为目的，把握确定性的机会，赚钱是一辈子的事，而不是一锤子的事。

5.5 第五浪顶的抛售

当第一至第四浪已经走完，而第五浪也开始运行，第五浪高于第三浪时就可认为上升五浪是完整的，此时，最理想的抛售是第五浪以消耗性缺口的方式走完最后一段，并且在短期内回补，而缺口一旦回补就可认为第五浪已经运行完毕，此时可配合动力指数的顶背离来确认。如果市场走势与顶期不符，如第五浪出现延长，回补的买盘应放在第五浪的顶部，也就是说，市场还将再创新高。

走完第一至第四浪，最后就是第五浪的上升，第五浪应该来说是人气最旺的阶段。操作期权的话，也是最好的获利阶段，阶段性出现极大的涨幅是很正常的，所以不要想着没有机会，市场上并不缺机会，缺的是耐心。你要真正等到那一天，放手一搏，那才是你真正的天时。你要知道最后决战的阶段在哪里，有的放矢，而随性交易自我幻想是不可取的。要知道什么是可为，什么是不可为，你才能真正让自己处于主动的地位，记住这句话，任何事情都是这样。

所以第五浪是可以放手大胆参与的阶段。但是在机会还没有到来之前就要学习，掌握理论知识，掌握方法，再结合实战练手，最终就是决战，养兵千日用兵一时，你只要把握好那个一时就可以了，不用天天去决战。第五浪基本上会屡创新高，人气达到极致，那个时候做期权就要尽情地去把握机会，但是做股票，你就要注意了，这个时候就要慢慢落袋为安，不要贪婪，到了人气极为疯狂的时候，就要慢慢见好就收。很多人就是搞反了，到了第五浪还融资加杠杆，满仓进场，大资金在离场的时候，很多人才进场，最终你不站岗谁站岗。巴菲特讲过，我们要买于抑郁，卖于疯狂，但是买于抑郁的时候，巴菲特也很注重安全边际。不是说买于抑郁就随时都可以买，也要注重安全边际，注重盈亏。

总体而言，期权在什么阶段是可以积极放手参与的阶段，什么阶段是适当休息或者是少参与的阶段，只是作为练手的阶段，要做到心里有数，有的放矢。2019 是最好的时代也是最坏的时代，最坏是因为 2018 年跌的够惨，物极必反，最惨阶段也是离机会不远的阶段，冬天来了，春天也就不远了。在大机会来临之前，要积极把基础打好，做好积极充分的准备，厉兵秣马、枕戈待旦，不要太在意一时的盈亏，也不要急于求成，这个是很恐怖的，要留有余地，要知道什么时候积极放钓，什么阶段要耐心等待。

学习温馨小总结

波浪理论是辅助我们把握市场技术层面的知识，对于细分的数浪，千人千浪，难度也较大，所以对于一般的投资者，至少对基础的八个阶段，大的格局、大的方向要能准确感知，结合当下的政策状况，资金状况，以及上证 50 关键性标的的状况，综合研判，分批入场，远近虚实搭配，抓住大波段的机会，赚确定性的钱。

第八章

以小博大实战案例：8000到20万

学前须知

第八堂课主要是用三个波段实战案例和一个日内操作案例分享，让读者直观地感受期权，波段案例结合了期权博弈实战论的知识内容，能让读者更快更深入地认识期权的本质，也从实战案例中感受期权的魅力和风险，能够有所领悟和突破。

本堂课内容在牛散大学堂股威宇宙的等级划分为大学级别。

1. 8000 到 20 万实战案例分享

2019 年 1 月底至 3 月初不到两个月的波段操作，后附交割单可以自己感知。

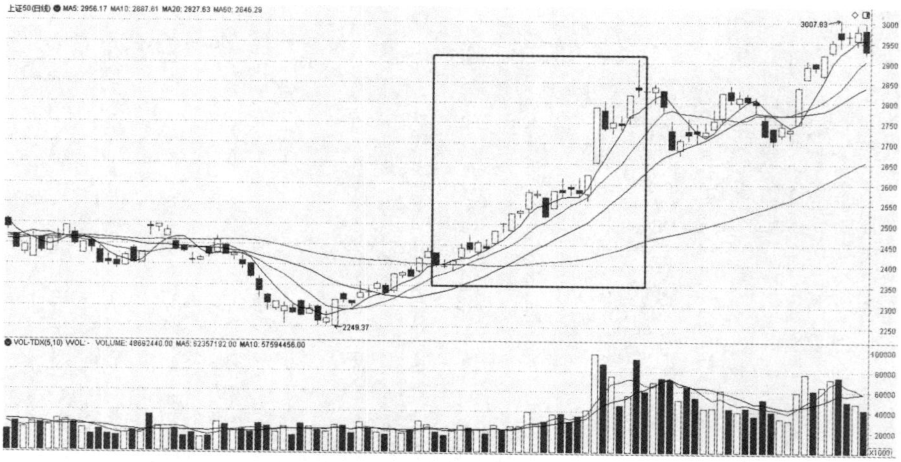

图案回顾点睛：2019年1月22日至3月4日上证50指数K线图

其实我是去年才开始接触期权的，之前有玩过权证和股指期货的经验。大家看之前，千万不要认为在期权交易赚钱很容易，没有学习过期权知识就开始玩期权是会很危险。

为什么我可以把握这波大行情呢？核心逻辑是什么？很多人觉得期权很可怕，高杠杆，波动大，难以把握，其实期权也可以很简单，期权的标的资产是 50ETF，50ETF= 上证 50 指数 =60% 大金融，所以研判期权就是研判上证 50 的走势，研判上证 50 就是研判大金融等关键标的的走势。抓住本质，就便于我们去把握期权。

2019 年 1 月 22 日

2019 年年初，股权质押、商誉减值等各种雷，悲观情绪蔓延，但是指数却慢慢企稳了，该跌不跌就应看涨，而且运行至 2019 年 1 月 22 日，上证 50 品种的关键性标的，中国平安、贵州茅台、中信证券、招商银行等，都走出了一个不错的小趋势，而且据往年春节行情的数据统计，春季攻势一般都会有一波不错的走势，加之市场如此惨烈的状态，预期也会出台一些相应的利好政策。

期权的好处就是亏损资金有限，但是可以收益无限大。我们的原则：投入即止损，也就是拿输得起的资金去博弈。我们当时做内侧投入期权的也是小资金介入，回顾如下：

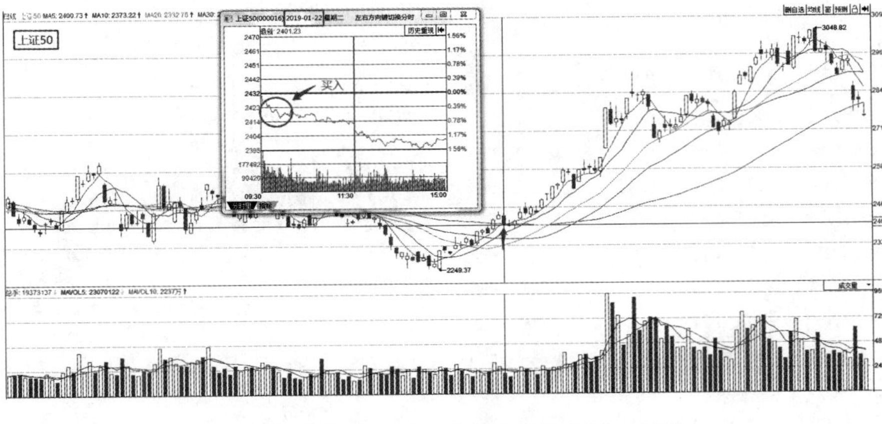

图案回顾点睛：2019年1月22日上证50指数

在上证 50 指数回踩的时候便大胆地介入了，就是博弈这个趋势能够延续。我们在期权的介入点：

图案回顾点睛：2019年1月22日50ETF购2月2450（10001654）

日内来说可能买的高了些，但是我们看好的是未来，预期会走好，而且也没有投入全部权利金，所以短期的波动我们敢于承受。下面就是我们买入的交割单，14张购2月2450：

持仓 交易 撤单 成交记录 资金记录 更多

查询日期 2019-01-22 -- 2019-01-22

名称代码	委托时间	成交均价	委托量 成交额	状态 详情
购2月2450 10001654	2019-1-22 9:35:49	0.0423	1.00 423.00	买入 市价
购2月2450 10001654	2019-1-22 9:35:44	0.0421	1.00 421.00	买入 市价
购2月2450 10001654	2019-1-22 9:35:39	0.0423	1.00 423.00	买入 市价
购2月2450 10001654	2019-1-22 9:34:6	0.0422	1.00 422.00	买入 市价
购2月2450 10001654	2019-1-22 9:34:6	0.0420	1.00 420.00	买入 市价
购2月2450 10001654	2019-1-22 9:33:59	0.0420	1.00 420.00	买入 市价

持仓 交易 撤单 成交记录 资金记录 更多

查询日期 2019-01-22 -- 2019-01-22

名称代码	委托时间	成交均价	委托量 成交额	状态 详情
购2月2450 10001654	2019-1-22 10:7:23	0.0398	1.00 398.00	买入 市价
购2月2450 10001654	2019-1-22 10:4:29	0.0390	1.00 390.00	买入 市价
购2月2450 10001654	2019-1-22 9:55:49	0.0386	1.00 386.00	买入 市价
购2月2450 10001654	2019-1-22 9:51:6	0.0387	1.00 387.00	买入 市价
购2月2450 10001654	2019-1-22 9:44:32	0.0391	1.00 391.00	买入 市价
购2月2450 10001654	2019-1-22 9:42:52	0.0397	1.00 397.00	买入 市价
购2月2450 10001654	2019-1-22 9:38:38	0.0413	1.00 413.00	买入 市价
购2月2450 10001654	2019-1-22 9:35:49	0.0423	1.00 423.00	买入 市价

2019 年 1 月 23 日

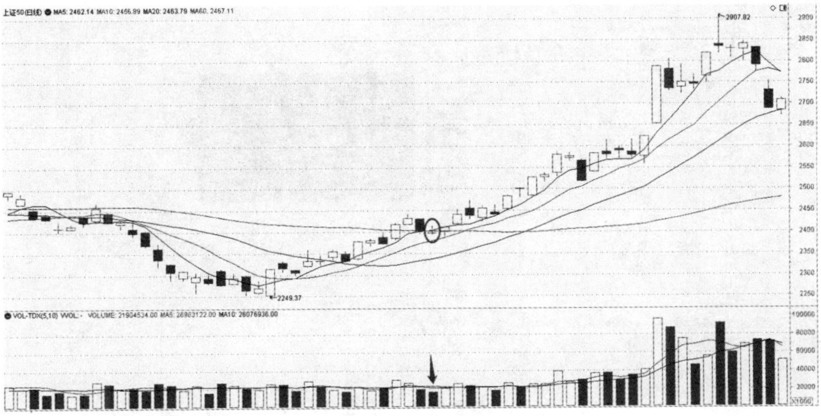

图案回顾点睛：2019年1月23日上证50指数

这一个交易日缩量回踩 10 日均线，量价走得非常好，如果不跌破 10 日均线，继续顺势向上的概率就会很大。

2019 年 1 月 24 日

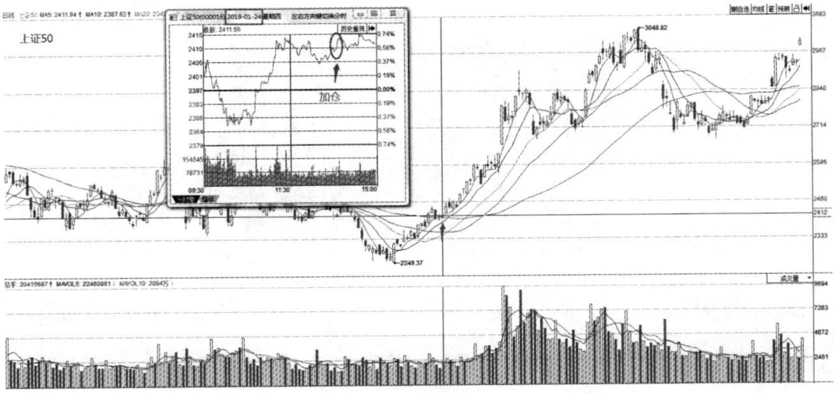

图案回顾点睛：2019年1月24日上证50指数

2019 年 1 月 24 日果然回踩 10 日均线企稳，未跌破均线，所以我们在上图的位置果断加仓。虽然说期权投入即是止损，但是也要学会控仓，如果没有走出预期，走出相反的趋势，该止损的也还是要果断止损，留住本金。期权有句话叫做：十网九网空，一网补全空，哪怕错了 9 次，只要抓准一波就能回本，甚至是超额利润，这就是期权的魅力。

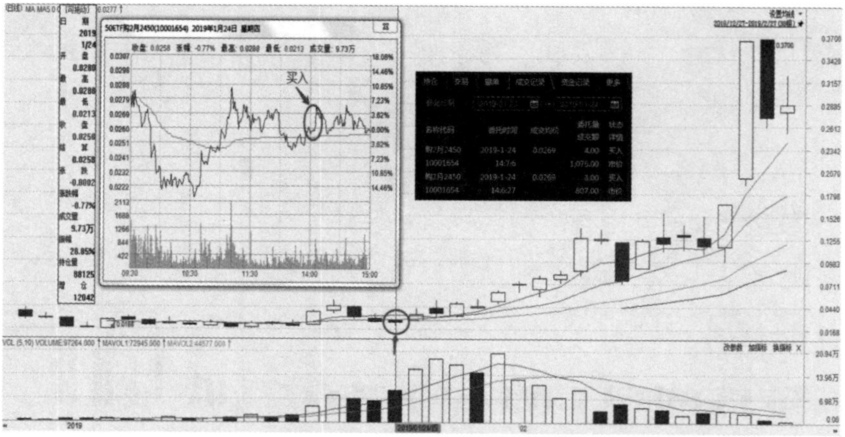

图案回顾点睛：2019年1月24日50ETF购2月2450（10001654）

这里就是期权加仓的位置。很多人可能看期权的K线有些不自然，但要习惯，因为我们看好未来，所以买了虚一档的，但是最重要的，我们只要抓对上证50的方向就可以了。

持仓 | 交易 | 撤单 | 成交记录 | 资金记录 | 更多

查询日期 2019-01-23 -- 2019-01-24

名称代码	委托时间	成交均价	委托量 成交额	状态 详情
购2月2450 10001654	2019-1-24 14:7:6	0.0269	4.00 1,076.00	买入 市价
购2月2450 10001654	2019-1-24 14:6:27	0.0269	3.00 807.00	买入 市价

加仓的交割单，7张购2月2450，加上之前一共21张。资金量简单相加就可以计算出，我们投入的资金不到8000元。

学习温馨小提示

初入期权，投入的资金不宜过大，用总资金的5%～10%，对应股票也就是总资金的5到10个点，用输得起的资金博弈期权，心态上就不会有太大压力，再在期权做好资金管理，把握机会就会更加淡然。

2019 年 1 月 28 日

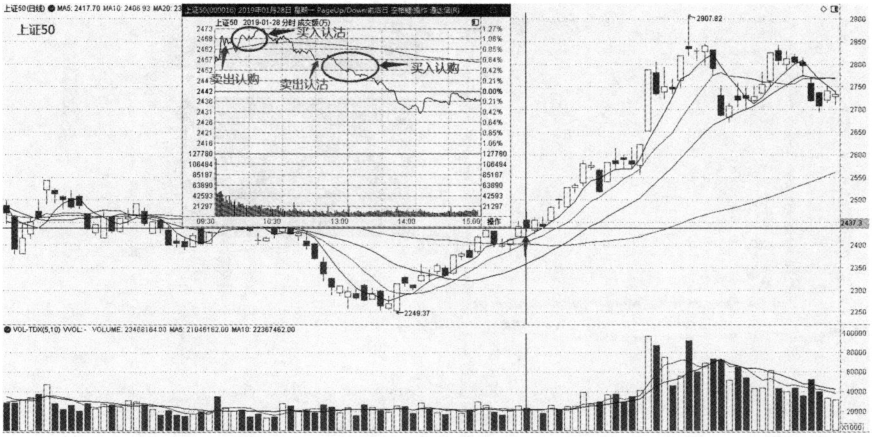

图案回顾点睛：2019年1月28日上证50指数

2019 年 1 月 25 日如期上涨，合约扭亏为盈，就继续持仓待涨，而且操作有浮盈的时候，心态也会好很多。到了 2019 年 1 月 28 日，可以看到上图上证 50 的 K 线图，上攻有些压力，毕竟已经来到了前期套牢密集区，有压力也很正常，但是大方向不变，先顺势做一下 T，卖出了 21 张认购 2 月 2450，大约获利近 5000，然后反手买入认沽：

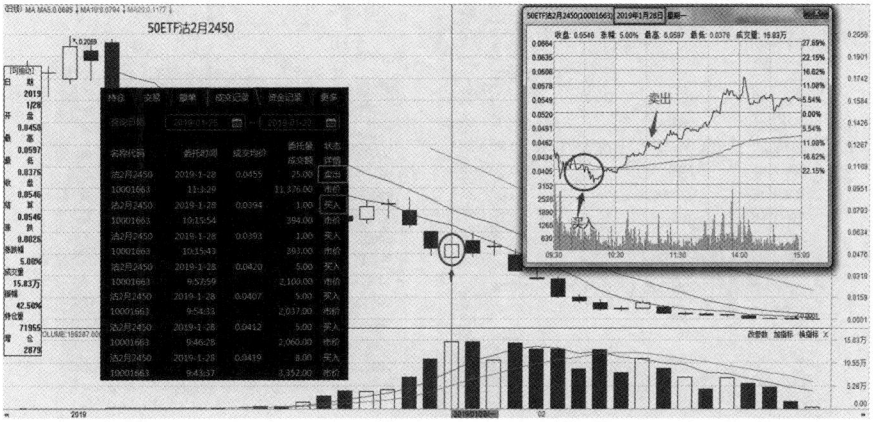

图案回顾点睛：2019年1月28日50ETF沽2月2450（10001663）

50 指数下跌回开盘价附近的时候，有些企稳迹象，我们马上把认沽卖出（大约获利 1000 多），迅速逢低买回 25 张认购。

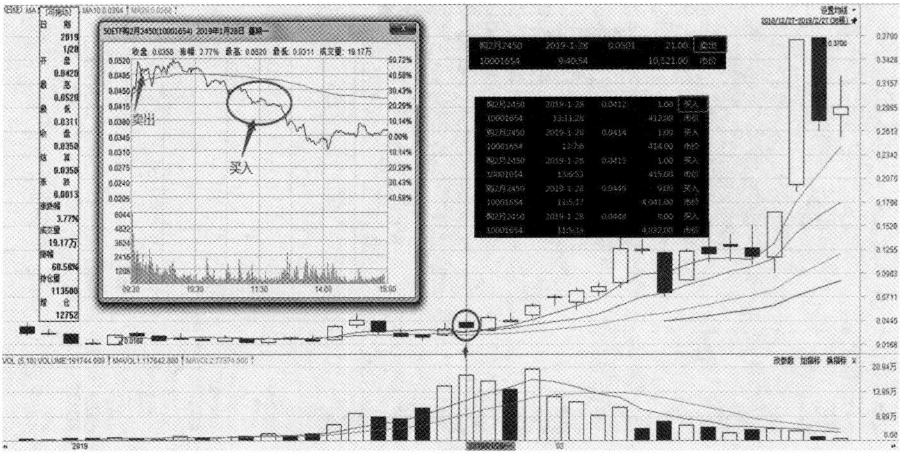

图案回顾点睛：2019年1月28日50ETF购2月2450（10001654）

虽然没有买在最佳位置，但是在操盘时，不要奢望买在最低、卖在最高，这不现实。而且原本只能买 21 张的购 2 月 2450，现在已经可以买 25 张，我们觉得这个 T 做的还是可以的。

下图就是本次操作的具体交割单，可以自己研究一下：

持仓 | 交易 | 撤单 | 成交记录 | 资金记录 | 更多

查询日期 2019-01-25 -- 2019-01-28

名称代码	委托时间	成交均价	委托量 成交额	状态 详情
沽2月2450 10001663	2019-1-28 11:3:29	0.0455	25.00 11,376.00	卖出 市价
沽2月2450 10001663	2019-1-28 10:15:54	0.0394	1.00 394.00	买入 市价
沽2月2450 10001663	2019-1-28 10:15:43	0.0393	1.00 393.00	买入 市价
沽2月2450 10001663	2019-1-28 9:57:59	0.0420	5.00 2,100.00	买入 市价
沽2月2450 10001663	2019-1-28 9:54:33	0.0407	5.00 2,037.00	买入 市价
沽2月2450 10001663	2019-1-28 9:46:28	0.0412	5.00 2,060.00	买入 市价
沽2月2450 10001663	2019-1-28 9:43:37	0.0419	8.00 3,352.00	买入 市价
购2月2450 10001654	2019-1-28 9:40:54	0.0501	21.00 10,521.00	卖出 市价

持仓 | 交易 | 撤单 | 成交记录 | 资金记录 | 更多

查询日期 2019-01-25 -- 2019-01-28

名称代码	委托时间	成交均价	委托量 成交额	状态 详情
购2月2450 10001654	2019-1-28 13:26:6	0.0370	1.00 370.00	买入 市价
购2月2450 10001654	2019-1-28 13:25:48	0.0370	1.00 370.00	买入 市价
购2月2450 10001654	2019-1-28 13:20:23	0.0413	1.00 413.00	买入 市价
购2月2450 10001654	2019-1-28 13:11:48	0.0415	1.00 415.00	买入 市价
购2月2450 10001654	2019-1-28 13:11:28	0.0412	1.00 412.00	买入 市价
购2月2450 10001654	2019-1-28 13:7:6	0.0414	1.00 414.00	买入 市价
购2月2450 10001654	2019-1-28 13:6:53	0.0415	1.00 415.00	买入 市价
购2月2450 10001654	2019-1-28 11:5:37	0.0449	9.00 4,041.00	买入 市价
购2月2450 10001654	2019-1-28 11:5:33	0.0448	9.00 4,032.00	买入 市价

学习温馨小提示

期权的波动比较大，如果对上证50的波动把握得比较准确，运用好期权的T+0，其灵活性可以增加更多操作性，但是一般投资者不建议频繁做T，就像操作股票一样，做T把股票T飞的居多。如果看准了趋势，就坚定吃大波段，用仓位的一小部分做T即可，主仓位顺势而为。

2019 年 2 月 12 日

名称代码	持仓/可用	今卖/成交	现价/市值	盈亏/比例
购2月2450	25	0	0.0834	9,968.00
10001654	25	0.0435	20850	89.54%

2019年2月12日持仓状况

2019 年 1 月 28 日之后，50 指数连续数日沿着 5 日均线持续上涨，运行至 2019 年 2 月 12 日，上图持仓账户可以看到，购买的 25 张认购 2 月 2450 已经接近翻倍。上证 50 指数出其不意地上攻，趋势也比较明显，关键性标的——茅台、招行、中信、格力等都继续沿着趋势上涨，趋势没破，顺应之，让利润最大化。而且一开始我们就做对了方向，所以更加有信心。具体我的思考回顾一下：

期权实战博弈论 1

牛散大学堂 校长吴国平 2019.2.12

分享一下这段时间，我带着团队博弈期权怎么能够一路翻一两番以上的心得。其实说真的，大家首先要认识到，期权本质上来说是一个波动性极大的品种。那你在博弈的过程当中，需要对细微的这些点，有非常清晰的思路，比如我们上证 50 这个期权，它本质上来说就是 50 只股票的组合波动。组合波动它们是谁主导的呢，你要很清楚，它的主力是谁，很简单，这些品种都只有国家队才能把控的品种，那你就要问自己，国家队它目前的主导思路是什么。可以先看一看中信建投、中信证券、工商银行、招商银行、中国平安等，你就会发现，整体就是一个多头思维。国家队现在就是想要把握未来整体的这个大机会的行情，没有机会创造机会也要上，就是这样的一个思路。所以我们在博弈的时候你要非常清晰，国家队目前的一种状态，而且在看盘面的时候，你要紧盯一些关键品种，我们很幸运，我们就是盯着这些关键性的品种，然后顺应它的趋势。

在博弈的过程当中，比如说我感觉今天尾盘的杀跌是一个纸老虎，那么我就要做一个什么动作呢，当然就是加仓布局多单啦。比如 1 月 17 号尾盘杀跌、隔日 18 号的大涨，还有 1 月 30 号尾盘杀跌、31 号的大涨，我们都在博弈当中非常精准的把握到后面博弈的方向，有些时候你是能够感知的。当然，在感知的过程中，你要非常的清晰，当你自己觉得有很大把握的时候，要敢于出击，千万不能犹豫不决，束手束脚，出击之后有利润时，一定要敢于顺势而为，但是一开始的时候你要非常谨慎。我刚开始折腾的时候，稍微亏一点就先出来了，然后赚一点呢，我也先感受一下赚钱的感觉，等到慢慢积攒了相当的收益的时候，我记得我盘中还做了 T+0，就是我感觉盘中有背离，可能要有一波调整，我迅速高位抛出反手做空，做完之后然后再反手做多，一天折腾来回，极大地增强了自己的信心。另外最重要的一点是，这样一做的话，整体的利润空间又上升了不少，那么就等于无形之中积攒了更多的安全垫，那就可以承受更大的波动风险。否则做这个期权，有些时候可能两天你就结束战斗了，比如今天亏 50%，第二天再亏 30%，那基本上已经 GAME OVER 了，为什么？因为只剩下渣了，你想要再回本，说真的就只有暴涨才行。

所以一开始的时候要谨小慎微，一开始哪怕亏 10%、5%，你都可能要考虑先出来（盘中的时候），等到你有利润的时候，你才顺势而为，千万不要以为你一定是对的，然后拼命去赌赌赌，最终赌到你倾家荡产。赌徒思维是不可取的，我们需要循序渐进。但是一旦有利润的时候，你可以去赌，为什么？因为你有承受风险的能力了。就好像你去赌场一样，当你一万变成十万的时候，你承受后面几万块的风险是没什么问题的，也就敢于这种豪赌。当然，期权跟赌场又不一样，赌场你十万压进去，输了就没了，而期权用十万买入一个方向，错了亏损二三十个点时，你可以选择了结。也就是说，当你有一定利润的时候，你要止盈的这个点位，无形之中就变大了，但是当你没有利润的时候，你止损的位置相对要严格一点，五个点六个点或者十个点就先出来，就是说你可以多试几次，如果你三次都输了，那顶多也就输个十几二十个点嘛，还好可控。但是最怕的是什么？你一次就全输光了，这就是非常遗憾的事情。

所以有些时候呢，我们初期要碎步，一旦有利润的时候，你可以大步，而且有利润的时候记得，也要配合盘面的波动做一些 T，做期权有这个好处，它是 T+0。比如说你 10 万的资金，你现在有利润，你感觉盘中要调整的话，你可以反手做点空单，但是你主要看的趋势是多单的话，那你主要仓位还是多单，你做点空单，一是做对冲，二是做一个差价，这是完全允许的，你只有增强这种博弈，其实无形中也增强你的盘感，当然你看的清楚方向，感觉将来还要暴涨的时候，你就用心把这个持仓拿住，等市场利润的充分释放，一旦充分释放的时候，你最终收获的就是暴利机会。这段时间，我们在博弈的过程当中，有非常深刻的这样的体会，所以跟随我们的资金，在这段时间都收获了至少一两倍的收益，当然这个倍数还不是最厉害的。我看市场这段时间，如果博弈的更好的话，更大的倍数都有，但是因为我们初期的时候比较谨慎，所以这个收益就没有达到更牛的人类似的结果，但是我们已经很满意了。未来我相信，随着行情的演绎，应该还有更多的一些机会呈现出来，那么在呈现出来的过程中，我们的思路也非常简单，我们会严格按照博弈的理论、博弈的思维去玩期权，这才是王道，然后细微之中去感知市场的变化，细微之中去把握市场的这个机会，细微之中去果断做一些调整，这个都是在我们博弈的过程当中，要积极去折腾的。

这就是我们对整个期权阶段性（1月份）小小的总结。未来还有更多精彩，我相信如果真的做的好，未来百倍也不是不可能的事情，当然也不排除操作不慎有巨大的亏损，也很正常。但是不管如何，期权这个品种，大家记住一个原则，拿你输得起的钱去博弈就行了，拿你输得起的钱去赌，赌对了，你有暴利的机会，赌错了，你也能够承受。抱着这种心态，再结合我们博弈的理论，我相信最终会是市场的大赢家。

正式进入主题，期权实战博弈论第一堂课。很多人在实战之前连期权基本的定义都没搞清楚就去博弈了，那结果肯定是非常可悲的。玩过期权都应该很清楚，这里的波动非常大，一天涨几十个点，跌几十个点，都是很容易的事情，所以认识期权，我首先和大家谈一谈必须要知道的几个点。

①方向不对，啥都没用。方向对了，才是王道。

②看关键性的品种，千万不要只看指数，不看本质。

③博弈中关键是开始，开始做对了，后面就可以很顺。

④博弈一定是致对方于死地，很多时候就是出其不意。

⑤博弈过程，考验的是心理和你的博弈逻辑。

做期权，特别是做股指期权，比如上证50股指期权，方向犹为重要。你可以理解为一个赌场，买大买小，明明是大（涨），你却买成小

（跌），那结果可想而知，自然输是大概率的事情，所以方向比什么都重要。我这里说的方向，就是说阶段性的一个趋势的方向，因为股指阶段性十个点左右的空间，就已经是波动非常大的了，期货十倍的杠杆，十个点就翻番了，期权不用十个点，几个点就可以翻番了，所以这个方向，就是阶段性波动的方向，是非常关键的，所以我们在讲期权博弈的时候，你又不得不去理解上证 50。

图案回顾点睛：2019年2月12日上证50日K线图

上证 50 无非就是 50 只个股嘛，你只要研究好这些个股的相关性和博弈的状况，其实你的思路就会比较清晰了。

图案回顾点睛：2019年2月12日贵州茅台日K线图

图案回顾点睛：2019年2月12日招商银行日K线图

研究下贵州茅台，研究下招商银行，研究下万科，研究下中信建投，等等，你整个思路就一目了然了。有些时候一定要学会看关键性的品种，千万不要只看指数，不看本质，这是很可怕的。很多人就只是天天盯着上证 50 指数，看阳线啊，阴线啊，这只是表象，你要知道这个阳线背后的组成是什么，原因是什么，也就是怎么样来的，这个很关键。这个你看透了，你就懂得什么叫博弈了。这个才是我们把握市场的关键所在，博弈论的本质就是看透市场。所以我们要看对方向，阶段性要看对方向。比如说上证 50 走到 2 月 12 号这个位置。

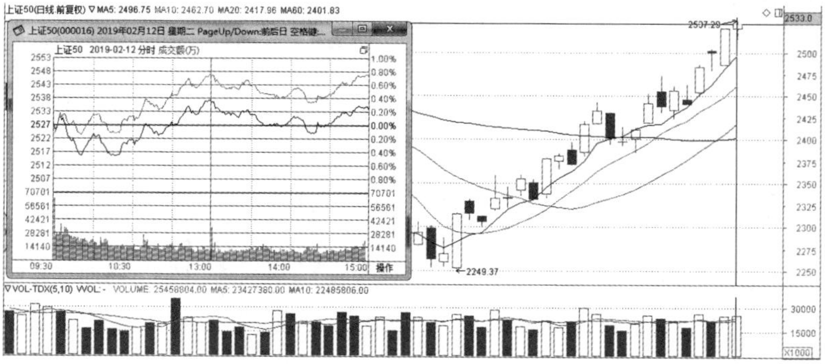

图案回顾点睛：2019年2月12日上证50日K线图

如果你按照常理来看，就会觉得，涨了那么多了，怎么也要调整一下。对，我也不否认，2249 到这个位置，有可能要调整，但是你要知道，市场不是说你觉得可能就可能，我们要看这背后的根源，到底是怎么一个状况。

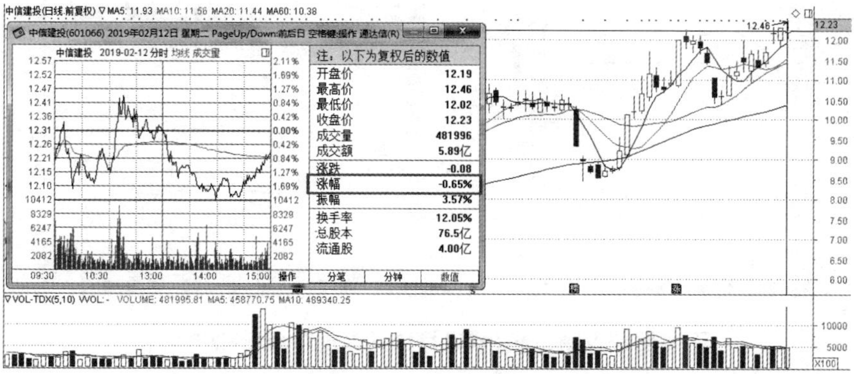

图案回顾点睛：2019年2月12日中信建投日K线调整

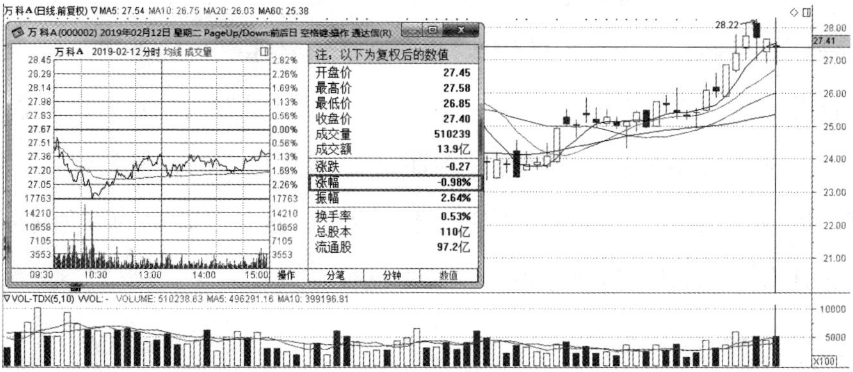

图案回顾点睛：2019年2月12日万科A日K线调整

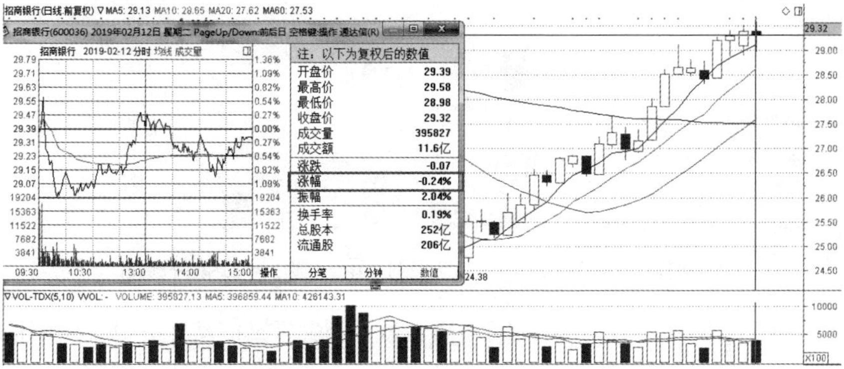

图案回顾点睛：2019年2月12日招商银行日K线调整

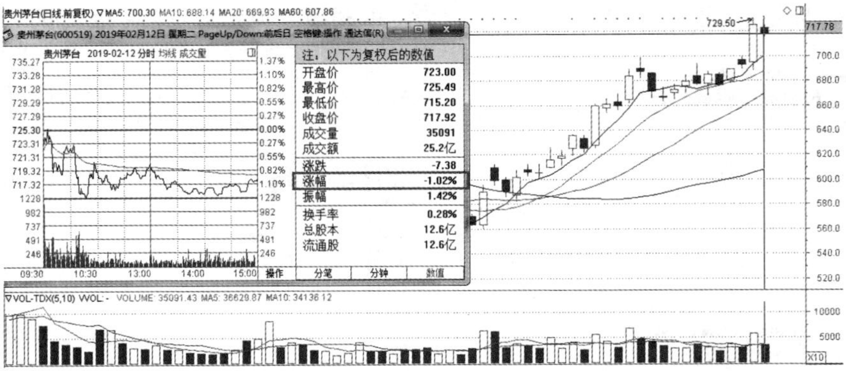

图案回顾点睛：2019年2月12日贵州茅台日K线调整

你看上证50收出小阳线的背后，是在中信建投、万科A、招商银行、贵州茅台它们调整的背景下诞生的，这说明上证50比我们想象的还要强。权重调整，上证50都不调整，这个信号你要足够重视，我在做期权的时候，要引入一个概念，非常重要，那就是背离。背离什么意思呢？正常来说那么多标的调整，上证50应该要调整的，但是就是不调整，说明背离了，说明市场比你想象的要强，这只是背离的一种体现，那还有第二种体现，比如来看下50ETF期权。

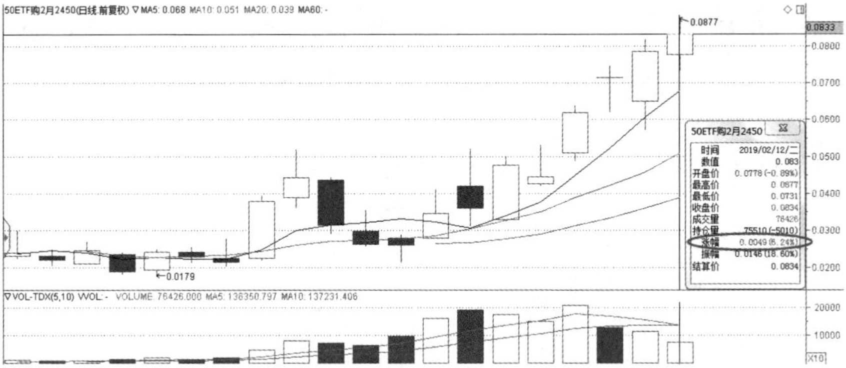

图案回顾点睛：2019年2月12日50ETF购2月2450日线图

你看上证50是小阳线，但是你会发现50期权依然还是接近中阳线，涨了6个点，幅度也不小，而且你会发现认沽依然是暴跌。

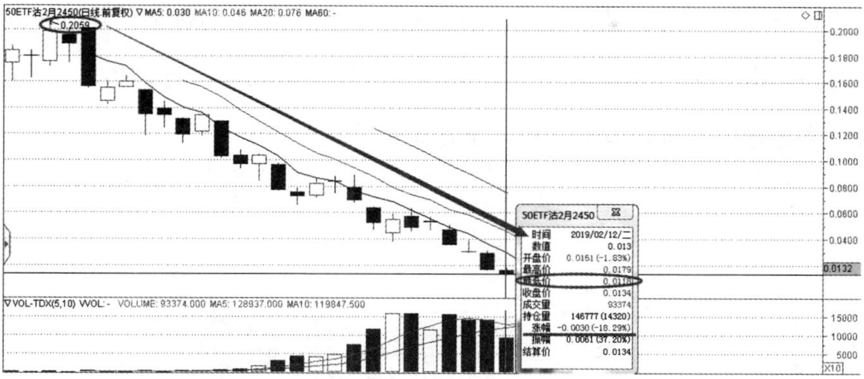

图案回顾点睛：2019年2月12日50ETF沽2月2450日线图

我们看到这个近期的认沽合约，你发现没有，多么标准的下降趋势！你在此区间去赌后面的反弹，到今天，亏损几乎就是板上钉钉的事。所以回到我们刚才所说的，方向很重要，方向如果阶段性对了，你就可以赚钱，甚至是赚大钱，你方向不对了，绝对是全军覆没。很多人买进去之后，一跌就不管了，跌到归零为止，就这样慢慢看着自己的资金不断缩水。说真的，方向错了，就真的变成赌博买大买小了，错了就完了，对了就赚钱了，那我觉得这种方法是错的，下面我会讲到底应该怎么去博弈。

博弈中关键是开始，就好像我们现在要进去赌场，我们要进去博弈了，开始的时候你如果做对了，后面就可以很顺，什么意思呢？这个结合我之前的博弈回顾一下。

名称代码	持仓/可用	今卖/成交	现价/市值	盈亏/比例
购2月2450	25	0	0.0834	9,968.00
10001654	25	0.0435	20850	89.54%
购2月2450	2019-1-28	0.0414	1.00	买入
10001654	13:7:6		414.00	市价
购2月2450	2019-1-28	0.0415	1.00	买入
10001654	13:6:53		415.00	市价
购2月2450	2019-1-28	0.0449	9.00	买入
10001654	11:5:37		4,041.00	市价
购2月2450	2019-1-28	0.0448	9.00	买入
10001654	11:5:33		4,032.00	市价
沽2月2450	2019-1-28	0.0455	25.00	卖出
10001663	11:3:29		11,376.00	市价
沽2月2450	2019-1-28	0.0394	1.00	买入
10001663	10:15:54		394.00	市价
沽2月2450	2019-1-28	0.0393	1.00	买入
10001663	10:15:43		393.00	市价
沽2月2450	2019-1-28	0.0420	5.00	买入
10001663	9:57:59		2,100.00	市价

这是前面实战做的标的——2450 认购，这是很小的资金，几万块钱，这是我们其中一个小部队，可以看到，2450 认购已经接近翻倍，而且我告诉大家还没出金，我们来看一下这个合约。

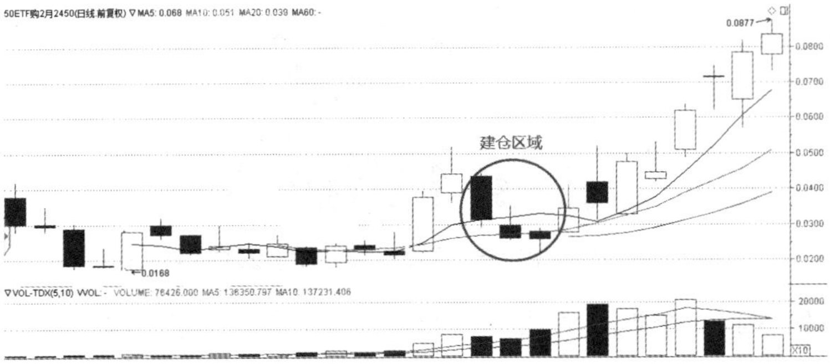

图案回顾点睛：2019年2月12日50ETF购2月2450日线图

我们建仓就在图中这个区域，当然之前这个位置也做了很多次了，我刚才说了开始是关键，关键是什么意思呢？就是说一开始我们在这个区域做了很多的高抛低吸，做了很多的试错，就比如说我做多进去，看看是不是真的就上去了，如果一旦发现方向不对，我可能盘中就砍了，比如十个点左右我就砍掉了，为什么呢？因为一开始我尽量让我的损失能够在我可以承受的范围之内，这是非常重要的，折腾来折腾去，一旦被我抓到这个大阳线的时候，那就不一样了，你看这根大阳线（接近一倍）就奠定了你的一个很好的心态，同时它往往也会是止盈的方向。你看大阳线之后，又一根阳线，当然它会有回踩，在回踩的过程当中，因为你已经有阶段性足够多的盈利了，你可以在这里做一个差价，做高抛低吸，摊低你的成本，事实上我们在这里反手做空了，然后迅速又买回来，但是我这个时候已经积攒了浮盈了，这个时候他就算波动二三十个点，只要没跌破低点，我就任由之，后面果不其然走上来了。看上去很容易，但是这里上升的每一根阳线，其实都不容易，为什么呢？因为都涉及到博弈，就好像今天一样，你能持续拿着也不容易，为什么呢？因为你的逻辑要很清晰，你拿的逻辑在哪里，你要搞清楚。实战中，你就一定要搞清楚你的逻辑在哪里。就比如说我现在 2450 多单，我认为还有可能再给我红包的可能性，逻辑就在于股指本身。我刚才说了，上证 50 那么多个股调整了，他依然还很强势，他探到了这个位置的话，那是不是还有可能继续向上脉冲一下呢，这完全是有可能的，而且博弈一定是致对方于死地的，很多时候就是出其不意。你看 2 月购 2450 回踩之后的这波上涨，大家回过头来看是不是有点出其不意。是的，而且到了现在这个位置，技术而言，它确确实实存在调整的需求，这我不否认，但是我们客观地去看这些影响上证 50 的标的，如中信证券，还很健康。

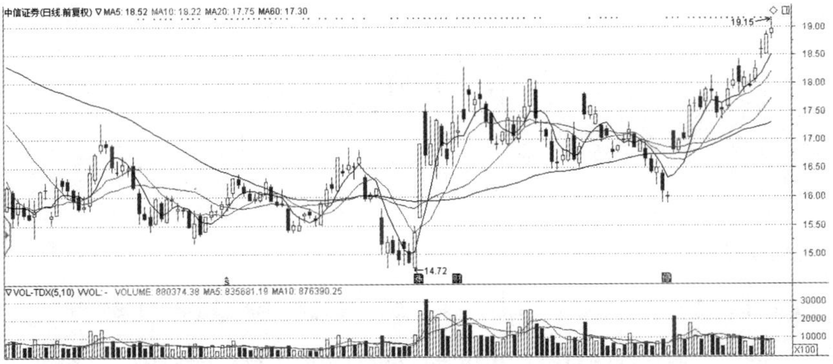

图案回顾点睛：2019年2月12日中信证券日K线图

格力电器也没有掉头向下。

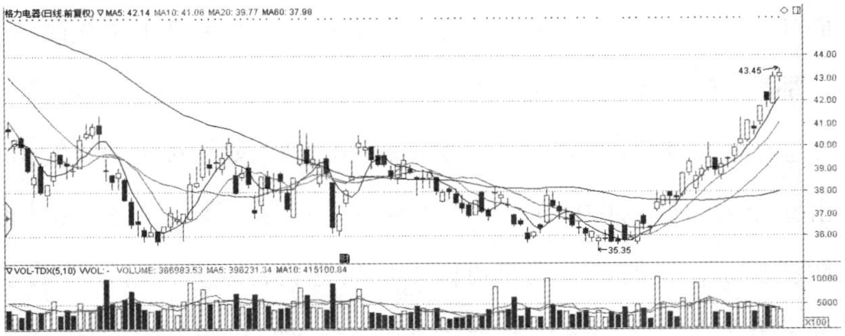

图案回顾点睛：2019年2月12日格力电器日K线图

中国平安趋势也不错。

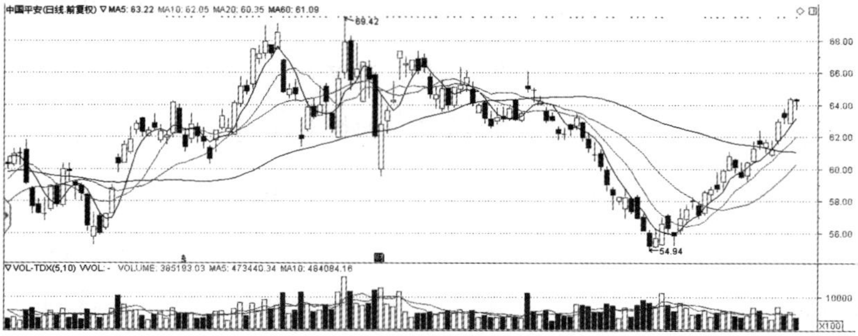

图案回顾点睛：2019年2月12日中国平安日K线图

招商银行也是上涨趋势。

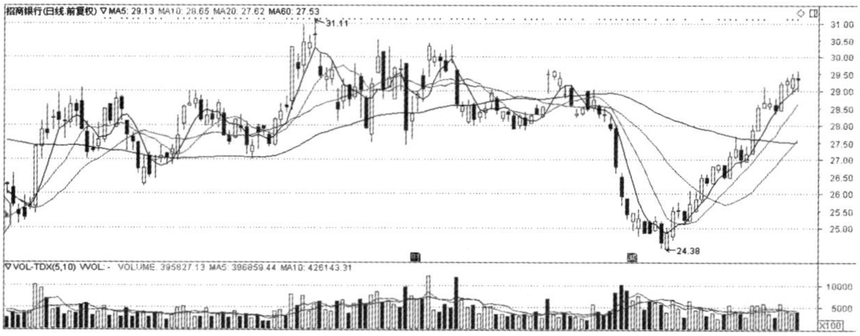

图案回顾点睛：2019年2月12日招商银行日K线图

当然，在这期间，它们有可能收根阴线，那这根阴线我们要评估的是，它是中阴线还是小阴线，如果是小阴线我们咬咬牙就挺过去了，因为后面涨起来，这里咬咬牙最终我们还是赚的；如果是中阴线改变趋势的话，那我们就要防范。在操作上，我们防范的方式是什么？很简单，就比如这个2月购2450我的一个操作思路就是，如果接下来真的出现调整，击穿今天的低点0.0731，如果击穿这个低点，我就会考虑出局，因为说明我错了，说明这个趋势可能会出现逆转，或者是阶段性的杀跌，而且最重要的是，这个2月份的合约剩下的时间只剩下半个月。半个月时间不算长，那我可能会换合约，换到下月去，甚至更远的季月，当然越远的话，它的波动率相对就会小一点。毕竟现在是一个多头逼空的格局，我敢于持有近期合约，博弈的是持续逼空。

期权就是以小博大的。那么我们现在走到这个份上，我们要思考的就是，有没有可能持续再逼空？就是因为如果持续再逼空，我的利润就可以在这个基础之上再涨 50% 甚至翻倍以上都是存在的，就是说存在这一个再翻倍的可能性，所以这个时候我牺牲十到二十个点的利润，去博再翻倍的可能，我觉得是划算的。因为我现在是有利润的，像 2450 已经有一倍的利润，我牺牲十到二十个点没有问题，我觉得这完全是划算的，现在还有半个月，最重要的是整个趋势不错，就算要扭转趋势，它一定也会给我一个再次脉冲的机会。所以现在趋势一旦形成的时候，我其实是很安全的，看上去有点危险，其实很安全。另外一点就是从技术的角度来看。

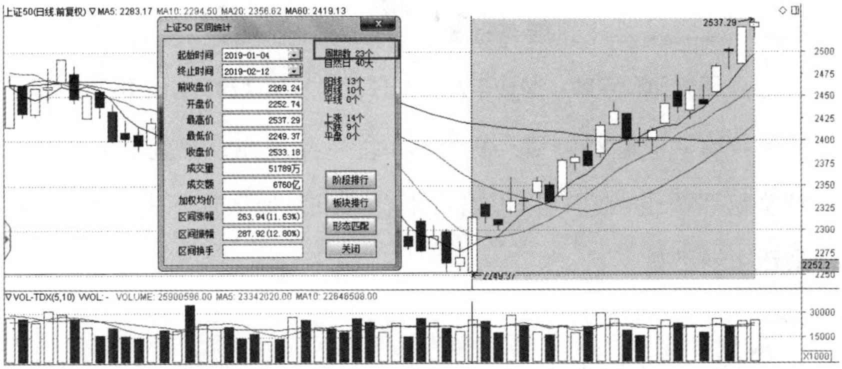

图案回顾点睛：2019年2月12日上证50日K线图

时间窗口——你看最低点 2249 到现在已经走了 23 个交易日，也过了 21 个交易日的这个时间窗口，下一个是 34，所以这就是区间。在这区间为何不能持续做多呢，完全是可以的。逻辑很清晰，有技术的，整个基本面也是支持做多的，市场也有热点良性循环，整个上证 50 的这些标的都是强势震荡，而且随时可能再向上，所以现在除非有突发利空。但是发现没有，那么多的地雷，前面该爆的都已经爆完了，要做空已经很难了。所以只有做多的赢面概率是目前最大的。不过现在也积累了非常多的获利盘，阶段性盘中出现动荡，这个是可以的，盘中的话，你拿一部分仓位去做做 T+0 完全 OK，但是底仓目前要设一个止盈。我的思路就是设一个止盈，只要它（2 月购 2450）这个趋势线没跌破，我就顺应之。这是非常重要的一个关键点。

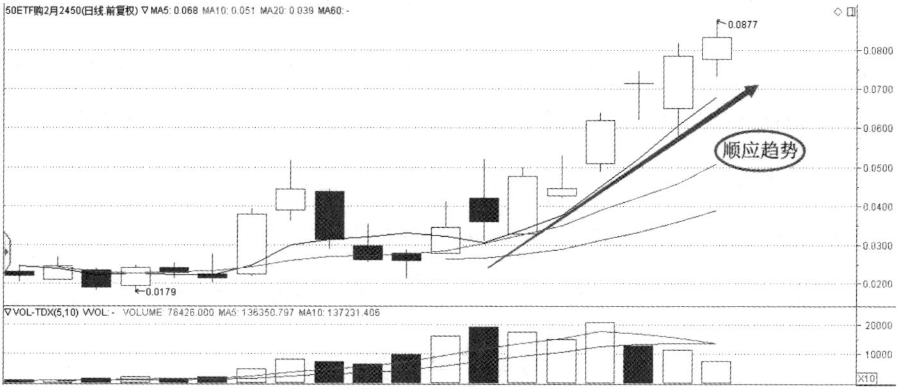

图案回顾点睛：2019年2月12日2月购2450合约日K线图

如果没有顺应趋势的话，我就不可能拿到现在，我就不可能吃到近期持续突破带来的收获，你可以再来看一下，如果你不遵从趋势的话，会带来什么结果呢。

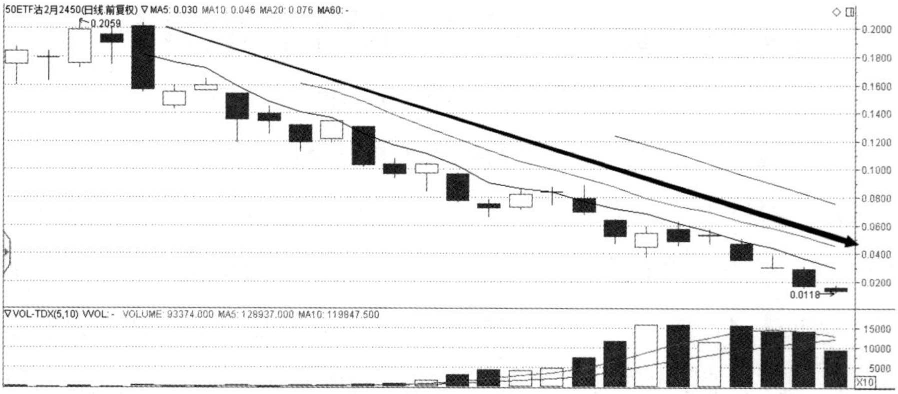

图案回顾点睛：2019年2月12日2月沽2450日K线图

很明显，认沽一直下行。比如你真的认为它要结束下降了，至少也要突破 5 日均线吧，它连 5 日均线都没有站上，你为什么要着急跟这个趋势抗衡呢。它的走势已经非常明确地告诉你趋势的力量，这里任何一个点你去抢反弹，虽然有阳线，但最后也还是死的，到现在都没有站上过 5 日均线，任何一个阳线都是错的。除非它真的站上去了，才是你可以考虑参与的一个点。

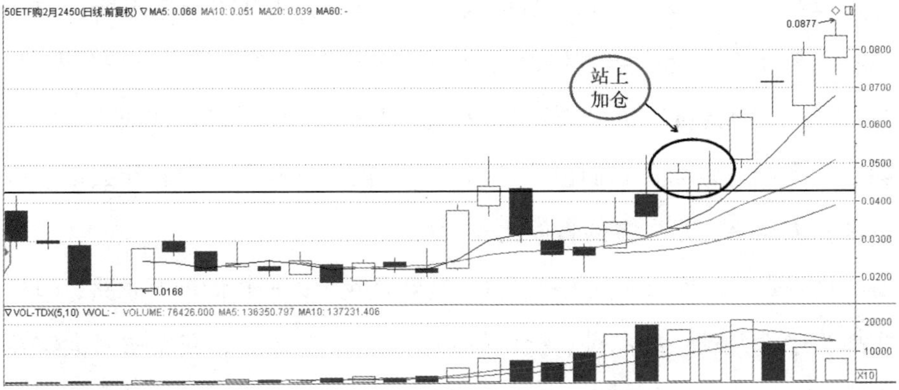

图案回顾点睛：2019年2月12日2月购2450合约日K线图

趋势一旦来了，站上去，我这里就加仓了，很多人可能站上去了，就减仓或卖掉了，但是你看后面的结果又是翻一番。

小结

○ 牺牲 10 到 20 个点的利润，去博再翻倍的可能，我觉得是划算的。

○ 上证 50 已经过了 21 个交易日转折点的时间窗口，下一个是 34，这区间为何不能持续做多呢？

○ 上证 50 关键标的强势震荡，而且随时可能再向上。

○ 趋势没破，要顺应之，让利润最大化。

你的思路决定你的未来。当你盈利丰厚，自然心态就会越来越好。所以我现在的心态就是比较 OK，因为我们现在有几倍的收益了。刚才的交割单只是近期布局的持有的交割单接近一倍，算上前面的那些利润，已经有至少两到三倍了，那么具体之前博弈的一些交易的细节，以后课程会继续讲。但是我想表达的是，我们在期权博弈当中，关键性的品种和方向是要记住的关键词。关键性的品种你要搞清楚，然后顺应趋势，以小博大，要有策略，像我持有的 2 月购 2450 的操作思路，就是牺牲二三十个点博弈再翻倍的可能，那么我们理解了技术的一个周期，21 过去了后面还有 34，从技术上来说，我们的思考就是可以安心做多，除非有大利空，而且我们也梳理出来了，没有大利空，没有什么雷，所以现在大概率还是做多的赢面比较大。

这就是我们期权实战博弈论 1，这就是我今天期权的博弈思路，包括实战当中涉及的一些品种、操作策略我也一一分享了，我希望对大家在实战当中的博弈会有积极的帮助。

2019 年 2 月 13 日

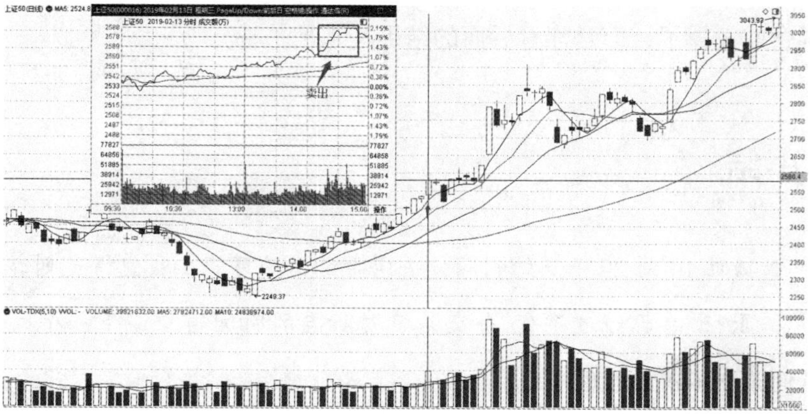

图案回顾点睛：2019年2月13日上证50指数

2019 年 2 月 13 日上证 50 指数继续上攻，而且从起涨点到现在，50

指数涨幅已经超 10%，而且又已经到了前期 2018 年盘整的高点，未来趋势不变，但短期可能会横向发展几天，而且收益已经翻倍，再者，期权 2 月份的合约时间已经不足 15 日，出于稳健考虑，担心时间价值的影响，我们决定卖出五分之三，移仓至下月合约，留下五分之二继续博弈临近末日的大波动。

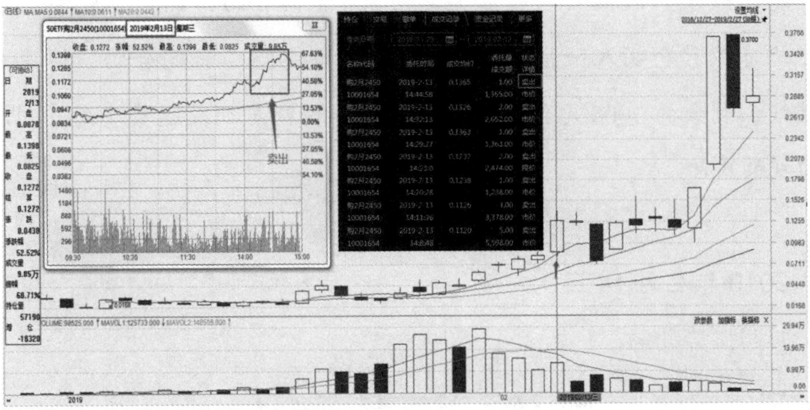

图案回顾点睛：2019年2月13日50ETF购2月2450（10001654）

午后上涨的过程中，逐渐卖出了 15 张购 2 月 2450。交割单如下：

持仓　交易　撤单　成交记录　资金记录　更多

查询日期　2019-01-29 -- 2019-02-13

名称代码	委托时间	成交均价	委托量 成交额	状态 详情
购2月2450 10001654	2019-2-13 14:44:58	0.1365	1.00 1,365.00	卖出 市价
购2月2450 10001654	2019-2-13 14:32:13	0.1326	2.00 2,652.00	卖出 市价
购2月2450 10001654	2019-2-13 14:29:27	0.1363	1.00 1,363.00	卖出 市价
购2月2450 10001654	2019-2-13 14:23:0	0.1237	2.00 2,474.00	卖出 限价
购2月2450 10001654	2019-2-13 14:20:28	0.1238	1.00 1,238.00	卖出 市价
购2月2450 10001654	2019-2-13 14:11:36	0.1126	3.00 3,378.00	卖出 市价
购2月2450 10001654	2019-2-13 14:8:48	0.1120	5.00 5,598.00	卖出 市价

学习温馨小提示

股票如果一直上涨，价位越来越高，再买入的成本将会很大，但是期权和股票不同，不论标的资产50ETF涨的有多高，期权都会有便宜的合约可以买入，当趋势继续，适当的移仓可以达到落袋为安并让利润继续奔跑的效果。假设买入一张虚二档500元的合约，翻倍变成实值2000元，就可以移仓买入一张或者两张500元新的虚二档的合约，博弈趋势的继续，剩余的1000元便落袋为安了。弊端就是如果趋势反向，利润巨幅回吐的风险。

2019年2月14日

如期强势动荡：

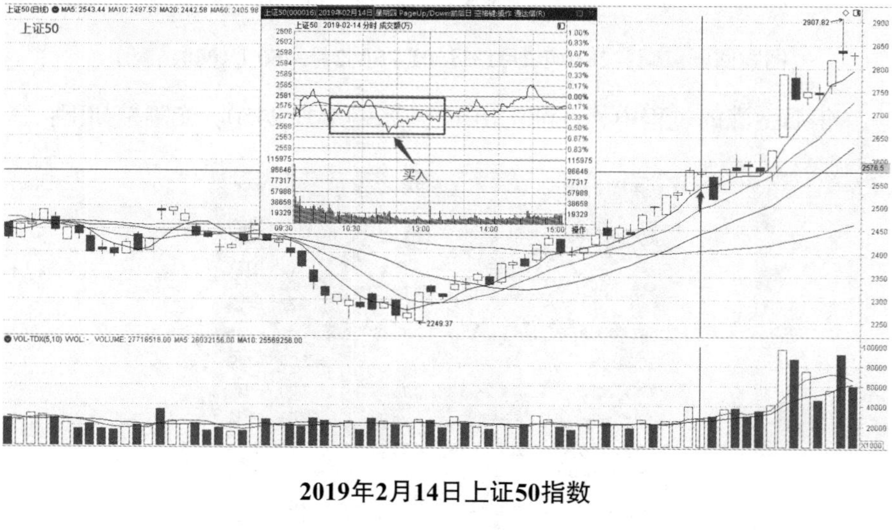

2019年2月14日上证50指数

在强势动荡的过程中，寻机布局3月份的合约，因为趋势继续，我们也继续看好，所以继续选择虚一二档的合约，一般期权虚一二档涨幅也是比较好的。而且3月份是下月合约，对比2月的波动，波动幅度相对会小很多，既能博弈未来也可防守。所以 2 月 13 日卖出的资金开始布局 3 月份的合约。

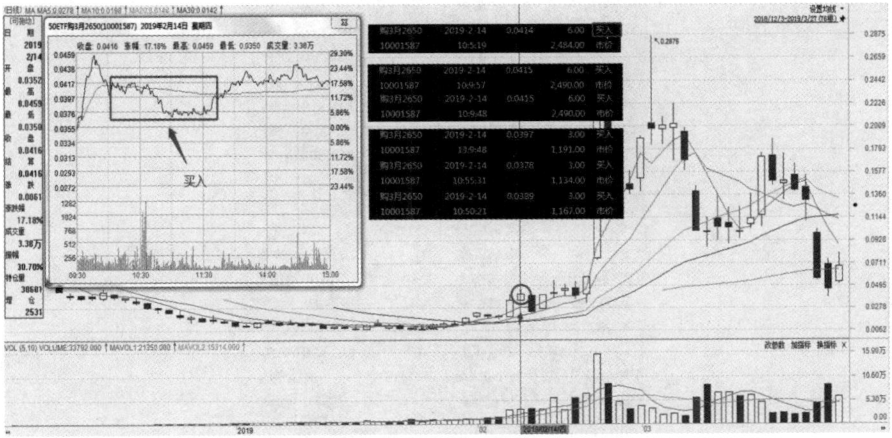

图案回顾点睛：2019年2月14日50ETF购3月2650（10001587）

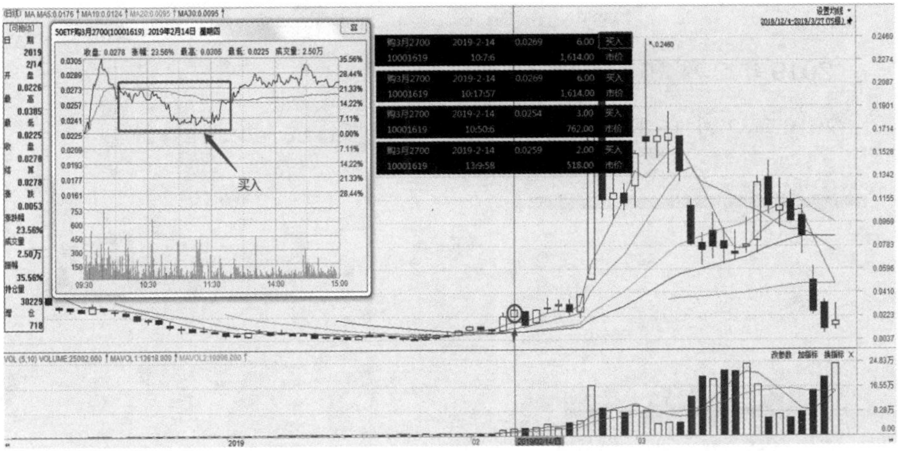

图案回顾点睛：2019年2月14日50ETF购3月2700（10001619）

在回调的过程中，布局了 50ETF 购 3 月 2650 和 50ETF 购 3 月 2700 的合约。下面就是交割单：

持仓 | 交易 | 撤单 | 成交记录 | 资金记录 | 更多

查询日期 2019-02-14 -- 2019-02-14

名称代码	委托时间	成交均价	委托量 成交额	状态 详情
购3月2700 10001619	2019-2-14 13:9:58	0.0259	2.00 518.00	买入 市价
购3月2650 10001587	2019-2-14 13:9:48	0.0397	3.00 1,191.00	买入 市价
购3月2650 10001587	2019-2-14 10:55:31	0.0378	3.00 1,134.00	买入 市价
购3月2650 10001587	2019-2-14 10:50:21	0.0389	3.00 1,167.00	买入 市价
购3月2700 10001619	2019-2-14 10:50:6	0.0254	3.00 762.00	买入 市价
购3月2650 10001587	2019-2-14 10:49:58	0.0393	3.00 1,179.00	买入 市价
购3月2650 10001587	2019-2-14 10:18:14	0.0412	3.00 1,236.00	买入 市价
购3月2700 10001619	2019-2-14 10:17:57	0.0269	6.00 1,614.00	买入 市价
购3月2650 10001587	2019-2-14 10:9:57	0.0415	6.00 2,490.00	买入 市价
购3月2650 10001587	2019-2-14 10:9:48	0.0415	6.00 2,490.00	买入 市价
购3月2700 10001619	2019-2-14 10:7:6	0.0269	6.00 1,614.00	买入 市价
购3月2650 10001587	2019-2-14 10:5:19	0.0414	6.00 2,484.00	买入 市价

2019 年 2 月 15 日

2019 年 2 月 15 日的洗盘，力度有些大，直接一步到位：

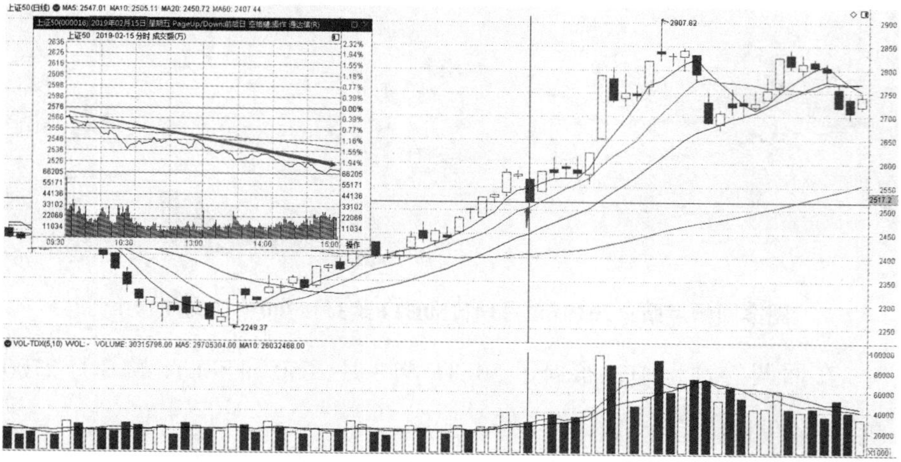

图案回顾点睛：2019年2月15日上证50指数

当时在 2 月 14 日，我们微信公众号的观点也很明确，可能是小阴小阳稳步推进。虽然 15 号洗盘有点超出预期，但是我们依然很坚定方向，2 月 15 号在公众号分享的文章就是：给你一次难得的上车机会。

我们可以看一下期权这一天的走势：购 2 月 2450 下跌 39.59%，购 3 月 2650 和购 3 月 2700 下跌约 45%，购 2 月 2700 跌近 70%。这里先解释一下，同月实值和虚值对比，往往实值的波动比虚值的要小。上证 50 运行至 2 月 14 日约 2600 附近，所以 2600 是平值，2450 是实值，所以跌幅最小。相对的，3 月波动比 2 月小，所以同样 2700 合约，3 月跌幅也小很多。

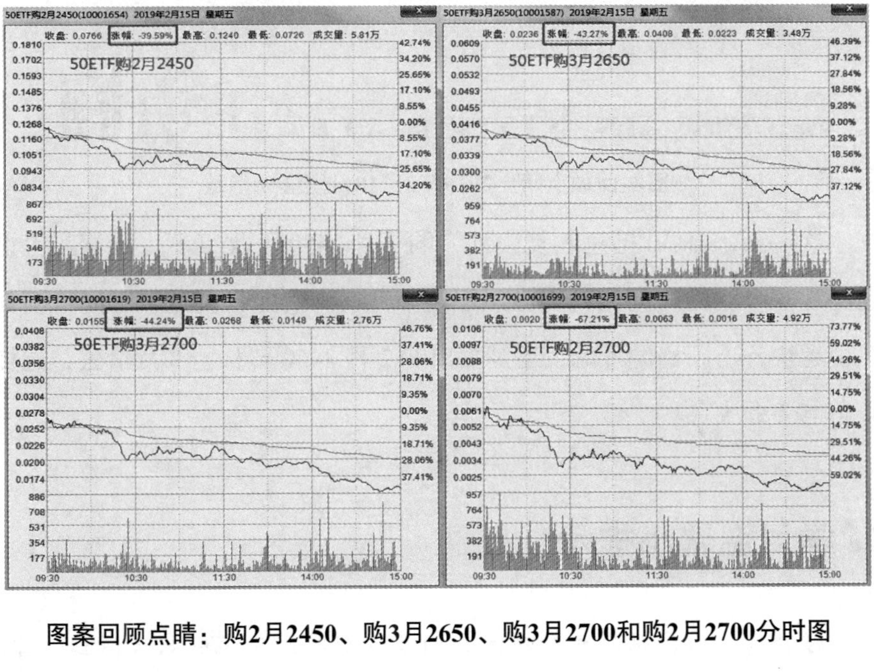

图案回顾点睛：购2月2450、购3月2650、购3月2700和购2月2700分时图

同样的洗盘，一天被洗 45% 和 70% 的心态完全是不一样的，而且我们重仓在 3 月，时间也很充足，自然也淡定的多。一下被洗那么多，对期权虚值合约来说，是会经常出现的，要区别于股票的波动率。若以股票的心态做期权，这会是很大的跌幅，但对期权虚值合约属正常的范畴。

2019 年 2 月 18 日

这一天直接跳空高开，而且是高开高走，如果在 2 月 15 日洗盘的最低点砍掉，2 月 18 日的高开，想要再买回去，就只能比卖出的价位要高，这就很尴尬了。

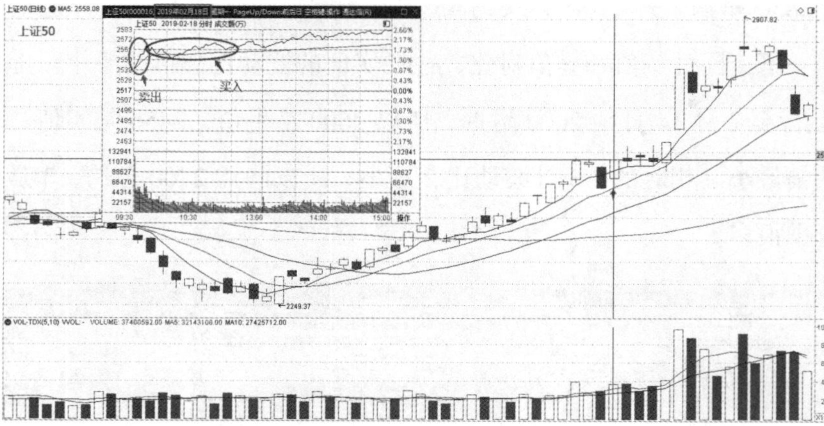

图案回顾点睛：2019年2月18日上证50指数

这一天上证 50 迅速收复失地，购 2 月 2450 也收复不少利润，考虑到 2 月份合约的时间离到期已经不足 8 日，离到期日越近，时间价值损耗会越快，出于稳健考虑，还是卖出购 2 月 2450 转移至 3 月份去，这样心态也会更淡定。

学习温馨小提示

移仓操作时，根据对行情的判断，以及时间价值的状况做出调整，可以有效达到有利于我们操作的需求。风险就是行情判断错误，遭受的回撤也会比较大。但是期权的好处就是选择多，虚值偏进攻，实值偏防守，平值中性，当月属激进，下月属中性，季度月属保守，虚实远近相结合，总有一款适合你（组合布局也是不错的选择）。

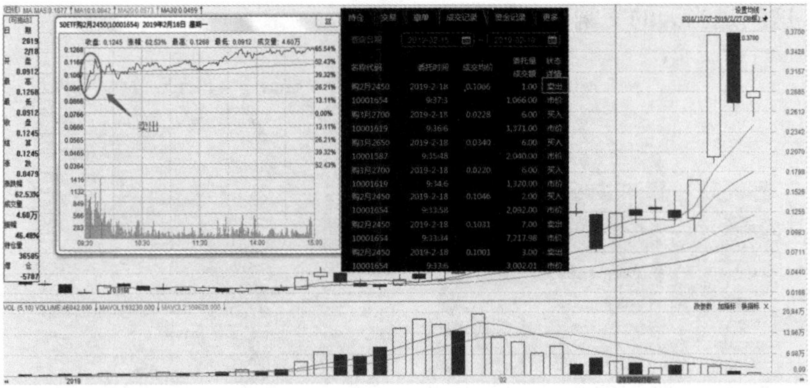

图案回顾点睛：2019年2月18日50ETF购2月2450（10001654）

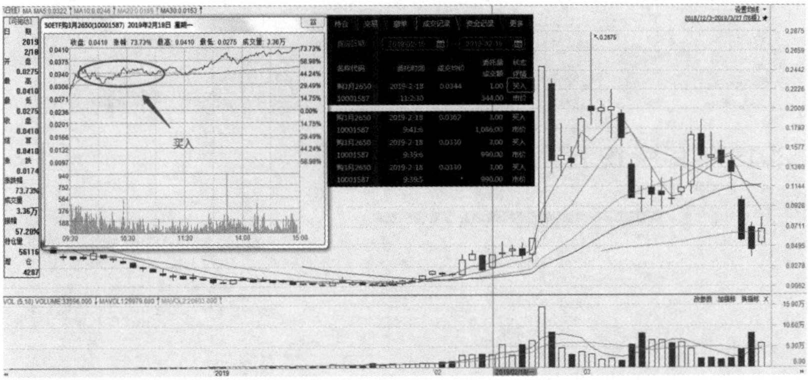

图案回顾点睛：2019年2月18日50ETF购3月2650（10001587）

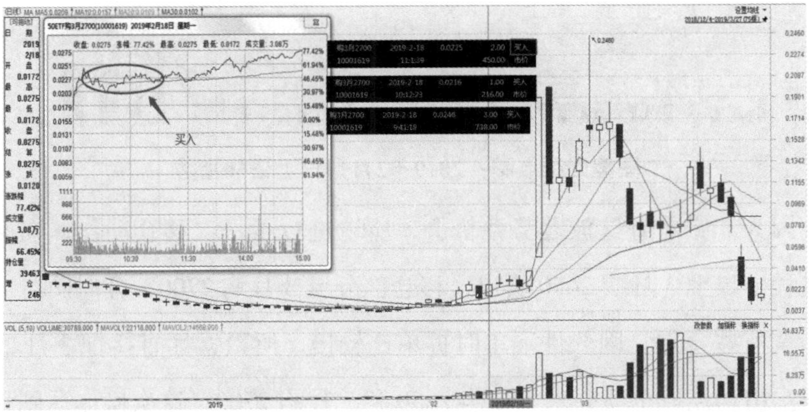

图案回顾点睛：2019年2月18日50ETF购3月2700（10001619）

这就是当天的交割单：

名称代码	委托时间	成交均价	委托量 成交额	状态 详情
购2月2450 10001654	2019-2-18 9:37:3	0.1066	1.00 1,066.00	卖出 市价
购3月2700 10001619	2019-2-18 9:36:6	0.0228	6.00 1,371.00	买入 市价
购3月2650 10001587	2019-2-18 9:35:48	0.0340	6.00 2,040.00	买入 市价
购3月2700 10001619	2019-2-18 9:34:6	0.0220	6.00 1,320.00	买入 市价
购2月2450 10001654	2019-2-18 9:33:58	0.1046	2.00 2,092.00	买入 市价
购2月2450 10001654	2019-2-18 9:33:34	0.1031	7.00 7,217.98	卖出 市价
购2月2450 10001654	2019-2-18 9:33:6	0.1001	3.00 3,002.01	卖出 市价

名称代码	委托时间	成交均价	委托量 成交额	状态 详情
购3月2650 10001587	2019-2-18 11:2:30	0.0344	1.00 344.00	买入 市价
购3月2700 10001619	2019-2-18 11:1:39	0.0225	2.00 450.00	买入 市价
购3月2650 10001587	2019-2-18 11:1:34	0.0341	1.00 341.00	买入 市价
购2月2450 10001654	2019-2-18 11:1:13	0.1110	1.00 1,110.00	卖出 市价
购3月2700 10001619	2019-2-18 10:12:23	0.0216	1.00 216.00	买入 市价
购3月2700 10001619	2019-2-18 9:41:18	0.0246	3.00 738.00	买入 市价
购3月2650 10001587	2019-2-18 9:41:6	0.0362	3.00 1,086.00	买入 市价
购3月2650 10001587	2019-2-18 9:39:6	0.0330	3.00 990.00	买入 市价
购3月2650 10001587	2019-2-18 9:39:5	0.0330	3.00 990.00	买入 市价

2019 年 2 月 19 日

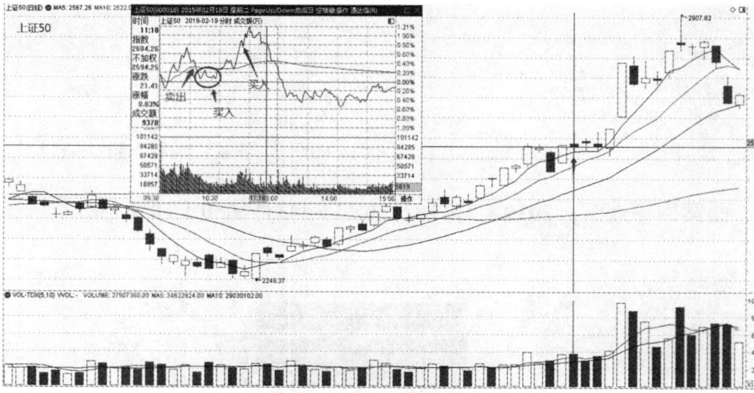

图案回顾点睛：2019年2月19日上证50指数

因为非常看好这波趋势性机会，所以进行了一次移仓动作，在回调的过程中，把 3 月购 2650 卖出，移仓部分至 3 月购 2700，分时图可以看出回调有些急促，因软件下单时拆单比较慢，所以索性直接把 3 月 2650 全部卖出，然后重新买入 3 月购 2650 和 3 月购 2700，这次操作达到移仓的效果也是一样的，而且对于 3 月购 2650 来说，就相当于做了一次 T。

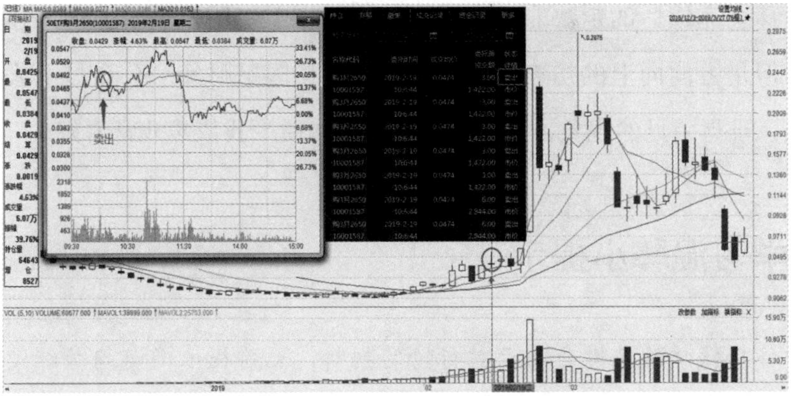

图案回顾点睛：2019年2月19日50ETF购3月2650（10001587）

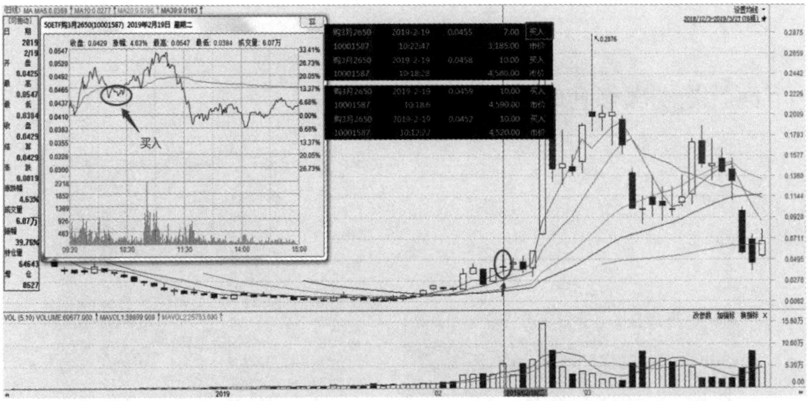

图案回顾点睛：2019年2月19日50ETF购3月2650（10001587）

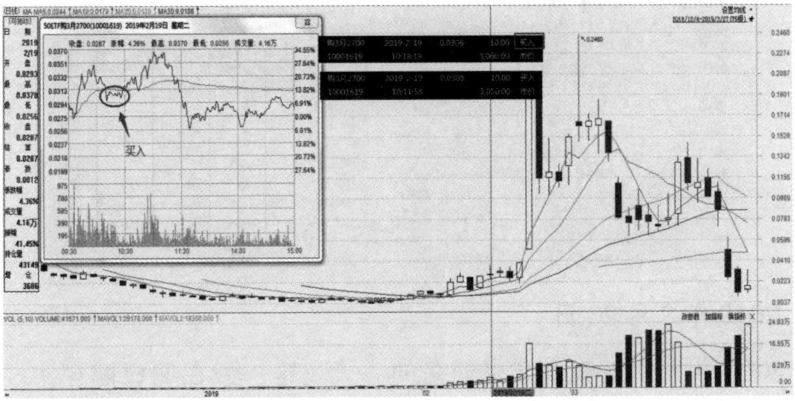

图案回顾点睛：2019年2月19日50ETF购3月2700（10001619）

移仓完成后的走势非常好，可惜的是，上午尾盘跳水，进入强势动荡。但是方向向上的初衷不改，收盘在“吴国平财经”公众号上表明了观点：难得一见的现象，看清动荡十字星本质。我依然非常看好。

学习温馨小提示

移仓操作的关键是基于对行情的判断，大前提依旧是趋势继续，在加速启动点、趋势休整点、合约临近到期等阶段，进行移仓操作可以增加赢面和追击的效果，但切忌频繁移仓。

下面就是本次移仓的交割单：

持仓 | 交易 | 撤单 | 成交记录 | 资金记录 | 更多

查询日期 2019-02-19 -- 2019-02-19

名称代码	委托时间	成交均价	委托量 成交额	状态 详情
购3月2650	2019-2-19	0.0474	3.00	卖出
10001587	10:6:44		1,422.00	市价
购3月2650	2019-2-19	0.0474	3.00	卖出
10001587	10:6:44		1,422.00	市价
购3月2650	2019-2-19	0.0474	3.00	卖出
10001587	10:6:44		1,422.00	市价
购3月2650	2019-2-19	0.0474	3.00	卖出
10001587	10:6:44		1,422.00	市价
购3月2650	2019-2-19	0.0474	3.00	卖出
10001587	10:6:44		1,422.00	市价
购3月2650	2019-2-19	0.0474	6.00	卖出
10001587	10:6:44		2,844.00	市价
购3月2650	2019-2-19	0.0474	6.00	卖出
10001587	10:6:44		2,844.00	市价
购3月2650	2019-2-19	0.0474	6.00	卖出
10001587	10:6:44		2,844.00	市价

持仓 | 交易 | 撤单 | 成交记录 | 资金记录 | 更多

查询日期 2019-02-19 -- 2019-02-19

名称代码	委托时间	成交均价	委托量 成交额	状态 详情
购3月2794A	2019-2-19	0.0140	1.00	买入
10001469	10:53:38		142.83	市价
购3月2650	2019-2-19	0.0455	7.00	买入
10001587	10:22:47		3,185.00	市价
购3月2650	2019-2-19	0.0458	10.00	买入
10001587	10:18:28		4,580.00	市价
购3月2700	2019-2-19	0.0306	10.00	买入
10001619	10:18:19		3,060.00	市价
购3月2650	2019-2-19	0.0459	10.00	买入
10001587	10:18:6		4,590.00	市价
购3月2650	2019-2-19	0.0452	10.00	买入
10001587	10:12:22		4,520.00	市价
购3月2700	2019-2-19	0.0305	10.00	买入
10001619	10:11:58		3,050.00	市价
购3月2650	2019-2-19	0.0474	1.00	卖出
10001587	10:6:44		474.00	市价
购3月2650	2019-2-19	0.0474	1.00	卖出
10001587	10:6:44		474.00	市价
购3月2650	2019-2-19	0.0474	3.00	卖出
10001587	10:6:44		1,422.00	市价
购3月2650	2019-2-19	0.0474	3.00	卖出
10001587	10:6:44		1,422.00	市价
购3月2650	2019-2-19	0.0474	3.00	卖出
10001587	10:6:44		1,422.00	市价
购3月2650	2019-2-19	0.0474	6.00	卖出
10001587	10:6:44		2,844.00	市价

2019 年 2 月 20 日

2019 年 2 月 20 日，又是动荡的一天。这一天在期权博弈实战论 2 中，再次分享了我们的观点。

图案回顾点睛：2019年2月20日上证50指数

在 2019 年 2 月 13 日走出的大阳线，已经把前期 2606 的缺口回补了，下一个就是要回补前期的 2667 这个缺口。如果是 2 月 20 日这个位置去补掉缺口，上证 50 指数向上也就 3 个点的距离，但是对应期权可能就是翻倍的涨幅。而且中国平安、招商银行等关键性标的运行趋势都非常良好，还有证券龙头中信建投的走势已经进入化境！当时我们也分享了策略：顺势而为，依然用 20 到 30 个点的利润去做风险，去博未来 50% 到 100% 以上的机会。目前主要合约应放在 3 月或 3 月后的时间段。2 月“末日轮”只能盘中投机，拿很少的钱玩玩即可，主战场在 3 月或 3 月后。

购3月2650	37	0	0.0467	404.00
10001587	37	0.0456	17279	2.34%
购3月2700	55	0	0.0319	2,835.00
10001619	55	0.0267	17545	18.58%

图案回顾点睛：2019年2月20日收盘持仓

这一天我的持仓还是获利的，自然心态也会淡定很多。回顾一下期权博弈实战论 2。

期权博弈实战论 2

牛散大学堂　校长吴国平　2019.2.20

今天是 2019 年 2 月 20 日，按照惯例我们学前必须要知道几个点。

①学会移仓！

②期权虚一点的值波动更大，如果趋势更确定，可以适当配置，博弈更大的差价。之前我们选择的 2 月 2450 合约，考虑当时还没走出类似现在的趋势，3 月更大胆，是因为考虑现在走出了趋势，当然风控就是设置好止盈点，止盈点设置 20 个点也行，30 个点也行，因人而异。

③能否继续向上？要看清当下关键性品种的状态，招商银行、中国平安、中信建投、万科 A 等，你都要去分析。

④时间周期运行了 29 个交易日，离 34 这个时间窗口还有 5 个交易日，时间窗口可以位移，提前一天或推迟一天都是正常的，目前逼空更大概率是后移，我们关注时间节点就是 2 月底 3 月初！而且 3 月 1 日是中美贸易出结果的时间，是超预期进一步带动市场还是预期落地引发剧烈动荡？

⑤保险的话，可以做跨式！多空双方都布局！那个节点至少波动应该不会小！最稳的一种盈利方式。

⑥当下呢？我觉得还可以顺势而为，同时盘中积极做 T。

我们回顾下上期的话，其实市场在如我们预期这样演绎上来，当时我觉得很精彩的是 2 月 12 日。

图案回顾点睛：2019年2月12日上证指数日K线图

我说最大概率最终还是逼空向上推进，果不其然第二天逼空向上推进了，我相信听了第一期的实战课的朋友应该很有印象，我说用亏百分之十到二十的损失去博百分之五十到一倍的利润，那个二月份的合约

2450 做到了，最终是成功了，整个期权我们做的非常漂亮，我们回顾下上周的态势。

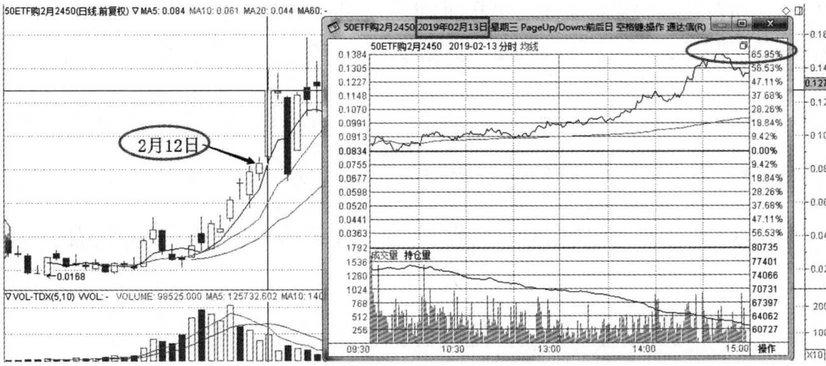

图案回顾点睛：2019年2月13日50ETF购2月2450分时图

我们当时在 2 月 12 号提出那个观点，第二天（2 月 13 号）涨幅最高近 70%，完全验证了我们的思路，我们也及时提醒要落袋了结，我们也确实在这个区域开始减仓，慢慢换仓到三月份。虽然它现在依然还是强势的，但是它 2 月份的时间价值已经很少了，就只剩下几个交易日了，如果准备继续趋势做多的话，那就要移仓到三月份，是我们当下的一个主要的思路。

我们博弈看股指的趋势非常重要，那么不妨对上证 50 指数目前的运行格局做一个小小的剖析。

图案回顾点睛：2019年2月20日上证50指数

上证50经历了2月13日这根大阳线，然后回撤，接着再向上，已经到了前期高点区域，可以看到这个高点是2606，下方的缺口也已经回补掉了，当然它还没有回补掉更前面这里的缺口，这个位置是2667，那现在离2667还有多少？至少三个点左右的空间。上证50三个点涨幅，接下来会给到期权多少涨幅的机会呢？在现在这个位置，我觉得3个点左右的涨幅，那至少期权很多合约也是50%到一倍以上，这是在目前基础上还有这样的机会，我认为目前至少是这样的态势，那我们看一看主力期权合约。

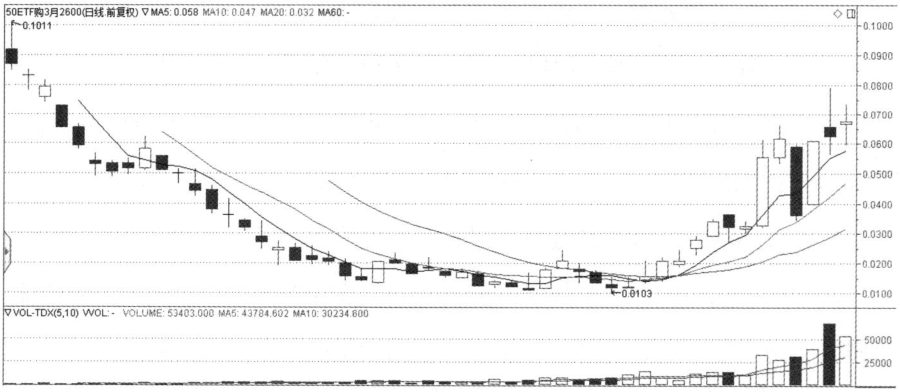

图案回顾点睛：2019年2月20日50ETF购3月2600日线图

现在我们移仓也是要移到三月份，为什么我们配置了50ETF3月2600相对偏虚值的，是因为我们看好的是接下来如果继续逼空的话，这个虚一点值的合约波动会更大，但是同时它的风险也会很大。虚一点的值波动更大，如果趋势更确定，可以适当配置，博弈更大的差价。之前我们选择的2月2450合约，考虑当时还没走出类似现在的趋势，而3月更大胆，是因为考虑现在走出了趋势，当然风控就是设置好止盈点，止盈点设置20个点也行，30个点也行，因人而异，所以现在到了这个时候，做相对虚一点的合约，肯定你的止盈点也相对要扩大一点。那我们刚才分享的上证 50 有没有可能回补掉前面的 2667 这个高点呢，我认为是存在这种可能性的。上证 50 不经意就已经逼近 2606 这个高点，而且是逼空推进，而且这几天稍微蓄势了一下，是存在一种突破的，而且是实质性的突破，突破后第一目标就是要补掉 2667 这个缺口，这是大家要看到的，当然，第二目标会慢慢回补更之前的缺口，这些暂时还很远，我们就先看第一个目标。它要达到 2667 这个第一目标，我们就要看下是不是具备这种能量，这就要看关键性的品种了。

图案回顾点睛：2019年2月20日招商银行日K线图

图案回顾点睛：2019年2月20日中国平安日K线图

比如招商银行、中国平安在这个位置能否继续向上。

图案回顾点睛：2019年2月20日中信建投日K线图

中信建投这只个股可以看到，我们一路分享它一路涨，现在是属于持续逼空的状态，已经进入到了一个化境，即高手操盘的境界。当然招商银行、万科还没有那么精彩，万科是区间强势动荡上涨。

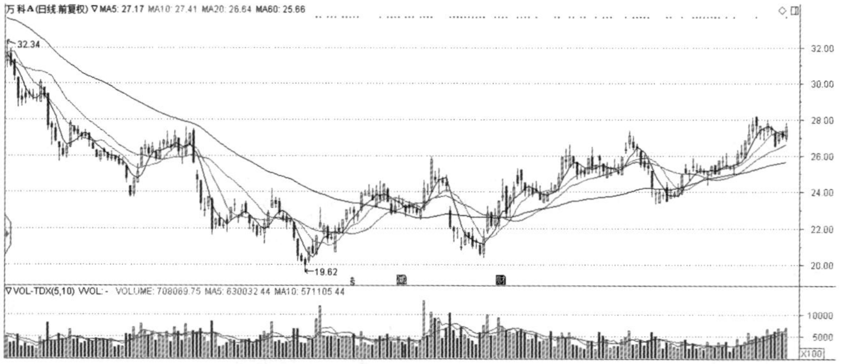

图案回顾点睛：2019年2月20日万科A日K线图

招商银行和中国平安也是到了前期高点，它们都是一个等突围的状态，这个是机会，也是未来动荡点！就是说它上去了，那当然是机会啊，突围的点，但是那反过来也会对市场形成压力，所以这时我们要有清晰的认识。我们未来这些做多的品种，动荡是需要有准备的，就是动荡的时候它是属于什么状态。至少目前来看，中国平安这些沿着45度角向上，只要他们的向上的通道没有任何破坏，你就对其中多方的力量多一份信任就好！所以有些时候，技术就是从这里面去体现的，这个一定要搞清楚。

在实战博弈论 1 里面我们谈到时间周期，这里以上证指数为例续谈时间周期。

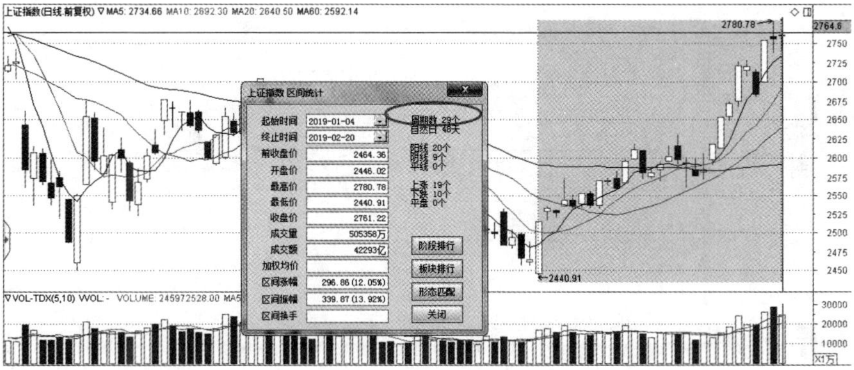

图案回顾点睛：2019年2月20日上证指数日K线图

从 2440 到现在经历了 29 个交易日，其实上证 50 也是一样的，也是经历了 29 个交易日，离 34 这个时间窗口还有五个交易日。当然这个交易日的转折点可以位移（位移的意思就是，34 那个时间点，提前一日或者推后一日都是正常的），目前如果要位移的话，现在的逼空状态更大概率是往后移，所以我们要关注的时间节点，就是 2 月底 3 月初！而且那时候刚好也是中美贸易出结果的时候。那中美贸易最终的结果是超预期进一步带动市场，还是预期落地引发剧烈动荡，我们到时候再看。所以到那时候，保险的话，你可以做跨式，就是说多空双方都布局，那个节点应该波动不会小，不论是向上还是向下，波动都不会小。所以那个时候做跨式是相对比较稳中求进的一种盈利方式。那当下，我觉得还可以顺势而为，同时盘中积极做 T。

我们在 2 月 19 号那天，进行了移仓和差价操作，可以回顾那天的交割单（在前面小节）。这样做点差价的好处就是会让心态更好，让成本会更低，这样你就会更淡定了。记住！留好底仓，拿一部分仓位去做差价，这是策略。比如底仓我是做多的，就顺势而为，当然这个需要点技术，所以为什么大家要学习，就是如此。那盘中做T其实就是把握急涨或急跌的波动机会，就好像这两天的十字星，其实就有蛮多做差价的机会。

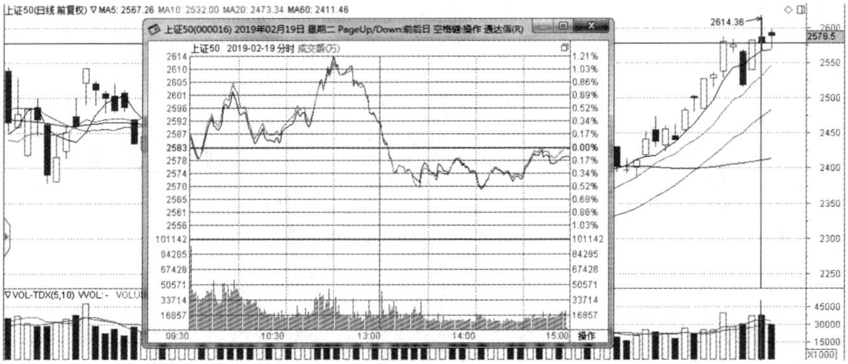

图案回顾点睛：2019年2月19日上证50分时图

盘中拉高，过了高点，预期有点陡，偏离幅度有点大，那你就博它调整，就可以盘中卖，等它调整之后，回调企稳的时候可以买回来，或者可以循序渐进地买入。接着第二天高开。

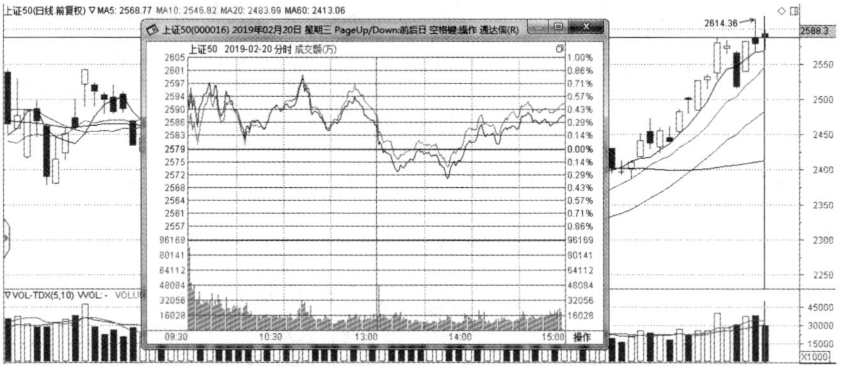

图案回顾点睛：2019年2月20日上证50分时图

又是这种套路，反反复复。跌破日内前期低点，慢慢又重新回升，又可以做多。盘中的技巧其实用心去做就能蜕变！这个是肯定的。

我们依然如上周一样，策略是顺势而为，用有限的风险，比如二三十个点的风险，去博五十到一倍以上的空间，目前主要合约应主要放在 3 月或 3 月后的市场。

这个位置再继续动荡、关注上证 50 阶段性再脉冲 3 个点左右或以上的机会——这是目前我们博弈的最主要的思路。盘中的动荡积极做 T，就是这样，拿有限的风险把握阶段性比较清晰的机会。

这就是今天给大家分享的期权实战博弈思路。我们总结一下，就是在这个过程中，我们要看关键性的品种，包括时间周期，在 2 月底 3 月初是一个节点，到时候要具体问题具体分析，具体会怎么走，最终怎么应对的策略，很多时候我们都要变。

2019 年 2 月 21 日

这一天又是动荡，但是越动荡越坚定！

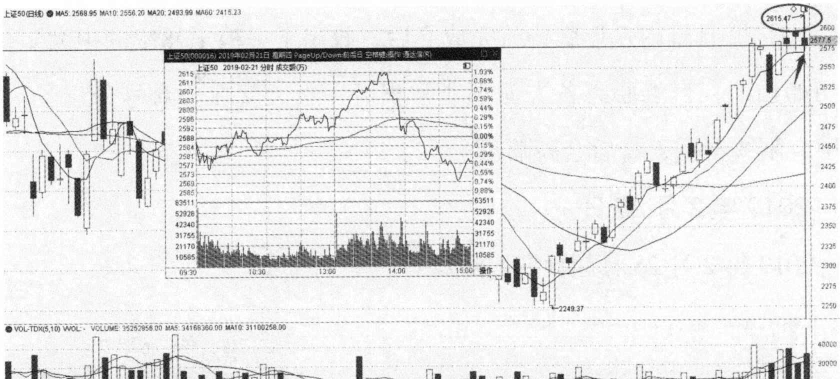

图案回顾点睛：2019年2月21日上证50指数

2 月 21 日，“吴国平财经”公众号分享的“剧烈动荡后再逼疯你，一根中大阳将再插云霄！”里面讲到，在盘中的时候，不论上证指数、上证 50 还是创业板，都纷纷刷新了这波反攻以来的高点。上图就是上证 50 指数在盘中刷新了高点。证券龙头中信建投逼空进入了化境，当天继续大涨6%，很可能引领证券向上，还有5G龙头股东方通信，给市场树立一个强烈的标杆——牛！

2019年2月22日

如期大涨：

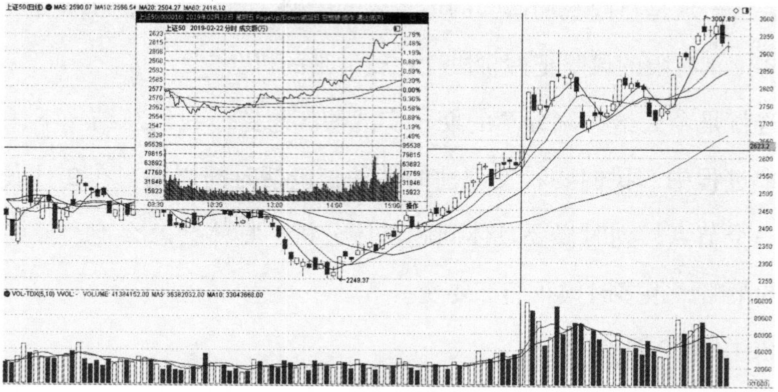

图案回顾点睛：2019年2月22日上证50指数

2月22日日内弧形底构筑完成之后，收出了一根1.78%的中大阳线，一切如预期，自然心态各方面都非常积极，当天就在公众号分享了：神准中大阳线再插云霄后会高潮吗？

2019年2月25日

2019年2月25日超预期上涨：

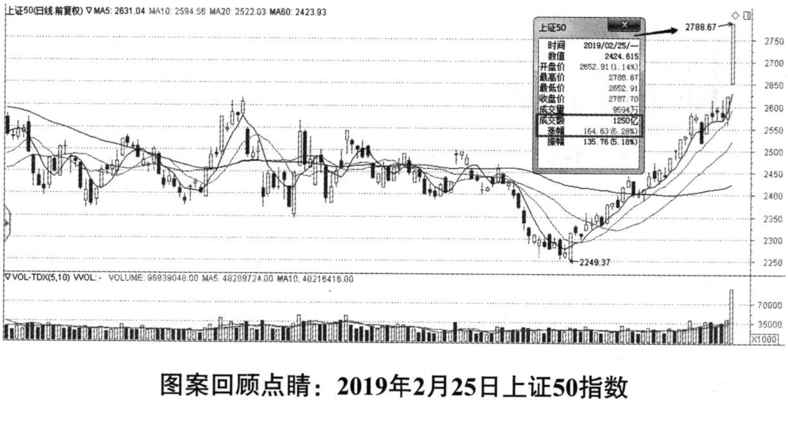

图案回顾点睛：2019年2月25日上证50指数

影响期权的价值有三个，一个是标的资产 50ETF 的方向，一个是时间价值，还有一个就是波动率。波动率与期权价格是正相关的：

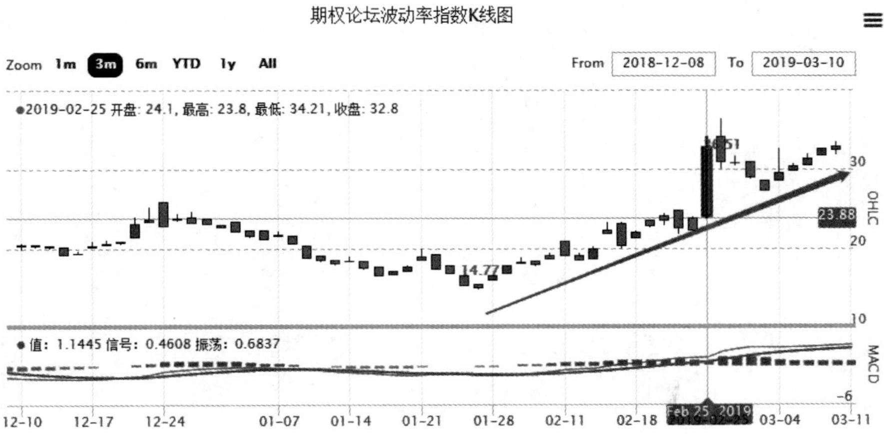

图案回顾点睛：2019年2月25日波动率

波动率的这一波整体趋势是向上的，对于期权买方是有利的，特别是在 2 月 25 日这一天也是暴涨！波动率暴涨，上证 50 暴涨，期权演绎风暴模式。

2019年02月 (2天)　标的名称：50ETF　最新价：2.818　涨跌：0.198　幅度：7.56　成交量：18873696　持仓量：一　金额：512390万

状态	卖价	买价	涨幅%	涨跌	最新	购<行权价>沽↑	最新	涨跌	涨幅%	买价	卖价
闭市	0.7728	0.7676	35.14	0.1996	0.7676	2.0500	0.0002	0.0001	100.00	0.0002	0.0003
闭市	0.7225	0.7120	37.55	0.1945	0.7125	2.1000	0.0002	0.0000	0.00	0.0002	0.0003
闭市	0.6722	0.6623	41.65	0.1949	0.6629	2.1500	0.0004	0.0002	100.00	0.0001	0.0002
闭市	0.6286	0.6127	48.93	0.2051	0.6243	2.2000	0.0003	0.0001	50.00	0.0003	0.0004
闭市	0.5764	0.5717	55.54	0.2044	0.5724	2.2500	0.0004	0.0002	100.00	0.0004	0.0005
闭市	0.5236	0.5133	63.96	0.2034	0.5214	2.3000	0.0005	0.0002	66.67	0.0004	0.0005
闭市	0.4937	0.4936	80.74	0.2205	0.4936	2.3500	0.0005	0.0002	66.67	0.0005	0.0006
闭市	0.4234	0.4233	93.86	0.2050	0.4234	2.4000	0.0005	0.0000	0.00	0.0004	0.0005
闭市	0.3680	0.3679	117.49	0.1980	0.3680	2.4500	0.0005	-0.0002	-28.57	0.0004	0.0005
闭市	0.3237	0.3232	166.12	0.2020	0.3236	2.5000	0.0008	-0.0010	-55.56	0.0007	0.0008
闭市	0.2690	0.2689	261.07	0.1945	0.2690	2.5500	0.0011	-0.0046	-80.70	0.0011	0.0012
闭市	0.2130	0.2126	496.64	0.1773	0.2130	2.6000	0.0021	-0.0147	-87.50	0.0021	0.0022
闭市	0.1752	0.1751	1226.52	0.1619	0.1751	2.6500	0.0041	-0.0359	-89.75	0.0041	0.0042
闭市	0.1270	0.1263	3223.68	0.1225	0.1263	2.7000	0.0083	-0.0764	-90.20	0.0082	0.0083
闭市	0.0847	0.0846	10475.00	0.0838	0.0846	2.7500	0.0191	-0.1129	-85.53	0.0190	0.0191
闭市	0.0582	0.0581	19266.67	0.0578	0.0581	2.8000	0.0368	-0.1455	-79.81	0.0365	0.0368

图案回顾点睛：2019年2月25日2月份合约期权收盘

50ETF · 2019年03月 (30天) · 标的名称: 50ETF 最新价: [illegible] 涨跌: [illegible] 幅度: [illegible] 成交量: 18873596 持仓量: — 金额: 512390万

总量	交易状态	卖价	买价	涨幅%	涨跌	最新	购<行权价>沽↑	最新	涨跌	涨幅%	买价	卖价	交易状态
1774	闭市	0.7720	0.7671	34.81	0.1961	0.7727	2.0500	0.0021	0.0013	162.50	0.0019	0.0021	闭市
765	闭市	0.7240	0.7186	38.38	0.2006	0.7233	2.1000	0.0019	0.0009	90.00	0.0018	0.0019	闭市
996	闭市	0.6841	0.6637	41.92	0.1981	0.6707	2.1500	0.0019	0.0008	72.73	0.0018	0.0020	闭市
1173	闭市	0.6793	0.6656	42.31	0.1980	0.6660	2.1560A	0.0021	0.0009	75.00	0.0021	0.0022	闭市
900	闭市	0.6235	0.6146	46.23	0.1960	0.6200	2.2000	0.0027	0.0011	68.75	0.0025	0.0027	闭市
2137	闭市	0.6295	0.6163	48.01	0.2011	0.6200	2.2050A	0.0026	0.0010	62.50	0.0022	0.0027	闭市
1801	闭市	0.5827	0.5670	53.81	0.2018	0.5768	2.2500	0.0032	0.0012	60.00	0.0032	0.0033	闭市
900	闭市	0.5711	0.5637	58.96	0.1890	0.5599	2.2540A	0.0036	0.0016	80.00	0.0036	0.0039	闭市
5720	闭市	0.5357	0.5352	64.47	0.2098	0.5352	2.3000	0.0047	0.0016	51.61	0.0046	0.0047	闭市
1154	闭市	0.5276	0.5181	62.88	0.2087	0.5240	2.3030A	0.0049	0.0017	53.13	0.0048	0.0050	闭市
6506	闭市	0.4779	0.4764	70.94	0.1977	0.4764	2.3500	0.0062	0.0012	24.00	0.0062	0.0063	闭市
1668	闭市	0.4802	0.4741	71.22	0.1972	0.4741	2.3520A	0.0068	0.0013	23.64	0.0065	0.0069	闭市
12755	闭市	0.4313	0.4312	84.51	0.1975	0.4312	2.4000	0.0092	0.0002	2.22	0.0092	0.0093	闭市
2728	闭市	0.4358	0.4274	85.42	0.1969	0.4274	2.4010A	0.0095	0.0000	0.00	0.0092	0.0097	闭市
17730	闭市	0.3812	0.3811	98.96	0.1896	0.3812	2.4500	0.0129	-0.0031	-19.38	0.0128	0.0129	闭市
4523	闭市	0.3820	0.3811	98.98	0.1895	0.3811	2.4500A	0.0136	-0.0024	-15.00	0.0136	0.0138	闭市
6665	闭市	0.3434	0.3432	129.41	0.1936	0.3432	2.5000A	0.0188	-0.0072	-27.69	0.0186	0.0189	闭市
41910	闭市	0.3451	0.3450	130.61	0.1954	0.3450	2.5000	0.0189	-0.0071	-27.31	0.0188	0.0189	闭市
7492	闭市	0.2930	0.2920	155.90	0.1785	0.2930	2.5490A	0.0240	-0.0153	-38.93	0.0239	0.0240	闭市
83780	闭市	0.3045	0.3006	162.53	0.1661	0.3006	2.5500	0.0278	-0.0115	-29.26	0.0277	0.0278	闭市
12024	闭市	0.2603	0.2600	208.42	0.1757	0.2600	2.5980A	0.0351	-0.0237	-40.31	0.0350	0.0351	闭市
124087	闭市	0.2599	0.2595	208.93	0.1755	0.2595	2.6000	0.0350	-0.0238	-40.48	0.0350	0.0351	闭市
16850	闭市	0.2200	0.2189	270.37	0.1606	0.2200	2.6470A	0.0460	-0.0355	-43.56	0.0459	0.0460	闭市
158953	闭市	0.2501	0.2500	326.62	0.1914	0.2500	2.6500	0.0470	-0.0378	-44.58	0.0468	0.0470	闭市
27319	闭市	0.1895	0.1871	378.10	0.1473	0.1871	2.6960A	0.0594	-0.0525	-46.92	0.0588	0.0595	闭市
174755	闭市	0.1912	0.1911	382.58	0.1515	0.1911	2.7000	0.0591	-0.0549	-48.16	0.0591	0.0594	闭市
42415	闭市	0.1627	0.1601	495.91	0.1334	0.1603	2.7450A	0.0768	-0.0693	-47.43	0.0763	0.0769	闭市
155489	闭市	0.1590	0.1588	493.98	0.1314	0.1588	2.7500	0.0750	-0.0748	-49.93	0.0750	0.0770	闭市
67254	闭市	0.1358	0.1357	738.27	0.1196	0.1358	2.7940A	0.1000	-0.0857	-46.15	0.0998	0.1000	闭市
210236	闭市	0.1333	0.1332	759.35	0.1177	0.1332	2.8000	0.1050	-0.0858	-44.97	0.1049	0.1050	闭市

图案回顾点睛：2019年2月25日3月份合约期权收盘

波动率的加成，2 月和 3 月的期权合约涨幅非常剧烈。像 2019 年 2 月份的一个合约涨的更是离谱：单日涨幅 19266.67%，即 192 倍：

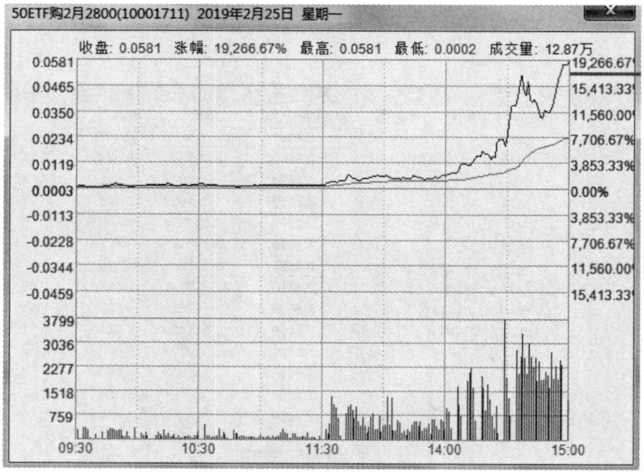

图案回顾点睛：50ETF购2月2800（10001711）分时图

这个合约当天被朋友圈刷屏了，如果买入一万，一天 192 万！多刺激！但是冷静下来，也就不眼红了，买这个虚四档快到期的合约，风险是极大的，基本就是买彩票一样，可遇不可求。而且我们 3 月份的持仓也是大涨，虽然没有留一两张玩 2 月份的有些可惜，但是稳定的盈利才是关键，一次的运气并不能成为常胜将军。

再分享一下当天如此剧烈的波动，我们内侧账户是怎么波动的。

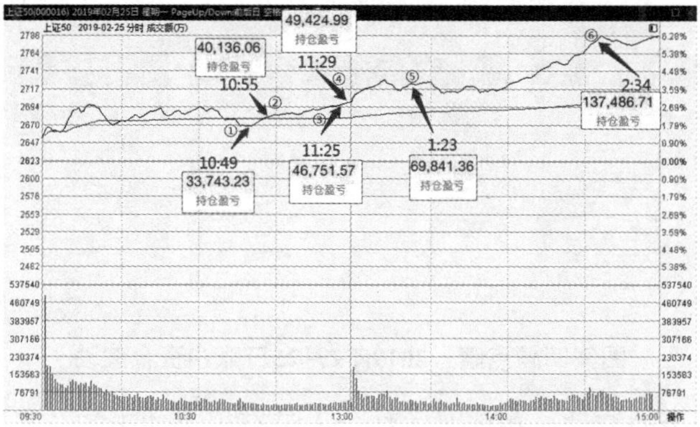

图案回顾点睛：2019年2月25日上证50分时图

可以看到资金波动是非常剧烈的，上午还只盈利 3 万 3，午后就盈利 6 万 9，尾盘直接变成盈利 13 万 7 了，可以具体看一下当天账户的资金变化，再感受一下：

图案回顾点睛：2019年2月25日账户资金波动

看完资金的波动，相信对大部分人是有很大冲击的，甚至如果也持有这样的合约，可能很多人会迫不及待卖出去了吧。最后再看下收盘我的持仓状况：

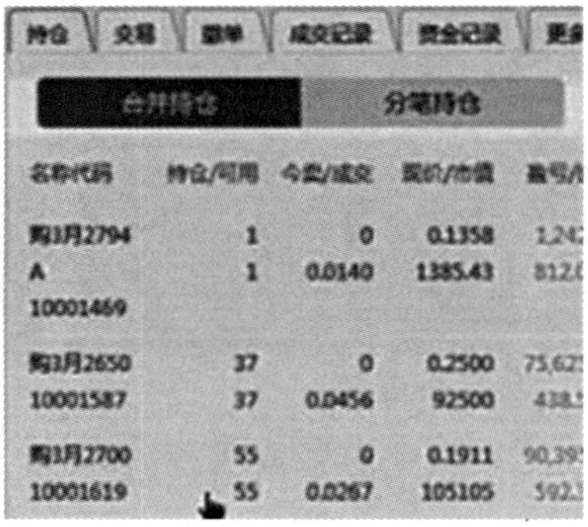

图案回顾点睛：2019年2月25日收盘持仓

这一天收盘我们也没有动，购3月2794A的8倍，购3月2650的4倍，购3月2700的5倍。起点是8000，不到一万的资金，现在变成差不多20万。这可以算是一个奇迹了！这种奇迹在期权交易中是偶然性中的经常性发生，特别是在大的趋势性行情中。

这一天我在期权博弈实战论 3 中再次明确了自己的观点：继续顺势而为！如此加速大涨，就像开车加速一样，惯性很大，一下子是停不下来的，而且获利比较丰厚，也敢于继续坚守，以小博大。再坚守了五天，直到 2019 年 3 月 4 日，我们选择卖出持仓。

学习温馨小提示

一旦行情爆发，一定要让利润奔跑，顺势而为，不要小富即安，也不要太贪婪，期权的波动非常大，一天的波动就可以几倍、几十倍甚至上百倍，根据标的资产 50ETF 进行买卖操作，抓住自己能把握的机会即可。

期权博弈实战论 3

牛散大学堂　校长吴国平　2019.2.25

首先我们要回顾一下，要看到今天的这个大涨，是非常的精彩的，在持续逼空的背景下再涨六个多点。

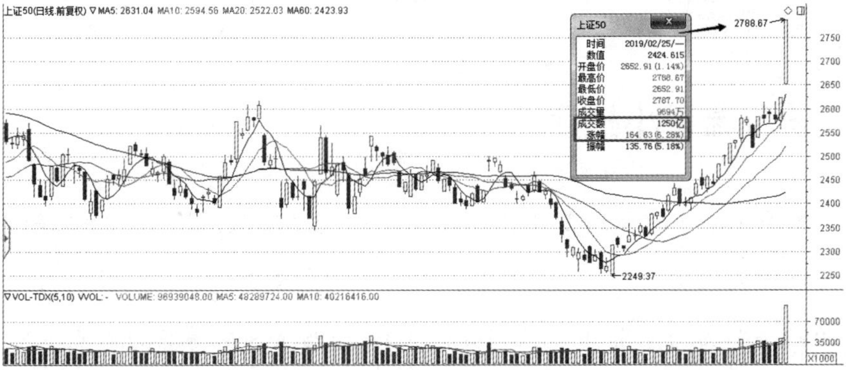

图案回顾点睛：2019年2月25日上证50日K线图

这是一种蜕变，也创造了历史——包括期权的历史。今天的期权也很精彩，当然，这次 2 月份的“末日轮”出现了一个单日涨幅 19266.67%，也就是一天涨了192倍的合约——50ETF购2月2800。

上午你如果买入一万元，理论上来说下午就能得到192万。当然他的容量有限，太多的资金也容不下，所以今天创造了一个疯狂的历史，这会让很多人关注到我们的期权市场。当然大部分2月“末日轮”偏虚的都涨得很厉害。

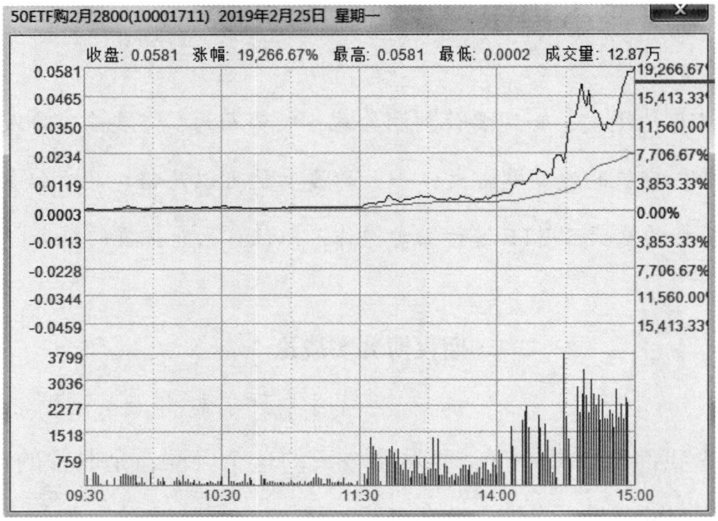

图案回顾点睛：2019年2月25日50ETF购2月2800分时图

学习温馨小提示

这个192倍的合约是新开的合约，溢价比较高，而且位置比较虚，时间价值又仅剩2天，很少人会去买，某种意义上来说，这就是为期权做的广告。因为除非谁能预判知道上证50当天可以暴涨200点，所以一般这阶段都是博彩的态度去玩。一天的暴利可遇不可求，小赌怡情即可，主战场还是顺应趋势做好能把握的机会，类似的暴利也会展现在我们眼前。

50ETF 购 2 月 2750 单 日 涨 幅 也 有 10475%（104 倍），50ETF 购 2 月 2700 单 日 涨 幅 3223.68%（32 倍），50ETF 购 2 月 2650 单 日 涨 幅 1226.52%（12 倍），50ETF 购 2 月 2600 单日涨幅 496.64%（近 5 倍）。当然你看 3 月份稍微偏虚一点值，普遍也是两倍到八倍。

50ETF · 2019年02月 (2天) · 标的名称：50ETF 最新价：2.816 涨跌：0.198 幅度：7.56 成交量：18873596 持仓量：-- 金额：512390万

总量	交易状态	卖价	买价	涨幅%	涨跌	最新	购<行权价>沽↑	最新	涨跌	涨幅%	买价	卖价	交易状态
2805	闭市	0.7728	0.7676	35.14	0.1996	0.7676	2.0500	0.0002	0.0001	100.00	0.0002	0.0003	闭市
2568	闭市	0.7225	0.7120	37.55	0.1945	0.7125	2.1000	0.0002	0.0000	0.00	0.0002	0.0003	闭市
2519	闭市	0.6722	0.6623	41.65	0.1949	0.6629	2.1500	0.0004	0.0002	100.00	0.0001	0.0002	闭市
3703	闭市	0.6286	0.6127	48.93	0.2051	0.6243	2.2000	0.0003	0.0001	50.00	0.0003	0.0004	闭市
3515	闭市	0.5764	0.5717	55.54	0.2044	0.5724	2.2500	0.0004	0.0002	100.00	0.0004	0.0005	闭市
5713	闭市	0.5236	0.5133	63.96	0.2034	0.5214	2.3000	0.0005	0.0002	66.67	0.0004	0.0005	闭市
8615	闭市	0.4937	0.4936	80.74	0.2205	0.4936	2.3500	0.0005	0.0002	66.67	0.0005	0.0006	闭市
16471	闭市	0.4234	0.4233	93.86	0.2050	0.4234	2.4000	0.0005	0.0000	0.00	0.0004	0.0005	闭市
29464	闭市	0.3680	0.3679	117.49	0.1988	0.3680	2.4500	0.0005	-0.0002	-28.57	0.0004	0.0005	闭市
56236	闭市	0.3237	0.3232	166.12	0.2020	0.3236	2.5000	0.0008	-0.0010	-55.56	0.0007	0.0008	闭市
121046	闭市	0.2690	0.2689	261.07	0.1945	0.2690	2.5500	0.0011	-0.0046	-80.70	0.0011	0.0012	闭市
221045	闭市	0.2130	0.2126	496.64	0.1773	0.2130	2.6000	0.0021	-0.0147	-87.50	0.0021	0.0022	闭市
348599	闭市	0.1752	0.1751	1226.52	0.1619	0.1751	2.6500	0.0041	-0.0359	-89.75	0.0041	0.0042	闭市
351173	闭市	0.1270	0.1263	3223.68	0.1225	0.1263	2.7000	0.0083	-0.0764	-90.20	0.0082	0.0083	闭市
189898	闭市	0.0047	0.0046	10475.00	0.0030	0.0046	2.7500	0.0191	-0.1129	-85.53	0.0190	0.0191	闭市
128740	闭市	0.0582	0.0581	19266.67	0.0578	0.0581	2.8000	0.0360	-0.1455	-79.81	0.0365	0.0368	闭市

图案回顾点睛：2019年2月25日2月份合约期权收盘

50ETF · 2019年03月 (30天) · 标的名称：50ETF 最新价：2.816 涨跌：0.198 幅度：7.56 成交量：18873596 持仓量：-- 金额：512390万

总量	交易状态	卖价	买价	涨幅%	涨跌	最新	购<行权价>沽↑	最新	涨跌	涨幅%	买价	卖价	交易状态
1774	闭市	0.7720	0.7671	34.01	0.1961	0.7727	2.0500	0.0021	0.0013	162.50	0.0019	0.0021	闭市
765	闭市	0.7240	0.7106	38.30	0.2006	0.7233	2.1000	0.0019	0.0009	90.00	0.0018	0.0019	闭市
996	闭市	0.6841	0.6637	41.92	0.1981	0.6707	2.1500	0.0019	0.0008	72.73	0.0018	0.0020	闭市
1173	闭市	0.6793	0.6656	42.31	0.1980	0.6660	2.1560A	0.0021	0.0009	75.00	0.0021	0.0022	闭市
900	闭市	0.6235	0.6148	46.23	0.1960	0.6200	2.2000	0.0027	0.0011	68.75	0.0025	0.0027	闭市
2137	闭市	0.6295	0.6163	48.01	0.2011	0.6200	2.2050A	0.0026	0.0010	62.50	0.0022	0.0027	闭市
1801	闭市	0.5827	0.5670	53.81	0.2018	0.5768	2.2500	0.0032	0.0012	60.00	0.0032	0.0033	闭市
900	闭市	0.5711	0.5637	50.96	0.1890	0.5599	2.2540A	0.0036	0.0016	80.00	0.0036	0.0039	闭市
5720	闭市	0.5357	0.5352	64.47	0.2098	0.5352	2.3000	0.0047	0.0016	51.61	0.0046	0.0047	闭市
1154	闭市	0.5276	0.5181	62.08	0.2007	0.5240	2.3030A	0.0049	0.0017	53.13	0.0048	0.0050	闭市
6506	闭市	0.4779	0.4764	70.94	0.1977	0.4764	2.3500	0.0062	0.0012	24.00	0.0062	0.0063	闭市
1668	闭市	0.4802	0.4741	71.22	0.1972	0.4741	2.3520A	0.0068	0.0013	23.64	0.0065	0.0069	闭市
12755	闭市	0.4313	0.4312	84.51	0.1975	0.4312	2.4000	0.0092	0.0002	2.22	0.0092	0.0093	闭市
2728	闭市	0.4358	0.4274	85.42	0.1969	0.4274	2.4010A	0.0095	0.0000	0.00	0.0092	0.0097	闭市
17730	闭市	0.3812	0.3811	98.96	0.1896	0.3812	2.4500	0.0129	-0.0031	-19.38	0.0128	0.0129	闭市
4523	闭市	0.3828	0.3811	98.90	0.1895	0.3811	2.4500A	0.0136	-0.0024	-15.00	0.0136	0.0138	闭市
6665	闭市	0.3434	0.3432	129.41	0.1936	0.3432	2.5000A	0.0188	-0.0072	-27.69	0.0188	0.0189	闭市
41910	闭市	0.3451	0.3450	130.61	0.1954	0.3450	2.5000	0.0189	-0.0071	-27.31	0.0188	0.0189	闭市
7492	闭市	0.2930	0.2920	155.90	0.1785	0.2930	2.5490A	0.0240	-0.0153	-38.93	0.0239	0.0240	闭市
83780	闭市	0.3045	0.3006	162.53	0.1861	0.3006	2.5500	0.0278	-0.0115	-29.26	0.0277	0.0278	闭市
12024	闭市	0.2603	0.2600	208.42	0.1757	0.2600	2.5980A	0.0351	-0.0237	-40.31	0.0350	0.0351	闭市
124087	闭市	0.2599	0.2595	208.93	0.1755	0.2595	2.6000	0.0350	-0.0238	-40.48	0.0350	0.0351	闭市
16850	闭市	0.2200	0.2109	270.37	0.1606	0.2200	2.6470A	0.0460	-0.0355	-43.56	0.0459	0.0460	闭市
150953	闭市	0.2501	0.2500	326.62	0.1914	0.2500	2.6500	0.0470	-0.0378	-44.58	0.0460	0.0470	闭市
27319	闭市	0.1895	0.1871	370.10	0.1473	0.1871	2.6960A	0.0594	-0.0525	-46.92	0.0588	0.0595	闭市
174755	闭市	0.1912	0.1911	382.58	0.1515	0.1911	2.7000	0.0591	-0.0549	-48.16	0.0591	0.0594	闭市
42415	闭市	0.1627	0.1601	495.91	0.1334	0.1603	2.7450A	0.0768	-0.0693	-47.43	0.0763	0.0769	闭市
155489	闭市	0.1598	0.1580	493.98	0.1314	0.1580	2.7500	0.0758	-0.0748	-49.93	0.0758	0.0770	闭市
67254	闭市	0.1358	0.1357	730.27	0.1196	0.1358	2.7940A	0.1000	-0.0857	-46.15	0.0998	0.1000	闭市
218236	闭市	0.1333	0.1332	759.35	0.1177	0.1332	2.8000	0.1050	-0.0858	-44.97	0.1049	0.1050	闭市

图案回顾点睛：2019年2月25日3月份合约期权收盘

这也是我们上一堂课重点讲的布局的区域，我上一堂博弈课讲的就是你用 30% 的风险可以博一倍以上的机会，今天就来了。这个机会很显著地体现在我们的眼前，我们的持仓也没有动。

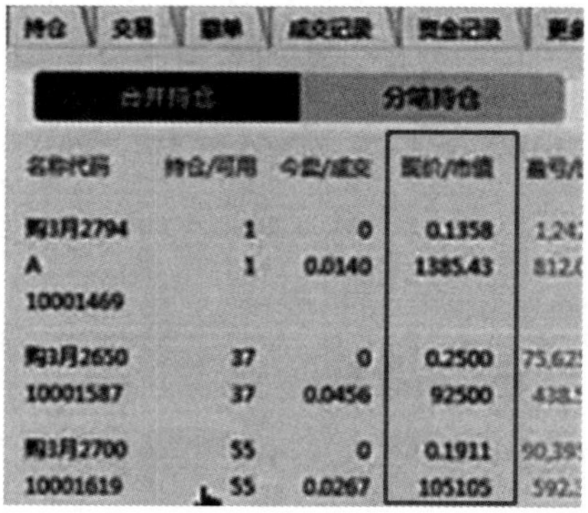
持仓 | 交易 | 撤单 | 成交记录 | 资金记录

合并持仓 | 分笔持仓

名称代码	持仓/可用	今卖/成交	现价/市值
购3月2794	1	0	0.1358
A	1	0.0140	1385.43
10001469			
购3月2650	37	0	0.2500
10001587	37	0.0456	92500
购3月2700	55	0	0.1911
10001619	55	0.0267	105105

可以看到，购 3 月 2794A 的 8 倍、购 3 月 2650 的 4 倍、购 3 月 2700 的 5 倍。我们这个账户起点很低，起点是 8000，不到一万，现在变成了差不多 20 万，是实战的一个案例，接近 30 倍，相当夸张吧，但是对比今天一天 192 倍的话，一点也不夸张。当然这种一百多倍的话，是可遇不可求的，运气和魄力很重要，我相信大家会被期权的魅力彻底迷倒，因为他的机会可以无限释放。

当然“末日轮”这个东西就是小赌怡情啦。经过这样一个“末日轮”给市场的洗礼，我相信未来某一个阶段拉开了上涨的序幕之后，在牛市动荡上涨的过程中，肯定还会出现单日涨幅巨大的阳线，如果再次出现，也就意味着，不论是“末日轮”还是平常的期权机会，几倍的收益就会呈现在我们眼前，真的是会如此。那么我们现在要做的还是做好功课，做好准备，就像打仗一样，我们一定要打有准备的仗，最怕的就是没有准备，没有准备的一定是输的。前一堂课我也讲到，当下趋势基本确定的时候，可以增加虚值合约，因为一旦继续延续逼空的话，那里的机会会更大。现在事实上市场就是呈现这样一种格局，所以我从 8000 到 20

万就是买了虚值带来的结果，当然我们没有买“末日轮”，我们不能那样去赌，我们还是要有策略。策略就是我们用有限的风险去博无限的机会，比如用 20%、30% 的风险去博几倍的这样的机会。

就好像做股票一样，我当时不遗余力地和大家分享过，当市场走出趋势的时候，你方向错了，就要认错。关键是你判断未来的方向，还有博弈是非常重要的，你要清晰认识到这一点。你只有认识到这一点，你才能在未来市场里面把握到机会，如果你能持续把握对几次机会，那你的盈利就可以无限的增长，最终创造奇迹。不管如何，策略就是，有盈利的时候设个止盈，没有盈利的时候设个止损，然后让利润无限增大。

图案回顾点睛：2019年2月25日上证50日K线图

它的目标就是 2018 年 3 月 22 号的 2866 点，今天的收盘价是 2787 点，差不多 80 个点左右，也就是四个点左右的空间。股指 4 个点，期权虚一点的值至少一倍以上，这个就是我们要看到的一个目标或方向。当然，在这个过程中也要设定好有限的风险，然后去把握未来的机会。而且市场还有很多因素也要考虑，比如时间周期。我之前谈到 2 月底或者 3 月初就是一个时间周期，那个时候就是看市场的一个情况，从今天的这个大阳线，我们可以确定的是，周线 8 连阳概率是非常大的，会创造历史，那么后半周很有可能就是强势震荡，如果是强势震荡，那市场还有惯性冲高的机会，这是我的一个思考。那么市场环境当然是格局决定未来，也就是说你的格局会决定你的未来。股票市场是中国未来一个很重要的核心竞争力，这是今天中国证券报明确提出来的一个观点，所以我们要看清楚整个大的环境，这个环境你看清楚了，那么自然你就知道未来大的方向在哪里。当然在这个过程中一定是会很曲折的，它会有动荡。那在这个动荡曲折的过程，我们一定要做好准备，一定要清晰它动荡的本质，还要清晰应对动荡的策略，这些都是我们在实战当中需要去考虑的。

我们也一直认为，你只有看透大格局，才能赚大钱。如果你这段时间看透大格局，你赚大钱的概率是很大的，未来做多的机会要远远大于做空的机会。怎么理解？其实大家想一想，股指做空，他的跌幅是有限的，跌个几十个点就极限了，你总不可能 2000 点跌到零吧，2000 点跌个百分之三四十基本上就是极限，何况这个位置本身就是历史低位，你还跌百分之三四十的概率非常低。所以你博跌 10% 的这种下跌空间，这个风险和收益是不成正比的，但是如果博向上的空间，就不是说几十个点，现在 2000 多点，完全可以涨一倍，创新高甚至可能两倍三倍。美国的道琼斯指数从开始到现在涨了不知道多少倍，这就是天然有利于多方，它的空间很大，而且空间做多一倍，带来的财富是几何增长的，但是你做空的话，顶多就几十个点的向下空间，也是非常有限的。还有一句话大家一定要记住：没有一个人是靠做空自己的国家赚到大钱的！所以我们在当下一定要认清楚大格局，我认为靠做空是赚不了大钱的，尤其是做空自己的国家。所以我们明确观点，现在是历史相对低点，更应该积极做多，这个大阳线可以说是拉开了新牛市的一个序幕。

当然，现在上面的阻力你还是要客观去分析，如果给到我们疯狂那顺势就是，因为期权的“末日轮”的财富效应，会激发很多人继续参与期权，有很多人会参与进来，资金越来越多，自然就会助推期权的这种波动，尤其是现在顺势做多的这种波动，因为很多人没玩过，他们进来一定进一步加剧期权市场的繁荣。

我们现在的收获是惊人的，几十倍。但是我们要冷静，未来路漫漫，期权的一波大行情，上万倍不是没有可能，我们不说上万倍，就说 1000 倍或 100 倍，那也是相当可观了。

就比如说你有多单的底仓，就好像今天一样，虽然有点超预期了，但是你有多单，事实上你是有收获的，而且收获会很不错。如果真的持续逼空，还有 4 个点左右去补掉 2018 年 3 月 22 日的 2866 点，对于期权来说，短期而言至少是一倍左右的空间。当然它的风险也是存在的，因为到了这个位置动荡，随便几十个点也是很正常的，所以我们也要设好 30 个点左右的防守风险，或止盈的风险，不管收益如何惊人，我们都要冷静。你一定要清楚的一点是，期权始终是小赌怡情的，它就是我们总资金的小配置，它不能占据大头，股票才是我们的主战场。比如你有 100 万，那你玩个几万块钱期权就差不多了，主战场应该在股票上，因为期权一旦你把握不好，它波动很大，如果你太多资金进去，最终有可能输光。常在河边走，哪能不湿鞋呢。这是大家要客观认识到的一点——风险！

只是说现在趋势形成了，你可以放大你的利润，但是千万不要因为放大利润，看到了机会，就拼命地投入你无法承受的资金的风险，你一定要投入你能承受的，主战场依然是股票。不管如何，我觉得现在参与博弈的资金，可以充分把握盘中动荡的机会，同时也可以适当继续把握顺势多单的机会，依然如前期一样，你只要设好盈亏点，有盈利的就是止盈点，没有盈利的是止损点。大概用 30 个点左右风险，博继续一倍左右的利润，这就是目前我认为的策略。如果一旦达成目前这个目标，盘中出现动荡，或者接近目标的时候，特别是在下半周，一旦看不清楚方向的时候，你把资金腾出来，三分之二的资金，或二分之一的资金，静候市场新的波动状况。这样有攻有守，才能让你的利润稳步增长，一定是这样子，最终才可以让利润无限放大。一旦不强势，空头必然会抓住反扑的机会。所以我们要关注下半周时间窗口，看看时间窗口对市场的影响，影响大我们资金出来，影响小你还可以继续博弈，博弈强者恒强的机会。

因为周线8连阳一旦出来的话，市场一定又会进入新的一个癫狂的状态，一切皆有可能，但是这要到那时再说，而现在必须要有攻有守，密切留意盘面的变化。所以现在顺势是当下最重要的工作，下半周开始重点留意动荡带来的影响。做期权、做股票、做期货都是如此，利润越多你的心态自然就会越好，不管如何，我再次强调，这只是我们总资产的一种配置，只是拿输得起的资金去玩，这是原则。主战场依然是股票，一定要跟上我们的步伐。

观察盘面无非就是继续关注那几个关键性的品种，进入化境的中信建投，今天一字板涨停。

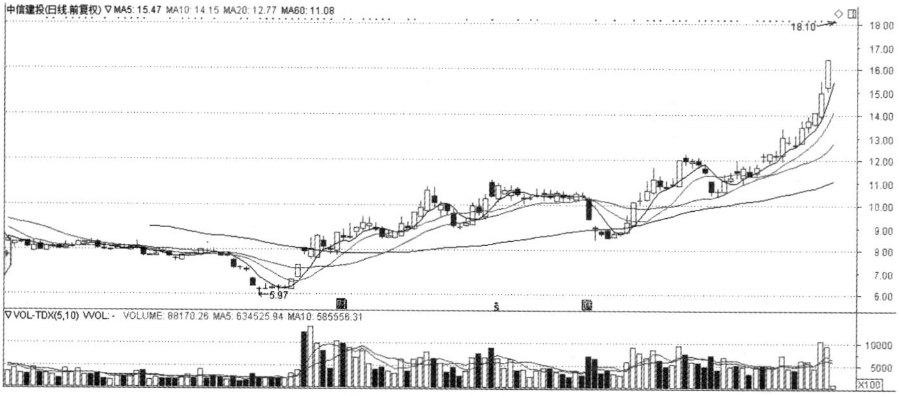

图案回顾点睛：2019年2月25日中信建投日K线图

还有招商银行，大阳线突破了成交密集区。

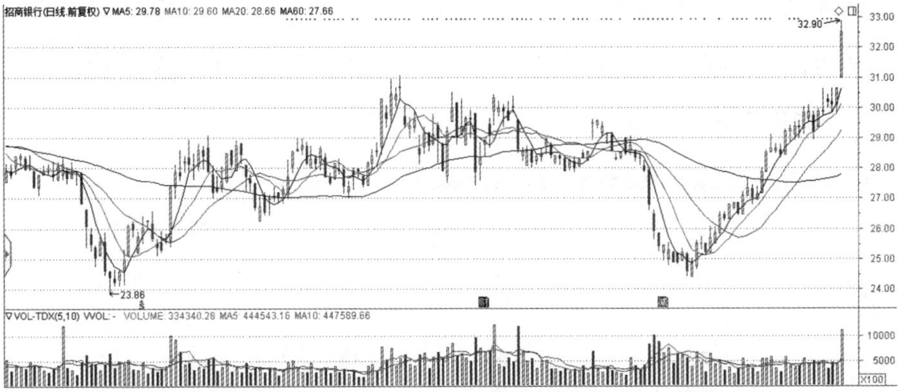

图案回顾点睛：2019年2月25日招商银行日K线图

中国平安也是如此。

图案回顾点睛：2019年2月25日中国平安日K线图

这些都是好的兆头。那么就好像开车一样，突然就加速了，而且开的很快，你说一下子让它暴跌或者逆转，不现实，它还有惯性。我们要知道，我们的市场大的方向是小荷才露尖尖角，大的方向做多，小的方向去做点差价，偶尔看不懂的时候，一部分资金拿去反手做空的差价机会。那大的战略，我认为未来总的战略已经确定了，就是做多为主！只是说在具体的战术上面，我们需要更精细的一些东西，盘中的，设止盈的，或者是什么时候看不懂出来等候，等等。这些是我们需要去考虑的。我刚才已经跟大家梳理了一下，包括下半周，包括接下来惯性上冲的点点滴滴，那么我相信梳理完之后，大家对未来的思路应该就更清晰了。

2019 年 3 月 4 日

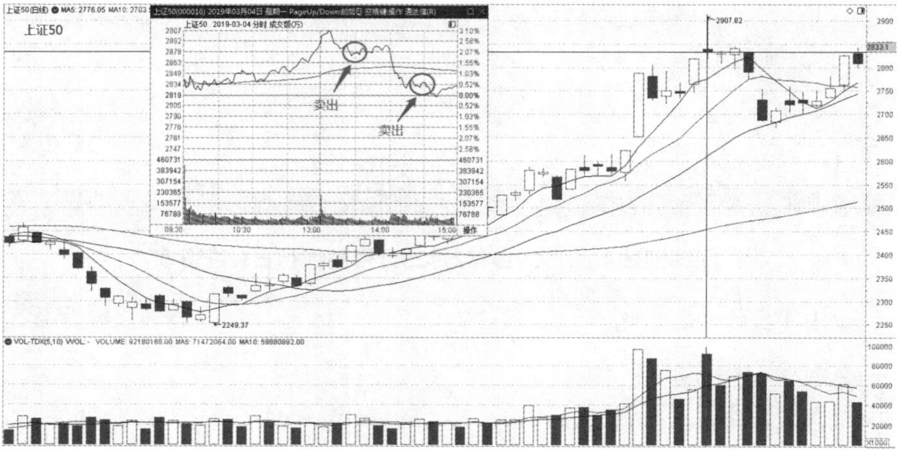

图案回顾点睛：2019年3月4日上证50指数

我们就是在上证 50 指数这一天的两个位置，卖出持仓的。

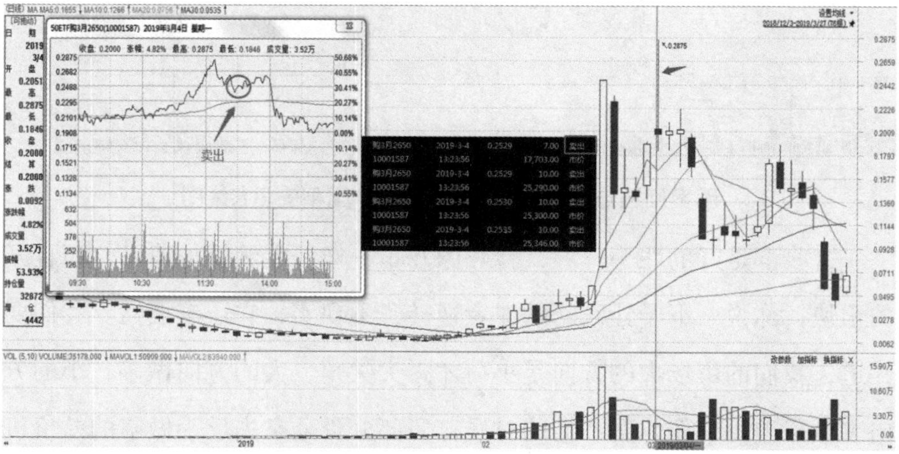

图案回顾点睛：2019年3月4日50ETF购3月2650（10001587）

购 3 月 2650 这个合约卖出的位置比暴涨的那天还高出一些。

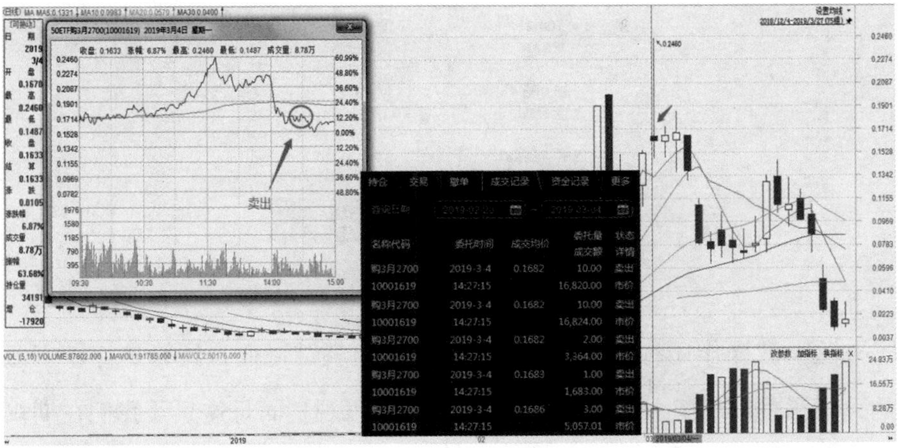

图案回顾点睛：2019年3月4日50ETF购3月2700（10001619）

购 3 月 2700 卖出位置相对比前期暴涨的大阳线略低一点，但并没有低很多。整体利润还是在 20 万附近。两个合约在盘中都是明显超越 25 日那天的大阳线，但是不要奢求卖在最高点，要留点利润给别人。下面是卖出的交割单：

持仓 | 交易 | 撤单 | 成交记录 | 资金记录 | 更多

查询日期 2019-02-20 -- 2019-03-04

名称代码	委托时间	成交均价	委托量 成交额	状态 详情
购3月2700	2019-3-4	0.1682	10.00	卖出
10001619	14:27:15		16,820.00	市价
购3月2700	2019-3-4	0.1682	10.00	卖出
10001619	14:27:15		16,824.00	市价
购3月2700	2019-3-4	0.1682	2.00	卖出
10001619	14:27:15		3,364.00	市价
购3月2700	2019-3-4	0.1683	1.00	卖出
10001619	14:27:15		1,683.00	市价
购3月2700	2019-3-4	0.1686	3.00	卖出
10001619	14:27:15		5,057.01	市价
购3月2700	2019-3-4	0.1683	6.00	卖出
10001619	14:27:15		10,098.00	市价
购3月2700	2019-3-4	0.1672	6.00	卖出
10001619	14:27:15		10,032.00	市价
购3月2700	2019-3-4	0.1683	2.00	卖出
10001619	14:27:15		3,366.00	市价
购3月2700	2019-3-4	0.1679	3.00	卖出
10001619	14:27:15		5,037.00	市价
购3月2700	2019-3-4	0.1676	6.00	卖出
10001619	14:27:15		10,057.98	市价
购3月2700	2019-3-4	0.1680	6.00	卖出
10001619	14:27:15		10,081.98	市价

持仓 | 交易 | 撤单 | 成交记录 | 资金记录 | 更多

查询日期 2019-02-20 -- 2019-03-04

名称代码	委托时间	成交均价	委托量 成交额	状态 详情
购3月2650	2019-3-4	0.2529	7.00	卖出
10001587	13:23:56		17,703.00	市价
购3月2650	2019-3-4	0.2529	10.00	卖出
10001587	13:23:56		25,290.00	市价
购3月2650	2019-3-4	0.2530	10.00	卖出
10001587	13:23:56		25,300.00	市价
购3月2650	2019-3-4	0.2535	10.00	卖出
10001587	13:23:56		25,346.00	市价

这一波操作还有很多可提升的地方，但就结果而言还算是比较满意的，毕竟是以小博大，8000 变成 20 万！蛮可观！而且这只是我们在期权交易中的一次内测，也还有很大的提升空间！实战操盘案例，虽然称不上完美，但是对于很多人是有很大的感悟和触动，在顺势中，稳健快乐地投资，希望大家都能在牛市中用好期权这个工具，实现 100 倍的增长。

小结

做期权最重要的就是心态调整，尤其每天的波动非常大，如果你不去冷静思考，一定会交易失败的。

另外，期权一定是拿完全输光也没关系的钱去玩，因为有时候一不小心，肯定是可能输光的，要知道，我们自己内测也有输光的案例，这有点像赌场，也像风投，拿输光也没关系的钱分几次去玩，只要中了一次，可能就全回来了，甚至大翻身。

而在 A 股的历史长河中，每一波大牛市机会来临之前，都会诞生一个暴利的杠杆工具，例如在 2005 ~ 2007 年牛市中伴随着权证，在 2014 ~ 2015 年牛市中伴随着融资融券，我觉得未来如果有大牛市的话，期权将会扮演一个重要的角色。

2. 成败交易案例对比分析

这篇是某位学员操作失败的案例，内附成功的案例思路与操作对比，希望投资者能够更加清晰期权的风险与机会。期权操作不能盲目，不能死磕，不能幻想，买卖操作要果断，依据标的物的变化而变化，跟随标的物的势而动，顺势而为很重要，但是发现趋势有转折迹象时，也要果断卖出或者减仓。买方获利的前提就是研究好标的物的方向与波动，这才是最关键的。

2019 年 4 月 8 日

上证 50 指数运行至这一天，趋势运行比较良好，而且上证 50 的关键性标的，贵州茅台、中国平安、招商银行等，它们的趋势也是非常的好。

图案回顾点睛：2019年4月8日上证50日线图

趋势整体运行良好，顺应趋势买入，博弈趋势继续。4 月份时间不足，买入 5 月份合约。

该学员在这一天买入了 50ETF 购 5 月 3100 和 50ETF 购 5 月 3000。

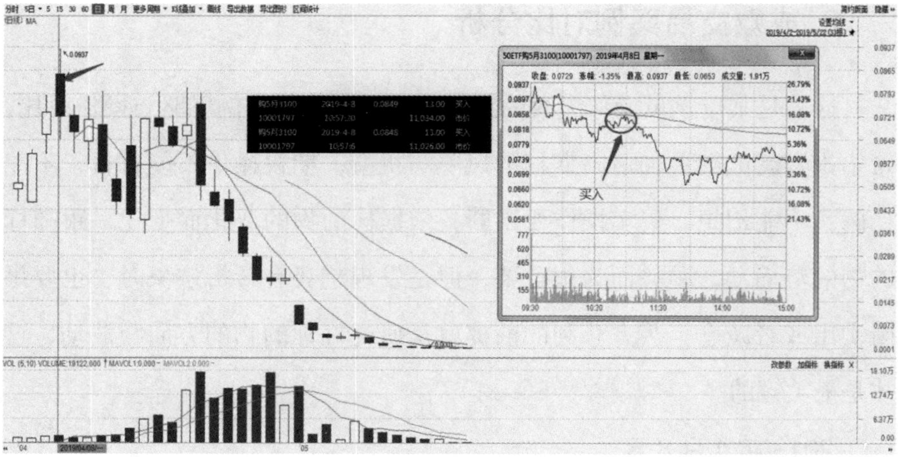

图案回顾点睛：**2019年4月8日50ETF购5月3100（10001797）**

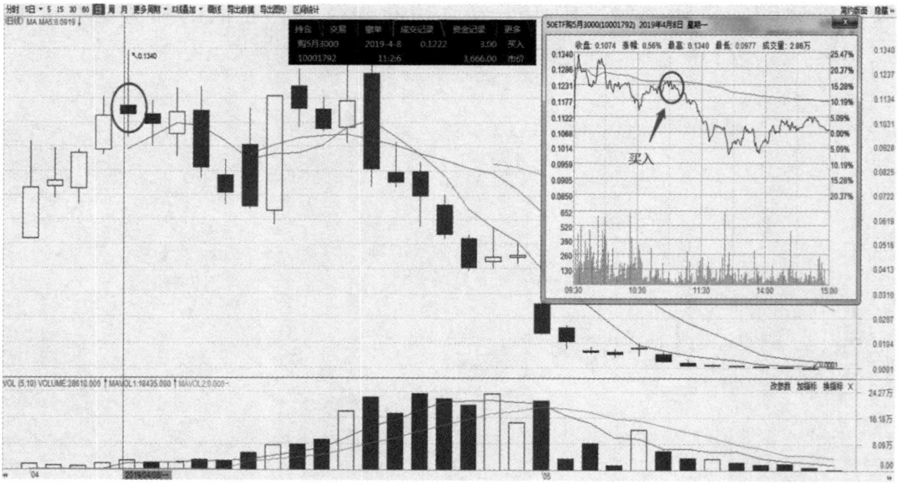

图案回顾点睛：**2019年4月8日50ETF购5月3000（10001792）**

这是学员当时买入的交割单：

持仓	交易	撤单	成交记录	资金记录	更多
购5月3000	2019-4-8	0.1222		3.00	买入
10001792	11:2:6			3,666.00	市价
购5月3100	2019-4-8	0.0849		13.00	买入
10001797	10:57:20			11,034.00	市价
购5月3100	2019-4-8	0.0848		13.00	买入
10001797	10:57:6			11,026.00	市价

顺势很重要，当时我们内测也开了几张交割单，不过我们对于上行压力的诸多考虑，并没有选择虚值，而是选择了实值，而且我们比该学员提前一日就已经介入。我们的交割单如下：

名称代码	委托时间	成交均价	委托量 成交额	状态 详情
购5月2900 10001781	2019-4-4 14:35:58	0.1441	4.00 5,763.00	买入 市价
购5月2900 10001781	2019-4-4 13:45:52	0.1426	5.00 7,129.00	买入 市价

持仓　交易　撤单　成交记录　资金记录　更多

购5月2900 10001781	2019-4-8 14:52:25	0.1578	5.00 7,890.00	买入 市价

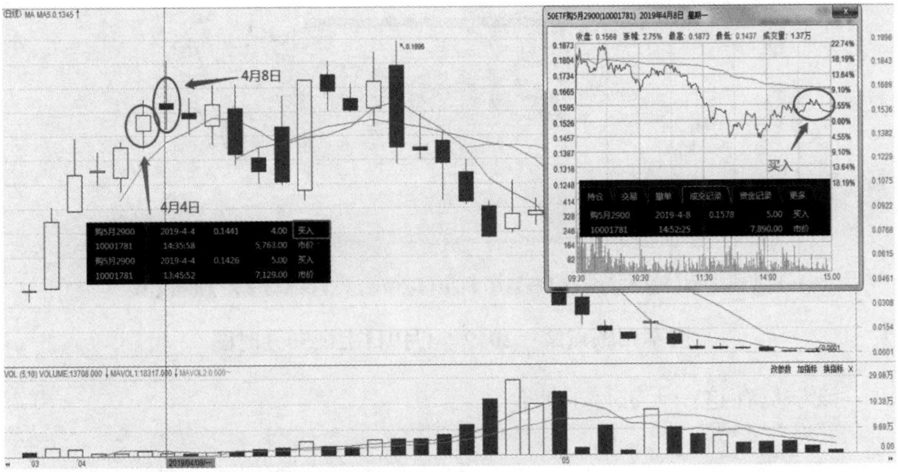

图案回顾点睛：2019年50ETF购5月2900（10001781）

不同点：学员的交割单是激进虚值的购 5 月 3000 与购 5 月 3100，他是在上午入场；我们的合约选择是防守实值购 5 月 2900，4 月 4 日就已经入场，在 4 月 8 日尾盘加仓，很明显，4 月 8 日这一天日内，我们的买入点低很多。所以在买入时，根据行情的性质判断是追击买入还是低吸买入，不过这需要一定的盘感，往往都是在相对低位买入，而且有句话讲的好——低吸富三代，追高毁一生。

学习温馨小提示

一般合约的选择，选平值附近的合约为宜。不计当月最后到期15天时间价值的影响，只要方向正确，往往虚一二档会比实一二档涨得好，但是方向错误，虚一二档的亏损也会比较大。所以在选择合约时，可根据行情的判断并结合自身的承受能力，选择虚值还是实值。

2019年4月9日

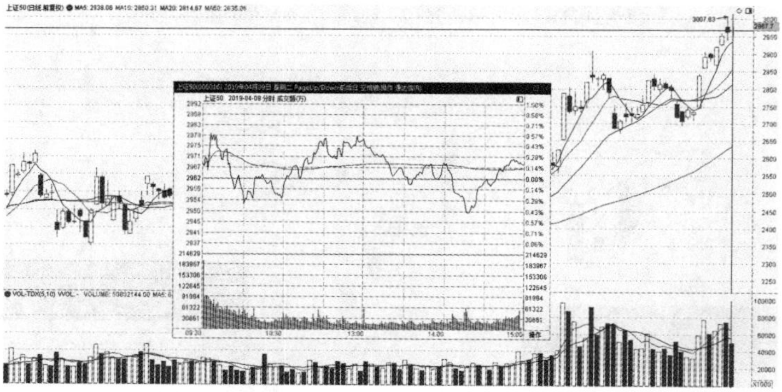

图案回顾点睛：2019年4月9日上证50分时图

该学员在这一天进行了加仓。

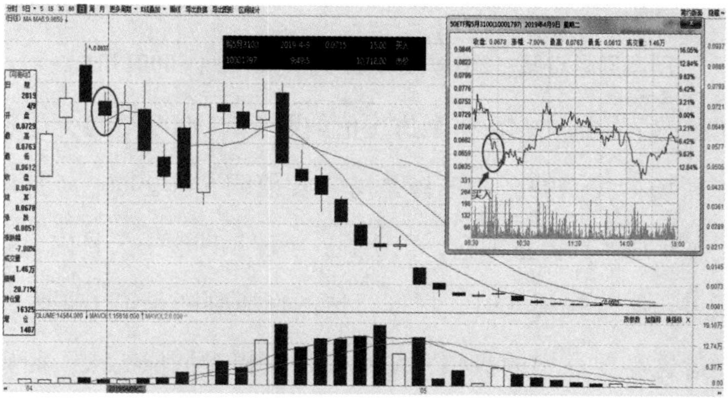

图案回顾点睛：2019年4月9日50ETF购5月3100（10001797）

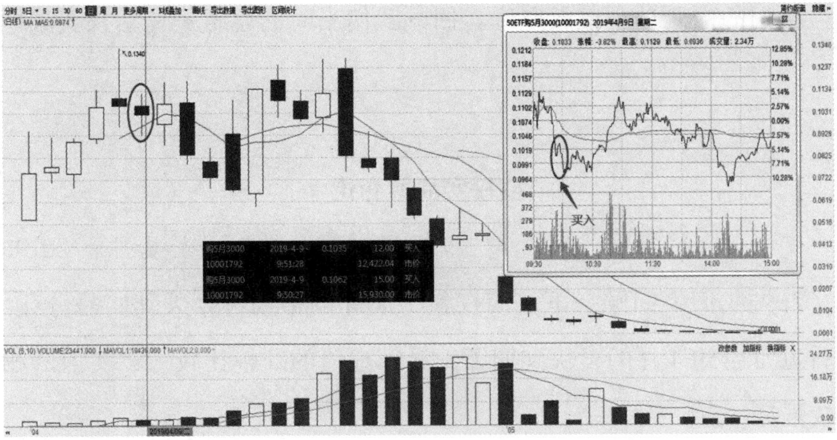

图案回顾点睛：2019年4月9日50ETF购5月3000（10001792）

持仓 | 交易 | 撤单 | 成交记录 | 资金记录 | 更多

查询日期 --

名称代码	委托时间	成交均价	委托量 成交额	状态 详情
购5月3000 10001792	2019-4-9 9:51:28	0.1035	12.00 12,422.04	买入 市价
购5月3000 10001792	2019-4-9 9:50:27	0.1062	15.00 15,930.00	买入 市价
购5月3100 10001797	2019-4-9 9:49:5	0.0715	15.00 10,718.00	买入 市价

这是学员加仓的交割单，仓位是比较重了。

学习温馨小提示

在期权市场，控制仓位就等于控制风险。投入期权的总仓位控制在总资金的10%以内。操作时，遵循分批的原则。除非确认拐点到来，不要在没有盈利的头寸加仓，在期权市场低了还有更低，甚至归零。

我们的内测单也继续坚守。回顾我们当时的思考——期权实战博弈论4。

期权实战博弈论 4

牛散大学堂 校长吴国平 2019.4.9

首先我们要回顾一下，期权整个演绎的格局，今天其实是分化的，你看近月合约4月的，快到期了，深度虚值的跌幅比较大，实值的相对比较强势一点。

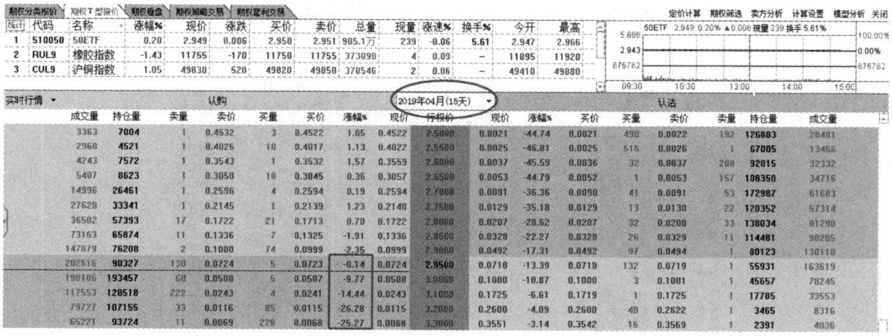

统计	代码	名称	涨幅%	现价	涨跌	买价	卖价	总量	现量	涨速%	换手%	今开	最高
1	510050	50ETF	0.20	2.949	0.006	2.950	2.951	905.1万	239	-0.06	5.61	2.947	2.966
2	RUL9	橡胶指数	-1.43	11755	-170	11750	11755	373090	4	0.09	–	11895	11920
3	CUL9	沪铜指数	1.05	49830	520	49820	49850	378546	2	0.06	–	49410	49880

实时行情 认购 2019年04月(15天) 认沽

成交量	持仓量	卖量	卖价	买量	买价	涨幅%	现价	行权价	现价	涨幅%	买价	买量	卖价	卖量	持仓量	成交量
3363	7004	1	0.4532	3	0.4522	1.05	0.4522	2.5000	0.0021	-44.74	0.0021	490	0.0022	192	126883	20481
2960	4521	1	0.4026	10	0.4017	1.13	0.4022	2.5500	0.0025	-46.81	0.0025	516	0.0026	1	67005	13466
4243	7572	1	0.3543	1	0.3532	1.57	0.3559	2.6000	0.0037	-45.59	0.0036	32	0.0037	208	92015	32332
5407	8623	1	0.3050	10	0.3045	0.36	0.3057	2.6500	0.0053	-44.79	0.0052	1	0.0053	157	108350	34716
14996	26461	1	0.2596	4	0.2594	0.19	0.2594	2.7000	0.0091	-36.36	0.0090	41	0.0091	53	172987	61683
27620	33341	1	0.2145	1	0.2139	1.23	0.2140	2.7500	0.0129	-35.18	0.0129	13	0.0130	22	120352	57314
36502	57393	17	0.1722	21	0.1713	0.70	0.1722	2.8000	0.0207	-28.62	0.0207	32	0.0208	33	138034	81290
73163	65874	11	0.1336	7	0.1325	-1.91	0.1336	2.8500	0.0328	-22.27	0.0328	26	0.0329	11	114481	90205
147879	76208	2	0.1000	74	0.0999	-2.35	0.0999	2.9000	0.0492	-17.31	0.0492	97	0.0494	1	80123	130110
202616	90327	130	0.0724	5	0.0723	-0.14	0.0724	2.9500	0.0718	-13.39	0.0718	132	0.0719	1	55931	163619
190106	193457	68	0.0508	5	0.0507	-9.77	0.0508	3.0000	0.1000	-10.87	0.1000	3	0.1001	1	45657	78245
117553	120518	222	0.0243	4	0.0241	-14.44	0.0243	3.1000	0.1725	-6.61	0.1719	1	0.1725	1	17785	33553
79727	107155	33	0.0116	85	0.0115	-26.28	0.0115	3.2000	0.2600	-4.09	0.2600	40	0.2622	1	3465	8316
65221	93724	11	0.0069	228	0.0068	-25.27	0.0068	3.3000	0.3551	-3.14	0.3542	16	0.3569	1	2391	4036

图案回顾点睛：2019年4月9日当月4月份合约期权收盘

五月份的跌幅就比较小了，因为五月份时间还很长。

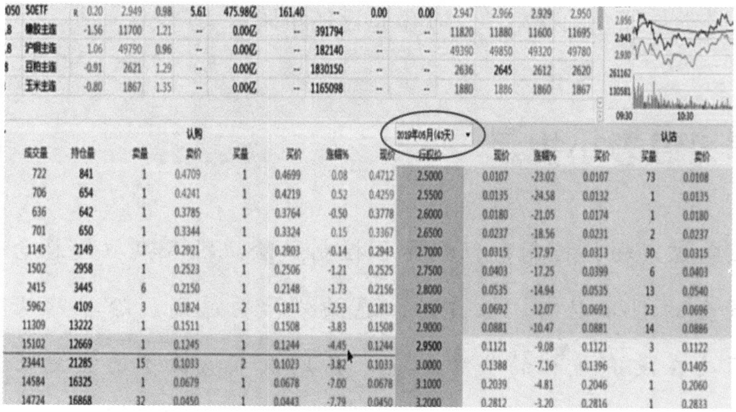

050	50ETF	0.20	2.949	0.98	5.61	475.98亿	161.40	--	0.00	0.00	2.947	2.966	2.929	2.950
8	橡胶主连	-1.56	11700	1.21	--	0.00亿	--	391794	--	--	11820	11880	11600	11695
8	沪铜主连	1.06	49790	0.96	--	0.00亿	--	182140	--	--	49390	49850	49320	49780
8	豆粕主连	-0.91	2621	1.29	--	0.00亿	--	1830150	--	--	2636	2645	2612	2620
	玉米主连	-0.80	1867	1.35	--	0.00亿	--	1165098	--	--	1880	1886	1860	1867

认购 2019年05月(43天) 认沽

成交量	持仓量	卖量	卖价	买量	买价	涨幅%	现价	行权价	现价	涨幅%	买价	买量	卖价
722	841	1	0.4709	1	0.4699	0.08	0.4712	2.5000	0.0107	-23.02	0.0107	73	0.0108
706	654	1	0.4241	1	0.4219	0.52	0.4259	2.5500	0.0135	-24.58	0.0132	1	0.0135
636	642	1	0.3785	1	0.3764	-0.50	0.3778	2.6000	0.0180	-21.05	0.0174	1	0.0180
701	650	1	0.3344	1	0.3324	0.15	0.3367	2.6500	0.0237	-18.56	0.0231	2	0.0237
1145	2149	1	0.2921	1	0.2903	-0.14	0.2943	2.7000	0.0315	-17.97	0.0313	30	0.0315
1502	2958	1	0.2523	1	0.2506	-1.21	0.2525	2.7500	0.0403	-17.25	0.0399	6	0.0403
2415	3445	6	0.2150	1	0.2148	-1.73	0.2156	2.8000	0.0535	-14.94	0.0535	13	0.0540
5962	4109	3	0.1824	2	0.1811	-2.53	0.1813	2.8500	0.0692	-12.07	0.0691	23	0.0696
11309	13222	1	0.1511	1	0.1508	-3.83	0.1508	2.9000	0.0881	-10.47	0.0881	14	0.0886
15102	12669	1	0.1245	1	0.1244	-4.45	0.1244	2.9500	0.1121	-9.08	0.1121	3	0.1122
23441	21285	15	0.1033	2	0.1023	-3.82	0.1033	3.0000	0.1388	-7.16	0.1396	1	0.1405
14584	16325	1	0.0679	1	0.0678	-7.00	0.0678	3.1000	0.2039	-4.81	0.2046	1	0.2060
14724	16868	32	0.0450	1	0.0443	-7.79	0.0450	3.2000	0.2812	-3.20	0.2816	1	0.2833

图案回顾点睛：2019年4月9日下月5月份合约期权收盘

整体来看，随便看下合约状况。

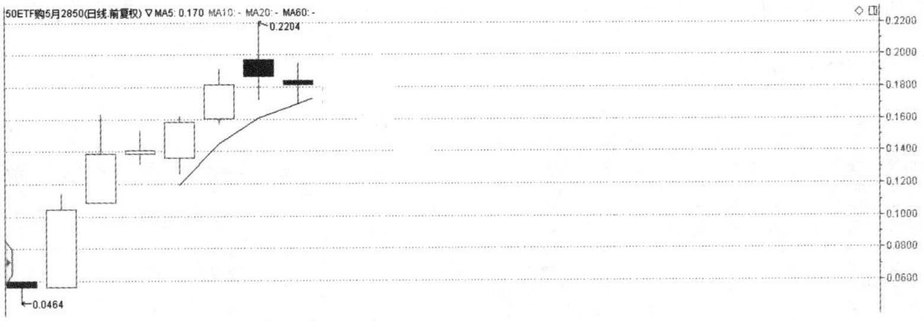

图案回顾点睛：2019年4月9日50ETF购5月2850日线图

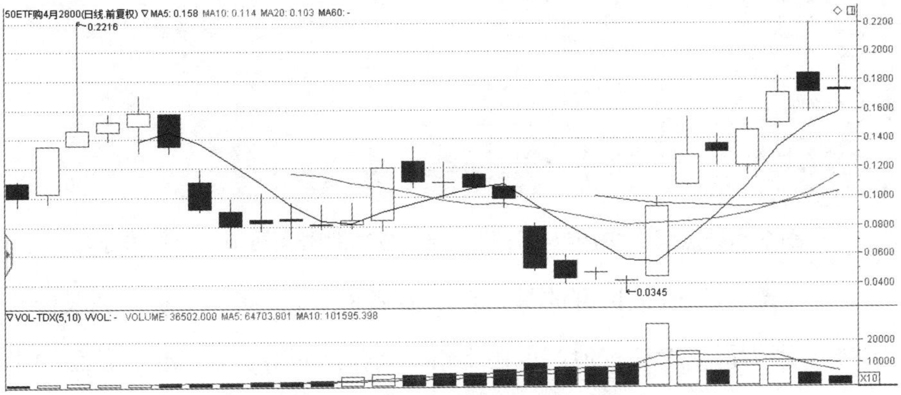

图案回顾点睛：2019年4月9日50ETF购4月2800日线图

可以直观看出，现在是属于多头占据优势的市场。包括 9 月份的。

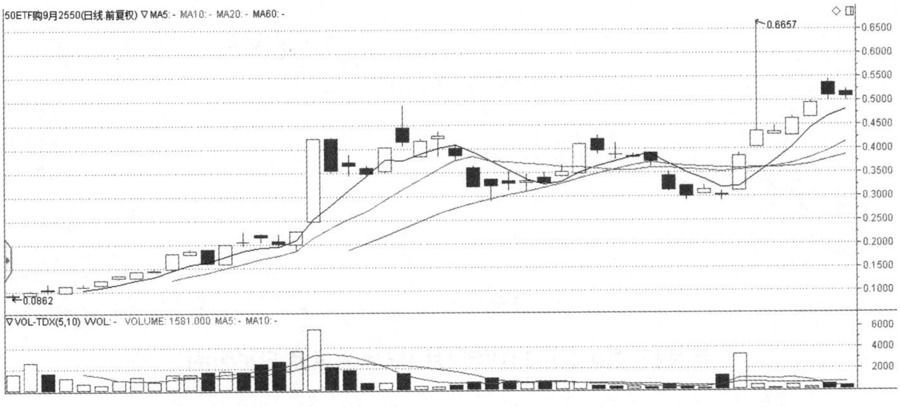

图案回顾点睛：2019年4月9日50ETF购9月2550日线图

这些都是多头占据优势。那接下来的演绎，我们当然还是要去看上证 50 那些关键性的品种。上证 50 今天强势动荡，50 成分股在这一天也还是有不俗的表现。

	代码	名称	涨幅%	现价	量比	换手%	AB股总市值	总股本(亿)	市盈(动)	每股公积	每股未分配	今开	最高	最低	买价
1	600340	华夏幸福	8.73	34.14	2.51	1.82	1025.08亿	30.03	9.76	0.97	8.34	31.88	34.50	31.48	34.14
2	600887	伊利股份	8.32	31.00	2.49	2.58	1884.22亿	60.78	29.26	0.47	2.58	31.00	31.48	30.25	30.99
3	600196	复星医药	5.14	30.70	1.51	3.08	617.41亿	25.63	29.06	4.11	4.98	29.21	30.70	28.98	30.70
4	601138	工业富联	3.78	16.21	1.17	7.20	3192.61亿	196.95	18.89	1.28	1.36	15.95	16.34	15.89	16.21
5	600048	保利地产	3.18	14.92	1.22	1.43	1774.74亿	118.95	13.87	1.38	6.40	14.75	14.94	14.46	14.92
6	600690	青岛海尔	2.04	18.47	0.97	0.95	1176.25亿	63.68	14.40	0.13	3.99	18.65	19.18	18.20	18.46
7	603259	药明康德	1.95	94.08	0.86	4.11	986.21亿	11.70	48.70	10.24	4.01	92.80	94.35	92.07	94.07
8	600104	上汽集团	1.78	28.58	0.76	0.52	3339.13亿	116.83	9.27	4.74	9.85	28.01	28.88	28.01	28.58
9	600606	绿地控股	1.75	8.15	0.79	0.61	991.70亿	121.68	8.36	0.77	3.38	8.11	8.18	8.00	8.15
10	601888	中国国旅	1.55	73.23	0.70	0.38	1429.80亿	19.52	39.64	1.97	4.83	72.00	73.73	71.99	73.22
11	600276	恒瑞医药	1.31	64.82	1.14	0.59	2867.01亿	44.23	70.52	0.33	2.97	63.53	65.10	62.60	64.83
12	601668	中国建筑	1.25	6.47	0.99	0.91	2716.19亿	419.81	7.46	0.31	3.70	6.40	6.50	6.35	6.46
13	601390	中国中铁	1.20	7.58	1.09	1.04	1412.68亿	228.44	10.07	2.03	3.50	7.51	7.67	7.43	7.58
14	601318	中国平安	0.63	81.10	0.66	0.56	8785.29亿	182.80	13.80	7.17	18.28	80.40	82.00	80.37	81.10
15	601766	中国中车	0.53	9.40	0.78	0.51	2286.81亿	286.99	23.86	1.42	1.96	9.32	9.49	9.26	9.39
16	600519	贵州茅台	0.53	905.00	0.86	0.38	11368.59亿	12.56	32.29	1.09	76.41	903.00	908.20	892.51	905.00
17	600050	中国联通	0.44	6.80	0.67	0.73	2110.79亿	310.41	51.73	2.56	1.08	6.74	6.88	6.70	6.80
18	601360	三六零	0.43	25.79	0.55	1.50	1744.45亿	67.64	52.00	1.03	1.02	25.69	25.99	25.31	25.79
19	600030	中信证券	0.40	25.41	0.57	2.03	2499.98亿	121.17	32.79	4.49	4.56	25.28	25.65	25.00	25.41
20	601211	国泰君安	0.24	20.58	0.72	0.68	1546.82亿	87.14	26.73	5.02	4.37	20.66	20.95	20.30	20.58
21	600703	三安光电	0.07	14.43	0.62	1.27	588.52亿	40.78	17.02	1.74	2.37	14.40	14.63	14.22	14.43
22	601169	北京银行	0.00	6.41	0.89	0.46	1355.27亿	211.43	6.11	2.08	2.96	6.41	6.45	6.38	6.41
23	600309	万华化学	-0.02	50.29	0.92	4.12	1578.98亿	31.40	13.13	0.76	7.72	49.31	51.24	48.33	50.29
24	601288	农业银行	-0.26	3.78	0.48	0.09	12067.43亿	3499.83	6.52	0.50	1.87	3.78	3.80	3.76	3.78
25	600029	南方航空	-0.33	9.09	0.39	0.89	836.43亿	122.67	37.38	2.09	1.96	9.11	9.21	8.96	9.09

图案回顾点睛：2019年4月9日上证50成功股涨幅居前的个股排序

这一天上证 50 最厉害的是华夏幸福涨 8.73%；第二个是伊利股份涨 8.32%，因为回购增持；地产也还不错，其他的相对比较平稳。从盘面来看，50 的品种还有潜力，就拿华夏幸福来说。

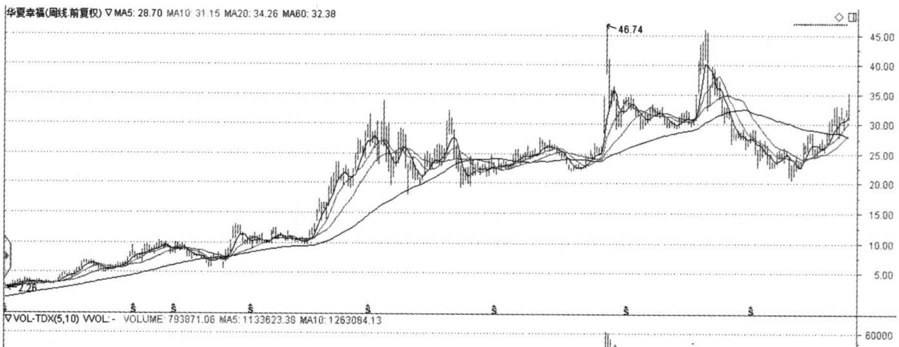

图案回顾点睛：2019年4月9日华夏幸福日K线图

华夏幸福还没有逼近前期高点，空间还是有的。包括伊利这些增持，很显然对推动上涨的力量也是有帮助的。

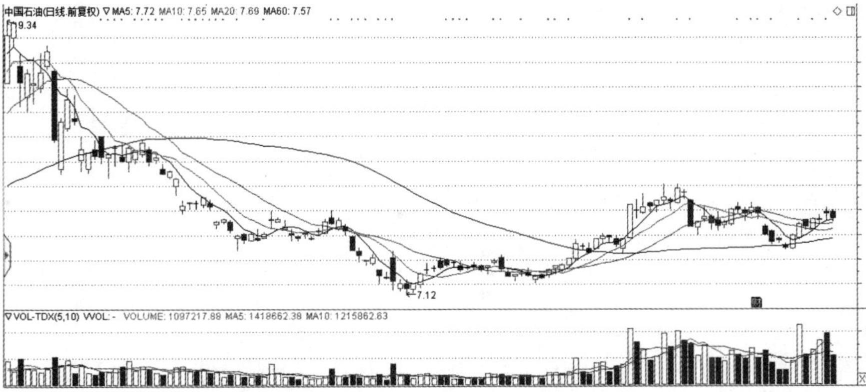

图案回顾点睛：2019年4月9日中国石油日K线图

中国石油还在低位徘徊，油价这段时间一直涨，那不排除某一个交易日，两桶油中国石油和中国石化是有机会大躁动的。如果真这样，对上证 50 指数会有很好的带动。其他关键性的标的比如茅台。

图案回顾点睛：2019年4月9日贵州茅台日K线图

茅台站上 900 块两天了，看到这种走势，从趋势的角度，博弈的角度，我认为 900 元上方，茅台还是有空间的。因为 900 元都到了，高潮就是 1000 元，如果真的哪一天，茅台上了 1000，那我相信很多媒体会报道，这标志着新时代、新气象、新世界！所以在这个背景之下，我觉得茅台上 1000，未来不排除加速的可能性。

图案回顾点睛：2019年4月9日招商银行日K线图

招商银行也创历史新高了，还在五日均线上，我觉得都很健康。

图案回顾点睛：2019年4月9日中国平安日K线图

中国平安也一样，走势很健康。所以这些创历史新高的 50 品种，未来有进一步加速可能，这会带动市场。最后最关键的还是证券。为什么？因为证券的弹性最大，板块效应也很明显，50 成分股里也有几个权重大的，像中信证券，也是有可能逼近历史新高的。

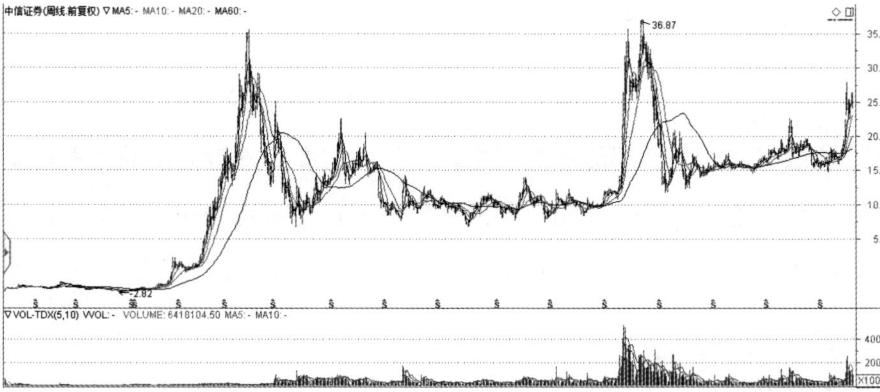

图案回顾点睛：2019年4月9日中信证券日K线图

你看了这些关键性标的的走势之后，就要思考一点——博弈当中，趋势为王！所以现在别看市场涨了不少，但趋势依然没有改变。所以顺势很重要，最重要的是未来两桶油和证券都有引爆点，这里做空风险大，做多机会大。设好止损，重点做 5 月份，甚至 6 月，更甚至 9 月，就是中长期分布，4 月放弃，因为 4 月太短了，如果接下来真的趋势向上的话，那么我们至少能够分享到接下来上涨给到的收获。所以重点布局 5 月、6 月甚至 9 月，这个逻辑是没有任何问题的，而 4 月的，你可以做日内，波动大，这是目前的重点。

透过思考这些东西，对于整个趋势也很清晰了，引爆点也知道了，现在的格局依然还是多方把控的格局在演绎，所以我们要做的事情并不复杂，就是继续顺势而为，市场往往逼空就是要逼死空方，也就是涨了继续涨，甚至大涨。我们可以静心期待。

2019 年 4 月 16 日

我们认为趋势还会继续，内测单继续坚守。回顾期权实战博弈论 5。

期权实战博弈论 5

牛散大学堂 校长吴国平 2019.4.16

这段时间，大家都能感受到期权市场的博弈是跌宕起伏的，不过期权要记住一点——拿自己输得起的小钱去玩！这样就会淡然很多，这样你才能把握住机会，就好像这两天一样，昨天市场冲高回落，今天大涨收复。

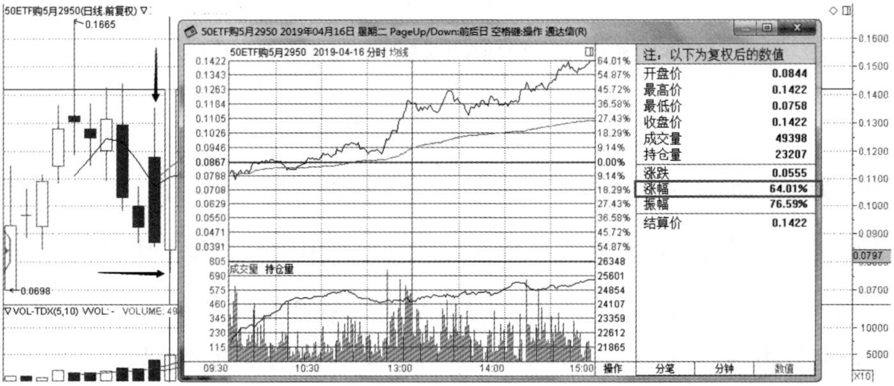

图案回顾点睛：2019年4月16日50ETF购5月2950分时

可以看到，昨天冲高回落一根大阴线，很多人很郁闷，盘中涨几十个点，今天开盘还下跌创昨天新低，今天的波动很大，如果是输不起的钱，你会觉得很难受。而且今天早盘差点又创前期的新低，可结果后面由跌变涨上涨了 64%，很戏剧性。那如果是小钱，是输得起的钱，就完全能承受这个振幅。有些时候做期权，不是天天做盘中的波动，你要做一个大的趋势，前段时间我一直都有谈到，大趋势我一直都很坚定，看准大金融！而每天的波动你都想猜的准，那只有神仙才做的到。比如昨天的冲高回落，你说我提前预判到了吗，我肯定也没有，但是我能看到阶段性的整个趋势是没有问题的，反倒是跌下来，我们要保持好我们原来的逻辑，按照这种逻辑去做，不要被这种盘面所影响，很多人被昨天这根阴线吓跑，今天就尴尬了。而我因为是输得起的钱，根本不为所动，今天又几乎站上所有高点，我已经是赢家。然后我还要继续顺势而为！有人说涨 60% 了，落袋为安吧，玩期权涨 60% 其实并不算多，我之前的案例就是从几千做到 20 多万，几十倍我都做到了，这里才几十个点我觉得小意思。

所有有些时候你要适应这个市场的波动。那有人说我想做盘中 T+0，你热衷这个超短的，你可以自己去折腾没有问题，因为里面也有乐趣，也有一些能够在短线博弈中获取不错的收益的。你有这个基础，你有这个时间，你可以尽情的去折腾，这个市场给到你充足这样的机会，但是大部分人我认为，你可能不具备这样的能力，那你有时间的可以多去折腾，没时间的，你就可以做一个趋势，我向来主仓位都是做趋势的。比如我投 10 万，主仓位五六万我就是做趋势，剩下来那一部分尽情去折腾，赚点买菜钱也行，毕竟盘中波动大，这是可行的，你要有组合，要有策略，更要有思路！你有这些就 OK 啦。

现在市场走上来，上证 50 指数也创出了新高！

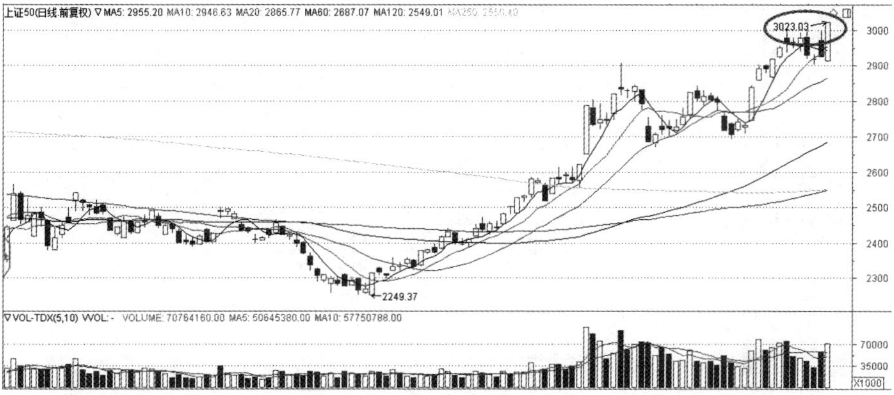

图案回顾点睛：2019年4月16日上证50日K线图

但是这些期权事实上还没有新高。

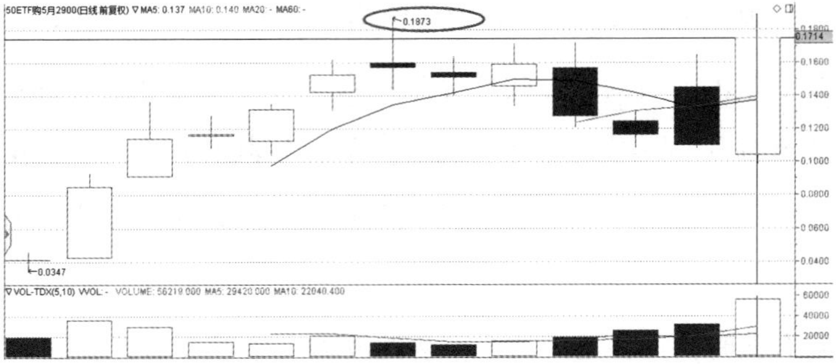

图案回顾点睛：2019年4月16日50ETF购5月2900日线图

说白了，期权市场还没有完全反应过来！毕竟昨天才跌，今天又大涨，很多资金属于蒙了！上证50指数刷出收盘新高，但是期权没有，所以这说明如果一旦趋势继续，接下来期权的波动，肯定大概率会补回这个没反应过来的波动！说白了，它还有可能补涨。所以我们的策略就很简单——顺势。

接下来如何演绎就看大金融，看大金融就要看大证券，大证券里面，今天的证券股，没有一个涨停的。

序	代码	名称	涨幅%	现价	量比	换手%	AB股总市值	总股本(亿)	市盈(动)	每股公积	每股未分配	今开	最高	最低	买价	每股净资
1	600155	华创阳安	8.36	16.20	1.15	6.91	281.81亿	17.40	188.55	7.89	-0.24	14.68	16.29	14.68	16.19	8.55
2	000686	东北证券	7.80	11.11	3.23	7.24	260.02亿	23.40	86.29	2.46	2.09	10.15	11.33	10.10	11.10	6.42
3	601555	东吴证券	4.88	11.38	0.97	3.12	341.40亿	30.00	133.36	3.92	0.99	10.80	11.38	10.62	11.38	6.81
4	601881	中国银河	4.85	13.20	1.05	8.35	850.91亿	101.37	46.35	2.47	1.59	12.54	13.26	12.46	13.20	6.51
5	000783	长江证券	4.76	7.92	1.14	1.37	437.94亿	55.30	57.51	1.89	0.88	7.54	7.94	7.50	7.92	4.80
6	002670	国盛金控	3.98	13.60	0.89	3.90	263.17亿	19.35	--	4.58	0.46	12.98	13.68	12.85	13.59	6.08
7	600109	国金证券	3.92	11.40	0.98	2.59	344.78亿	30.24	34.12	2.60	1.86	10.91	11.40	10.78	11.39	6.44
8	000712	锦龙股份	3.76	15.18	0.91	2.83	136.01亿	8.96	--	0.79	1.81	14.40	15.25	14.21	15.18	3.85
9	002500	山西证券	3.74	9.70	1.10	2.11	274.39亿	28.29	177.33	2.37	0.45	9.28	9.70	9.20	9.69	4.39
10	601108	财通证券	3.40	12.76	0.88	3.06	457.96亿	35.89	51.05	2.30	1.42	12.31	12.76	12.07	12.75	5.46
11	300059	东方财富	3.29	19.15	0.96	4.79	1039.33亿	54.27	108.41	1.01	0.63	18.40	19.17	18.27	19.15	2.80
12	000776	广发证券	3.18	16.56	1.36	1.26	980.23亿	76.21	29.35	4.18	3.42	15.86	16.60	15.82	16.55	11.16
13	600030	中信证券	2.94	24.50	1.16	2.40	2410.45亿	121.17	31.62	4.49	4.56	23.70	24.50	23.26	24.50	12.64
14	600369	西南证券	2.89	6.06	0.71	2.85	342.09亿	56.45	150.81	1.38	0.45	5.80	6.15	5.72	6.06	3.29
15	600837	海通证券	2.80	14.70	1.24	2.41	1189.54亿	115.02	32.45	4.90	2.72	14.18	14.75	13.80	14.70	10.25
16	002673	西部证券	2.72	12.09	0.70	2.38	423.37亿	35.02	92.31	2.71	0.58	11.50	12.11	11.47	12.09	5.01
17	600864	哈投股份	2.67	8.08	0.93	3.07	170.37亿	21.09	--	3.55	0.76	7.72	8.12	7.56	8.08	6.00
18	601901	方正证券	2.61	7.87	0.82	0.63	647.87亿	82.32	97.96	1.99	0.99	7.69	7.90	7.57	7.86	4.59
19	601788	光大证券	2.61	13.39	0.97	1.11	523.11亿	46.11	597.53	5.07	2.20	12.93	13.45	12.76	13.39	10.24
20	600958	东方证券	2.60	11.83	0.92	0.87	705.85亿	69.94	67.21	4.04	0.94	11.45	11.85	11.35	11.83	7.40
21	002926	华西证券	2.56	11.60	0.92	2.02	304.50亿	26.25	28.47	3.09	1.80	11.23	11.63	11.21	11.60	6.97
22	002736	国信证券	2.56	13.23	0.84	0.25	1084.86亿	82.00	42.13	0.83	2.06	12.80	13.24	12.64	13.23	5.73
23	601990	南京证券	2.38	14.19	0.94	8.92	390.09亿	27.49	129.44	1.73	0.54	13.70	14.19	13.50	14.18	3.84
24	000728	国元证券	2.38	10.77	1.08	1.70	362.46亿	33.65	54.07	3.75	1.48	10.41	10.79	10.10	10.77	7.45
25	002939	长城证券	2.33	14.50	1.09	7.19	449.99亿	31.03	70.41	2.47	0.78	14.10	14.54	13.92	14.49	5.25
26	601377	兴业证券	2.26	7.25	0.97	1.50	485.51亿	66.97	358.71	2.15	1.24	7.05	7.25	6.95	7.25	4.85
27	600909	华安证券	2.23	7.34	0.94	1.73	265.78亿	36.21	48.00	1.41	0.60	7.10	7.35	7.02	7.33	3.46
28	600999	招商证券	2.01	18.23	0.73	0.57	1042.58亿	66.99	27.60	4.11	2.56	17.70	18.31	17.53	18.23	9.81

图案回顾点睛：2019年4月16日证券板块成分个股状况

很多人觉得不行了，但是我告诉大家，整体大周期是强势的，小周期是动荡的，但是小周期是符合大周期的，就像中国平安一样。

上涨过程中，有很多这种小动荡，大周期继续涨，每动荡完之后，像今天又刷新高点，所以大金融的趋势还有高潮！为什么要谈大金融？我一直强调，得金融得天下，因为金融这个权重最大，那么没有理由不继续顺势而为！这就是我的思路。

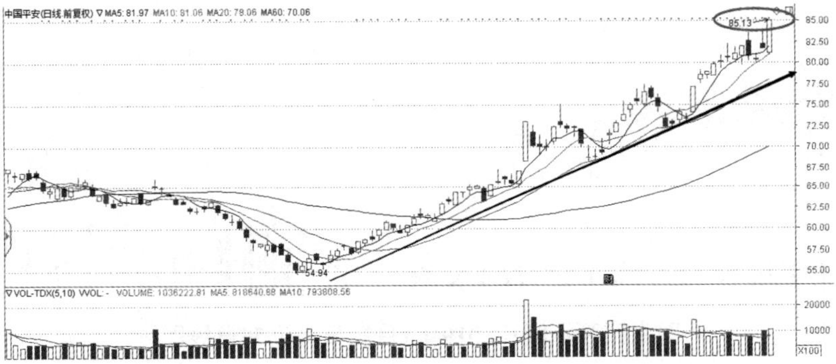

图案回顾点睛：2019年4月16日中国平安日线图

最后做个小小的总结：拿输光了也没关系的钱，去博弈未来顺势而为的机会！万一还有高潮，那么你就有惊喜了！这就是我的思路，所以期权实战博弈论很简单，给大家分析了大金融、证券，包括期权市场的这种状态，期权都还没反应过来，所以接下来密切留意市场的演绎，我觉得如果真的如我们所预期，继续往上走，拉开小高潮的演绎，我相信像今天 5 月份 60% 的涨幅也并不算很大，接下来可能还有更多的精彩。当然，具体分析、具体把握，结合我们刚才所说的，就是底仓、机动仓，还有资金的配置，还有你的心态，就好像昨天这种跌，谁也没想到，这种波动是很剧烈的，但是你只要拿能平衡内心的资金去博弈这种顺势而为的机会，就有可能几千块最终博到十几二十万。我之前从 8000 到 20 万，也就是这样博出来的，因为我心态好，对我来说几千块、几万块我都输得起，你如果心态不好，机会不会眷顾你的。机会一定是眷顾那些心态好、有逻辑、有思路的人！

2019 年 4 月 18 日

该学员在 4 月 18 日继续加仓。

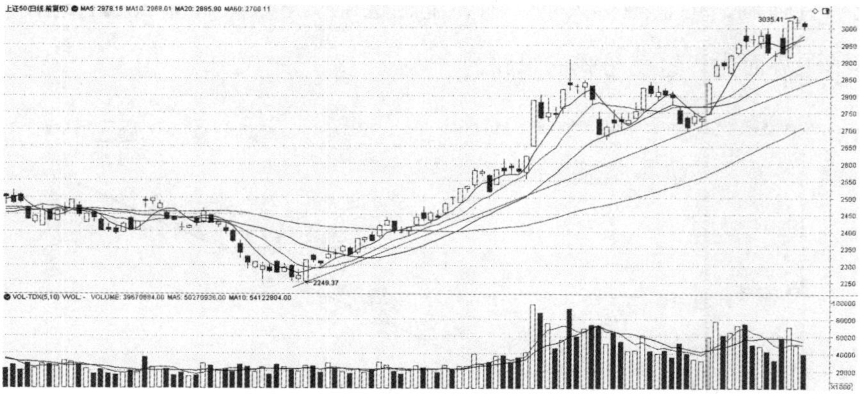

图案回顾点睛：2019年4月18日上证50日线图

上证 50 趋势运行良好，回踩时该学员买入了。

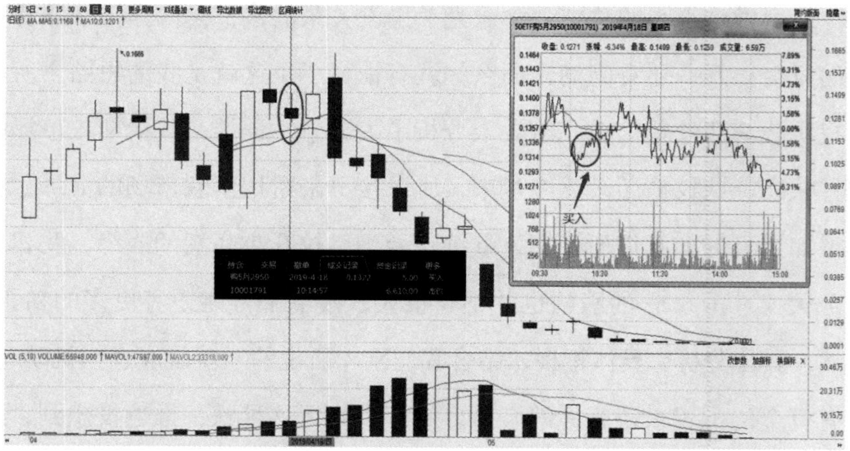

图案回顾点睛：2019年4月18日50ETF购5月2950（10001791）

持仓	交易	撤单	成交记录	资金记录	更多
购5月2950	2019-4-18	0.1322		5.00	买入
10001791	10:14:57			6,610.00	市价

这是该学员这一天的加仓。

点评

截至 4 月 18 日，根据合约的图形可以看出，该学员的持仓基本也快要回本。到目前为止，该学员重仓出击虚值，略显激进，如果行情顺势发展，那他的持仓也确实会赚得比较好，而且之前的动荡他能够坚守下来，这也是值得表扬的。不过在配置方面有待改善，鸡蛋最好不要全部放在一个篮子里，除非对行情的研判非常有把握，期权最好虚值、实值、远月、近月进行搭配组合配置，这样也许获利减少，但是会比较稳健。还有一点，在没有盈利的情况下，最好留有余地，如果操作错误，留有余地就有翻本的机会，所以最好不要在没有盈利的头寸一直加仓。

2019 年 4 月 22 日

到了 2019 年 4 月 22 日，我们团队认为短期会有动荡风险。

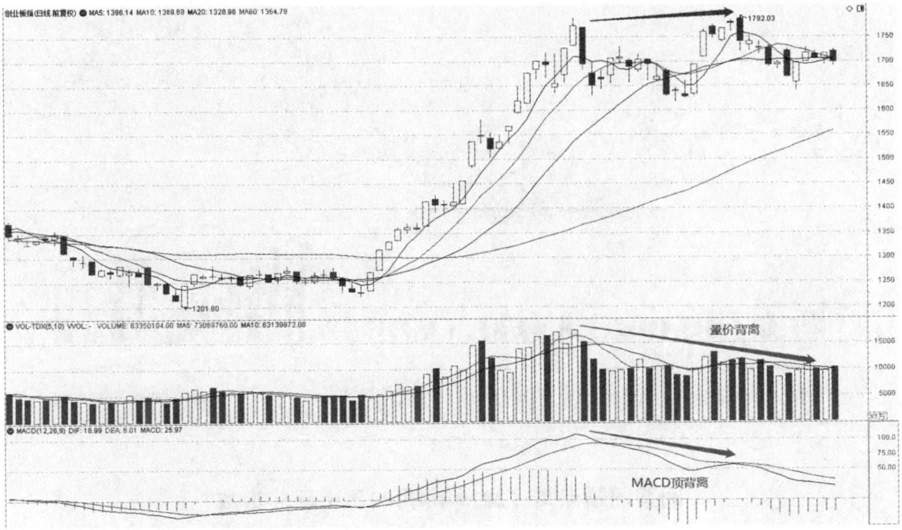

图案回顾点睛：2019年4月22日创业板指数

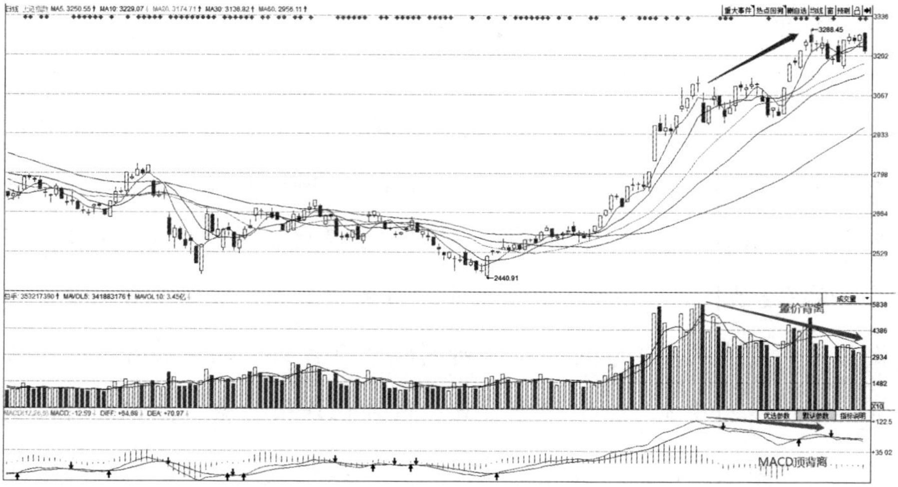

图案回顾点睛：2019年4月22日上证指数

创业板和上证指数在MACD顶背离和量价背离之后都进行了一波短期的调整。而且上证50也有类似的迹象。

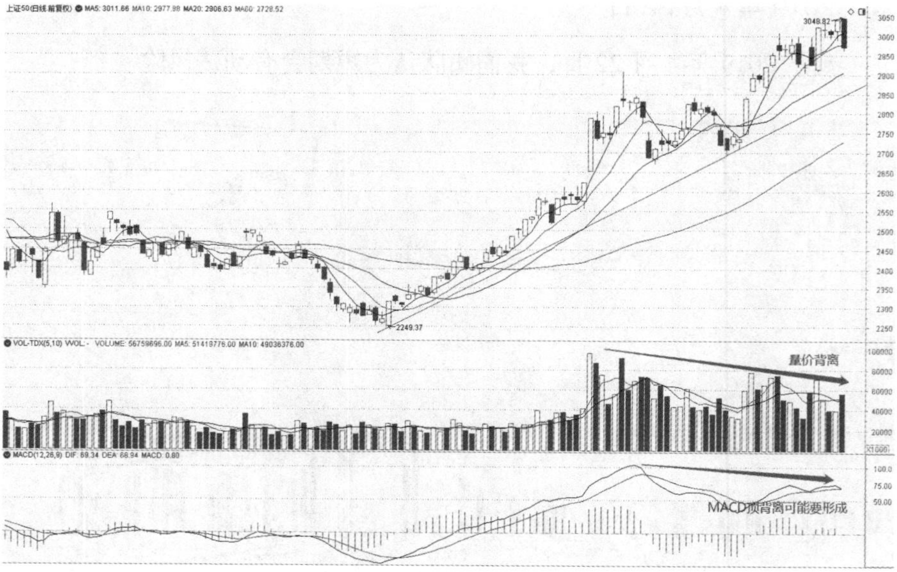

图案回顾点睛：2019年4月22日上证50指数

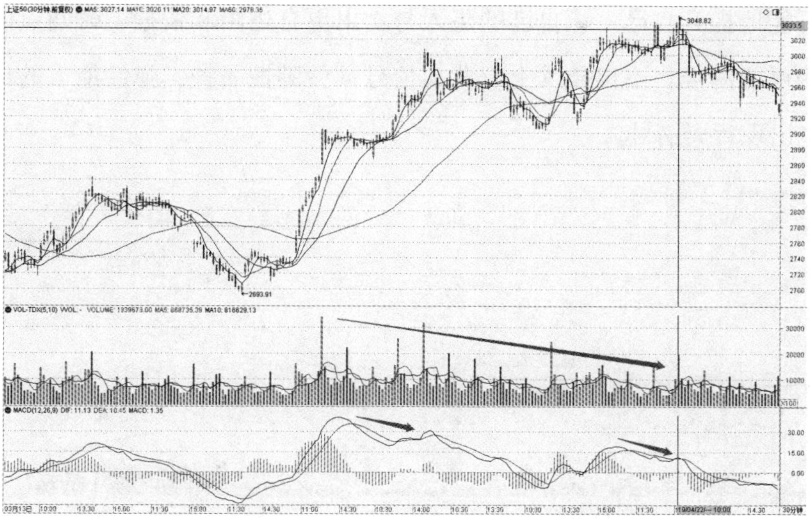

图案回顾点睛：2019年4月22日上证50指数30分钟图

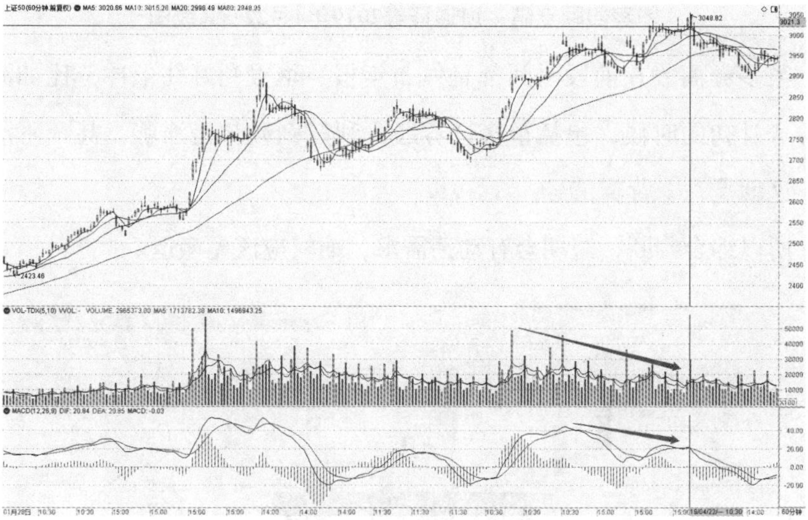

图案回顾点睛：2019年4月22日上证50指数60分钟图

日线图、分钟图，都有类似的结构，背离共振，在技术上，如果要继续上涨，就需要量能，明显量能暂时不足，动荡消化的概率非常大，大格局未来依然看好，只是短期会有明显的动荡，而在期权市场，如果是不涨的行情，哪怕只是动荡，都是白白损耗。期权操作，买方就是要尽可能地提升自己，让自己的买入与卖出更有逻辑和依据，时间点的把握尽可能的准。不仅技术上有背离信号，关键性品种，弹性最大的证券股也出现背离信号。

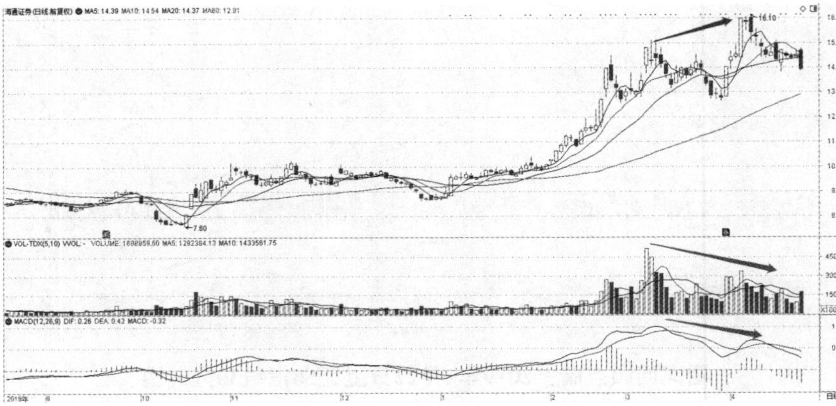

图案回顾点睛：海通证券2019年4月22日K线图

很多券商股在前段时间都是发布年报、季报利好往上冲，比如海通证券 4 月初的时候，包括很多证券股，利好刺激却是滞涨，甚至不涨反跌！这就是一个背离信号。

所以综合判断，短期会有动荡需求，期权应该先撤退。

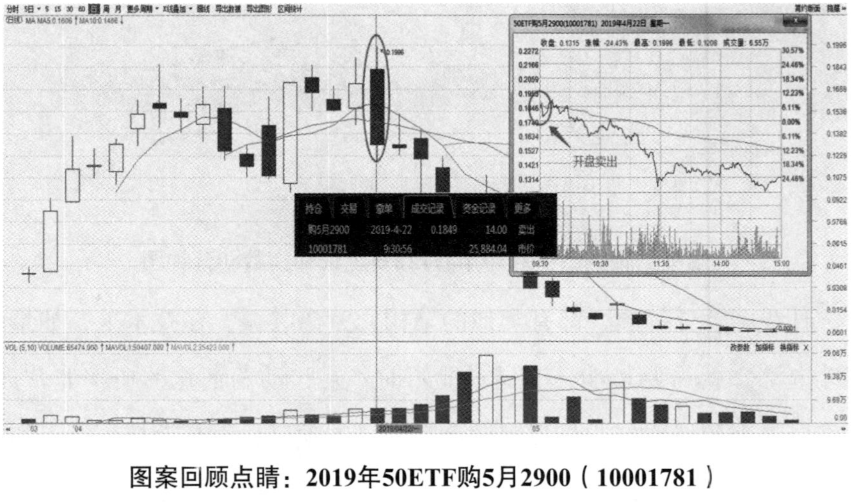

图案回顾点睛：2019年50ETF购5月2900（10001781）

我们团队在开盘就选择获利出局了。

持仓	交易	撤单	成交记录	资金记录	更多
购5月2900	2019-4-22	0.1849		14.00	卖出
10001781	9:30:56			25,884.04	市价

学习温馨小提示

期权之买方，只有赚方向的钱，如果行情要进入整理阶段，或者动荡，甚至转向，期权合约大都以下跌为主，尤其是虚值会跌的更多，甚至持续下跌，因为时间是买方的敌人。

该学员在 4 月 22 日并没有卖出，反而在之后几日还在加仓。

2019 年 4 月 24 日

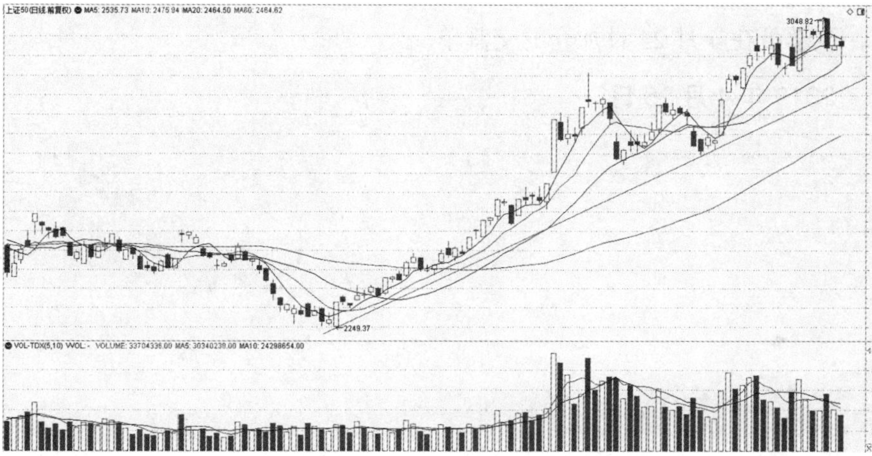

图案回顾点睛：2019年4月24日上证50日线图

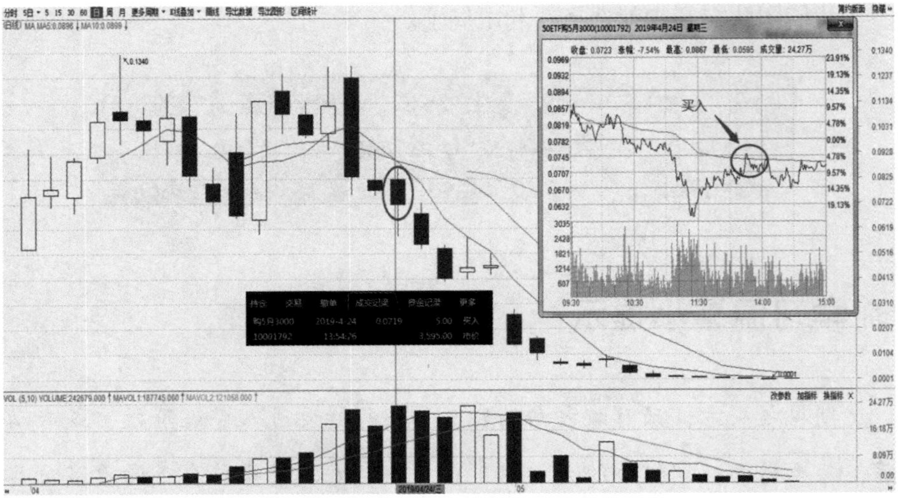

图案回顾点睛：2019年4月24日50ETF购5月3000（10001792）

持仓	交易	撤单	成交记录	资金记录	更多
购5月3000	2019-4-24	0.0719		5.00	买入
10001792	13:54:26			3,595.00	市价
购5月2950	2019-4-24	0.1047		1.00	买入
10001791	9:38:31			1,047.00	市价

该学员在4月24日加仓的交割单。

2019年4月25日

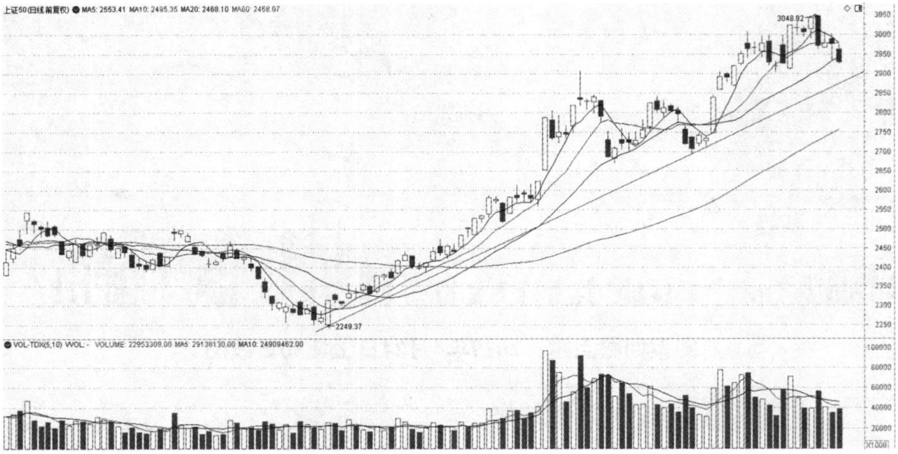

图案回顾点睛：2019年4月25日上证50日线图

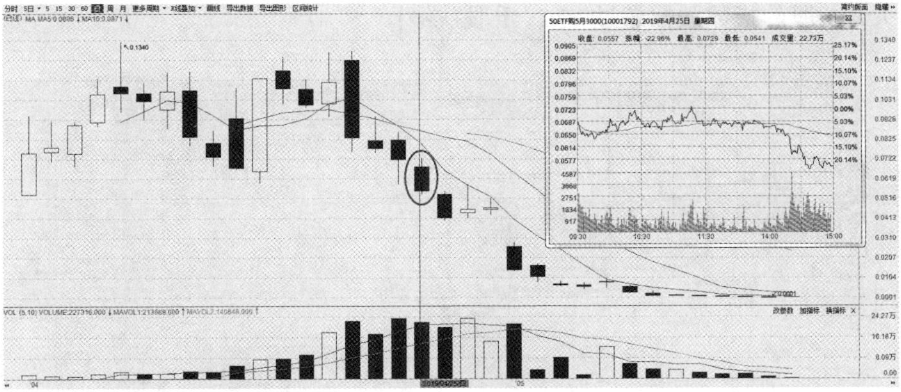

图案回顾点睛：2019年4月25日50ETF购5月3000（10001792）

持仓　交易　撤单　成交记录　资金记录　更多

购5月3000	2019-4-25	0.0613	2.00	买入
10001792	14:28:3		1,226.00	市价
购5月3000	2019-4-25	0.0614	3.00	买入
10001792	14:27:45		1,842.00	市价
购5月2950	2019-4-25	0.0810	1.00	买入
10001791	14:27:32		810.00	市价

该学员在 4 月 25 日加仓的交割单。

学习温馨小提示

股票操作，只要个股没有雷，基本面没问题，还有一定成长性，那如果家里有矿，慢慢摊低成本，迟早会有盈利的一天。但是期权和股票不同，期权买方受时间价值的影响，每一天都在消耗权利金，到期有归零风险，而且期权还受波动率的影响，波动率下降对买方也很不利，所以操作期权不能用股票的思维，不然就等于给卖方送钱。

2019 年 5 月 6 日

五一过后，特朗普发了一篇推文，这个“响指”一打，5 月 6 日这一天，A 股的指数跌幅超过 5%，千股跌停！

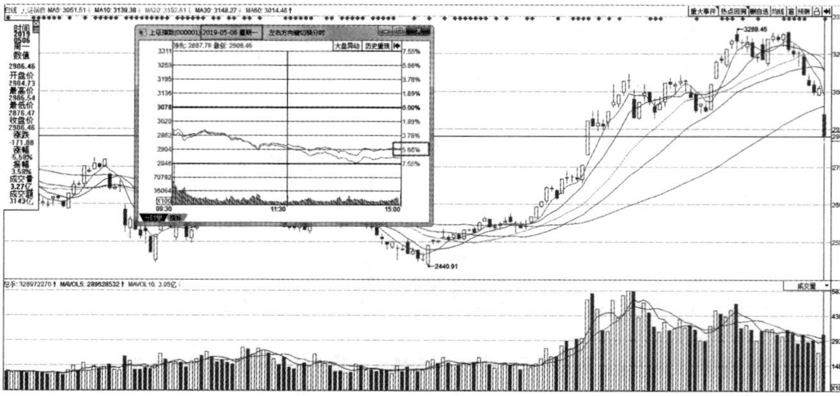

图案回顾点睛：上证指数2019年5月6日分时图

这是一个重要的导火索，可以说就是一个黑天鹅。原本在五一期间，香港指数开盘比外盘要强，所以 A 股原本大概率是可以在 3000 点附近动荡，但是被特朗普一个响指拦腰斩半。

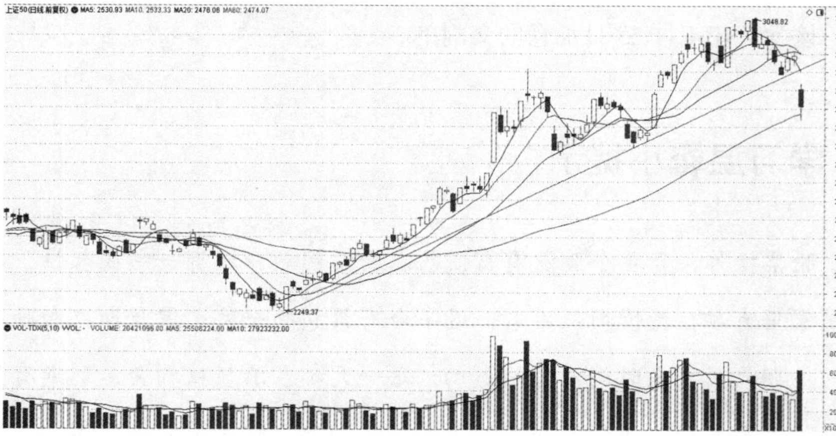

图案回顾点睛：2019年5月6日上证50指数日K线图

上证 50 指数直接跌破趋势线。

2019 年 5 月 10 日

一直到 2019 年 5 月 10 日，该学员止损了一半的仓位。

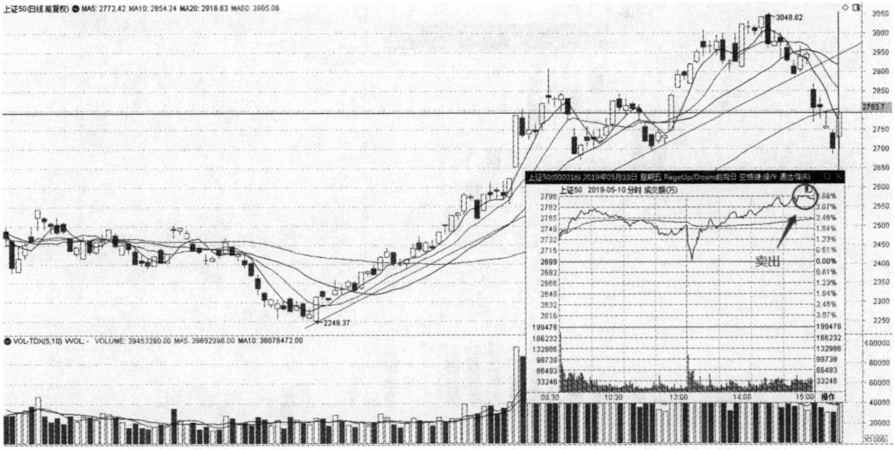

图案回顾点睛：2019年5月10日上证50分时图

这一天上证 50 虽然是近 4 个点的大阳线，但是先跌后涨。可以看下当天的波动率。

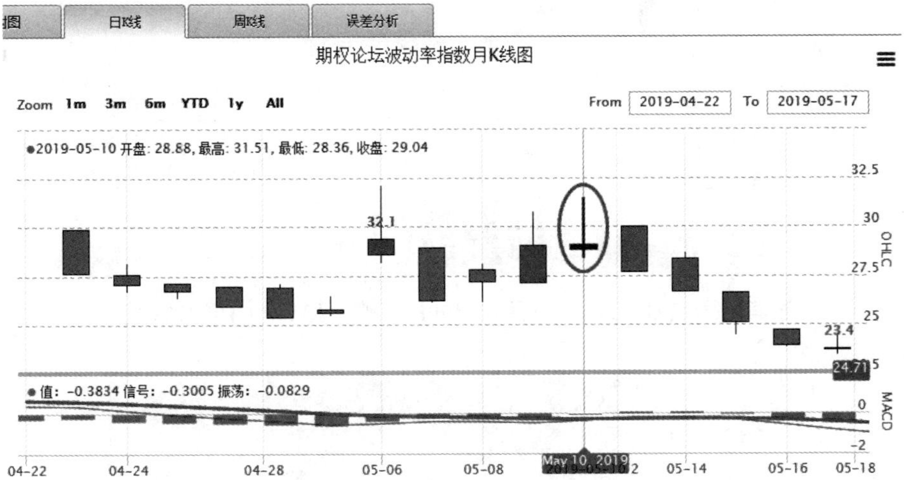

图案回顾点睛：2019年5月10日波动率日K线图

当天的波动率先升后降，没有助推反弹，期权的反弹也就比较弱。

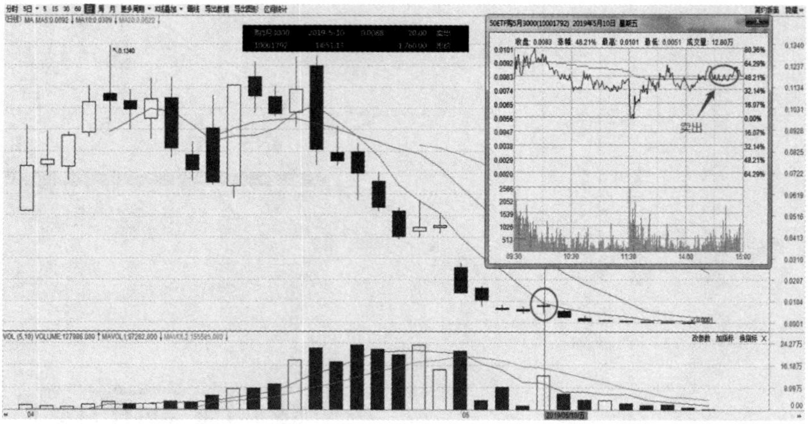

图案回顾点睛：2019年5月10日50ETF购5月3000（10001792）

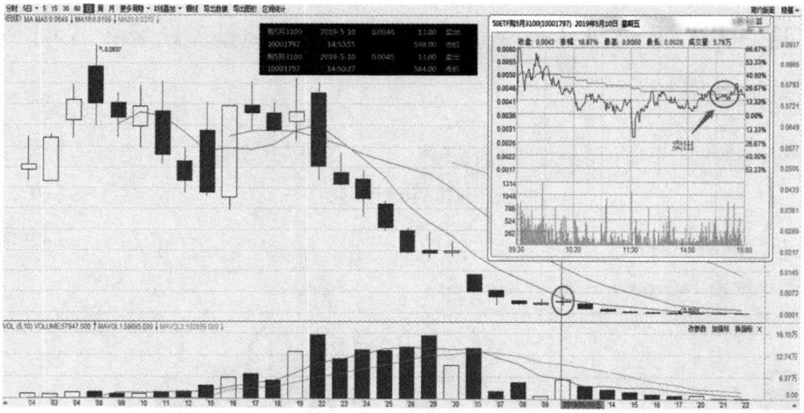

图案回顾点睛：2019年5月10日50ETF购5月3100（10001797）

持仓　交易　撤单　成交记录　资金记录　更多

购5月2950	2019-5-10	0.0125	3.00	卖出
10001791	14:52:13		375.00	市价
购5月3000	2019-5-10	0.0088	20.00	卖出
10001792	14:51:13		1,760.00	市价
购5月3100	2019-5-10	0.0046	13.00	卖出
10001797	14:50:55		598.00	市价
购5月3100	2019-5-10	0.0045	13.00	卖出
10001797	14:50:37		584.00	市价

该学员止损了一半持仓的交割单。看图形也比较明显，基本上是一江春水向东流，向下趋势非常流畅，卖出位置离买入的位置，几乎是打了八折不止。

学习温馨小提示

做期权买方，标的物是一切操作的前提，如果趋势已经发生改变，就要有壮士断腕的勇气。因为期权的最终方向是归零，所以跟踪上证 50 非常重要，错了就必须果断出局，不能抱有幻想。

直到 5 月合约离到期仅剩两日，该学员剩余持仓全部出局。

2019 年 5 月 20 日

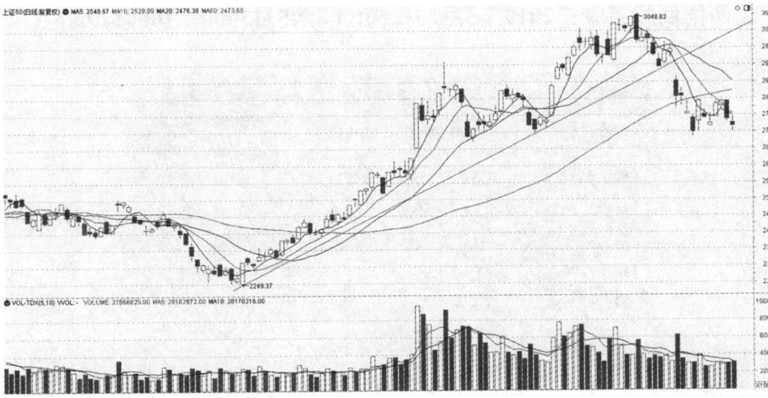

图案回顾点睛：2019年5月20日上证50指数日线图

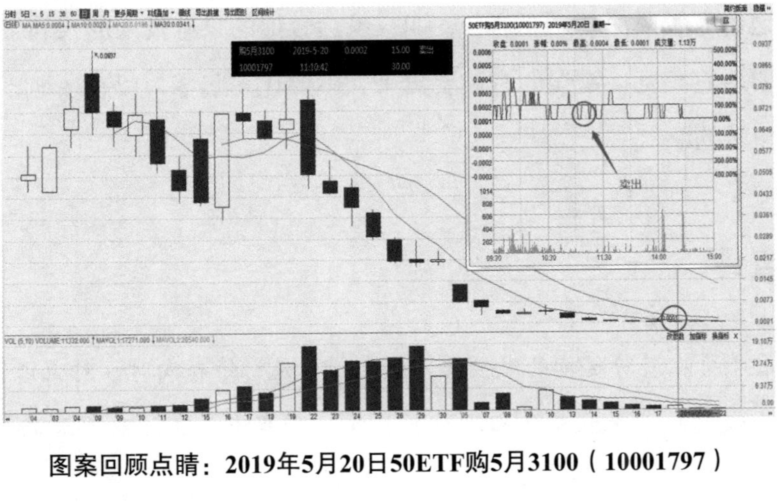

图案回顾点睛：2019年5月20日50ETF购5月3100（10001797）

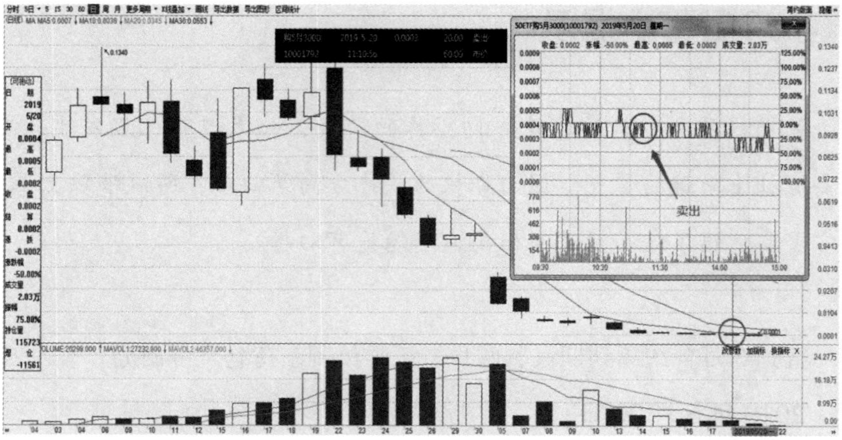

图案回顾点睛：2019年5月20日50ETF购5月3000（10001792）

持仓 交易 撤单 成交记录 资金记录 更多

名称代码	委托时间	成交均价	委托量 成交额	状态 详情
购5月2950	2019-5-20	0.0005	4.00	卖出
10001791	11:10:56		20.00	市价
购5月3000	2019-5-20	0.0003	20.00	卖出
10001792	11:10:56		60.00	市价
购5月3100	2019-5-20	0.0002	15.00	卖出
10001797	11:10:42		30.00	

该学员全部出局的交割单。可以看到合约价位跌至5元、3元、2元，离归零近在咫尺。合约K线图也可以看到，这部分仓位是打了九八折不止。这比在股票深套还要痛苦，期权虽然亏损的只有投入的权利金，但是也要对它负责，错误的时候要出来，不要让它归零，留有余地，就有机会扭转乾坤。

点评

该学员在趋势延续的时候比较淡定，但是行情转向时，对上证50的研判比较欠缺，而且赌徒心理比较严重，趋势有转折迹象时还在加仓，如果在同一时间出局，持仓可能不亏甚至微赚。坚持是好事，但是没有依据的坚守就是盲目，最后在跌破趋势时，所有技术破位也没有果断止损，也没有移仓选择时间更长的合约继续坚守，有些不管不顾，这是要批评的地方。期权的风险是可以控制的，时间方面，可以选择时间比较长的合约；标的物方面，趋势转向时止损也要果断，不要让它跑去归零。

不论操作成功还是失败，对自己的操作多记录、多总结，是一个比较好的习惯。

学员总结

上证 50 原本沿着趋势线运行得非常好，直接暴跌跌破趋势线确实出人意料，而且最关键的，很多券商股在前期高点的时候，都是发布年报、季报利好往上冲，我以为这个利好会继续大涨。但是我错了，很多证券股在良好的季报业绩出来后却是滞涨，甚至不涨反跌！这就是一个背离信号。但是我想整个大趋势、未来整个行业都 OK，却忽略了资金会借势做阶段性的差价，但是这也足以引发阶段性的动荡，后面的下跌也是能提前回避的。在转折的时候没有提前发觉，发觉了也没有采取行动，还幻想“末日轮”能有机会回本，没想到在期权市场，拿着不动会损耗这么大。

期权马后炮：

上证和创业板在跌破趋势的时候，50 指数还是强势在趋势线上方多停留了两日。

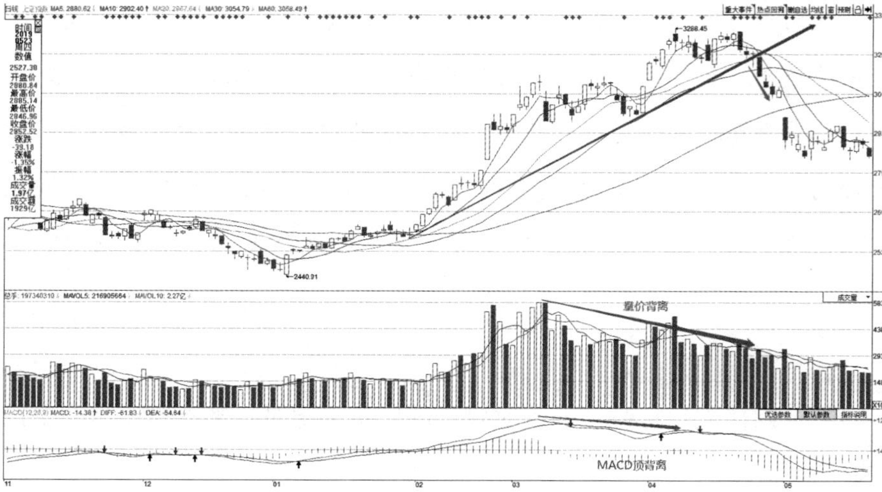

图案回顾点睛：2019年上半年上证指数进入动荡之前的日K线走势

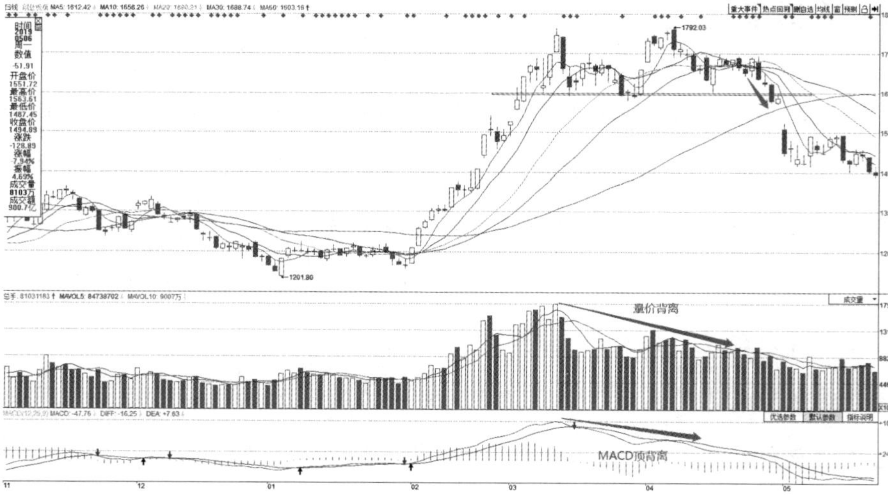

图案回顾点睛：2019年上半年创业板指数进入动荡之前的日K线走势

哪怕这两天拿出期权资金的三分之一或者五分之一为这个短期的下跌进行买入认沽做保护。期权如果没有下跌而继续上涨，哪怕认购赚一倍，认沽全部亏损也还是能盈利。

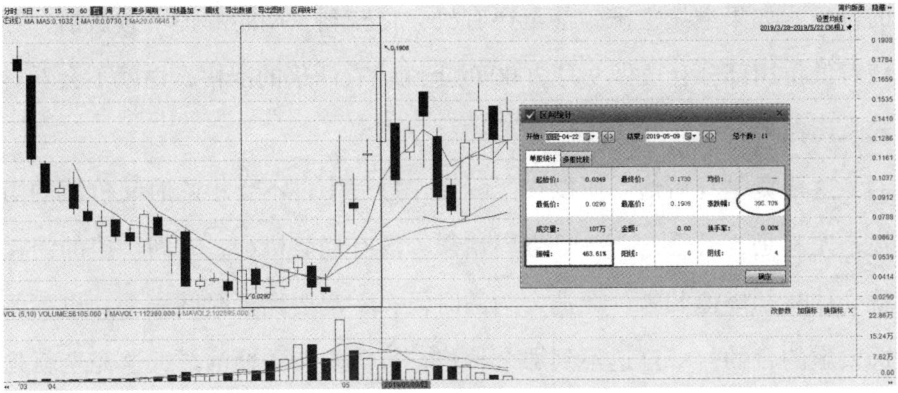

图案回顾点睛：2019年50ETF沽5月2850日K线图

如果期权是像这次这样的下跌，哪怕是买入比较中庸的沽 5 月 2850，这一波上涨整体是近 5 倍的波动，去头去尾也能赚 3 倍，几乎可以接近回本了。如果买的虚一些，最暴利的是近 10 倍，多对冲一倍，甚至可能还小赚。哪怕认购全部亏损，至少也留得青山在。

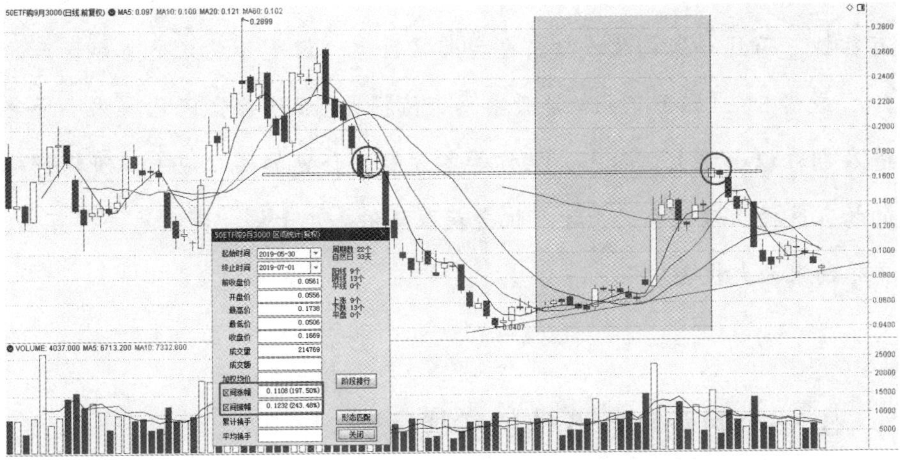

图案回顾点睛：2019年50ETF购9月3000日K线图

又或者在发现错误的时候，知道趋势休整需要动荡一段时间，又非常看好未来，哪怕依旧是在上证指数和创业板跌破趋势那几天，果断移仓至 9 月份，哪怕是购 3000 平移，未来确实涨了，也有机会涨回到止损的价位，如果继续上涨，甚至还有机会再获利。期间哪怕不做认沽，等相对低位用部分仓位做9月3000的上涨也有两倍的涨幅，也就不会看对未来死在当下了。

这毕竟是马后炮。所以在实际操作过程中，不要小觑时间价值的消耗，尤其是当月合约，一旦方向错误，没有趋势机会，时间价值的消耗就会让一切虚值归零。在选合约的时候，一定要保证时间充沛，也不要选太虚的合约，一旦达不到那个价位，行情未按预期演绎，这完全就是送钱给卖方。所以最关键的还是对标的物的判断，方向正确了才有未来，不然看对了未来却死在了当下的会很多。

学习温馨小总结

玩期权一定要用输得起的资金去博弈。投入的本金过大，不仅心理有负担，而且一旦失败，打击也会非常巨大。但是如果只是全部资产的1%，或者5%，那无非也就是股票总市值损失1到5个点而已。用小资金进入期权以小博大，心态、操作等各方面才会更加得心应手，研判好标的物，选择正确的合约，才有机会获取几倍、几十倍，甚至暴击得百倍、千倍的未来大机会。

3. 一个月获利超5倍的实战案例

2019年5月24日

当时市场是一波连续的下探，短期市场跌到这个份上，其实我并不悲观，从周线的角度来看，创业板指数周线7连阴。

图案回顾点睛：2019年5月创业板周线图

上证指数周线 5 连阴。

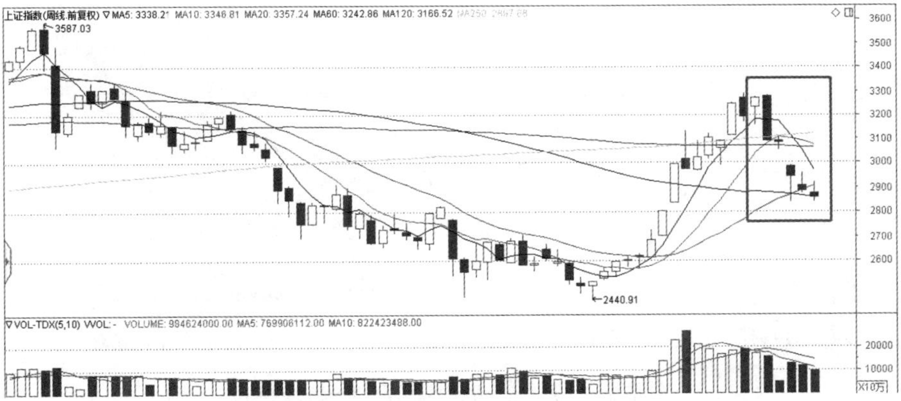

图案回顾点睛：2019年5月上证指数周线

这些都说明了时间窗口开启，转折有望来临，尤其是空方的能量在渐渐的衰竭。市场没有只涨不跌，也没有只跌不涨，不断地跌，不断地压，压得就像弹簧一样，压得很紧，这个有外部的推动力量，而这外部的推动力量已经打到华为，其实它剩下的牌已经不多，那么一旦有松动的迹象，就会慢慢反攻，再加上国家的一些引导力量去推波助澜，三点合一，那么这个逆转就成为了可能。

学习温馨小提示

2440 这波行情的上涨，是大金融上涨带起来的，往往牛市开启都是证券等股票先来一波行情，所以这一波上涨可以定为牛市第一浪，那按照这个思路，连续的下跌就是第二浪的回调，但是这波回撤都没有出现明显的反弹，在波浪理论中，有 ABC 的回调，现在回调幅度快接近 50%，哪怕不直接开启三浪，也至少会有一个 B 浪的上涨。

期权方面，六月份的合约，大部分属于高位回撤的状态，前期高点回撤下来，普遍也有 50% 左右的回撤：

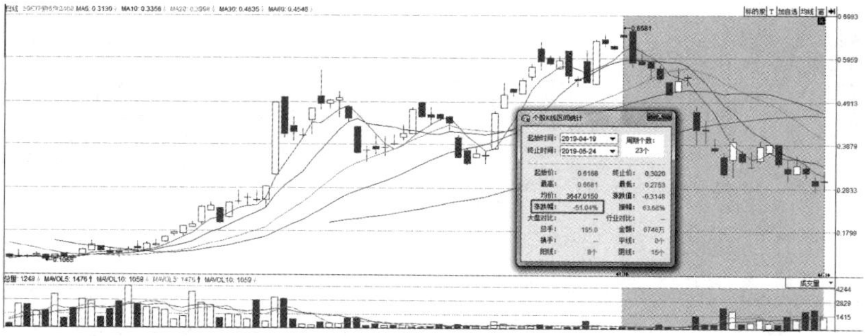

图案回顾点睛：**2019年50ETF购6月2400**

认沽期权的状况：

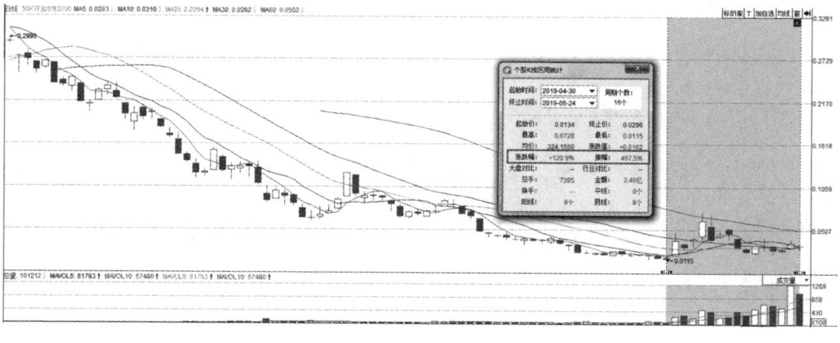

图案回顾点睛：**2019年50ETF沽6月2600**

可以发现，认沽期权表现不是很理想，比如上图这个合约从最低点到 5 月 24 日也只有一倍以上的高度。这是近期合约的状况，那这说明了什么？说明空方的机会空间并不是特别大。

再看上证 50，从高点下来下跌至 24 日，最大幅度也超过了 10%，对这种优质的指数来说，调整已经达到了阶段性比较极限的位置。

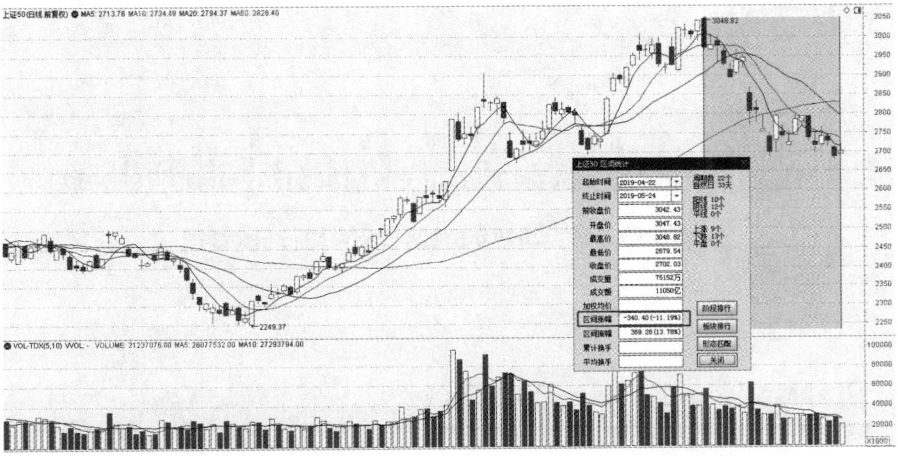

图案回顾点睛：2019年5月24日上证50日K线图

此外再看几个关键性的品种，贵州茅台：

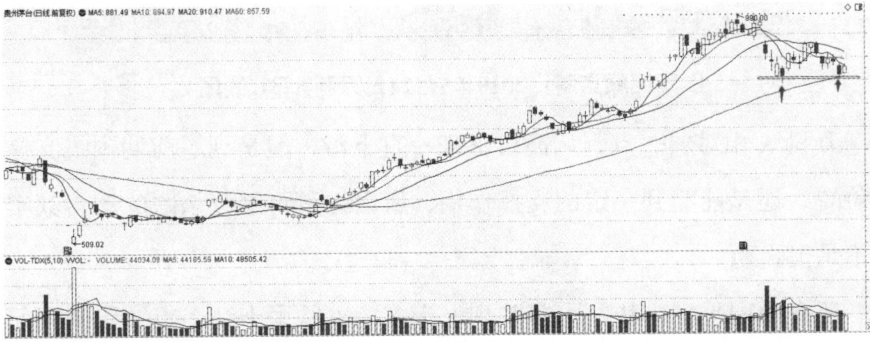

图案回顾点睛：2019年5月24日贵州茅台日K线图

5 月 24 日没有击穿前期这个低点，那就有机会形成短期的双底形态，日线级别的小双底，当然，它调整的幅度并不深，但就运行状态而言，要尊重趋势的力量，它依然还是很强势。

招商银行也没有击穿前期这个低点，而且还要更强一些。

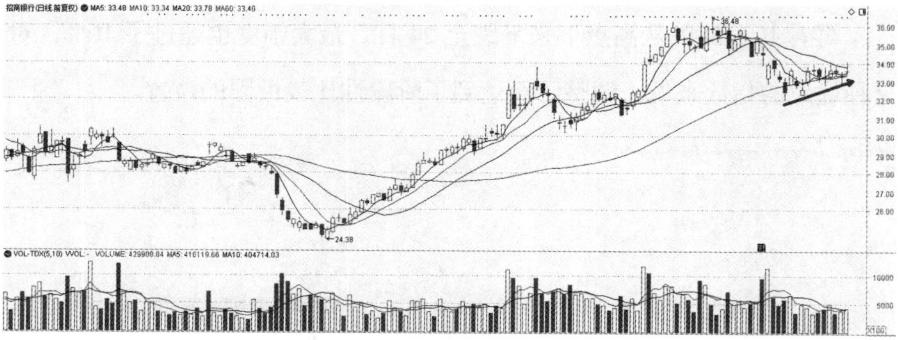

图案回顾点睛：2019年5月24日招商银行日K线图

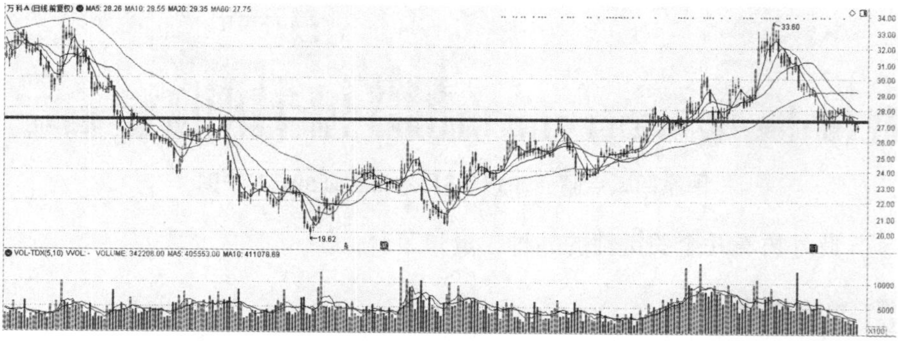

图案回顾点睛：2019年5月24日万科A日K线图

万科 A 相对弱一点，从高位下来一直下滑，但是到了前期颈线支撑的位置，还是能起到一定的支撑作用，所以万科再继续杀跌的动力其实并不是很强劲。

还有中国平安，从八十多跌到七十多，也跌了十几个点，回调到前期突围高点的位置，也受到一定的支撑，所以中国平安在这个位置的企稳，对后市上证 50 的走强，也有一定的积极意义。

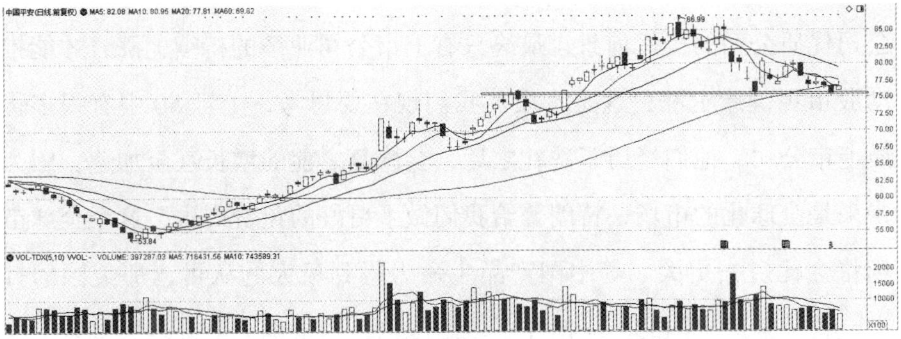

图案回顾点睛：2019年5月24日中国平安日K线图

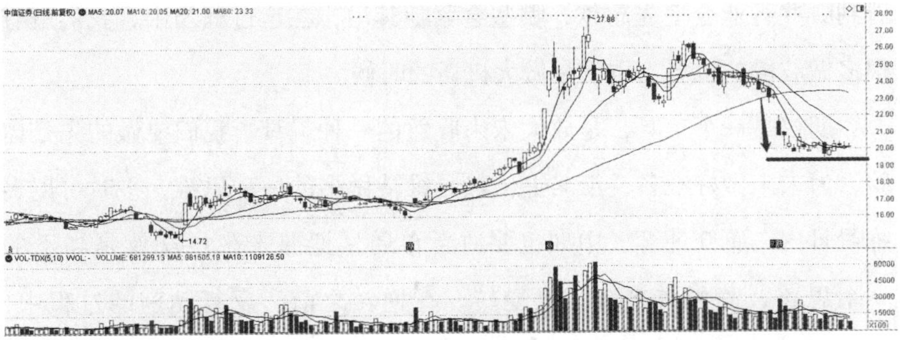

图案回顾点睛：2019年5月24日中信证券日K线图

证券前期下跌比较凶，但是这段时间也有些跌不下去了。有句话叫做，该跌不跌理应看涨，当然，目前这个位置也可能继续往下，但是大盘反复动荡，却跌不下去，那就有可能向上，一旦向上，那对市场的做多动力也会得到增强。客观来看，中信证券从 27 跌到 20 块，这个幅度对于上证 50 个股还是比较深的，券商向来弹性比较大，下跌的时候跌的深，弹的时候也会弹的高，我们要看到这些点。

未来的博弈思路，技术上看空方已经进入到衰竭的一种状态，从外部打击华为的状态来看，也是强弩之末了，还有我们国家反制平衡措施酝酿，甚至还有更大反招。整个大格局还是要布局多单，短期看不懂，就布局中期的多单，不论压的是国运，还是博弈，实则最终压的是上市公司优质公司的美好前景，最终只有上市公司业绩的持续上涨，才能推动股市更健康上涨，这是本质。我们现在要思考，上证50中有很多优质上市公司，他们经历了洗礼之后，会恢复之前的增长甚至加速，因为未来是全球化的市场，特朗普给我们做了更好的免费广告，这个全球市场将会比过去更大。等中国产品生命力得到极大的认可，那美国的打击，就会辅助中国的产品销往更多的国家，销量也会上升，那就有可能超越美国。而中国的这个超越一定是全方位的，所以我们要全面准备，看到哪些行业会率先超越，哪些会紧随其后，在这过程当中，我们就有很多做波段的机会，也就是做大机遇的时候。

期权是一个工具，是放大未来收益的一种工具，我们要做的先是体验，为未来做好准备，策略上依然是维持做多的一种思维，平时可以多练习日内，感知博弈，中期也要适当布局，把握未来！这就是当下的一个思路，静候未来真正大逆转。在逆转之前，反复动荡的过程中，买方的机会可能不是特别大，这样就比较煎熬，不过投入的兵力可以相对的减少，耐心等待，等到上证50加速的那个点再参与也无妨，有时候加仓点就可能是上证50大阳线的时候，不见兔子不撒鹰，可以采取这样的一个策略，我们也在耐心等候，相信时机应该不会太遥远。

有句话说的好，“五穷六绝七翻身”，“五穷”已经是了，但是“六绝”并不一定，可能会往多方走，而七翻身就可能是确定逆转，这就是我对接下来市场的一个思考，六七月份可能是重拾升势，再次奠定多头趋势的一个阶段，这个过程当中期权肯定也会有值得把握的机会。

综上所述，我们觉得上证50下跌空间是比较有限的，结合目前整个局势，看似有利于空方，但实则酝酿多方反手，所以我们按照自己的思路，在 5 月 24 日这天买入了期权多单。

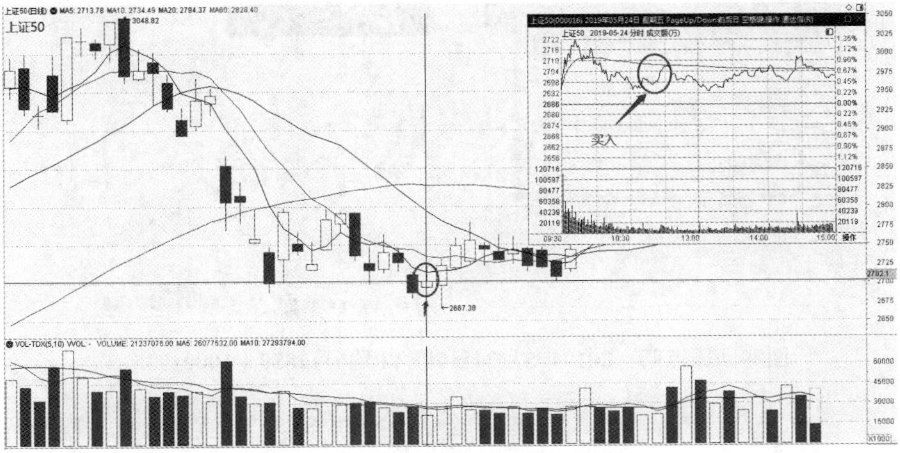

图案回顾点睛：2019年5月24日上证50指数

我坚定看涨，而且第一目标就是回补掉前期的五月六日那个缺口，但是鸡蛋不能全放在一个篮子里，所以按照未来博弈思路进行了远期和近期搭配的策略，6 月 ∶ 9 月 ∶ 12 月大概 3 ∶ 2 ∶ 1 的配置。

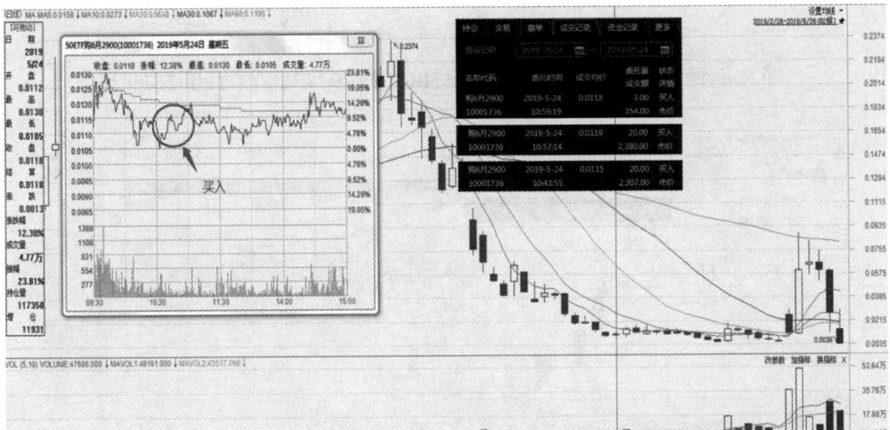

图案回顾点睛：2019年5月24日50ETF购6月2900（10001736）

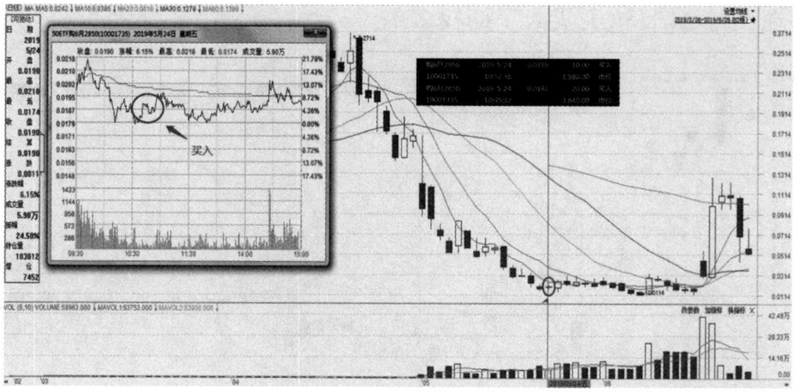

图案回顾点睛：2019年5月24日50ETF购6月2850（10001735）

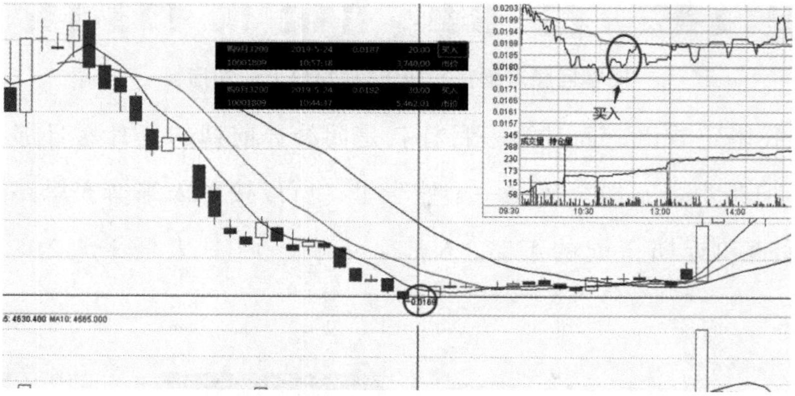

图案回顾点睛：2019年5月24日50ETF购9月3200（10001809）

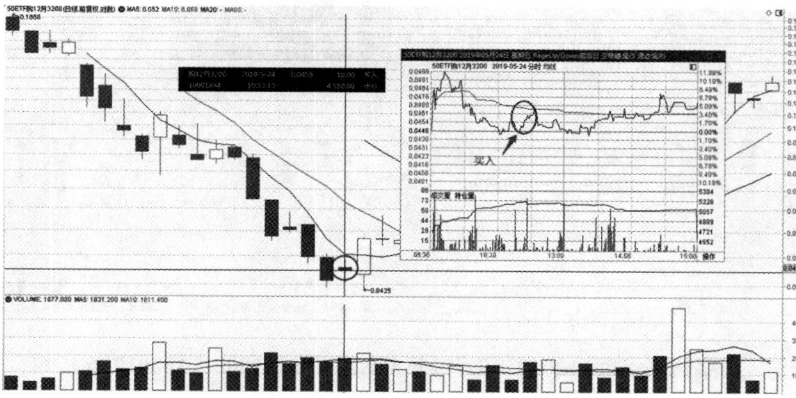

图案回顾点睛：2019年5月24日50ETF购12月3200（10001834）

学习温馨小提示

为什么 6 月选择了虚三挡和虚四挡的合约？首先我们有信心，而且承受能力强，还有，我们研判第一目标看到的就是前期那个缺口，那个缺口刚好是 2850 和 2900，所以六月占比的仓位以 2:1 的形式布局。

期权小技巧

如果自己有底气判断出标的资产多少时间能迅速到达哪个位置，那就买那个点的合约，如果真的如预期到达，甚至超预期，那这个合约往往是比较暴利的。但是就一般投资者而言，研判能力和风险承受能力都比较弱，所以不建议重仓深度虚值合约，但是选择进攻可以买虚一、二档的合约，然后适当移仓操作也能达到类似的效果，会比较稳健。

以下就是 5 月 24 日开仓的交割单，操作资金大约 3 万。

持仓　交易　撤单　成交记录　资金记录　更多

查询日期　2019-05-24 -- 2019-05-24

名称代码	委托时间	成交均价	委托量 成交额	状态 详情
购6月2900 10001736	2019-5-24 10:59:19	0.0118	3.00 354.00	买入 市价
购9月3200 10001809	2019-5-24 10:57:38	0.0187	20.00 3,740.00	买入 市价
购6月2900 10001736	2019-5-24 10:57:14	0.0119	20.00 2,380.00	买入 市价
购6月2850 10001735	2019-5-24 10:57:3	0.0196	20.00 3,920.00	买入 市价
购12月3200 10001834	2019-5-24 10:53:13	0.0455	10.00 4,550.00	买入 市价
购6月2850 10001735	2019-5-24 10:52:38	0.0188	10.00 1,880.00	买入 市价
购6月2850 10001735	2019-5-24 10:45:32	0.0192	20.00 3,840.00	买入 市价
购9月3200 10001809	2019-5-24 10:44:37	0.0182	30.00 5,462.01	买入 市价
购6月2900 10001736	2019-5-24 10:43:55	0.0115	20.00 2,307.00	买入 市价

2019 年 5 月 31 日

这段时间有一个非常有意思的现象。

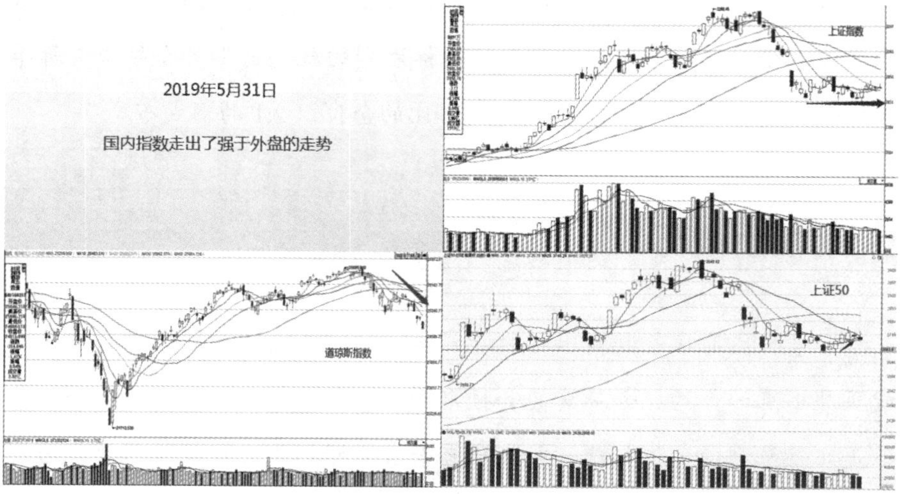

图案回顾点睛：国内与国外指数运行至2019年5月31日对比

国内市场开始渐渐比美国市场要强！这对于期权，也是一个非常重要的信号，很有可能就是大多头大突破的前兆！有点类似之前证券板块的华创阳安：

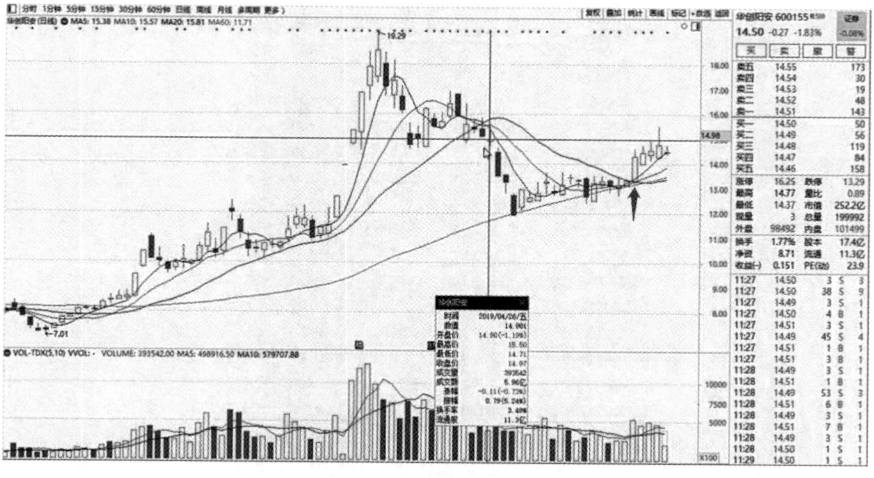

图案回顾点睛：2019年5月31日华创阳安中午收盘K线图

华创阳安提前拒绝下跌，比大盘要强，我们提出有可能是反攻的前兆，后面果不其然大阳线出现，继续保持强势。所以有些时候，个股的走势对指数的研判是可以给到我们启发的，现在市场就是有点类似之前华创阳安的状况，目前只是在等一个中大阳线！

再看上证 50 关键性的品种：

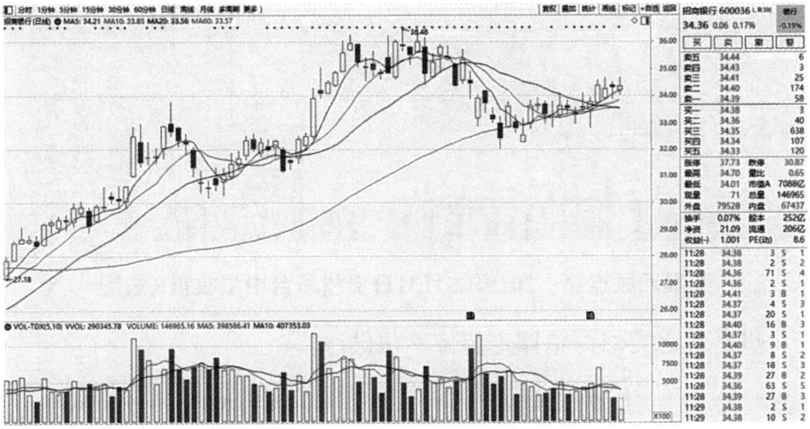

图案回顾点睛：2019年5月31日招商银行中午收盘K线图

招商银行已经开始渐渐收复失地，如果再来一个涨停板就创新高了。

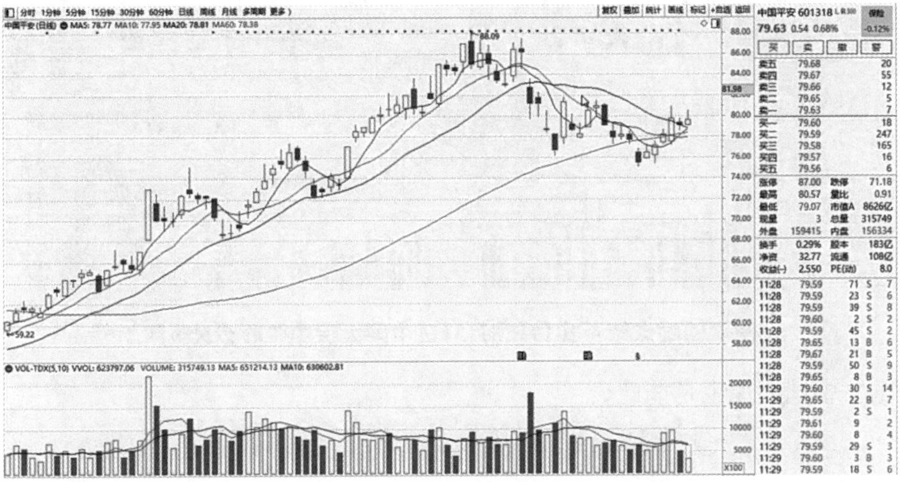

图案回顾点睛：2019年5月31日中国平安中午收盘K线图

中国平安，一个涨停板还创不了新高，但是一个半就可以了。

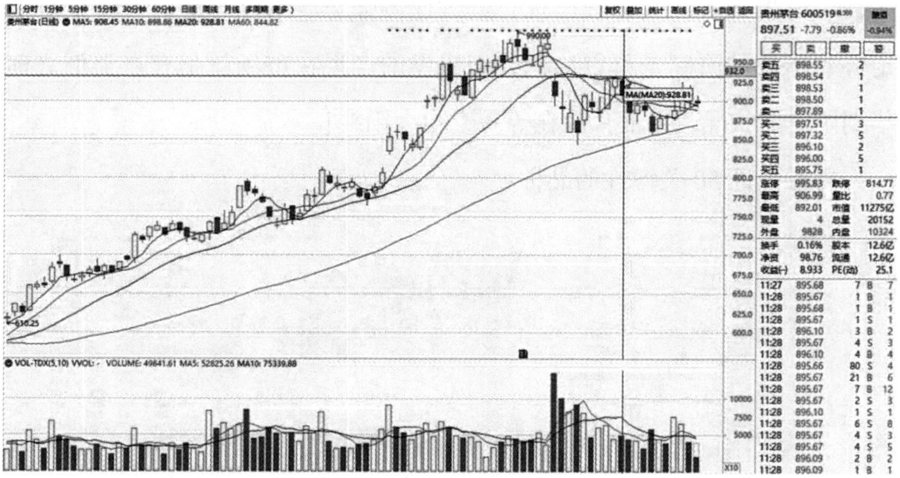

图案回顾点睛：2019年5月31日贵州茅台中午收盘K线图

贵州茅台也类似，整体走势依然很健康。

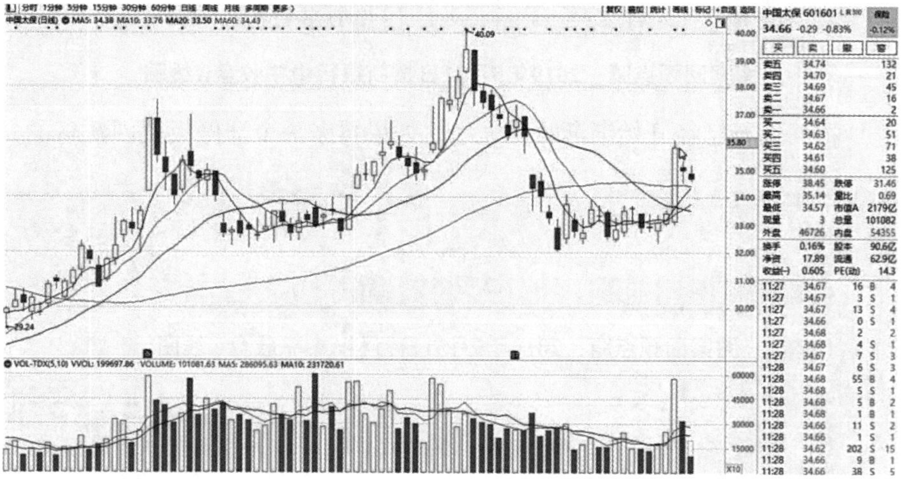

图案回顾点睛：2019年5月31日中国太保中午收盘K线图

中国太保也是如此。

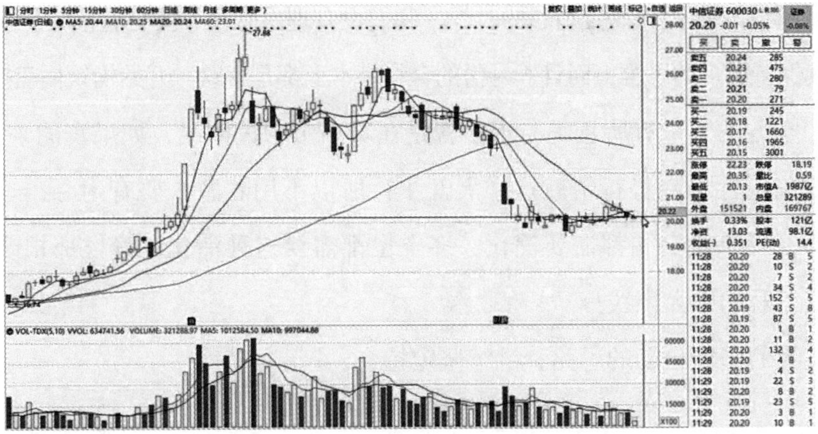

图案回顾点睛：2019年5月31日中信证券中午收盘K线图

中信证券稍微弱一点。

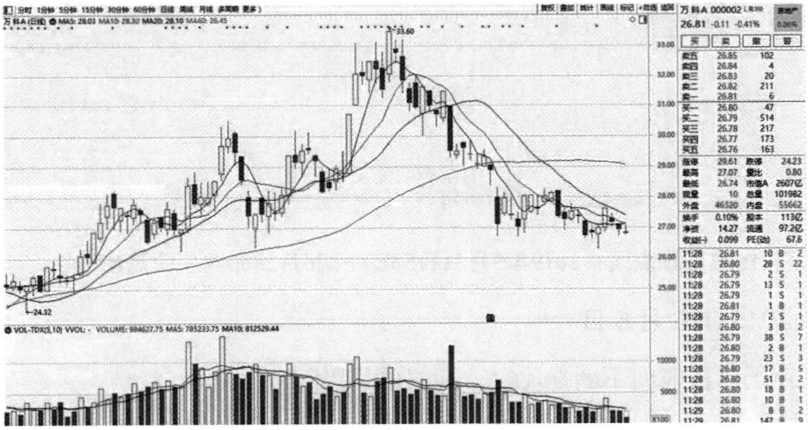

图案回顾点睛：2019年5月31日万科A中午收盘K线图

万科也稍微弱一点。可以发现很有意思，强的 50 关键性品种离新高一步之遥，弱的也是跌无可跌的状态，如果两者进一步向上，合力有望形成！而合力的形成关键依然是大金融。因为大金融涵盖了证券、保险、银行，只要大金融任何一板块（个人倾向证券）出现一个集体躁动，也就是一个板块出现三只个股以上涨停，那确认信号就来了！那市场就有可能走出一个再加速逼空的格局，现在就是等质变。

所以A股比外盘更精彩的时候，我们没有理由悲观，要更有信心！期权继续保持做多的思维，而且6月份的合约基本上都是超跌，开始构筑横盘。

空方的力量有所衰竭，现在就是在等一个中大阳线，如果真的来了，那么确定性的趋势行情就这样展开了！所以不用着急，要有耐心，这场博弈，反杀跟突围都需要消化，多空也都需要这种消化，静候那根改变市场三观的中大阳线！

我们坚定自己的思路，继续坚定持仓。

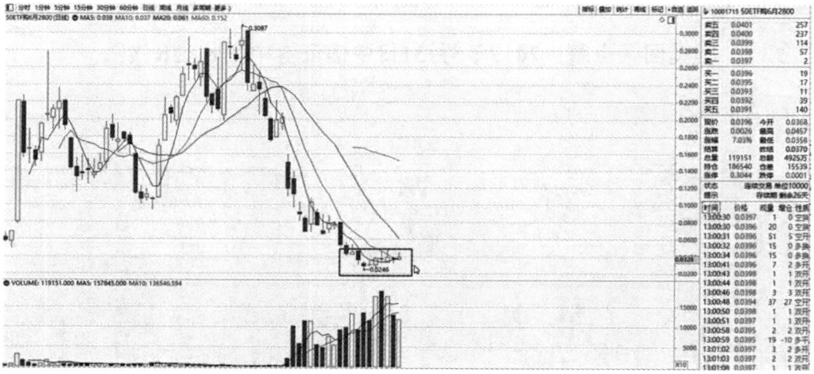

图案回顾点睛：2019年5月31日50ETF购6月2800中午收盘K线图

2019年6月5日

市场这段时间不断地反复，期权也是跟随着反复。

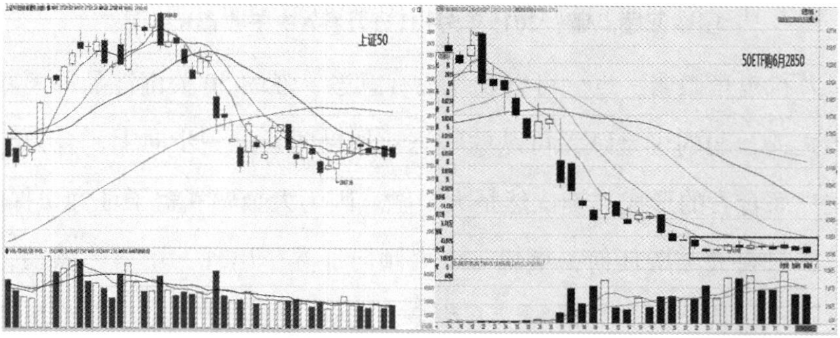

图案回顾点睛：2019年6月5日上证50与50ETF购6月2850状况

市场没有方向性的突破，做期权买方是比较难受的，加之没有波动，期权的机会就不是很明显。深度虚值此时还会相对偏弱一点，思路不清晰，操作不坚定，很容易被三振出局，所以稳健型和新手投资者不建议买深度虚值，在反弹初期用实值操作，跟随趋势再换虚值。

所以我们要清晰市场最终的方向，这样也就便于构建期权的策略，对后市的趋势，我们整体依然保持偏多的策略，这跟我们对市场未来方向的态度是一致的。那就要思考，怎么才能形成向上的合力？

最近有一些关于上证 50 的消息，要剔除一些个股换新，6 月 17 日正式生效。上证 50 指数样本调整名单：

调出名单		调入名单	
股票代码	股票名称	股票代码	股票名称
600547	山东黄金	600031	三一重工
600606	绿地控股	600837	海通证券
601006	大秦铁路	601066	中信建投
601169	北京银行	601111	中国国航
601360	三六零	601319	中国人保

这里有一些个股值得我们重视，比如海通证券、中信建投，证券股有两只再引入到 50 板块领域，有些跌的惨的剔除掉了，比如三六零等。

50 指数加大了券商板块的权重，所以这句话更加凸显：得大金融得天下！所以要更加关注证券板块。而且这段时间也有个股准备突围。

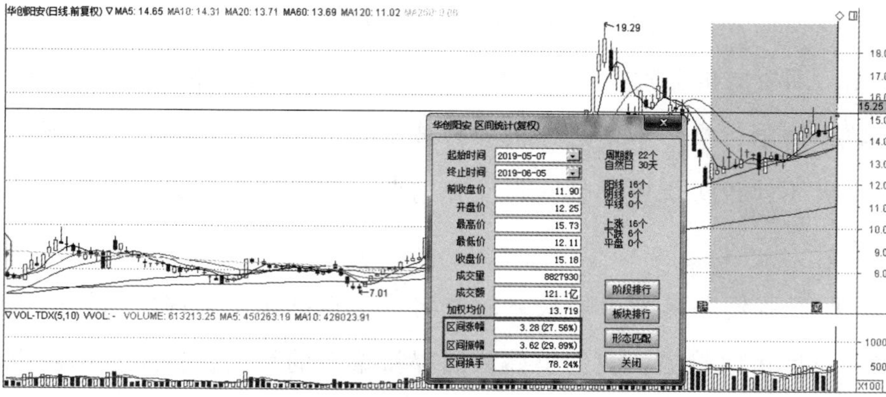

图案回顾点睛：2019年6月5日华创阳安日K线走势

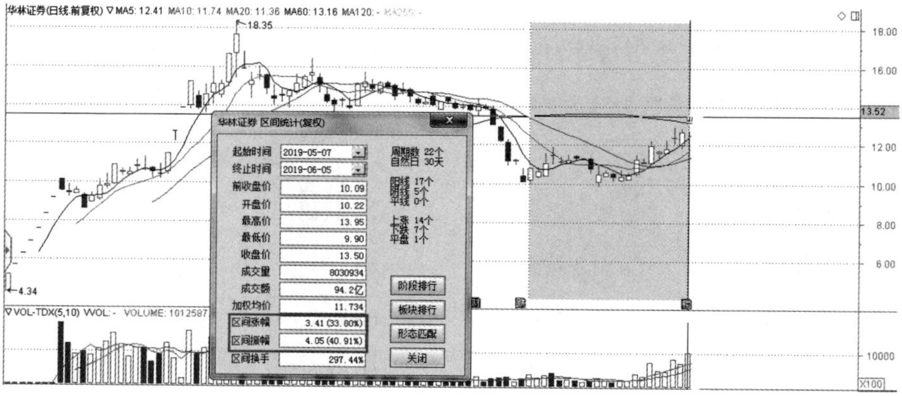

图案回顾点睛：2019年6月5日华林证券日K线走势

图案回顾点睛：2019年6月5日海通证券日K线走势

图案回顾点睛：2019年6月5日华泰证券日K线走势

这些证券股在躁动，目前就差一个再爆发，如果证券板块有几个涨停出现，那么躁动的能量就会升级、释放，这些就是合力！所以热衷短线博弈，可以留意这个信号，哪天大金融出现板块效应，证券、银行、保险随便哪个板块，至少两到三家封死涨停，就可以大胆操作，赢面的概率也会很大，机会也会比较多。有句话说的好：静如处子、动如脱兔！就是在等这个信号，其实市场博弈的过程当中，略有呈现这种迹象，比如华林证券，不知不觉已经涨幅超 30%，只是因为市场低迷还没有形成合力。市场还在消化前期做空的力量。

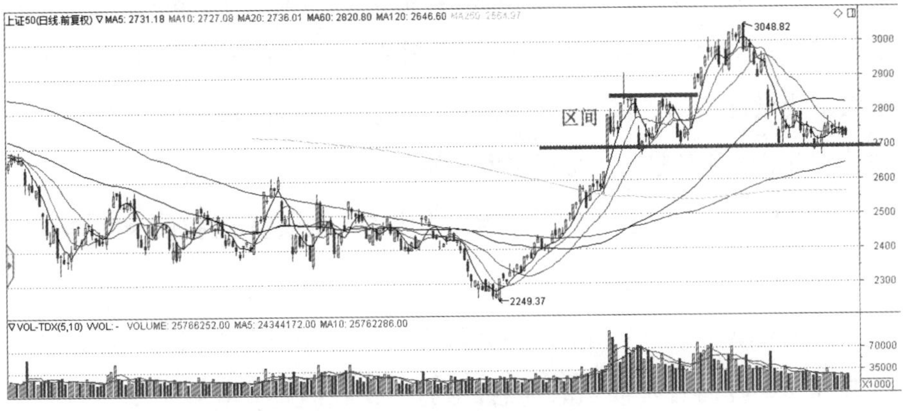

图案回顾点睛：2019年6月5日上证50日K线走势

上证50刚好跌到前期的区间位置附近，刚好处在颈线位的支撑上，支撑力度还是蛮强的，所以只要不跌破，就一定会走出创新高的走势。在创新高之前，洗礼是比较折磨人的。

我们可以这样理解：市场现在的反复就是在等信号，关注大金融，以及其他一些上证50的标的，等待带头大哥发出信号！

所以未来的博弈实战思路策略也很简单，大胆点，该布局的提前布局，该冲锋的准备冲锋，和做股票一样，买的是未来！现在买多，就是买未来的信心！当然，我们信心来源于现在跌不动，来源于市场消化过程中心态的变化。人很奇怪，刚开始下跌会很悲观，但一段时间跌不动了，情绪慢慢就会转为乐观，尤其反攻的时候，乐观的情绪就会升温，最终成为合力的一股力量。

题材股的反杀，ST个股的暴跌，这些就是空方的力量，等空方力量耗尽，开始企稳的时候，多方的力量聚焦，合力一形成，大突围的力量就呈现出来了。记住，有人做空就有人做多，我们作为多方的一员，就要时刻留意盘面的动态，让我们看清楚未来！

在博弈的过程中，我们可以感知到证券的异动就是打的提前量，它们与市场的背离已经呈现，剩下就是等待全面进攻的号角，一旦吹响，市场的博弈就会很精彩。现在上证50指数看着波澜不惊，往往是为酝酿中大阳线做准备的，像十月怀胎一样，所有的准备都是为了出生的那一刻，所有的洗礼都是为了最后爆发的那一刻。

所以我们坚持自己的思路和策略，期权持仓继续坚定持有、耐心等待。

2019年6月11日

这一天出现了一个明显的中大阳线，上证50迎来久违的大涨，领涨的力量就是我们着重谈到的券商，6月5日我们就谈到一个细节，上证50的成分股增加了证券股的分量——海通证券、中信建投，这个动态放到今天，也就更清晰了。

得金融得天下，得券商得上证 50！上证 50 的主要成分是大金融，大金融包括保险、银行、证券，增加了券商的比重，就更能够透过券商牵一发而动全身，这一天券商板块至少有 4 个以上的个股涨停！

	代码	名称	涨幅%	现价	涨跌	买价	卖价	总量	现量	涨速%	换手%	今开	最高	最低	昨收	市盈(动)	总金额	量比	细分行业
1	600864	哈投股份	10.08	6.99	0.64	6.99	--	101.4万	2374	0.00	6.42	6.30	6.99	6.28	6.35	7.87	6.86亿	1.74	证券
2	002945	华林证券	10.03	15.14	1.38	15.14	--	884124	755	0.00	32.75	13.56	15.14	13.46	13.76	110.42	12.9亿	1.12	证券
3	601881	中国银河	10.00	10.56	0.96	10.56	--	892684	2127	0.00	7.27	9.58	10.56	9.57	9.60	17.46	9.18亿	2.58	证券
4	002670	国盛金控	9.97	11.03	1.00	11.03	--	259917	783	0.00	1.60	10.09	11.03	10.00	10.03	12.07	2.78亿	1.51	证券
5	000750	国海证券	9.17	5.12	0.43	5.11	5.12	167.9万	16822	0.00	3.98	4.71	5.16	4.69	4.69	21.56	8.37亿	3.73	证券
6	600155	华创阳安	8.36	15.56	1.20	15.56	15.57	680629	12195	-0.31	6.03	14.45	15.68	14.35	14.36	25.68	10.3亿	1.47	证券
7	300059	东方财富	7.81	13.12	0.95	13.12	13.13	321.0万	30011	-0.07	5.85	12.19	13.18	12.17	12.17	57.10	41.1亿	2.59	证券
8	600621	华鑫股份	7.65	12.39	0.88	12.39	12.40	321616	4160	0.00	6.01	11.51	12.59	11.46	11.51	49.07	3.88亿	1.38	证券
9	601162	天风证券	7.59	9.78	0.69	9.77	9.78	101.6万	15215	0.10	19.62	9.10	9.80	8.96	9.09	98.56	9.64亿	1.40	证券
10	002939	长城证券	7.13	14.57	0.97	14.57	14.58	746432	7909	-0.13	24.05	13.46	14.88	13.36	13.60	38.70	10.6亿	1.50	证券
11	601108	财通证券	6.99	10.56	0.69	10.55	10.56	108.4万	13557	0.00	4.50	9.83	10.61	9.76	9.87	24.23	11.2亿	2.02	证券
12	601099	太平洋	6.63	3.54	0.22	3.53	3.54	193.1万	15973	0.28	2.83	3.33	3.56	3.30	3.32	17.00	6.69亿	2.52	证券
13	000686	东北证券	6.51	8.83	0.54	8.83	8.84	538222	3209	-0.22	2.30	8.24	8.86	8.24	8.29	9.10	4.63亿	1.66	证券
14	000712	锦龙股份	5.95	12.64	0.71	12.64	12.65	153895	1802	0.00	1.93	11.86	12.70	11.80	11.93	31.87	1.91亿	1.66	证券
15	002797	第一创业	5.93	6.25	0.35	6.25	6.26	896642	7302	0.00	2.56	5.89	6.28	5.87	5.90	19.16	5.50亿	1.94	证券
16	601788	光大证券	5.90	10.95	0.61	10.94	10.95	396992	3372	0.00	1.02	10.39	11.01	10.36	10.34	9.58	4.27亿	1.02	证券
17	600837	海通证券	5.89	13.12	0.73	13.11	13.12	132.5万	13875	0.15	1.64	12.40	13.16	12.35	12.39	10.01	17.1亿	1.48	证券
18	600909	华安证券	5.88	6.30	0.35	6.30	6.31	414799	3117	-0.15	1.54	5.96	6.34	5.93	5.95	11.93	2.57亿	2.31	证券
19	601066	中信建投	5.71	22.03	1.19	22.02	22.03	612517	4322	0.00	15.31	20.53	22.50	20.53	20.84	28.30	13.2亿	1.63	证券
20	600369	西南证券	5.52	4.78	0.25	4.78	4.79	663721	8485	-0.20	1.18	4.53	4.82	4.50	4.53	16.33	3.12亿	2.52	证券
21	601990	南京证券	5.44	10.86	0.56	10.86	10.87	360634	4862	0.00	13.11	10.11	10.97	10.11	10.30	35.37	3.83亿	1.52	证券
22	601878	浙商证券	5.33	9.28	0.47	9.27	9.28	655507	7506	0.22	5.42	8.67	9.37	8.62	8.81	28.31	5.95亿	2.72	证券
23	601688	华泰证券	5.33	19.37	0.98	19.36	19.37	771790	6275	0.00	1.42	18.39	19.45	18.39	18.39	14.38	14.7亿	1.83	证券
24	601377	兴业证券	5.30	6.36	0.32	6.36	6.37	796812	7858	-0.15	1.19	6.06	6.38	6.04	6.04	10.66	4.98亿	1.89	证券
25	002736	国信证券	5.27	12.39	0.62	12.39	12.40	225557	1812	-0.23	0.28	11.82	12.45	11.80	11.77	13.48	2.75亿	1.62	证券

图案回顾点睛：2019年6月11日证券板块个股状况

这四个以上的涨停就展现了市场的一个合力，当然，这股力量很强吗？也不尽然，因为这四个券商，只有一个大券商——中国银河，但是刚入选的海通证券和华泰证券都没有涨停，都涨了六个点附近，如果说类似这种大的券商，多几个涨停，那么你就可以想象这背后的力量有多大。所以我说今天是一个很好的开始，现在都是弹性最好的小盘股在涨，而且市场一定是向阻力最小的方向去走！所以我们就能感知到现在市场的状况，通过盘面可以发现，上证 50 比上证指数走的更强：

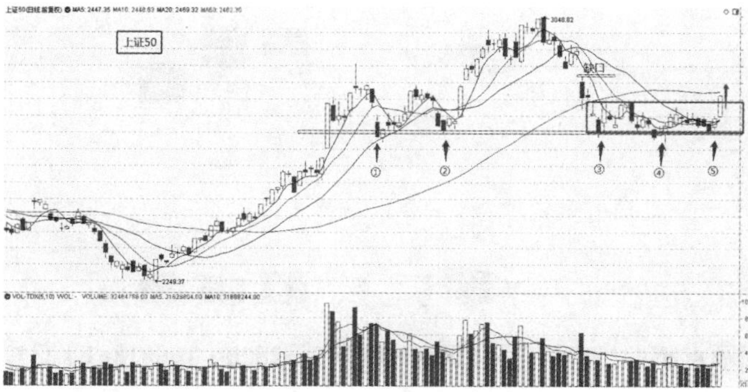

图案回顾点睛：2019年6月11日上证50日K线图

上证 50 已经悄然突破了整理的区间上轨，而且在准备突破上方这个缺口。之前区间的走势也很明显，50 指数的走势也比较强，多次考验同一支撑位，可以理解为这个支撑带出现了五个低点，你可以想象这个底部是多么扎实，再向上的合力也是超预期的。

接下来的思路，就要紧密留意政策的最新动态！因为我判断这种突然上涨的背后，一定有一些先知先觉的资金在动手，而且市场很多时候就是逼出来的，这波行情背后是有主导意志的，你多留意一下新闻联播，可以发现 A 股近期已经 5 次上过新闻联播，可以说是极其罕见。

最高层下达的意志，传导到我们市场一线，是需要时间的，这个时间差就是给到先知先觉的资金进场，那么现在超预期的走势，就是时间差进一步发酵的开始。那么一旦开始，可能就挡不住了，当然这过程也会有波动，这很正常，但是大方向慢慢已经呈现在我们眼前。而我们要做的当然就是大格局、大思路、大定位！清楚这“三大”，剩下的操作策略，继续围绕未来整个趋势往大的方向前进，再看 50 期权今天的波动，就会发现，不论近期合约，还是远期合约，都收出了一根中阳线，我觉得这根阳线有一定指引未来的作用。

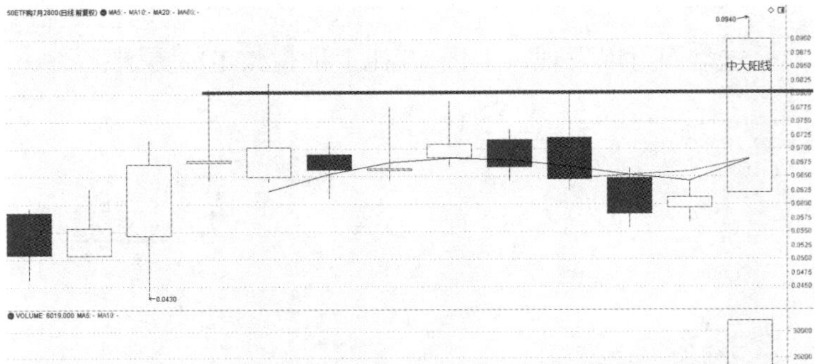

图案回顾点睛：2019年6月11日50ETF购7月2800（10001861）日K线图

7 月合约已经创出新高。6 月份也普遍是低位的一个大阳线。

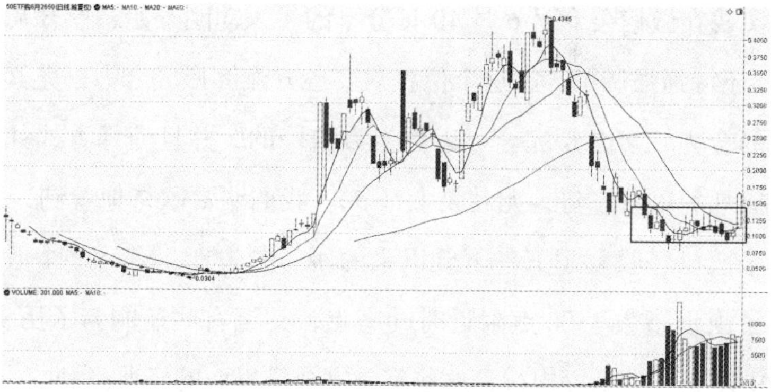

图案回顾点睛：2019年6月11日50ETF购6月2650（10001605）日K线图

大阳线开始收复部分失地。这些都是好的开始，而且纵观历史走势，往往后面还会有更多的中大阳线出来，如果真的是这样，那么整个市场的氛围就会升温，升温就是50期权波动变大的关键。现在已经在往好的方向走，我们要做的很简单，维持做多的思路，控制好仓位，顺势做多，近期、远期做一个组合，紧密盯紧金融股，尤其是证券，如果证券持续疯狂地逼空，那么就可以确定，上证50也会延续逼空的走势，期权则会放大。而我们的持仓经过这一天大阳线的确认，已经由虚三、四档变成了虚一、二档，那自然不用说，继续坚守，等待蜕变！

2019 年 6 月 20 日

这一天指数终于出现了一根中大阳线，而且这根中大阳线跟我们前期的思考演绎模式是非常一致的。

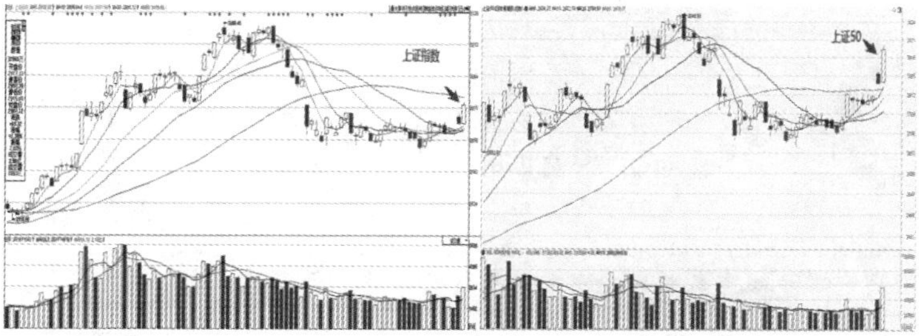

图案回顾点睛：2019年6月20日上证指数与上证50日K线图

其实我在微信公众号6月19日分享的《躁动刚开始，感知局部突围力量》，还特别强调了，在这个位置只要各方能够形成合力，尤其是来自大金融的合力。多方是完全可以把空方击垮的，并且演绎方式往往是迅雷不及掩耳的攻击态势，尤其是上证50。我们非常欣喜地看到，上证50很多的个股已经收复了五一下跌以来的所有的失地，有一些个股甚至已经刷新了上证指数3300点附近时的高点，甚至有些还刷新了历史新高，比如说中国平安、招商银行，这些都是大金融里面的经典品种。

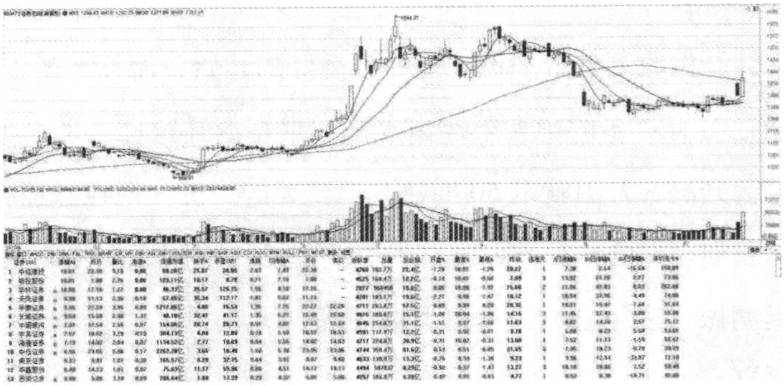

图案回顾点睛：2019年6月20日证券板块以及证券个股状态

弹性非常大的证券板块这一天更是集体躁动。像华林证券短期阶段性最低到现在，马上接近翻倍。这就是市场合力使然，整个大板块选择了中小品种作为一个突破口，然后再引领其他品种继续向上。

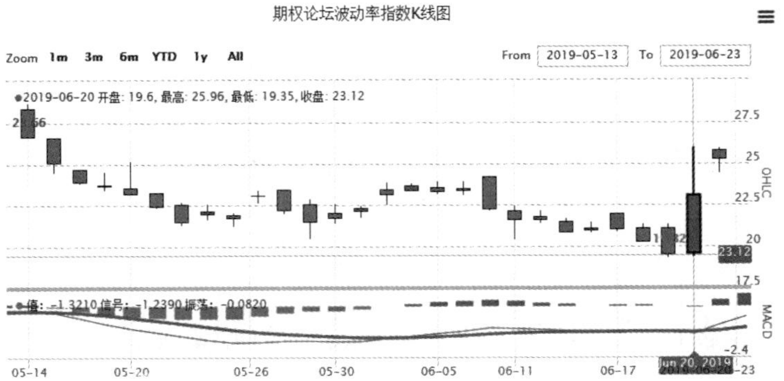

图案回顾点睛：2019年6月20日波动率的状况

波动率助力，期权再次演绎翻倍潮。

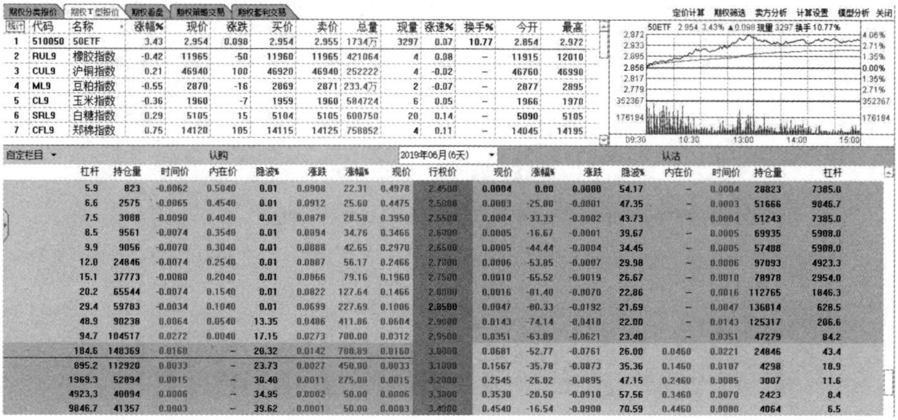

统计	代码	名称	涨幅%	现价	涨跌	买价	卖价	总量	现量	涨速%	换手%	今开	最高
1	510050	50ETF	3.43	2.954	0.098	2.954	2.955	1734万	3297	0.07	10.77	2.854	2.972
2	RUL9	橡胶指数	-0.42	11965	-50	11960	11965	421064	4	0.08	–	11915	12010
3	CUL9	沪铜指数	0.21	46940	100	46920	46940	252222	4	-0.02	–	46760	46990
4	ML9	豆粕指数	-0.55	2870	-16	2869	2871	233.4万	2	-0.07	–	2877	2895
5	CL9	玉米指数	-0.36	1960	-7	1959	1960	584724	6	0.05	–	1966	1970
6	SRL9	白糖指数	0.29	5105	15	5104	5105	600750	20	0.14	–	5090	5105
7	CFL9	郑棉指数	0.75	14120	105	14115	14125	758852	4	0.11	–	14045	14195

自定栏目 认购 2019年06月(6天) 认沽

杠杆	持仓量	时间价	内在价	隐波%	涨跌	涨幅%	现价	行权价	现价	涨幅%	涨跌	隐波%	内在价	时间价	持仓量	杠杆
5.9	823	-0.0062	0.5040	0.01	0.0908	22.31	0.4978	2.4500	0.0004	0.00	0.0000	54.17	–	0.0004	28823	7385.0
6.6	2575	-0.0065	0.4540	0.01	0.0912	25.60	0.4475	2.5000	0.0003	-25.00	-0.0001	47.35	–	0.0003	51666	9846.7
7.5	3088	-0.0090	0.4040	0.01	0.0878	28.58	0.3950	2.5500	0.0004	-33.33	-0.0002	43.73	–	0.0004	51243	7385.0
8.5	9561	-0.0074	0.3540	0.01	0.0894	34.76	0.3466	2.6000	0.0005	-16.67	-0.0001	39.67	–	0.0005	69935	5908.0
9.9	9056	-0.0070	0.3040	0.01	0.0888	42.65	0.2970	2.6500	0.0005	-44.44	-0.0004	34.45	–	0.0005	57488	5908.0
12.0	24846	-0.0074	0.2540	0.01	0.0887	56.17	0.2466	2.7000	0.0006	-53.85	-0.0007	29.98	–	0.0006	97093	4923.3
15.1	37773	-0.0080	0.2040	0.01	0.0866	79.16	0.1960	2.7500	0.0010	-65.52	-0.0019	26.67	–	0.0010	78978	2954.0
20.2	65544	-0.0074	0.1540	0.01	0.0822	127.64	0.1466	2.8000	0.0016	-81.40	-0.0070	22.86	–	0.0016	112765	1846.3
29.4	59783	-0.0034	0.1040	0.01	0.0699	227.69	0.1006	2.8500	0.0047	-80.33	-0.0192	21.69	–	0.0047	136814	628.5
48.9	90238	0.0064	0.0540	13.35	0.0486	411.86	0.0604	2.9000	0.0143	-74.14	-0.0418	22.00	–	0.0143	125317	206.6
94.7	104517	0.0272	0.0040	17.15	0.0273	700.00	0.0312	2.9500	0.0351	-63.89	-0.0621	23.40	–	0.0351	47279	84.2
184.6	148369	0.0160	–	20.32	0.0142	788.89	0.0160	3.0000	0.0681	-52.77	-0.0761	26.00	0.0460	0.0221	24846	43.4
895.2	112920	0.0033	–	23.73	0.0027	450.00	0.0033	3.1000	0.1567	-35.78	-0.0873	35.36	0.1460	0.0107	4298	18.9
1969.3	52894	0.0015	–	30.40	0.0011	275.00	0.0015	3.2000	0.2545	-26.02	-0.0895	47.15	0.2460	0.0085	3007	11.6
4923.3	40094	0.0006	–	34.95	0.0002	50.00	0.0006	3.3000	0.3530	-20.50	-0.0910	57.56	0.3460	0.0070	2423	8.4
9846.7	41357	0.0003	–	39.62	0.0001	50.00	0.0003	3.4000	0.4540	-16.54	-0.0900	70.59	0.4460	0.0080	4064	6.5

图案回顾点睛：2019年6月20日期权收盘

这一天可以看到 7 个合约翻倍，振幅最大的 50ETF 购 6 月 3000 收盘 788.89%，约八倍！

图案回顾点睛：2019年6月20日50ETF购6月3000（10001738）分时图

盘中一度上冲至 17 倍，这一次的“末日轮”又是相当的凶悍。而我们的持仓是 6 月 2850 当天涨 227%，6 月 2900 当天涨 411%，虚三档变成了平值，虚四挡变成了虚一档，也非常不错。这一天的上涨有点超预期，而且势非常好，不过考虑到 6 月时间不多了，而且合约并没有变成实值，再动荡的“末日轮”的损耗也是非常大的，所以再观察一天。

2019 年 6 月 21 日

这一天上冲形成了小 M 头，跌破均价线，果断卖出 6 月份的合约。

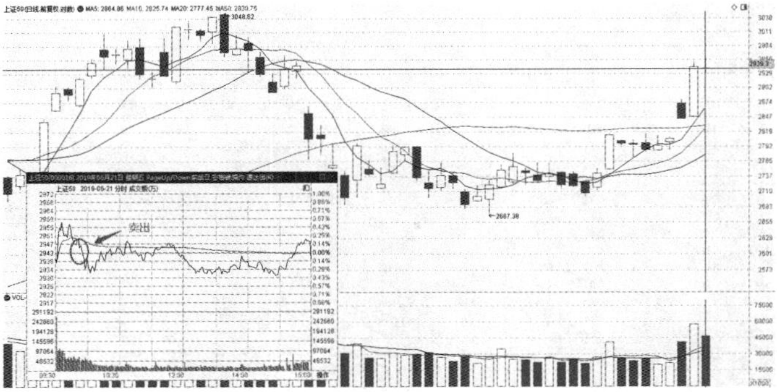

图案回顾点睛：2019年6月21日上证50日K线以及分时图

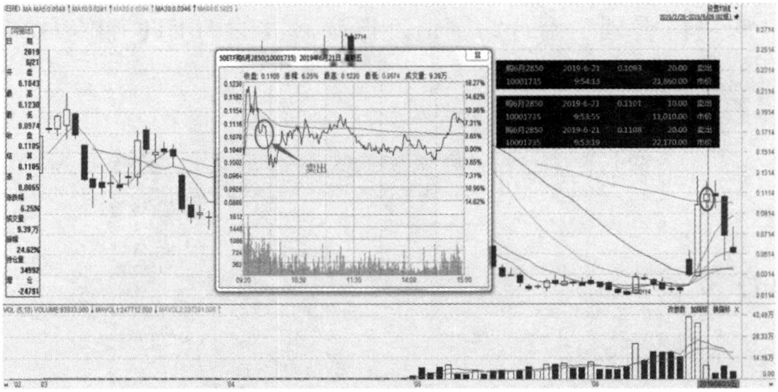

图案回顾点睛：2019年6月21日50ETF购6月2850（10001735）

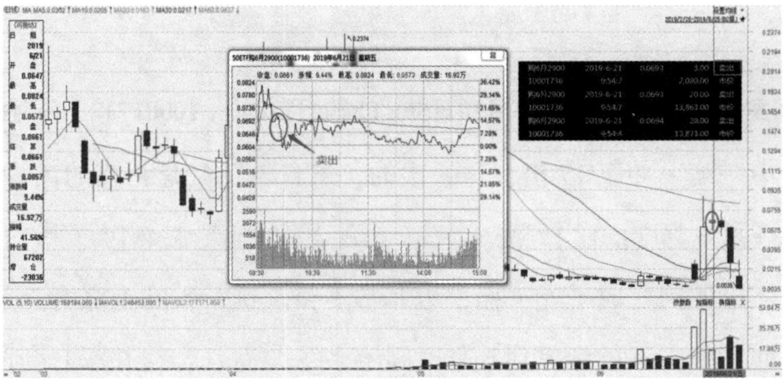

图案回顾点睛：2019年6月21日50ETF购6月2900（10001736）

卖出 6 月份的合约，迅速转换成 7 月以及远月的合约，在企稳的位置买入了。

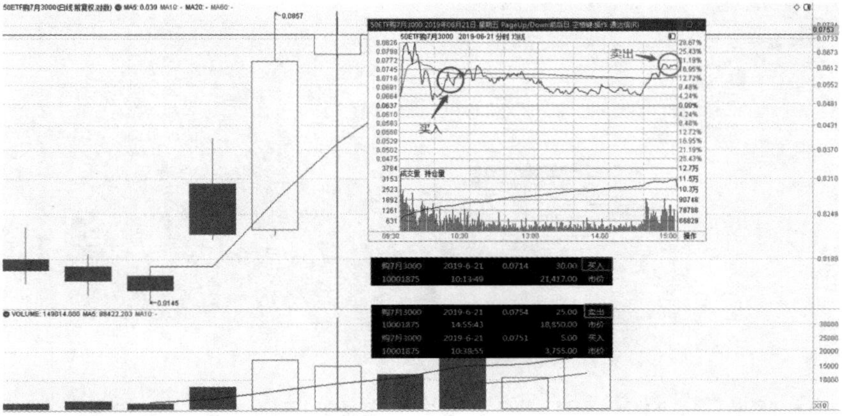

图案回顾点睛：2019年6月21日50ETF购7月3000（10001875）

看盘的过程中，我发现大部分证券个股出现了滞涨的状态，这极有可能是上涨途中要再洗一洗的信号，当日的分时图尾盘进行了拉升，就顺势先卖出大部分 7 月的合约，留有子弹适当时可以做 T，而远期的合约波动不大，所以任其动荡继续坚守。

不过 6 月份的战役已经完成，下面就是 6 月 21 日操作的交割单。

持仓　交易　撤单　成交记录　资金记录　更多

查询日期　2019-05-25 -- 2019-06-21

名称代码	委托时间	成交均价	委托量 成交额	状态 详情
购12月3200	2019-6-21	0.1241	5.00	买入
10001834	14:56:19		6,205.00	市价
购7月3000	2019-6-21	0.0754	25.00	卖出
10001875	14:55:43		18,850.00	市价
购7月3000	2019-6-21	0.0751	5.00	买入
10001875	10:38:55		3,755.00	市价
购9月3200	2019-6-21	0.0697	10.00	买入
10001809	10:14:13		6,970.00	市价
购7月3000	2019-6-21	0.0714	30.00	买入
10001875	10:13:49		21,417.00	市价
购6月2850	2019-6-21	0.1093	20.00	卖出
10001735	9:54:13		21,860.00	市价
购6月2900	2019-6-21	0.0693	3.00	卖出
10001736	9:54:7		2,080.00	市价
购6月2900	2019-6-21	0.0693	20.00	卖出
10001736	9:54:7		13,863.00	市价
购6月2900	2019-6-21	0.0694	20.00	卖出
10001736	9:54:4		13,873.00	市价
购6月2850	2019-6-21	0.1101	10.00	卖出
10001735	9:53:55		11,010.00	市价
购6月2850	2019-6-21	0.1108	20.00	卖出
10001735	9:53:19		22,170.00	市价

从数据简单计算就可以发现，购 6 月 2850 获利涨幅超 5 倍！购 6 月 2900 获利涨幅近 6 倍！还在坚守的远期合约大概也可以从图里知道：

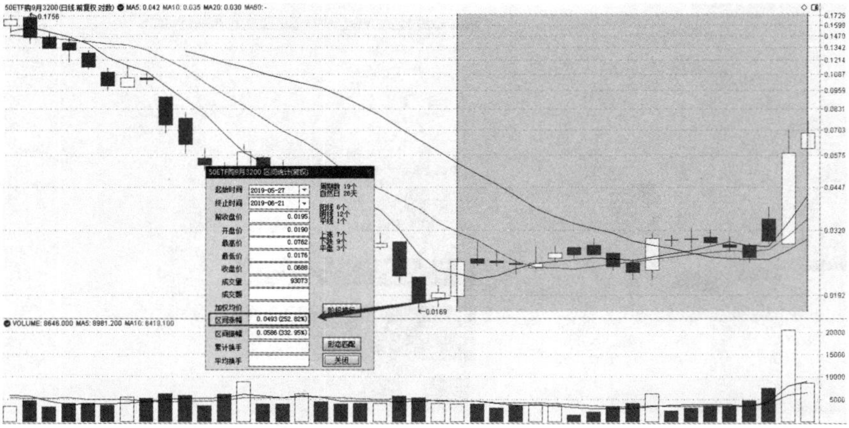

图案回顾点睛：2019年6月21日50ETF购9月3200（10001809）

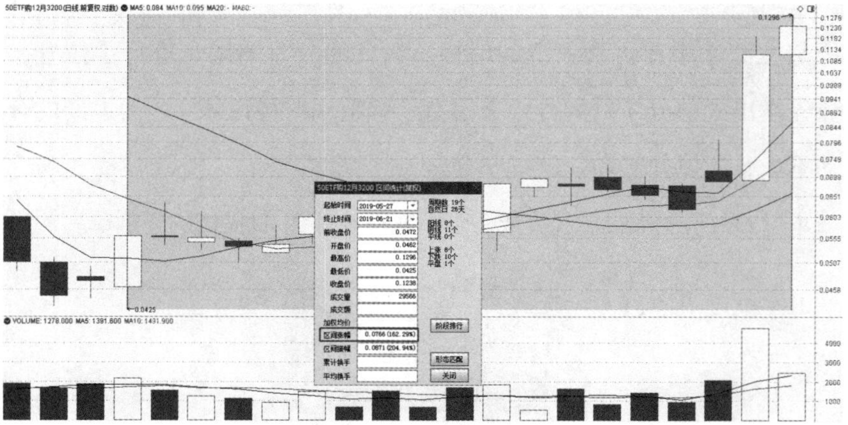

图案回顾点睛：2019年6月21日50ETF购12月3200（10001834）

购 9 月 3200 涨幅约 2.5 倍！购 12 月 3200 涨幅约 1.6 倍！而且远期合约 K 线图可以看到，走势比较平稳，从 5 月 24 日到 6 月 21 日，动荡趋势的上涨，不会有心理压力，而且卖出也会很从容。而 6 月当月的合约在爆发前，时间价值消耗，波动率下降导致坚守需要有颗强大的心脏，尤其买入了相对虚一点的合约会更折磨人，所以合约的选择可以根据自身的风险承受能力以及操作策略进行选择，自己能把握住的才是最好的。

4. 期权日内短线操作实战经验分享

很多人执着于做日内，每天都想赚钱，这其实就是贪，频繁操作，往往会走向毁灭。但是我也不得不承认，日内做的非常好、能稳定获利的也是有的，但这也仅仅是少数人。我个人不是很提倡频繁的日内交易，因为次数增加，赢的概率就会降低，但是这里也分享一下期权纯买方日内操作的一些思路，给爱折腾的投资者提供一个方向。

不论是做波段还是做日内，我们都要尽可能做确定性的机会、自己有把握的机会。学习了期权，我们知道实值期权和标的资产的走势更接近，而且实值的价钱比虚值的贵，在做对的情况下，扣除手续费，实值的合约也比较容易获利，但同样的，如果做错了，实值的亏损金额也是比较大的。但是这里要强调一点，日内操作以实值为主，这也是为了确定性，减小时间价值的影响，提升赢面的概率。

期权日内操作，有一点需要注意的地方，那就是波动率。早盘开盘波动率都会偏高，在没有波动的情况下，波动率往往都是高开走低，所以开盘 15 分钟内着急买入，在期权往往就是追高，除非对早盘的走势非常清楚，要大涨还是大跌，否则波动不够，往往就是先杀一波时间价值，相对而言，选实值操作，这一点的影响相对小一些。为追求确定性，早盘 15 分钟的波动也可以放弃，有所为有所不为，日内交易本就容易出错，所以宁可错过，也不做错。

早盘除了波动率的关系，不确定性比较大，还因为外围市场的关系，直接影响开盘的状况，比如美股暴涨暴跌，A50 期指连续暴涨暴跌，会直接影响我国 A 股和 50 指数的开盘状况，所以不要头脑发热，追涨杀跌，操作日内也是有技巧和方法的。

一般趋势性行情是顺势做波段，但是如果非要折腾日内的话，不论多头趋势还是空头趋势，只要回踩均线都是买点，偏离均价线较远都是卖点，量价背离也是买卖点。

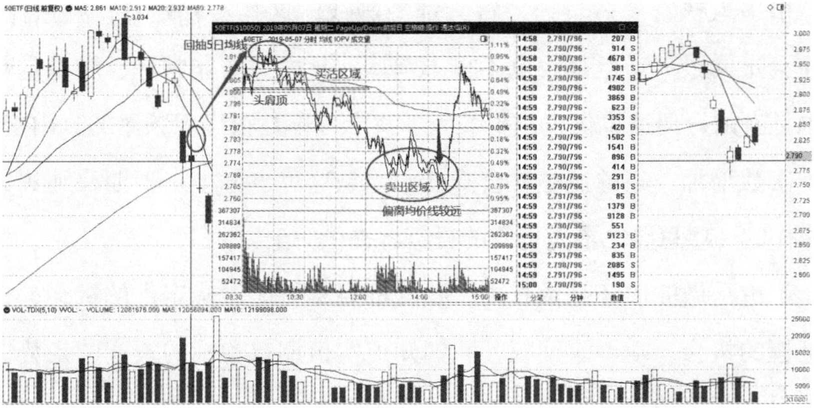

图案回顾点睛：2019年5月7日分时图

像这个案例，2019 年 5 月 7 日下跌途中，因为趋势是下跌的，所以任何时候认沽对后面的大跌都是正确的。但不管任何操作，我们不可能买在最低点，但是要尽可能地买在相对安全的低点，这直接决定了盈利的大小，对心态的影响也会比较小。5 月 7 日分时图冲高回踩 5 日均线，构筑了一个头肩顶形态，形态在日内分时也同样适用，只是级别比较小罢了。放弃早盘 15 分钟，回抽 5 日均线，至日内回抽均价线，都是认沽买点。如果贴着均价线运行，那越过均价线就是止损点，如果偏离均价线较远就是止盈点。所以不论什么操作都要确认好前提，是日内，还是波段，是短线还是中线，因为不同的目的，对应的止损点和承受振幅都不同，不要贪心想吃掉全部机会，我们的目的是盈利，盈利是长期的过程，而不是一天的事，计划好交易，然后交易好计划。

一般没有趋势性机会和大波动，做期权买方是比较难获利的，尤其是在波动不是很大的情况下，买方可以选择休息，耐心等待时机。在这种行情下，往往买方想操作，就是选择做日内。很多人就单纯的买卖，其实是不可取的，做日内也是要先确定方向，如果波浪理论掌握特别到位，那结合波动也可以提升成功率。但是可能“千人千浪”，所以我们最基本的就是要知道，股价运行，不是一条直线，而是有波折的推进，顺势而为就好。这里先讲一下简单的方向判断。

波动的基本定律，没有永远的下跌也没有永远的上涨，可以分为上涨、盘整和下跌，而大级别的盘整，比如日线级别的盘整，在小周期分时图却又是上涨与下跌。所以做日内需要关注小级别的走势。而大级别从下跌到盘整，其实就是一个降速的过程。为什么要看大级别的走势，因为我们要知道自己处于哪个位置，抓住方向的机会，而不是什么机会都要。哪怕是大的区间动荡，区间内的方向如果是上涨，那操作日内主要就是逢低做多，如果是下跌趋势，那操作日内就是逢高布空，其实和趋势操作意思一样，赚主方向的钱，次方向的果断舍弃。

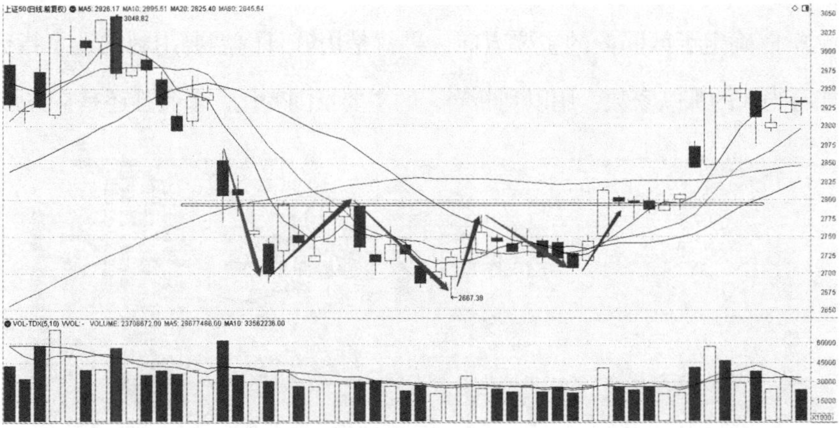

图案回顾点睛：2019年5月份上证50日K线图

可以看到 2019 年 5 月的走势，形成了小型的头肩底，但是在构筑过程中，可以看到下跌的力量是在不断减弱的。从哪里看出来？比如下跌的速度，如果看不出来，那我们可以看同个位置，在 30 分钟图的走势。

放到30分钟图应该就比较清晰了，而且区间状况也非常明显。下跌的速度由70度角，变成了45度角，然后变成了30度角，最后才反转向上。在转折点都有一个背离信号，所以转折点之间的方向，就是日内操作的主要方向。而对于30度角下跌和后面横着走的那波，波动非常小，相对会比较难做。耐心等待机会是必要的，把握看得懂的机会，没有把握就放弃。

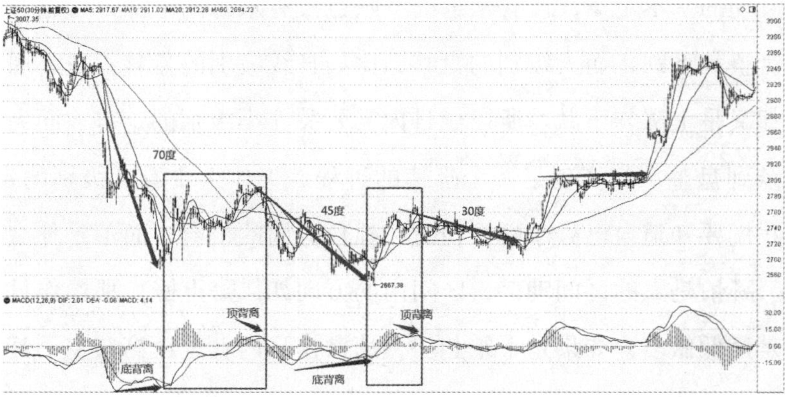

图案回顾点睛：2019年5月份上证50指数30分钟K线图

所以确定了区间内的主要方向，再就是用好日内需要用到的几个指标，比如看当天的涨跌家数，用以判断当天的主要氛围变化，多头强还是空方强。

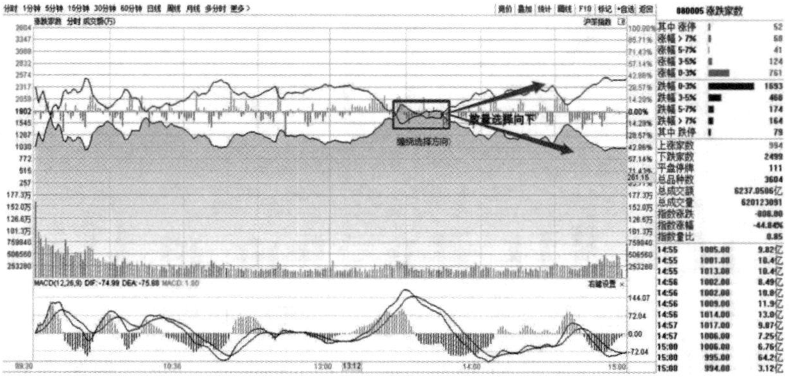

再根据技术操作，比如分时走势图、量价关系、分时MACD走势，或者细分看5分钟K线图等，利用技术把握出现的买卖信号。

所以操作期权关键还是方向的判断。日内其实就是从大格局不断分解到小格局，然后顺着主要方向的势操作。当出现了买入信号，又符合阶段性主要方向，多空力量方向一致，如果盘中上证 50 关键性权重也给出信号，甚至发生协同性的波动，那赢面的概率就更大。除此之外，我们还要关注北向资金的流动状况，任何指标单一使用，赢面的概率都比较低，但综合分析之后能大大提升胜率。

学习温馨小提示

不论什么投资，其实就是一个概率，假设三种独立的研判成功的概率均是 30%，那综合起来成功率就是 90%。注意！是独立。比如技术分析只能算一个，那些所谓指标都是技术衍生，不算独立，所以这也是为什么单纯使用一个技术分析还不够的原因。

实战案例分享：2019 年 6 月 13 日，50ETF 早盘有所下探，最多下跌了 1%，在 10 点半左右随着科创板的开板仪式有所上升，最高翻红涨到 2.81，随后小幅震荡收小阴。

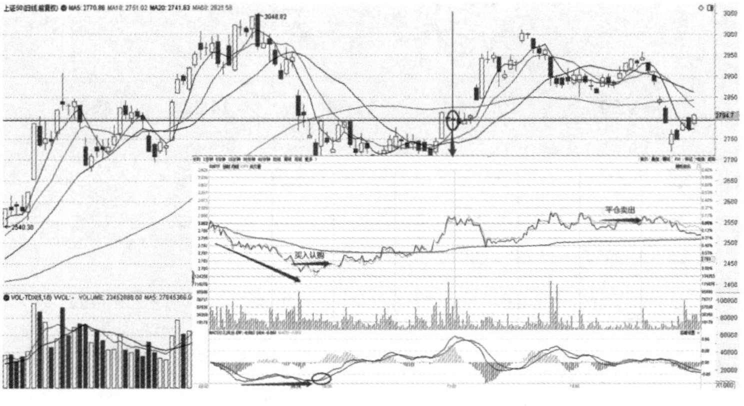

图案回顾点睛：2019年6月13日分时图

从涨跌家数可以看出，上涨家数跟涨停个股明显多于下跌家数。

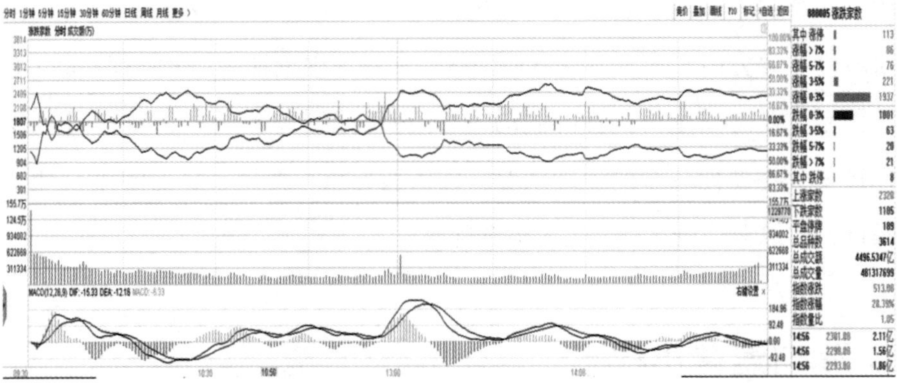

图案回顾点睛：2019年6月13日涨跌家数状况

北向资金持续流入 13.91 亿。

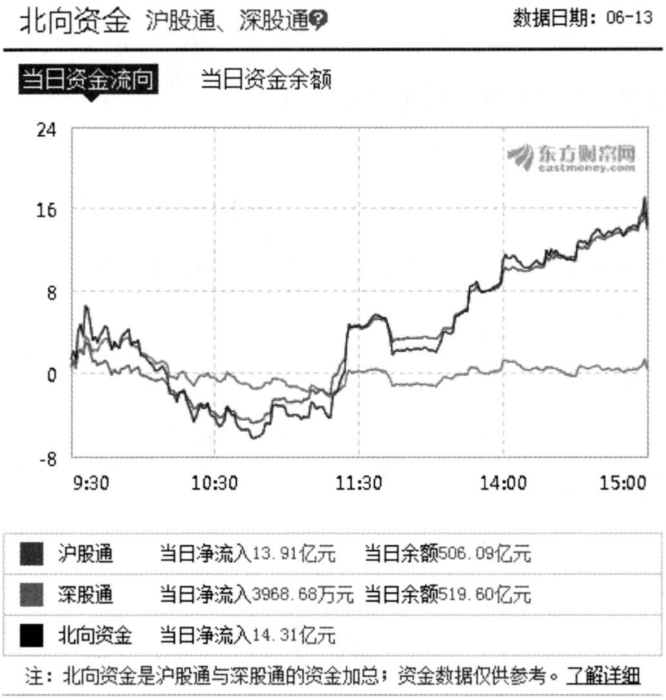

看一下大金融状况：

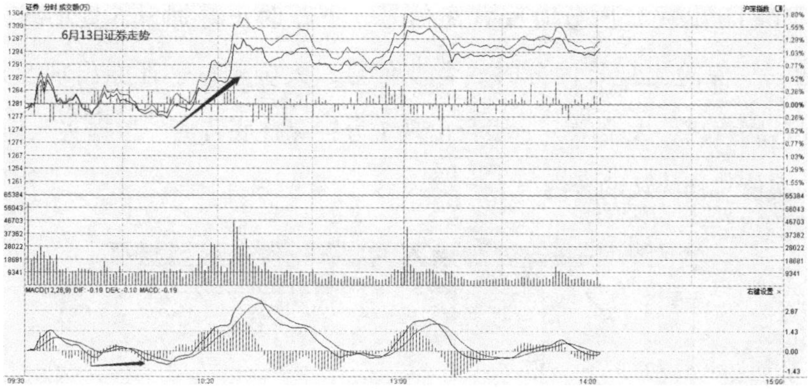

图案回顾点睛：大金融——证券6月13日分时图

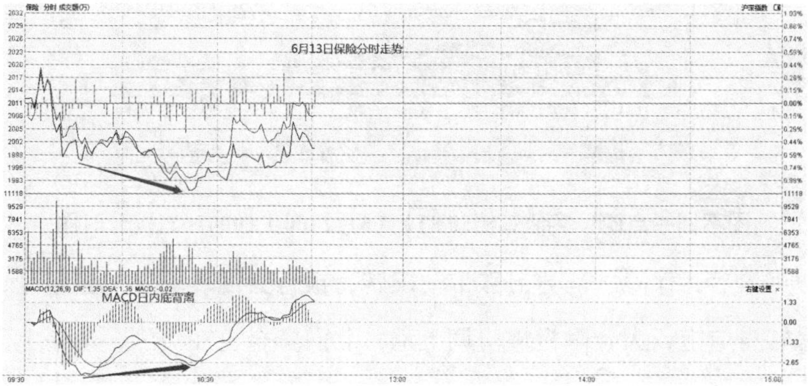

图案回顾点睛：大金融——保险6月13日分时图

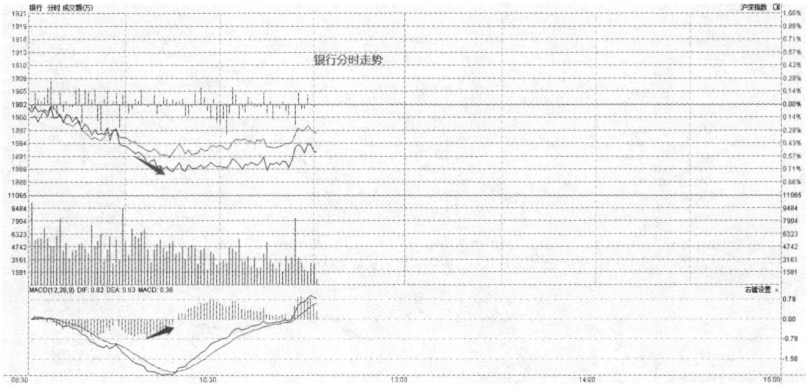

图案回顾点睛：大金融——银行6月13日分时图

50ETF出现日内分时底背离信号，下跌时正好回踩5日均线，大金融——保险出现日内分时底背离信号，大金融——证券出现5分钟MACD底背离，大金融——银行出现1分钟绿柱底背离。根据买入信号，买入实值二档的认购合约。

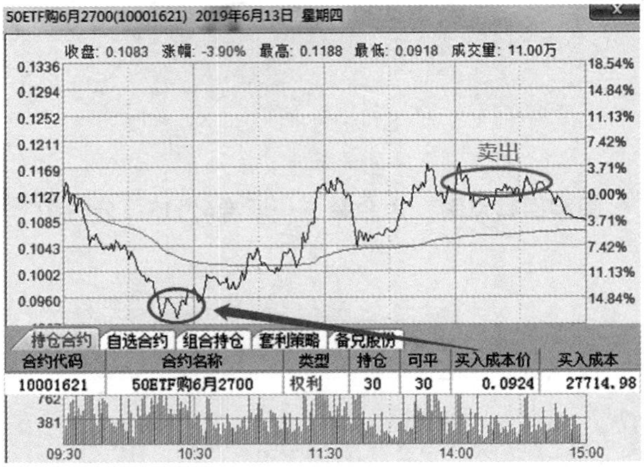

图案回顾点睛：实值二档50ETF购6月2700（10001621）分时图

买入后，保险、证券上涨带动反转，银行力度较弱，横盘整理，随后也转身向上，大金融慢慢协调上涨，北向资金也在流入，动荡上涨等待卖出时机。

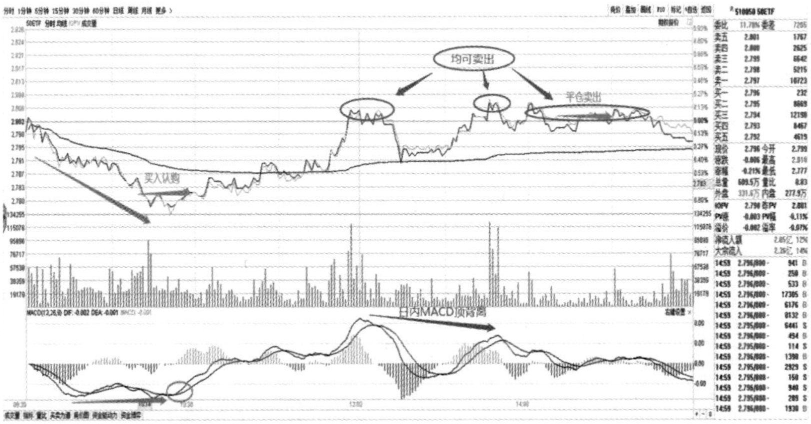

图案回顾点睛：2019年6月13日50ETF分时走势图

6 月 13 日 50ETF 分时图中三个圆圈处都是卖点，第一个圈是急速拉升，偏离较远可以卖出，第二个圈是日内分时顶背离卖点，第三个圈是缩量整理未能向上突围。注意！如果没有非常好的盘感，日内出现卖出信号，果断止盈 / 止损，不要想把日内全部的果实都吃到，大多数投资者就是输在“贪”上。

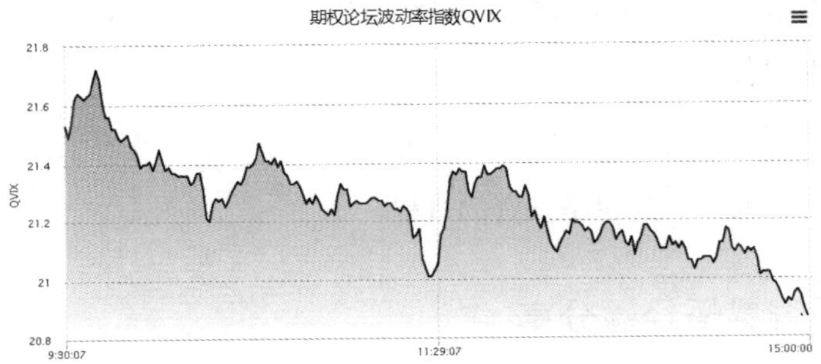

图案回顾点睛：2019年6月13日波动率状况

波动率全天走低，期权沽购双杀。但是我们选择了实值二档的合约，对比发现，与 50ETF 的分时走势几乎如出一辙，这就有效减少了时间价值和波动率的影响，只要方向研判正确，日内赢面就会比较确定。

不论是日内操作，还是趋势波段，抓住行情的本质，就是抓住上证 50 那 50 只成分股的博弈，这是本质，虽然技术分析市场也有需要，但是关键还是要看清本质。根据 50ETF= 上证 50=60% 金融股，不论短期还是中期，都可以依据金融股的动向操作。如果实战经验慢慢丰富了，对日内的波动率有一定的把握，在波动率助推的情况下，可以把握虚值的日内机会，但是一般不建议新手立马操作虚值，有大波动的情况还好，否则受波动率下降的影响，时常会出现看对方向而亏损的情况。所以把握期权，也是把握确定性，兑现自己的认知，做到知行合一。

日内操作前提：避开波动率和时间价值的影响，拒绝贪心，选择实值合约操作。

日内操作技术要求：研判相应阶段性趋势的大方向，顺势操作。

日内操作依据：技术买卖点，权重关键性标的协同状况，北向资金的流动状况，涨跌家数。

日内操作止盈/止损：技术量价背离，日内分时跌破或偏离均价线，或严格固定某一收益。

日内操作次数：看得懂操作，看不懂休息，一天最多两次，严于律己，失败两次休息。

弱水三千，只取一瓢饮，严格自律，保持耐心，保持良好的心态，等待也是一种操作，这也是投资的过程。

5. 投资感悟经验分享

第1点，我们要做自己熟悉的、逻辑简单的品种，也就是根据自身能力范围去做自己最熟悉的，不熟悉的最好不要去碰，或者弄熟悉了再去碰，但是没搞清楚之前千万不要去碰，一定要记住这句话。以后做任何投资，不管是资本市场投资还是其他方面的投资，一定要记住，不懂的不要去做，不然最终输是大概率。

第2点，交易的时间节点非常关键。一定要研究透这个标的物，比如上证50，整个主板的波动研究得越清晰越便于操作。期权这个品种，就像打鱼一样，十网九网空都没关系，最终一网补全空，也就是说，哪怕只有10%的命中率，只要能够打到一网，一网就补全空。所以要看清本质，把握住行情的脉络，做完一波，要懂得休息，不要天天在里面折腾，行情是有节奏的，涨完一波要休息，不会天天涨，这都是很正常的。哪怕一波牛市行情，一个波段上涨百分之三四十它也会休息。就像人跑步一样，跑累了要休息，要补充能量，才能继续跑，才能跑的更远。所以做投资也是一样，要掌握、踏准这个节奏，跟着这个节奏走，而不是自己去主导这个节奏，我们要去迎合这个市场，而不是去主导这个市场。所以一定要记住，做完一波要懂得休息一段时间，可以去游山玩水，可以购物，不用天天折腾，不小心又折腾进去，亏回去了多可惜。所以一定要耐心等待做自己看的懂的交易机会。

第 3 点是资金管理。一定要记住，资金进场的时候，最好采取分批进场的策略。就算拐点把握的再准，很多时候也会有几天的反应时间，没有人能保证说明天跌，它就一定是跌，有时候可能会需要几天甚至一两周的反应。所以在判断是底部的时候，不要一下子全进去，不然明天一跌就受不了，然后又砍出来，折腾两三次，心态坏了，是底都不敢抄了。一定要掌握好自己的心态，让自己的心态处于最舒适的状态，好的心态才会事半功倍，才会有勇气去拿住它。我们先进个三分之一，是涨是跌没关系，我们只要知道这是个相对低位，或者是个相对高位就行了，十万本金先进三万，进去之后任它波动，然后再结合行情，结合情绪，结合技术面，结合政策面，等到这个节点，觉得要起动了，再加一批进去，等真正确定了，满仓进去，这样不就实现了仓位的分批进场嘛。第一批是试探，打个底仓，第二批就是根据行情的演变，感觉这个节点已经到了，拐点确认再加仓，顺势加仓，在相对低位把仓位打满，然后有耐心和魄力敢于顺势吃这个大波段。而很多人就是喜欢频繁日内交易，大概率却是亏钱的，为什么？因为交易成本很大，有手续费，交易越多亏损越多。

第 4 点是建立自己的期权交易体系。因为每个人的认知标准和体系是不一样的，还有个人资金情况，以及风险承受能力也是不一样，所以一定要建立适合自己的，做到简单、快乐、轻松地投资。

总结为十六个字：“有所不为、控制风险、留有余地、快乐投资”。第一是有所不为，也就是有所为有所不为。一定要控制住自己的手，做期权不要轻易交易，做股票也不要轻易交易，或者是用一张几百元在里面感知市场，等到看得懂的时候，等有大概率的机会的时候做一波。比如大牛市行情就整整做一波，其他时间就休息，期权一年大的机会可能就是一波到两波，中等级别的可能有五到八次，而真正大级别的像2018年年初的那个一千倍的，基本上一年出现一波就很难得了，所以不要轻易动，一动就是要有确定性的，非常有把握的一击必中。

第二和三就是控制风险，留有余地。这个很重要，为什么？因为只要留得青山在，就算几千元都可以翻身。所以不要把钱亏的一万都不剩，要记住毛主席的一句话——星星之火可以燎原！在期权市场有这个暴利机会，但我们也要稳健的拿，一定要控制风险，留有余地。十网九网空，只要还有余地，一网就能补全空，所以不能往死里干，切记！

第四就是做到快乐投资，不要在买期权或者买股票的时候觉得很痛苦，这是不行的，健康与快乐是通向财富自由的两条最重要的因素，所以一定要快乐的投资。

做投资一定是要战胜自己，而不是战胜市场。做交易一定要有平静、放松、淡泊的心态，但必须有客观、理智的分析，深思熟虑的决策，不慌不忙的步伐。焦虑、急躁、恐惧、盲目乐观，这些人性的弱点对交易极为有害，期权是在跟自己而不是市场较量。战胜自己，保持情绪定力，远比市场知识和预测知识重要得多。

巴菲特也讲过，股票投资最重要的是两条，第一条就是做出投资决策的正确思考方向，可以从书本或理论课中很简单的获取。最为重要的就是第二条，保持情绪定力，这远比市场知识和预测知识重要的多。正确的思考方向，可以通过学习建立自己的决策体系，但更为重要的就是修炼心态、情绪、定力等。所谓的知与行，做到合一，就是这两条的综合。所以最终要战胜自己，而不是战胜市场，只有战胜了自己，那么最终肯定是要盈利的，只是迟早的问题。

学习温馨小总结

三个实战波段案例，一个实战日内案例，不仅融合了技术，也融合了上证 50 关键性标的的组合波动，关键都是把握本质。人无完人，总会遇到失败与挫折，但是我们要学会战胜自己，好好学习提升自我。

第九章

杂　篇

学前须知

最后一堂课主要是回复学员的问题，以及讲解实战当中遇到的问题，利用数据对比让读者认识震荡市场的机会与风险，最后简单介绍了波动率，以及分享了几个简单基本的组合策略，已经学习的跨式策略和保险策略也是组合策略，在前面章节已经重点阐述。

本堂课内容在牛散大学堂股威宇宙的等级划分为中学级别。

1. 数据对比：期权在震荡区间的机会与风险

不论刚接触的人还是老手都清楚，期权是穷人能逆袭、土豪继续增值的工具。但是在实践操作过程中，却总遇到各种问题。我们都知道，股价的方向无非就是上或者下，但是在运行过程中经常会进入整理、动荡的状态，玩股票和期权都渴望趋势性的行情，博弈大波段。在期权中，不论大涨或者大跌的趋势性机会都是暴利。但是动荡的行情时间很长，而且还折磨人。玩股票有时候就是要经历动荡才能见彩虹。那同样是动荡，期权又是如何表现的呢？没有对比就没有伤害，往往很多细节、很多关键的东西就是对比出来的。这里透过2018 年上证 50ETF 横盘整理的行情数据对比，一起认识震荡区间的机会与风险。

50ETF 一直在大的箱体中运行，我选取 11 月 8 日到 12 月 14 日的这一段，整体基本上是在横盘整理，几乎可以说是没怎么跌，也没怎么涨，围绕着 2.450 上下波动。不难看出，在区间 11 月 13 日到 11 月 19 日，走出了一小段上涨趋势，如果在股市，这五天的走势可以说是非常不错的短线。那对比一下期权认购平值 2450 合约的走势。

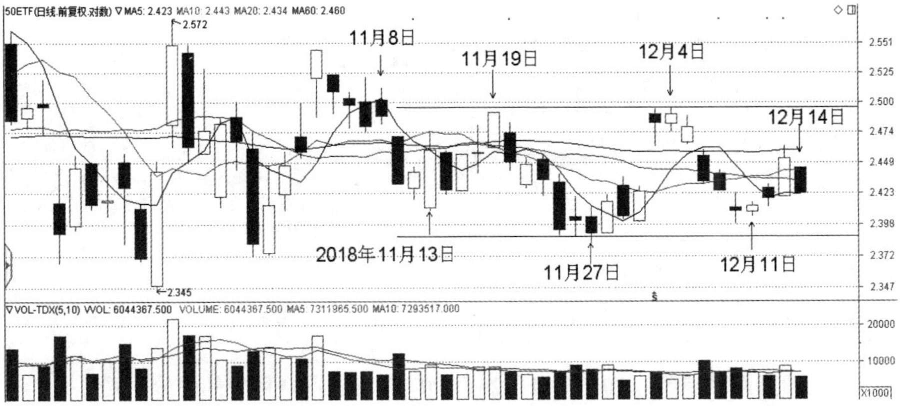

图案回顾点睛：2018年11月至12月50ETF动荡区间

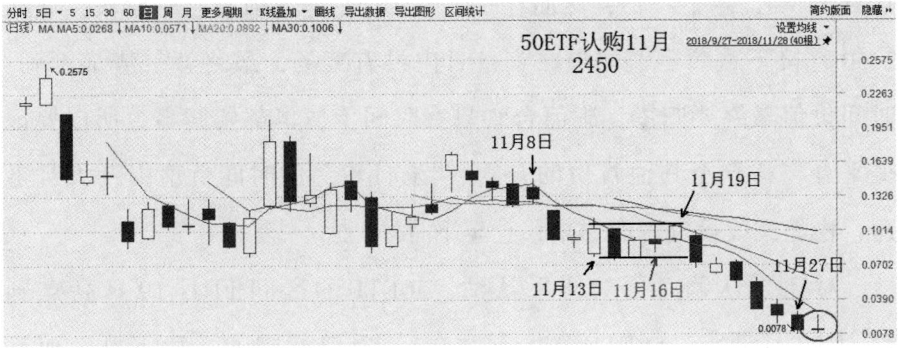

图案回顾点睛：2018年50ETF认购11月2450

虽然不是很明显，但还是可以发现，50ETF 在 13 日到 19 日是短期往上走的趋势，而认购 11 月 2450 合约却是横盘整理的状态。50ETF 在 14 日的阴线并没有包住 13 日的阳线，而期权合约则是阴包阳。在 16 日，50ETF 微涨一点点红盘，而期权合约则收出了绿盘，很明显下跌力度超过了 50ETF。这就是时间价值的影响，当月合约临近到期，时间价值损耗会加速。这个差异不是很明显，那看一下认购 11 月 2450 圆圈处那天的波动，11 月 28 日，也就是到期日的分时图，对比 50ETF 一起看：

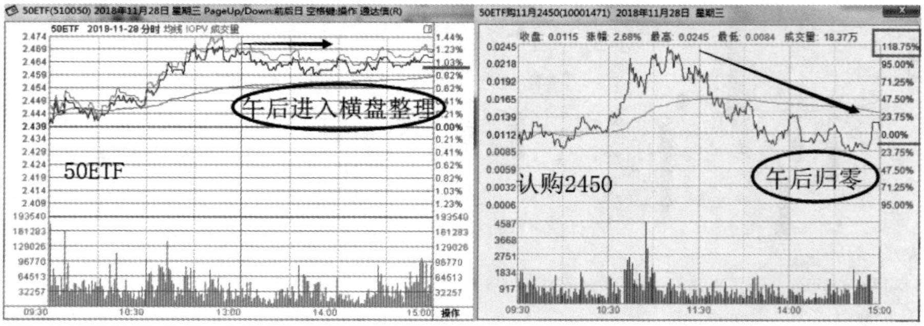

图案回顾点睛：2018年11月28日50ETF与认购11月2450的分时图

可以发现，50ETF 上午单边上涨的时候，认购 2450 合约涨势不错，达到 118%，翻了一倍，然而在午后，50ETF 进入横盘整理阶段，认购 2450 直接下跌归零，如果在末日日内没有离场，最终就是渣都不剩。时间价值最终要归零，虚值合约只有时间价值也都要归零，所以要记得平仓，移仓至其他月份的合约。“末日轮”的时间价值损耗大且迅速，稳健波段投资者应尽早移仓至下月。

对比了认购，再对比下认沽，50ETF 的区间 11 月 19 日高点到 11 月 27 日低点，50ETF 整体下跌 0.1，看似不错的一段下跌。而且相对认购这几天区间的上涨也相对流畅一些，那认沽平值合约的表现如何？

50ETF 下跌 0.1，认沽应该能有不错的涨幅，但是认沽 2450 合约只有 11 月 23 日一天是走的比较好的，其他几天时间几乎就是横着不动，如果继续坚守，到最后还可能亏损。50ETF 从 11 月 19 日到 11 月 27 日走出了区间内的单边下跌，但是合约方面却走出了横盘整理的走势，仅有 23 日一天是比较好的出局机会。而 11 月 23 日的前一个交易日，11 月 22 日更是精彩，对比 50ETF 来看。

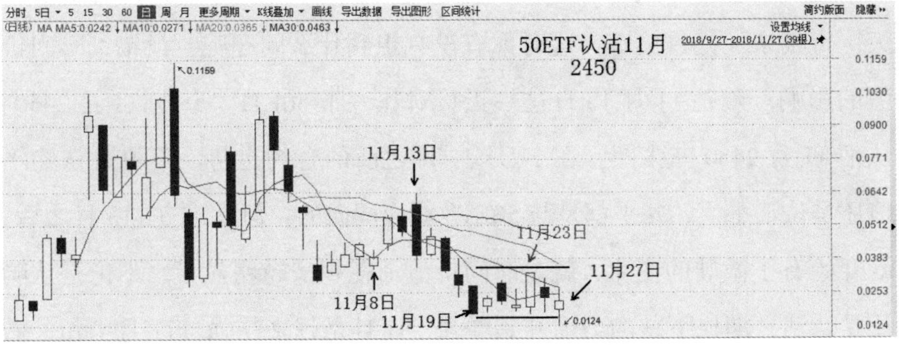

图案回顾点睛：2018年50ETF认沽11月2450日线图

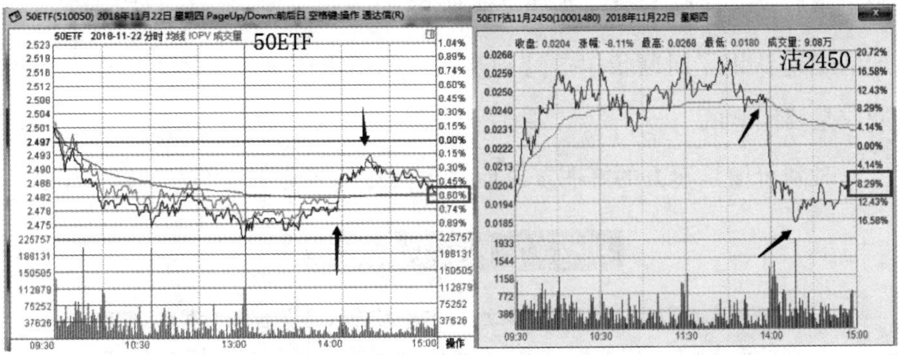

图案回顾点睛：2018年11月22日50ETF与认沽11月2450的分时图

不难发现都是绿盘，50ETF 下跌 0.6%，认沽最终也是跌的，分歧就在箭头处，50ETF 动荡下跌，认沽合约缓慢上涨，涨幅约 20%。但是 50ETF 突然急速拉升，接近开盘价附近，而认沽直接暴跌，最终收出绿盘。如果做日内，盘中没有了结，最终结果居然还是亏损。

透过刚才的对比知道，区间整理 11 月 13 日到 19 日 50ETF 是上涨，而当月认购平值 2450 是横盘整理；区间整理 11 月 19 日到 27 日 50ETF 是下跌，而当月认沽平值 2450 也是横盘整理。操作难度比较大，日内技术不高的话，也很难赚钱，甚至还可能亏损。如果在股票市场，这个区间上涨和下跌是一个不错的小短线，但是在期权，不但不能保证盈利，甚至还可能亏损，比股票的区间动荡还要凶险万分。还有 28 日到期那天，直接来一把过山车。这时你有没有想到什么问题呢？没错，时间价值的影响。就是 11 月 13 日这一天！对比一下 50ETF、认购 11 月 2450、认沽 11 月 2450 三张图。在 11 月 13 日之前的合约走势，不论是认购平值还是认沽平值，几乎都是与 50ETF 对应同向的。但是 11 月 13 日之后，就开始有了微妙的变化，就是时间价值消耗越来越明显了，不论是认购还是认沽，期权下跌的力度开始增强，而且是越来越强。11 月中旬，做短线认购不好赚，临近到期，短线认沽还可能亏损，如果盘感不好，日内也不好做，时间多拿一会就可能像 28 日坐过山车。数据对比之后，更加清晰地认识了时间价值。特别是在区间横盘整理波动不大的阶段，做期权是要回避的。

时间价值是卖方的好朋友，而对于买方是非常不利的，回顾一下：

期权的风险之买方风险

时间价值损耗。买方不利因素之一，随时间流失，时间价值到期归0，同时对实值/虚值/平值期权影响不同。实值和虚值期权，最后一周时间流失的影响小，到期日虚值期权价值归0，实值期权则仅剩下内在价值，而平值合约，最后10天下降最快。

期权时间价值在到期前加速衰减：

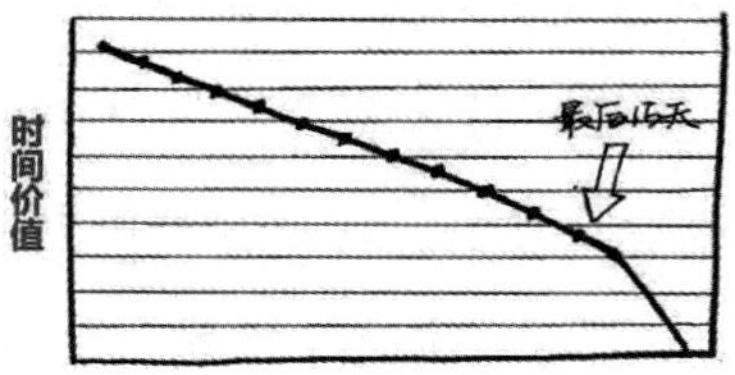

当月合约最后两周，时间价值消耗越来越快。期权的公式：期权的价值 = 内在价值 + 时间价值。用数学的角度思考一下，假设 50ETF 不涨不跌，时间价值临近到期加速下降，期权的价值也要加速下降，如果要期权上涨，50ETF 的波动就要大，如果涨跌幅不是很大，甚至不涨不跌的情况，自然就会发生 2018 年 11 月份数据对比的情况。所以想要在期

权中获利，就需要有大波动，来对冲掉时间价值的损耗，否则就会出现看对方向照样亏损的状况。而 50ETF 相对大波动，正相关的波动率如果助推，那就是暴利，如果波动率下跌那可能涨幅还会受到一定限制。这样我们就更加清晰的认识到，期权的价值跟标的资产的价格（50ETF）、时间价值以及波动率这三个因素的关系。

刚才只是对比了 2018 年当月 11 月的平值合约，为了加深印象，再对比 11 月同个月份的实值与虚值合约的情况，我们一般选择合约会选实一两档和虚一两档的合约，那就先看认购虚实四个合约的情况，依旧是 50ETF11 月 13 日到 19 日的区间段。

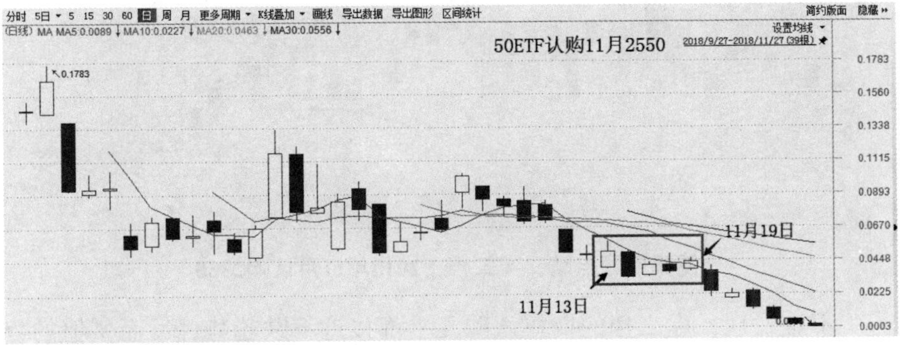

图案回顾点睛：虚二档，2018年11月认购2550

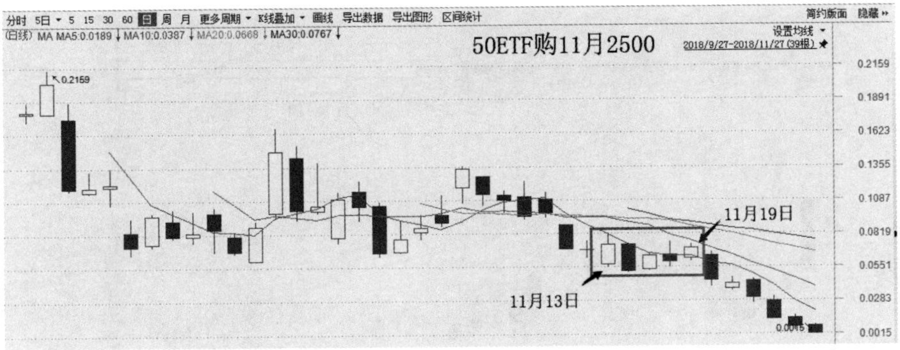

图案回顾点睛：虚一档，2018年11月认购2500

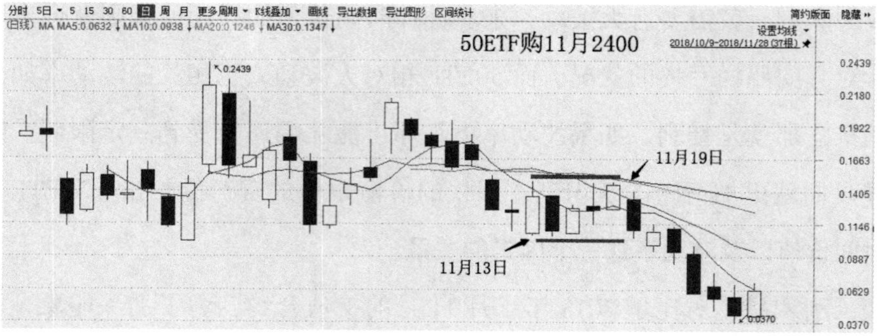

图案回顾点睛：实一档，2018年11月认购2400

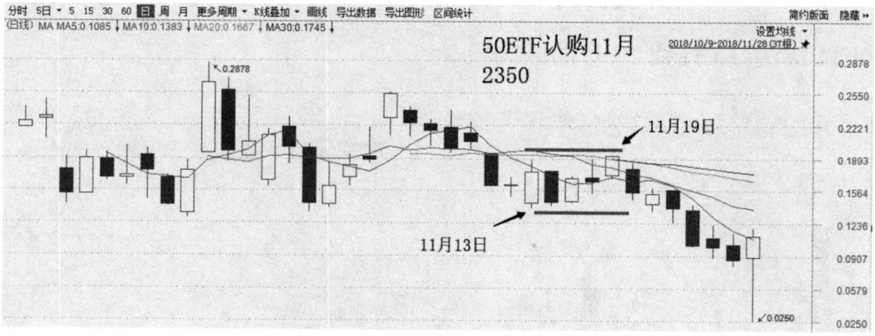

图案回顾点睛：实二档，2018年11月认购2350

不难发现，虚二档的期权认购几乎都接近下跌趋势，反而实值的合约，有些类似 50ETF 走势的走势。再看下极度虚值和极度实值的 11 月认购合约。

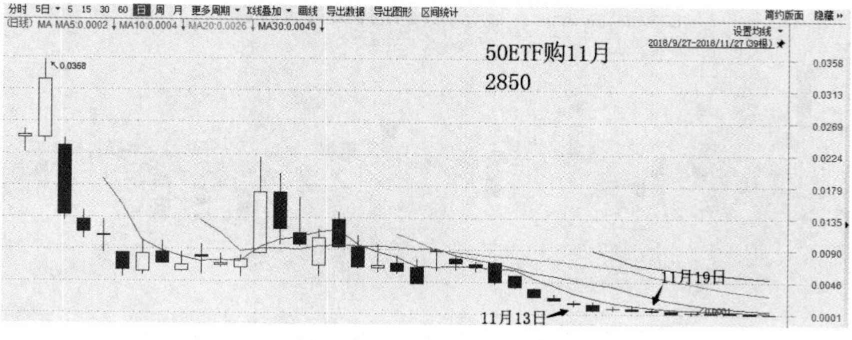

图案回顾点睛：极度虚值2018年11月认购2850

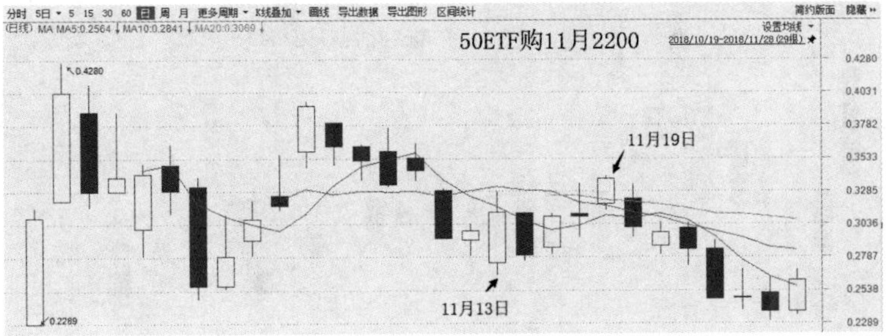

图案回顾点睛：极度实值2018年11月认购2200

不难发现，极度虚值的合约几乎就是下跌趋势，而极度实值是最接近50ETF走势的形态。在11月13日到11月19日，50ETF区间小涨，极度实值期权到极度虚值期权的过程，呈现了一个由上涨变成下跌的过程，这样也就能理解，虚值到期归零，实值到期仅剩内在价值。

再来对比2018年11月认沽虚实四档，以及极度虚实共六个合约的状况，依旧是原先的区间段。

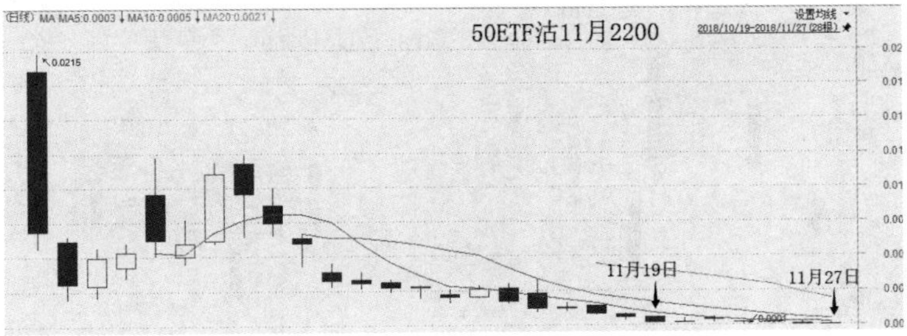

图案回顾点睛：极度虚值2018年11月认沽2200

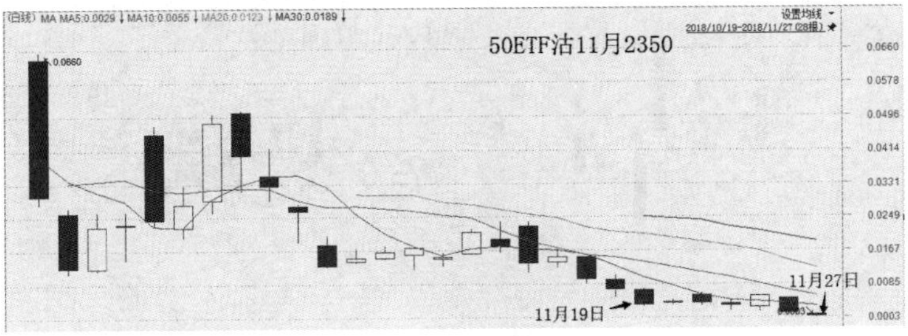

图案回顾点睛：虚二档，2018年11月认沽2350

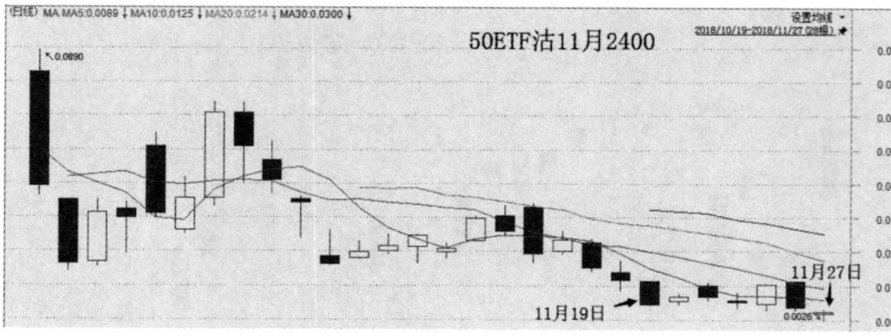

图案回顾点睛：虚一档，2018年11月认沽2400

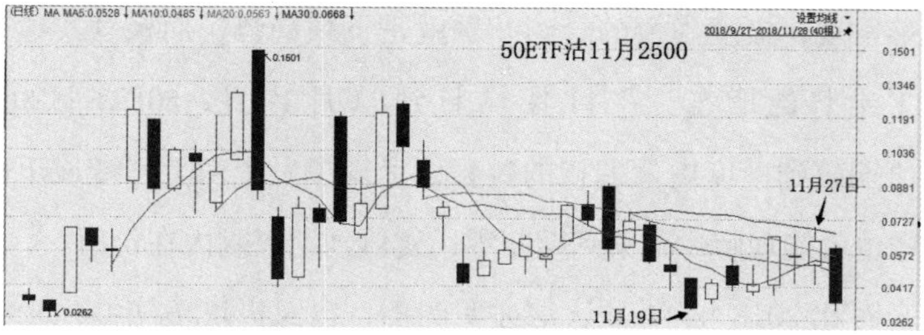

图案回顾点睛：实一档，2018年11月认沽2500

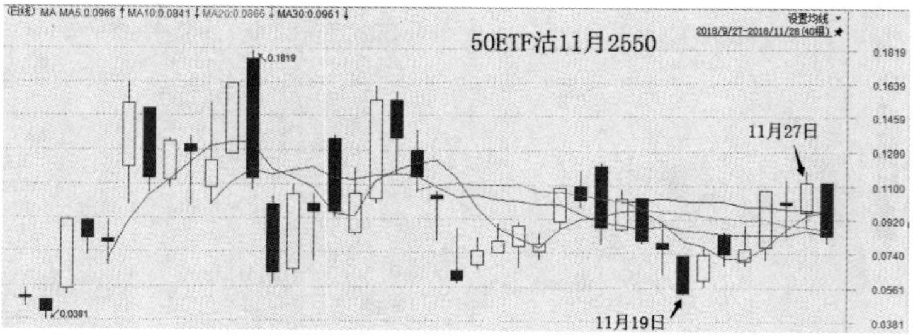

图案回顾点睛：实二档，2018年11月认沽2550

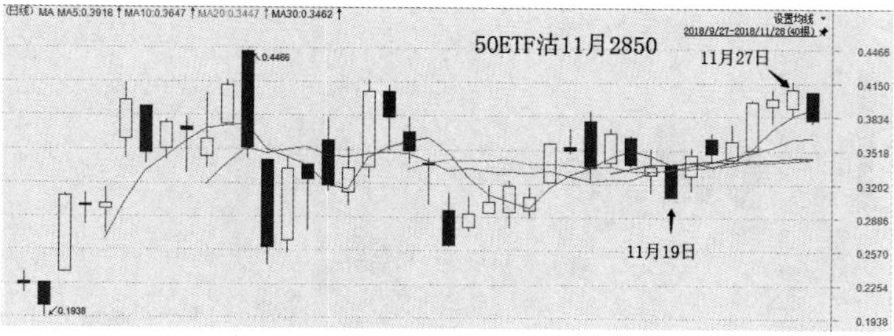

图案回顾点睛：极度实值2018年11月认沽2850

对比了认沽六图之后，和认购的状况如出一辙，虚值合约全部变成下跌趋势，实值还有一定涨幅。所以不管认购还是认沽，实值期权越实，内在价值越大，时间价值越小，到期会剩下内在价值，虚值期权仅有时间价值到期要归零。而且也说明了一点，在区间动荡没有什么波动的时候，如果非要操作可以选择实值一二档的合约。如果日内把握很到位，日内有波动，依然是虚一二档的合约涨势最好。

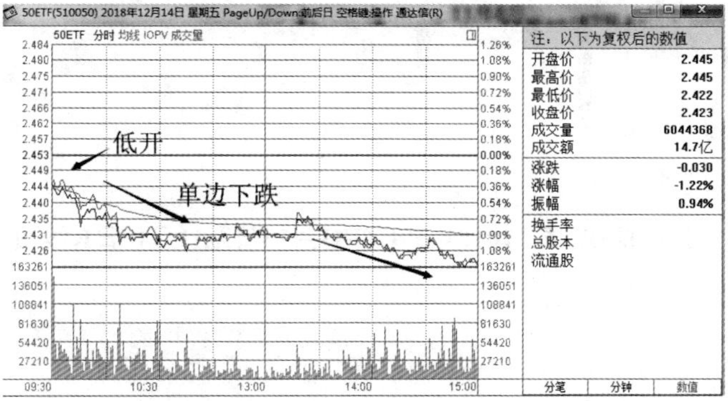

图案回顾点睛：2018年12月14日分时图

这一天 50ETF 单边下跌，走势相当流畅，认沽合约大涨。

统计	代码	名称	涨幅%	现价	涨跌	买价	卖价	总量	现量	涨速%	换手%	今开	最高
1	510050	50ETF	-1.22	2.423	-0.030	2.423	2.424	604.4万	10680	0.00	3.01	2.445	2.445
2	CUL9	沪铜指数	0.12	49220	60	49180	49230	137534	2	0.04	–	48840	49300
3	ML9	豆粕指数	0.26	2722	7	2722	2723	413902	4	0.07	–	2717	2725

实时行情　认购　2018年12月(11天)　认沽

合约代码	持仓量	卖量	卖价	买量	买价	涨幅%	现价	行权价	现价	涨幅%	买价	买量	卖价	卖量	持仓量	合约代码
10001623	351	10	0.2300	6	0.2282	-11.32	0.2287	2.2000	0.0004	33.33	0.0004	13	0.0006	1	1034	10001624
10001543	2296	11	0.1785	1	0.1784	-14.47	0.1785	2.2500	0.0009	12.50	0.0009	32	0.0012	35	10138	10001552
10001544	4374	11	0.1339	22	0.1308	-17.27	0.1308	2.3000	0.0031	47.62	0.0030	1	0.0031	105	41633	10001553
10001545	19857	24	0.0869	12	0.0868	-23.10	0.0869	2.3500	0.0090	76.47	0.0090	70	0.0091	29	78427	10001554
10001546	50379	41	0.0514	7	0.0513	-28.85	0.0513	2.4000	0.0227	54.42	0.0227	41	0.0228	34	66685	10001555
10001547	98492	59	0.0266	335	0.0264	-35.29	0.0264	2.4500	0.0476	45.12	0.0475	13	0.0476	606	50636	10001556
10001548	113195	49	0.0120	190	0.0119	-40.20	0.0119	2.5000	0.0832	34.19	0.0832	60	0.0833	9	33299	10001557
10001549	60255	447	0.0044	19	0.0043	-46.34	0.0044	2.5500	0.1248	24.68	0.1248	21	0.1274	1	7205	10001558
10001550	36627	54	0.0016	203	0.0015	-57.89	0.0016	2.6000	0.1724	17.28	0.1724	11	0.1763	1	2520	10001559
10001551	17681	152	0.0011	38	0.0010	-33.33	0.0010	2.6500	0.2200	11.68	0.2176	1	0.2200	19	2204	10001560
10001615	7602	2	0.0006	14	0.0005	-33.33	0.0006	2.7000	0.2712	9.80	0.2657	1	0.2712	1	573	10001616

图案回顾点睛：2018年12月14日期权收盘

可以看到平值认沽 2450 上涨 45%，持仓量约 5 万。而实值越实的认沽 2700 合约，上涨幅度最小，不到 10%，持仓量也不到 600，流动性也没有平值的好。这一天流畅的下跌，认沽虚一档上涨 54%，虚两档上涨

76%，这两档涨幅最好，所以从涨幅以及流动性考虑，加上之前时间价值各方面因素等，一般选择平值附近一两档的合约操作即可。

刚才的数据对比是当月的合约状况，如果在同一个阶段，隔月、季度月又会如何，依旧先看 50ETF11 月 13 日到 19 日上涨，认购平值对比一下。

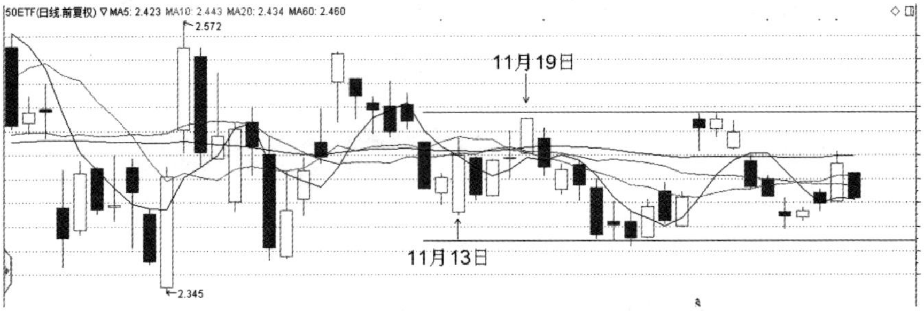

图案回顾点睛：2018年50ETF11月13日至11月19日K线图

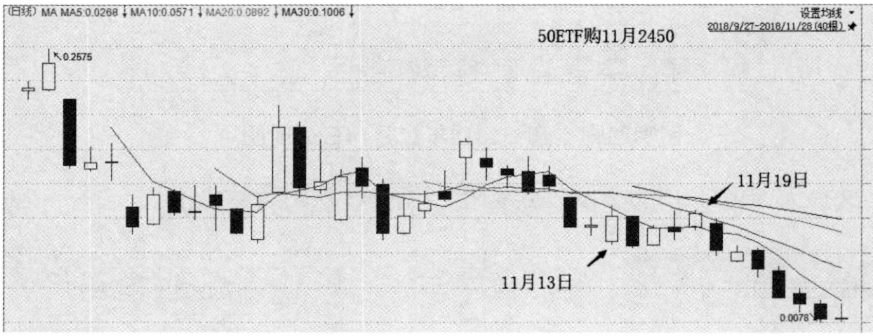

图案回顾点睛：2018年11月购2450合约

图案回顾点睛：2018年12月购2450合约

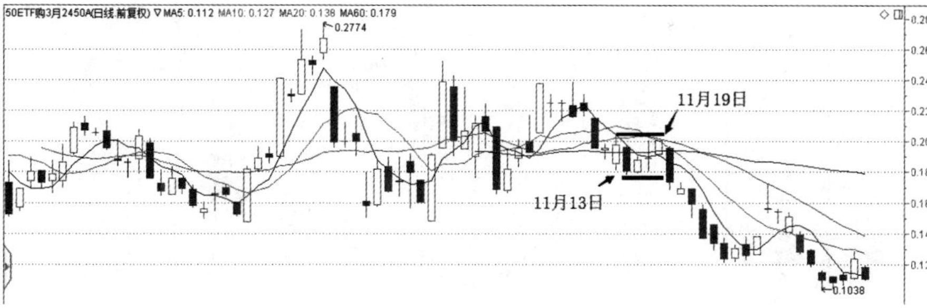

图案回顾点睛：2018年3月购2450合约

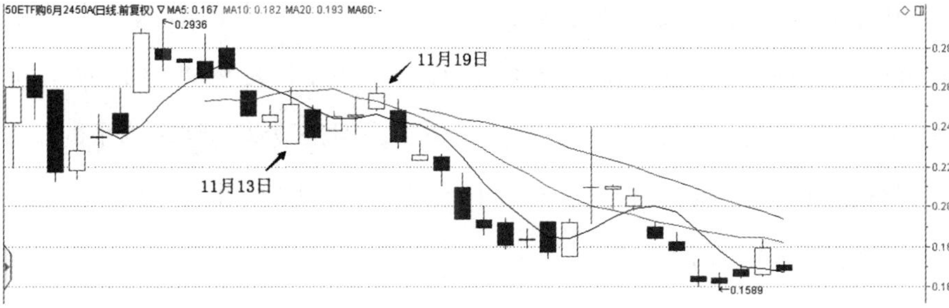

图案回顾点睛：2018年6月购2450合约

仔细一点就可以发现，11 月 19 日前一天的十字星，50ETF 是微微收红的，随着时间距离越远，我们可以看到这个十字星幅度的变化，跌幅越收越窄，到 6 月也是收红，还有 19 日的走势也差不多，时间越远，收盘价超过了十字星的头部。所以单日而言，远期的合约时间价值影响小，小区间整体变化不大。

但是再对比整个大的区间动荡的走势，50ETF 这两个月几乎是横盘整理的态势，然而这四个月份合约后面整体的走势，虽然期间有跟随 50ETF 上涨，但是整体却是下跌为主的，都是连创新低。所以短期可能远期合约时间价值影响较小，但是时间价值一直是在不断减少，始终在影响着合约，所以在区间动荡的时候，如果一直不选择方向，在里面耗着不动，就是持续的亏损，时间价值会一直损耗。

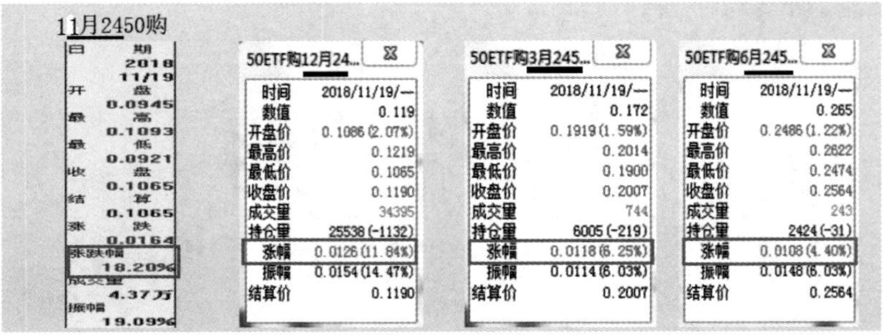

图案回顾点睛：2018年11月19日，认购四个月份合约单日涨幅

刚才对比单日K线远期好像很牛，但是对比11月19日这一天的涨幅，11月涨18.2%，12月涨11.8%，3月涨6.2%，6月涨4.4%，时间间隔越久，涨幅是逐渐减少的，看着K线很牛，但是波动是越来越小的。

对比了区间上涨，再对比下19日到27日区间的下跌，继续对比四个月份平值合约的状况。

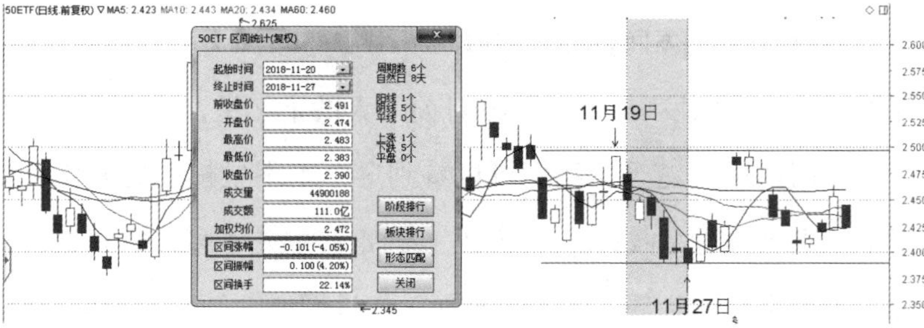

图案回顾点睛：2018年50ETF日K线走势，区间跌幅4.05%

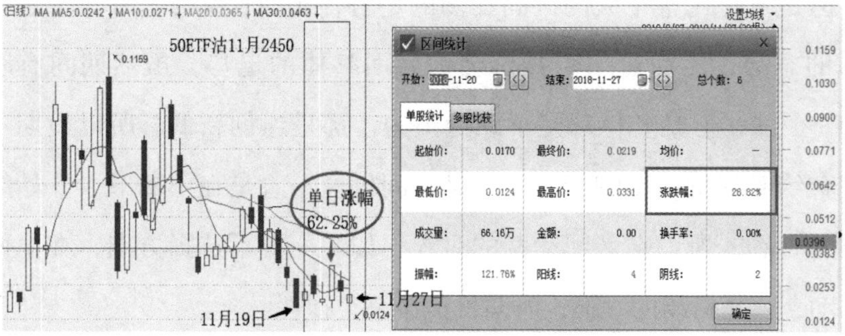

图案回顾点睛：2018年11月沽2450合约，区间上涨28.8%

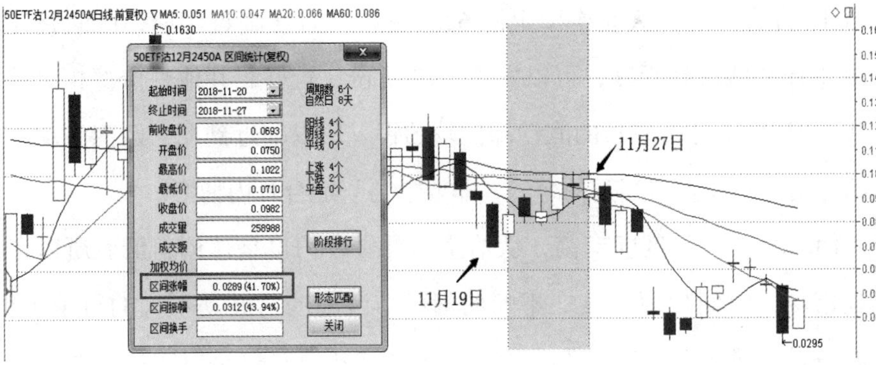

图案回顾点睛：**2018年12月沽2450合约，区间上涨41.7%**

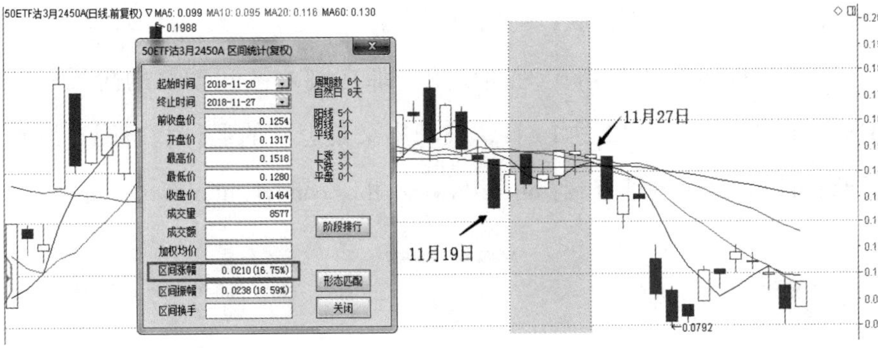

图案回顾点睛：**2018年3月沽2450合约，区间上涨16.75%**

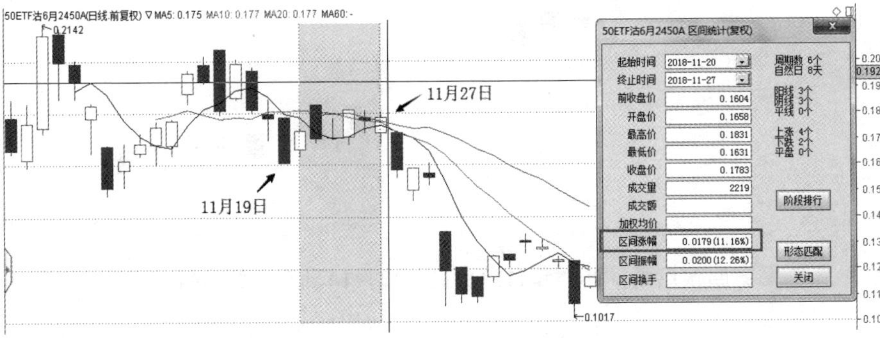

图案回顾点睛：**2018年6月沽2450合约，区间上涨11.16%**

可以看到，50ETF从19日到27日下跌约4%，11月合约区间涨幅为28.82%，12月合约为41.7%，3月合约为16.75%，6月合约为11.16%，不过11月合约有一天是中阳上涨62.25%。11月份临近到期，区间整体涨幅还有K线流畅程度，可以发现，12月份比较好，其他月份都相对差一些。但是11月份单日的波动却比较凶悍。所以临近到期，区间波动不大的行情，不能参与当月的合约，非要参与只适合日内博弈。

而且整个大的区间动荡，认沽全部月份合约也是迭创新低。所以在期权市场，时间价值一直在不断的消耗，区间动荡波动不大的行情下，做波段是较难盈利的，操作难度大，若非要折腾，也是以实值合约日内操作为宜。买方最好不要时时在场，要懂得休息，耐心等确定性的机会，这样又轻松、获利概率也大，何乐而不为。

透过数据更深入理解了时间价值，那在刚才区间动荡的阶段——2018年11月13日至12月14日，波动率又是怎样的运行状态呢？波动率指数可以在这个网址查看：https://www.optbbs.com/vix.html#welcome。

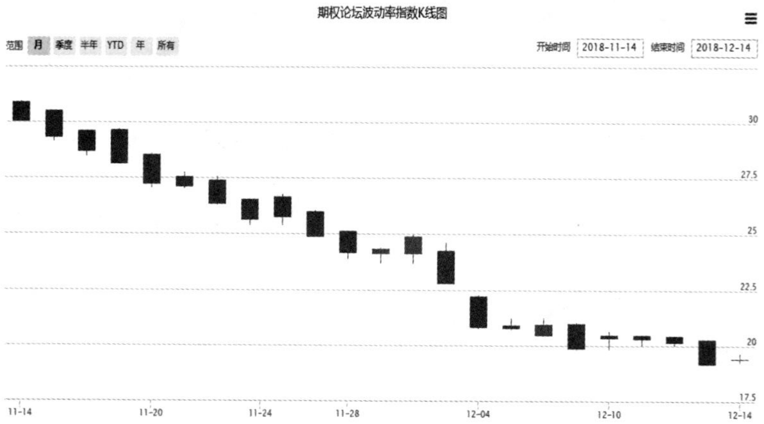

图案回顾点睛：2018年11月14日～12月14日波动率指数状况

可以看到，波动率从11月14到12月14日一直是处于下降状态。波动率与期权的价格是正相关的，波动率一直下降，那期权的价格也一直在下降，刚才对比的数据，时间价值也一直下降。这说明了，在这个时间段50ETF波动不大的时候，期权受到了时间价值和波动率的共同影响，最终整体是处于下跌的态势。期权是三维的工具，50ETF 的波动如果能抵消时间价值的消耗，那波动率的上升就有助于推进期权进一步上涨，反之，50ETF 的波动必须要抵消双重的压力，买方才有机会获利，所以买方需要大波动。

再对比一下升波时区间波动较大的状况。下图是 2018 年 9 月 17 至 12 月 14 日一波完整升降的波动率指数 K 线走势。

9 月 20 日到 10 月 30 日，波动率指数是上升的，当时的 50ETF 也是区间动荡，但是相比 11 月 14 日之后的区间明显幅度要大的多。

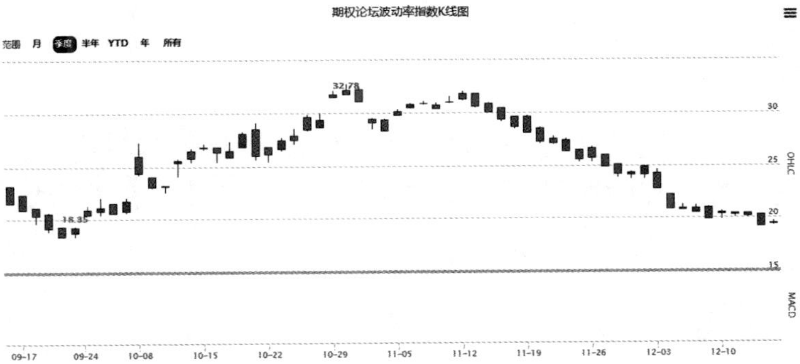

图案回顾点睛：左边2018年9月20日至10月30日升波阶段

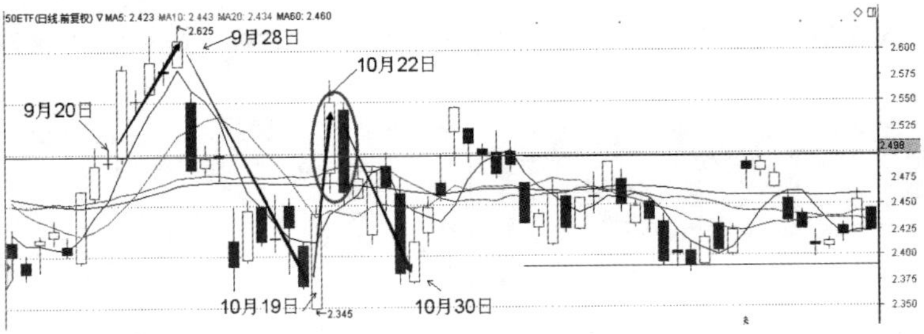

图案回顾点睛：左边2018年9月20日至10月30日50ETF日K线走势

同样是区间动荡，但是波动率是上升的，50ETF 的波动也大的多，同样是在“末日轮”，上图红圈处这两天，10 月 22 日与 23 日，大阳线这天，最好的合约最大涨幅达 10 倍，大阴线这天，最好的合约最大涨幅达

15 倍。一般的合约也有 5 倍。

10 月“末日轮”如果算是天堂，那 11 月末日轮就是地狱了，之前 11 月也对比看过，基本没什么波动。末日轮对比或许太极端，那再小区间对比一下，10 月份这阶段整体是在 2500 波动，就用平值 2500 的合约来对比，先看两个上涨，50ETF9 月 20 日涨至 28 日（左区间），10 月 19 日涨至 22 日（右区间）。

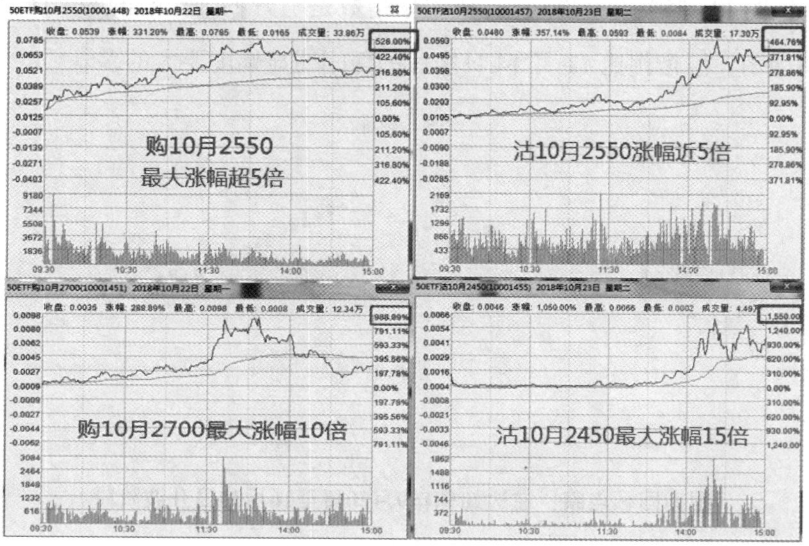

图案回顾点睛：2018年10月22日（左）与23日（右）“末日轮”波动

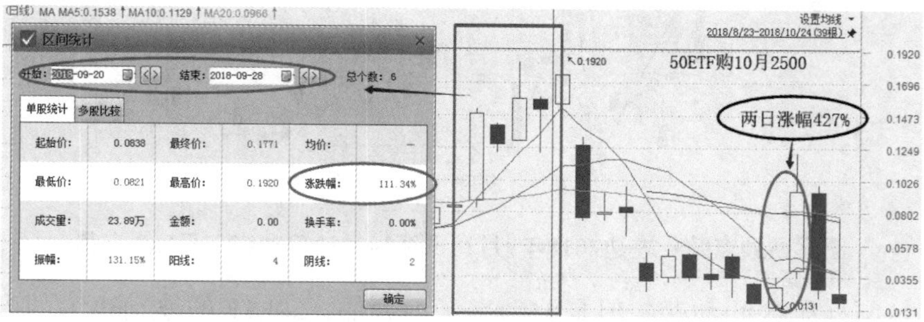

图案回顾点睛：50ETF购10月2500（左区间涨111%）（右区间涨427%）

可以看到 10 月 2500 认购合约左边，从 9 月 20 日到 28 日，涨幅达

111.34%，这个时间点，10 月份还是下月合约，下月合约能涨一倍，当月 9 月份肯定更猛。接着看右边，10 月 19 至 22 日，两个交易日，涨幅达 427%，这时 10 月已经是当月合约，相比 11 月的状况好一些。

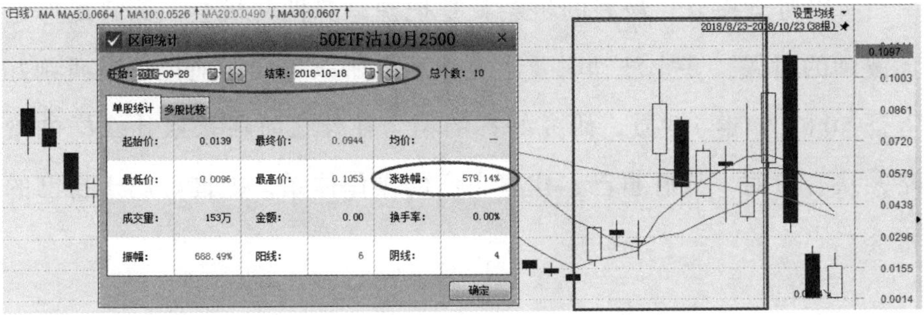

图案回顾点睛：2018年9月28至10月19日，50ETF认沽10月2500

可以发现，在剧烈动荡的状况下，涨幅还是能达到 579.14%，接近 6 倍。

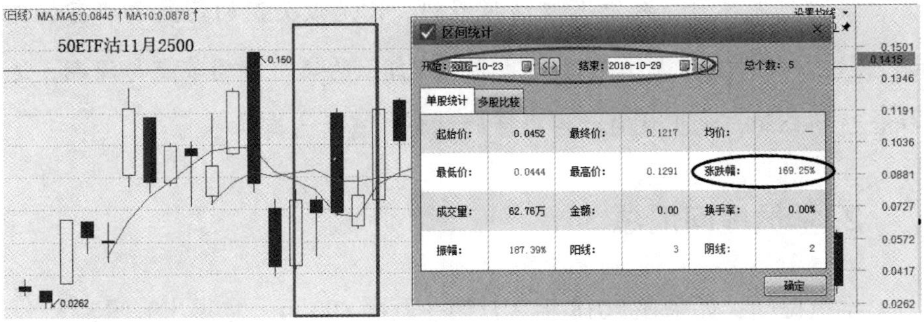

图案回顾点睛：10月22日至30日，50ETF11月认沽2500

在巨幅震荡之后，下月 11 月份的合约，这几天下跌还有接近两倍的涨幅。

很明显，同样是当月，受到的时间价值影响一致，同样在区间动荡小单边行情，升波加大波动时，还有一两倍甚至五六倍的稳健获利空间。而降波加小波动时，操作难度大且几乎缺乏获利空间。

整体而言，买方在区间动荡的市场背景下，如果区间波动大且有升波助益时，还具备一定短波操作机会，但是区间波动小，甚至受降波影响，就仅剩日内波动机会。所以买方在动荡的行情，一定要动，不能一直待在里面，时间价值会一直损耗。

所以对于买方，最好的机会就是把握趋势性的机会，而且最好是大波动的时候，在小波动时要学会休息。所以一切的前提还是研判好上证 50 的方向与性质，研究好标的物，在什么阶段采取什么样的策略，从容应对，战胜自己，建立自己的操作体系，把握好属于自己的机会。

学习温馨提示

真实数据比较，可以更快认清期权震荡市场的机会与风险。对于买方，波动越大越好，越没有波动越不利。但是最关键的还是要研究好上证 50 的方向、波动大小与速度，建立好自己的交易时间节点与周期，选择合适的合约，把握住自己看得懂的机会，有所为有所不为。

2. 学员提问汇总

学员提问：如果在 2018 年 2 月初一万赚 800 万，拿得出来吗？

可以的。为什么？因为它是从 2 月初开始下跌的。没有流动性一般是在接近末日轮的最后三五天，不过有时候末日轮的流动性也还可以，但是我们要知道，时间价值在最后一个星期内，它会大幅下降，流动性也会大幅下降，那么在这一个星期之前，它的流动性是很好的。所以这个 2 月初的下跌，刚刚开始的当月合约是很活跃的。当下月合约变成最活跃的当月合约，一直到第四个星期三行权的时候，它的流动性才会慢慢降下来。所以八百万、一千万绝对出得来，就算是几个亿，也可以分几天出来。所以没有问题，一定能出来。

学员提问：能不能吃到大波段对情绪平衡能力的要求很高吗？

大波段对情绪定力有很高的要求，要做到这一点也很有难度，这方面需要自己去修炼，因为投资的框架和思路可以从书本上学到，但是情绪这方面没办法，需要自己去修炼、去磨砺、去积累经验，需要自己去战胜自己。在这方面要靠自己，当然也不要给自己太大压力，比如2018年年初的那波1000倍，就是几天解决问题，你可能还没反应过来，就已经把利润放大很多倍了，不用想着全部把握，而且也不可能，把握其中的两三百倍也可以了。所以这就在于个人怎么样去看。

学员提问：证券所让开三级权限吗？

这个三级权限不要轻易开通，等经历半年或一年交易经验积累之后，再去开通。先开通二级权限，因为买入跟卖出的两个键是在一起的，你有时候不小心点到了，风险就大了。如果你没有开通三级权限，就算点了也没用。所以三级权限先不用开通。

学员提问：平值合约一般是涨幅最大的吗？

我告诉大家，真正涨幅大的，基本上不是平值合约，而是虚值合约，比如虚一档或两档的。要记住！在找合约时不要找太实的，也不要找太虚的。虚一两档基本上是涨幅最好的。所以在买合约的时候，尽可能去买这个虚一档或者是虚两档的，它们的涨幅往往是最大的。

学员提问：再简单讲一下期权的杠杆原理？

我们买入这个期权，比如说买入一万元，期权本身是没有杠杆的，对于这一万元是没有杠杆的。期权这平均两百倍杠杆是相对于它的标的物而言的，上证50指数涨一个点（1%），期权可以涨两倍，也就是200%，并不是说期权本身有杠杆，而是相对于标的物上证50ETF的波动，期权的波动更大，是这个意思。

学员提问：什么叫虚二档？

合约有实值合约、虚值合约和平值合约，这个知识点在前面章节再去回顾一下，理解一下什么是虚值。那么虚两档是什么意思？打个比方，比如现在上证 50 是 2500 点，那么认购的话，2500 就是平值，小于平值即平值上方的是实值，实一档就是 2450，实二档就是 2400，那么大于平值即平值下方就是虚值，虚一档就是 2550，虚二档就是 2600。认沽那边正好反过来。这就是虚一档跟虚二档。配一个图，也就理解了。

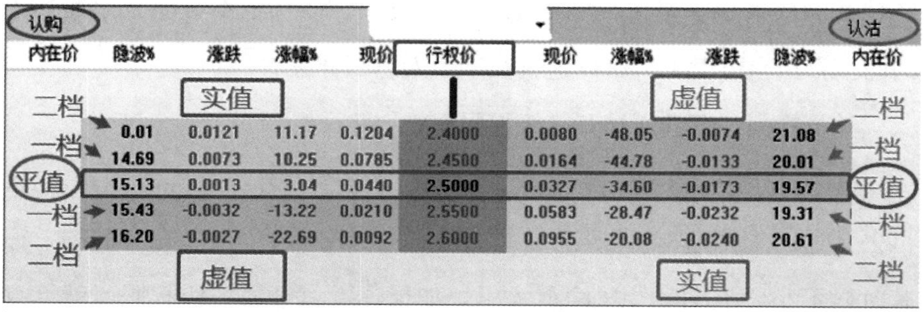

学员提问：仓位管理有什么例子能分析下吗？

仓位管理我们采取分批的策略，比如阶段性认为市场是筑底阶段，底部反复的阶段，因为不可能买进去马上就是这个启动点，而且很多时候在底部反复的时候，它会很剧烈，甚至不排除它会惯性下冲的动作，所以从心态的角度考虑，从风险的角度考虑，我们可以采取分批的策略。那么分批策略就可以采取分三批的策略，我们先进三分之一，等市场反复筑底，接近这个临界点。那么这个临界点怎么找？我们可以结合政策面、消息面，结合市场的技术临界点等综合去考虑，基本上概率就很大了。等这个临界点接近的时候，也就是酝酿接近爆发点的时候，我们再加一批进去，那么就是三分之二仓位了。那最后三分之一仓位什么时候进场？我们可以等这个市场接下来真正启动了，真正爆发了，加进去，最终就重仓了。可以采取这种策略。

学员提问：二级权限能做跨式策略吗？

可以啊。跨式策略是什么？跨式策略是买入相同月份、相同行权价、相同数量的合约，一份认沽，一份认购。比如同样是2500，我买入一份当月认购2500，同时买入一份当月认沽2500，这就是跨式。一边是买涨，一边是买跌。跨市策略在前面章节讲述的是比较清晰的了，三个相同嘛，可以再去回顾。

学员提问：如果知道牛市或熊市来临，是不是越远期的合约就越好？

不是这样，要根据行情的确定性来选择，也可以近期合约与远期合约做组合。要记住，买合约一定要根据行情的确定性去买。比如我们确定当月就要涨，那么确定行情拐点要来了，我们就买当月的合约，因为当月的合约涨幅是最好的；如果我们不确定这个行情马上涨，但是我们可以确定未来可能会涨，那我们就可以买入下月，或者季度月的合约。这是根据对行情的确定性，我们做出对合约的选择。当然，也可以近期合约与远期合约组合分配，确定性高则近期仓位重一些，确定性不高则远期仓位重一些。而最远期的合约，时间跨度达半年的，相对其他三个月份的合约波动是比较小的，而且时间成本比较大，一般是不建议买。但记住一点，选择合约就是根据对行情的确定性来选择。

学员提问：暴力合约怎么选？

暴力合约一般来说就是买虚一档或者虚两档的，基本上都是这两个涨的比较好，这个是一条选择标准。第二个选择标准就是要结合行情去判断这个点位。这个问题有点深，可以了解一下。比如上证50处于区间震荡，现在在中间位置，也不靠近区间震荡的下轨，也不靠近区间震荡的上轨。买认购的时候，要选最暴力的合约，那就买上轨点数的合约。比如现在这个价格处于2500，而它的震荡下轨是2300，它的震荡上轨是2700，如果接下来看涨，买入认购，那就买2700。因为2700是它的上轨，如果真的上涨，那这个上轨位置是它最先要到达的位置。换句话讲，就是根据这个心理去判断，它如果要上涨，大概率就是冲击这个上轨，最先会去试探上轨，所以很有可能资金就会奔着这个 2700 而去，所以这个 2700 的合约会涨的最好。如果是看跌买入认沽，那么就买这个下轨，第一个支撑位 2300。它要下跌，要去试探的位置就会是区间震荡的这个下轨 2300，很多空头资金就会奔着这个 2300 去打，所以这个合约它一定是暴力的。就是根据点位选择合约，看到第一个阻力位在哪里，如果是区间形式的，就是区间的上轨或下轨；如果是往上走的，就是前面上方的一个高点；如果是往下走的，买跌就是下一个低点。这些合约往往是最暴力的。（这些都是经验之谈）如果觉得看点位太麻烦，就选择虚一二档的即可。

学员提问：临近到期日是不是要换合约？

对的，如果你想博弈“末日轮”的话，那可以博弈后再出来，如果不去博弈的话，那么就要尽早换合约。

学员提问：如果跌破 2449 点该怎么选合约？

首先选择什么合约，还是要判断行情到底是怎么破 2449 的，是直接短期暴跌下去，还是震荡往下跌下去，还是停顿一段时间然后再跌下去，这也就决定了我们到底选哪个合约。如果是直接暴跌下去，短期马上解决问题，那肯定是选择近月合约。那如果是震荡往下走的这种形式，跌几天涨几天震荡下行的走势，那买当月合约就要考虑这个时间价值，肯定不要重仓买当月的，因为当月的时间价值马上就要到期了。

学员提问：如何做日内？日内关注什么指标？

做日内波动，主要看分时周期，也包括一分钟跟五分钟的走势，一分钟时间很短，那么就意味着它的变动很快，那它本身就不具备太多的意义。如果从波动结构上去考虑，重点要放在浪形的结构判断上面，它属于什么阶段是最重要的，比如它处于行情的第一波的上涨，或者是第二浪的回调阶段，再或者是进入到主升的阶段，这才是重点。

学员提问：时间价值是怎么变化的？

时间价值基本上到最后一个星期的时候会急剧下降，所以到了最后一个星期，就要注意变换合约了。仓位还在当月的合约，如果行情没有按照你的预期演绎，那么在最后一个星期之前，你要换合约。比如判断11月份接下来要涨，我们就买11月份的合约，但是如果11月份的合约到了接近最后一个星期，要到期的阶段还没有上涨，这个时候要及时换合约。

学员提问：要精研哪一种技术方法？

技术方面方法有很多，要结合自身的优势，往自身的方向去发展，这是最合适的。当然，关于波浪理论的技术也好，关于趋势理论的技术也好，还有缠论，都可以去学习。像股票，技术方法可以辅助我们在优质成长股上把握买卖点，所以也是需要学习的组成部分。

学员提问：在哪种情况下才选择行权？

记住了！尽可能不要去行权，尽可能在到期日前平仓了结。

学员提问：老师平时对高低点的判断，仅仅是技术上的判断，还是结合某种信息做出的判断？

高低点的判断，其实更多的时候应该是综合的判断，有结合信息上的，但是信息方面相对占比比较小，因为信息不是我们能够主宰的，比如说接下来央行出什么政策，接下来证监会要发什么推文，我们是不能够掌握的。所以大家不要花精力去研究接下来政府会出什么政策，这个是我们主宰不了的，是无用功。我们要把精力放在市场本身。上证50=60%的金融股，所以研判上证50的趋势也是研判大金融的整体趋势。

学员提问：今天11月2750为什么没有随上证50上涨呢？离到期还有20天呢。

今天有上涨，但今天无论是当月合约还是跨月合约，波动都不是很大，主要原因是因为拉升的速度和幅度不够，而且也没有连续性的拉升，所以波动率不大。

学员提问：上证50只要研究好趋势就可以了，像股票是高成长的基本面支撑未来，上证50有没有类似“基本面”的影响因素？还是说只要研究好技术面大概率就可以了？

主要看牛熊周期、市场风格以及技术走势。上证50都是优质大蓝筹，基本面不用说都是可以的。

学员提问：市场重点不知道应该关注什么？

重点在于趋势的判断上。虽然个股研究是重中之重，但是在中国A股市场大家都知道，真正能够长期走牛的凤毛麟角，更多也是跟随趋势上涨或下跌。所以在A股市场，或者是中国的资本市场，包括股指期货、期权市场，大家对于时间周期的把握、节奏的把握，对投资最终盈利来说，占了很大的贡献成分，所以在以后的投资市场，一定要结合这个节奏，比如茅台在2018年10月29日都可以跌停。所以大家一定要把这个势与这个质结合起来，关于行情的判断，还有个股的研究结合起来。

学员提问：高低点技术判断依据是道氏理论吗？

其中有部分是，又不全是，掌握一到两个就可以了，并不需要掌握太多。如果大家有心的话，我建议大家去学一下波浪理论，还有缠论，但是这两个不是那么好学，大家一定要有心理准备。有人说缠论很难，确实，不过正是因为难才有挑战嘛，才有技术含量啊，如果是简单的，大家不都学会了，所以大家要不畏艰难，要把它攻克。

学员提问：2018年50ETF10月份的月K线是暴大量阴线，比9月份

的阳量放大了近 41%，这有什么含义吗？

10 月份放的量是阴量。首先我们要知道的一点是放量是什么原因？放量说明这个位置卖的人非常多（有买的人必然会有卖的人），那么买卖的人越多，那这个量就越大，也就说明在这个位置多空的分歧很大。也就是说想买的人很多，同时想卖的人也很多，最终成交下来就出现了这个暴量，说明在这个位置多空的分歧很大，多空分歧很大说明博弈也很激烈，所以近期包括 9 月份 10 月份，正因为分歧大，上证 50 指数是处于震荡走势，九月份十月份一直是处于横盘震荡，所以阶段性的这个行情，在 10 月份出现了暴量，应该来说在 11 月份会选择方向。

3. 期权实战常见问题

市场明明涨了，怎么有些认购合约价格还会下跌？预测市场上涨所以买认购，市场后来真涨了，为什么还会亏钱？

例子一：

2019 年年初，行情波段上涨，有些认购合约不涨反跌。

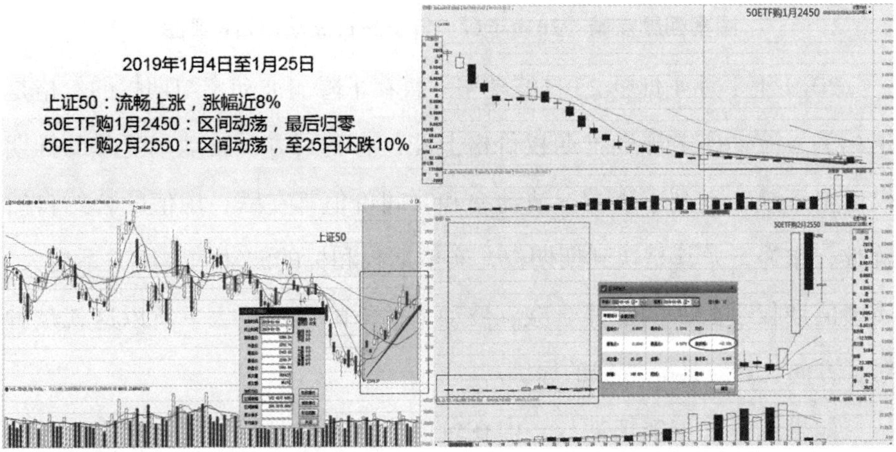

图案回顾点睛：2019年1月4日至25日上证50与一月、二月虚值合约对比

2019年1月4日至1月25日，上证50波段上涨近8%，当月合约50ETF购1月2450区间动荡最后归零，下月合约50ETF购2月2550也是动荡，截至25日整体还下跌10%。为什么？这又回到影响期权价格的三个因素上，标的资产的波动、时间价值以及波动率。方向正确，那就要看另外两个因素，时间是卖方的朋友，一直就是衰减的，越临近到期，下跌速度越快。前面章节也说过，虚值合约只有时间价值，到期要归零，所以虚值合约会对冲掉上涨的利润。再看下波动率。

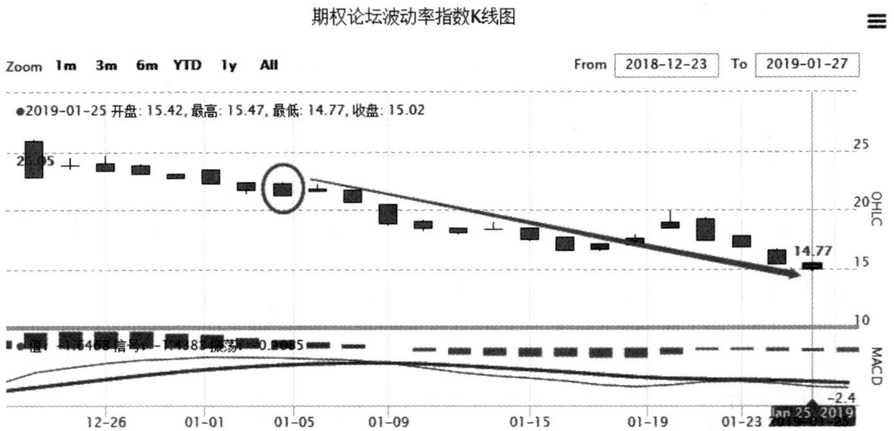

图案回顾点睛：2019年1月4日至25日波动率日K线图

2019年1月4日至25日波动率一直在下降。波动率与期权的价格是正相关，波动率上涨助推期权价格上涨，有利买方，波动率下降助推期权价格下跌，有利于卖方。波动率和时间价值都在跌，虚值的合约自然就难有作为，尤其是快到期期权，实值期权和标的波动的幅度关系更大，而虚值期权受到时间加速衰减、波动率的下降影响更大。所以这就是看对了方向，最终还是亏钱的原因。

如果选择了偏实值期权，内在价值比重大，时间价值比重小，时间价值影响较小的合约，像实值以及平值附近一二档的合约在同段时间走势还是不错的。

比如平值的合约 50ETF 购 1 月 2250 低点到高点涨幅超 3 倍！所以只要看准了方向，选择平值的合约，或者平值附近一两档的合约，往往都会有不错的涨幅，而深度虚值的和深度实值的合约则不建议买方买入。

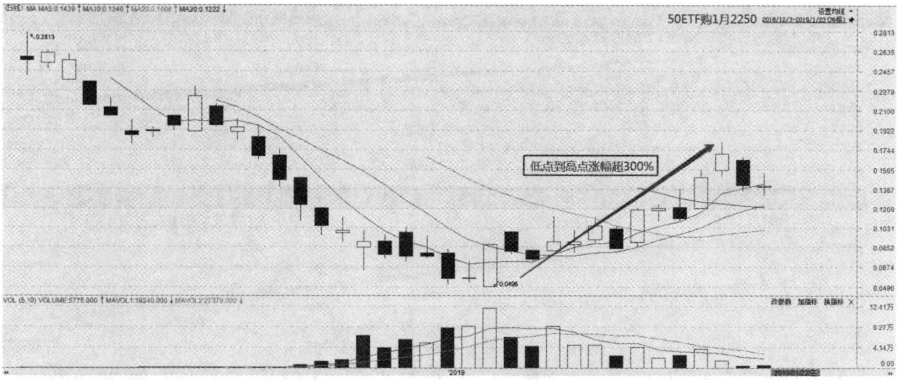

图案回顾点睛：2019年1月4日至25日平值50ETF购1月2250日线图

例子二：

2019 年 7 月 1 日，行情继续上涨，有些认购合约不涨反跌。

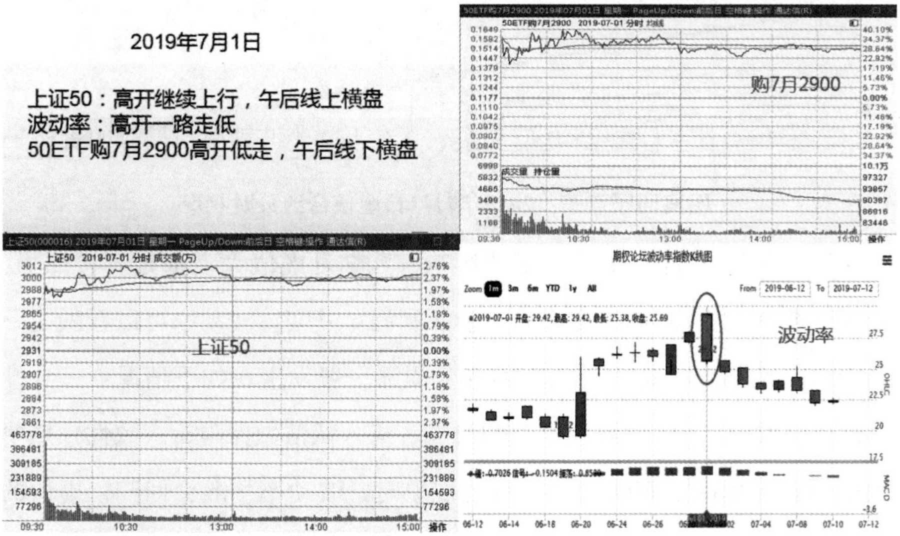

图案回顾点睛：2019年7月1日50指数，购7月2900以及波动率状况

2019 年 7 月 1 日，这是当月合约月初附近的时间点，相对而言时间价值影响还比较小。这一天受消息影响，各大指数高开高走，走出跳空阳线，茅台、平安、伊利等纷纷创出新高，但是波动率却高开低走，早盘追入的认购期权，很多却是反杀。

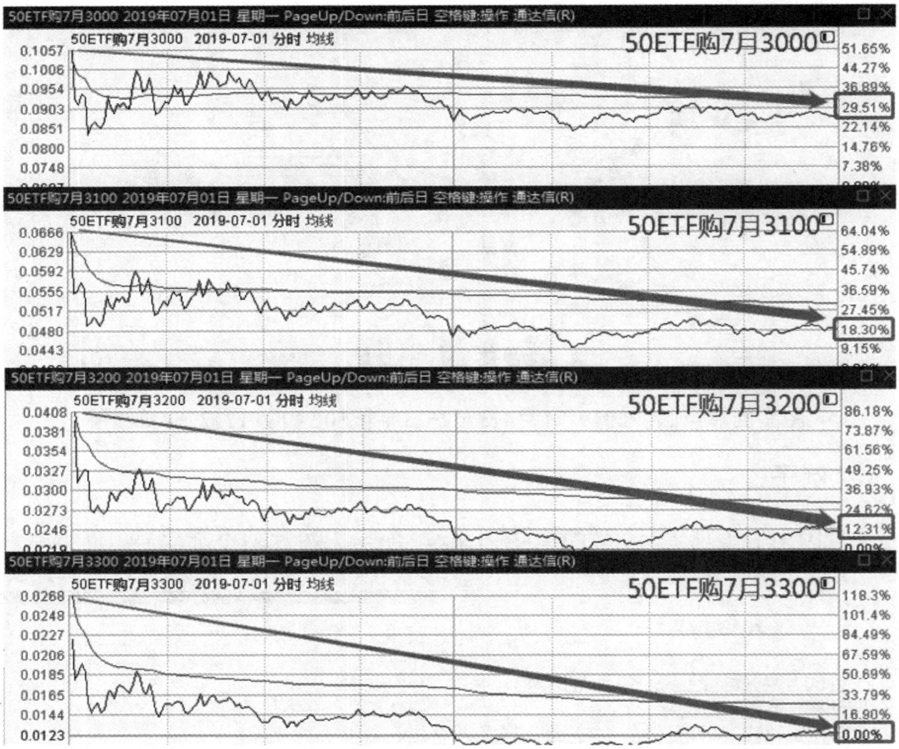

图案回顾点睛：2019年7月1日虚值合约分时状况

这一天主要就是受波动率的影响，购 7 月虚值大多都是直接回撤，最虚的购 7 月 3300 最终几乎回吐全部利润。其实，波动率可以看做是一个投资者情绪的指标，波动率的开盘飙涨一般发生在如下情况：一致性预期（大涨、大跌）；预期大跌的恐慌，买入认沽做保险；一致性预期要大涨等。当标的没有快速发生上述现象时，波动率一般会回归，虚值的合约就更容易成为卖方砧板上的鱼肉。在强大的资金和情绪减退的情况下，就会出现这种现象。

4. 期权买卖基础组合策略

4.1　领口策略

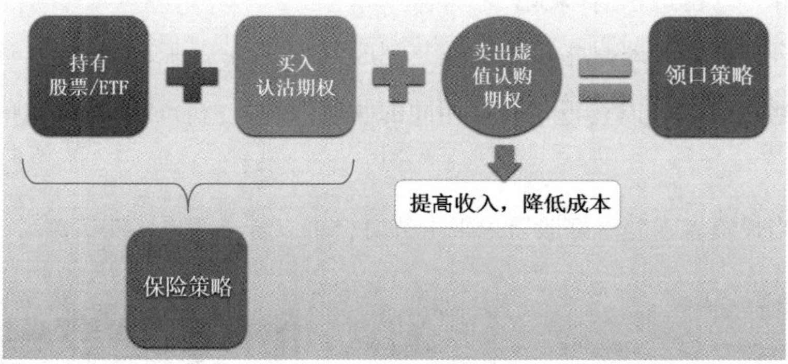

前面章节已经学习了保险策略，保险策略是持有标的股票，买入认沽为其做一份保险，在承担有限风险的情况下，仍能获得收益。而领口策略则是在保险策略的基础上，再卖出虚值认购，用所得的权利金来降低保险策略的成本。

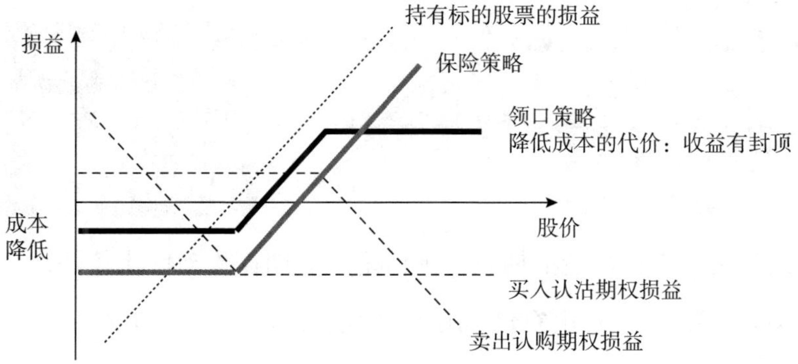

上图就是领口策略到期时盈亏情况。如图所示，领口策略降低了保险策略的成本，但同时使得收益上限有封顶。

最大收益 =（认购期权行权价 – 标的股票买入价格）+（认购期权权

利金－认沽期权权利金）；

最大损失＝（标的股票买入价格－认沽期权行权价）＋（认沽期权权利金－认购期权权利金）；

盈亏平衡点＝标的股票买入价格＋认沽期权权利金－认购期权权利金。

4.2 合成股票策略

合成股票策略是指利用期权复制股票收益的一种交易策略，通过这一策略投资者可以获得与股票相同的收益情况，但合成股票策略的成本更低。

当投资者强烈看好股票未来走势时，可以合成股票多头策略。

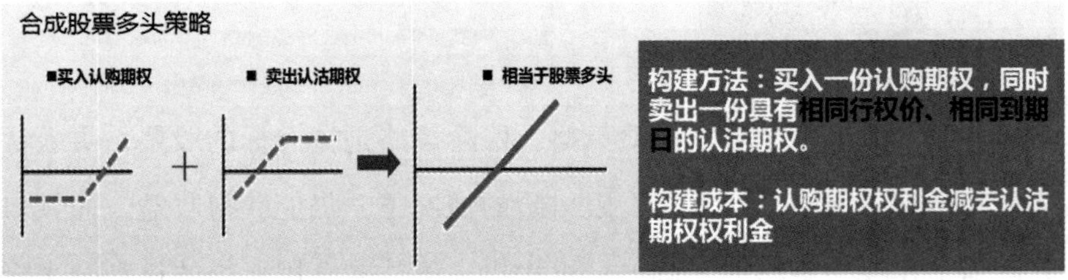

当投资者强烈看空股票未来走势时，可以合成股票空头策略。

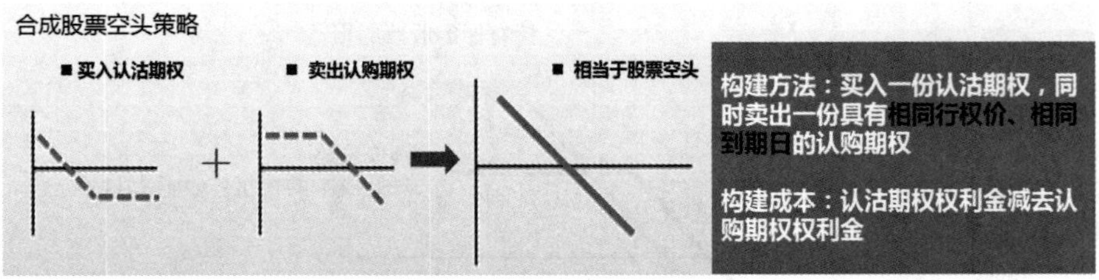

建议使用平值附近的期权，平值附近的期权流动性比较好，交易活跃，买卖价差会比使用深度实值或深度虚值的期权时的价差更小。

风险点：当市场走势与预期变动不符时，将会出现大幅亏损的风险。

合成多头策略案例：

投资者张先生看好 50ETF 未来的走势，欲买入 10 万份 50ETF。当时

50ETF 股价为 2.820 元 / 份，基于对市场的预期，张先生建立了合成股票多头组合：买入 10 张 50ETF 购 8 月 2800 合约，卖出 10 张 50ETF 沽 8 月 2800 合约。

张先生建立合成股票策略时相关合约的报价。

期权合约	买价（元）	卖价（元）
50ETF购8月2800	0.0524	0.0525
50ETF沽8月2800	0.0418	0.0419

成本对比：

直接买入 10 万份 50ETF，原始成本 =2.820 × 100000= 282000 元；

合成股票多头成本 =3602 × 10+（0.0525–0.0418）× 10000 × 10=36020+1070=37090 元（36020 元是构建该策略所需保证金）。

合成股票策略所需成本仅为直接买入标的股票成本的 13.15%，共节省了 244910 元的资金，在确保保证金充足的前提下，多余资金可再投资获取收益。

学习温馨小提示

合成股票策略能够满足投资者杠杆性投资的需求。虽然降低了权利金的成本，但同时也承担了更大的风险。

4.3 牛市价差策略

当我们预期标的资产后市温和上涨，就可以采取牛市价差策略。对于单纯的认购，时间价值的流逝是头号敌人，如果标的资产没有大的波动，就只能看着时间价值一点点流逝，非常难受。而牛市看涨价差策略就是通过买入平值认购期权的基础上，卖出一个虚值的认购期权，这样就降低了时间价值消耗的不利因素。不过同样也限制了价格大涨时的潜在收益，但增加了价格小涨时的收益（因为一买一卖成本降低），盈亏均有限。与直接做多股票相比该策略交易成本较低，且有止盈止损的功效。

2017 年 6 月 21 日，MSCI 宣布 A 股纳入，当日开盘先跌后涨，但涨幅也不大。某投资者认为未来一周 A 股行情将温和上涨为主。

代码	名称	现价	涨跌	涨跌幅	今开	最高	最低	换手率	成交量	成交额	时间
510050	50ETF	2.497	0.014	0.56%	2.498	2.505	2.476	0.00%	1.84亿	4.59亿	10:54

认购							认沽					
最新价	涨跌幅	成交量	持仓量	隐含波动率	Delta	行权价	最新价	涨跌幅	成交量	持仓量	隐含波动率	Delta
▼ 2017年6月 (到期日 2017-06-28; 剩余8个自然日、6个交易日; 合约乘数 10000)												
0.2956	3.94%	1019	5471	0.00%	1.0000	2.200	0.0001	-50.00%	253	17656	32.81%	-
0.2460	4.95%	974	5345	0.00%	1.0000	2.250	0.0002	-33.33%	160	31361	27.34%	-
0.1969	7.60%	2701	12510	0.00%	1.0000	2.300	0.0002	-50.00%	3042	46894	23.63%	-
0.1465	7.72%	3155	17251	0.00%	0.9999	2.350	0.0004	-20.00%	5103	83394	18.95%	-0.0001
0.0977	13.21%	9980	24850	0.00%	0.9934	2.400	0.0010	-33.33%	6732	86244	16.02%	-0.0066
0.0507	18.46%	4.12万	64449	10.25%	0.8882	2.450	0.0040	-47.37%	2.09万	95588	13.33%	-0.1118
0.0168	12.00%	5.50万	105642	11.82%	0.4930	2.500	0.0208	-31.35%	4.66万	61961	13.71%	-0.5070
0.0053	-5.36%	2.23万	111196	14.77%	0.1097	2.550	0.0591	-15.93%	1.32万	21276	17.46%	-0.8903
0.0012	-29.41%	1.04万	54621	16.07%	0.0079	2.600	0.1044	-10.77%	2815	8179	20.87%	-0.9921
▼ 2017年7月 (到期日 2017-07-26; 剩余36个自然日、26个交易日; 合约乘数 10000)												
0.1993	4.84%	2314	9668	0.00%	0.9935	2.300	0.0014	-39.13%	1528	16724	14.94%	-0.0065
0.1508	5.75%	2611	11772	0.00%	0.9690	2.350	0.0028	-33.33%	5142	25281	13.43%	-0.0310
0.1069	7.44%	5254	12036	8.62%	0.8962	2.400	0.0086	-14.85%	7673	35850	13.61%	-0.1038
0.0686	8.54%	1.01万	24881	10.91%	0.7472	2.450	0.0205	-15.98%	1.27万	43785	13.84%	-0.2528
0.0408	10.57%	2.30万	60292	12.13%	0.5333	2.500	0.0418	-13.46%	1.50万	24934	14.37%	-0.4667
0.0233	9.39%	1.60万	45601	13.19%	0.3131	2.550	0.0740	-9.65%	5352	7300	15.54%	-0.6869
0.0129	7.50%	1.39万	55976	14.19%	0.1477	2.600	0.1137	-7.64%	5218	14703	17.28%	-0.8523

图案回顾点睛：2017年6月21日期权10:54分截图

2017 年 6 月 28 日，上证 50ETF 收于 2.548 元。

代码	名称	现价	涨跌	涨跌幅	今开	最高	最低	换手率	成交量	成交额	时间
510050	50ETF	2.548	-0.016	-0.62%	2.558	2.570	2.547	0.00%	2.59亿	6.62亿	15:00

认购							认沽					
最新价	涨跌幅	成交量	持仓量	隐含波动率	Delta	行权价	最新价	涨跌幅	成交量	持仓量	隐含波动率	Delta
▼ 2017年6月 (到期日 2017-06-28; 剩余1个自然日、1个交易日; 合约乘数 10000)												
0.3494	-4.01%	2265	3382	0.00%	1.0000	2.200	0.0001	0.00%	277	18756	100.00%	-
0.2925	-6.85%	2107	2751	92.19%	1.0000	2.250	0.0001	0.00%	116	30445	87.50%	-
0.2470	-6.44%	4473	3253	84.77%	1.0000	2.300	0.0001	0.00%	143	42269	72.66%	-
0.1977	-7.62%	4422	4682	68.75%	1.0000	2.350	0.0001	0.00%	248	74111	59.38%	-
0.1463	-10.79%	7780	1791	57.03%	1.0000	2.400	0.0001	0.00%	3254	62651	45.31%	-
0.0960	-15.79%	1.36万	2925	0.00%	1.0000	2.450	0.0001	0.00%	6895	63426	31.25%	-
0.0528	-17.50%	3.11万	4990	34.72%	0.9994	2.500	0.0001	-50.00%	7400	42842	16.41%	-0.0006
0.0003	-97.96%	7.97万	9990	1.61%	0.4543	2.550	0.0007	-76.67%	4.68万	7245	0.00%	-0.5457
0.0001	-83.33%	1.05万	43854	17.19%	0.0003	2.600	0.0470	28.77%	1.42万	4791	0.00%	-0.9997
0.0001	-50.00%	512	3029	30.47%	-	2.650	0.0988	13.43%	1044	1014	0.00%	-1.0000
▼ 2017年7月 (到期日 2017-07-26; 剩余29个自然日、21个交易日; 合约乘数 10000)												
0.2488	-5.76%	5419	13451	0.00%	0.9996	2.300	0.0009	-10.00%	943	16606	18.26%	-0.0004
0.1988	-7.10%	4681	13402	0.00%	0.9962	2.350	0.0015	15.38%	3907	25219	16.07%	-0.0038
0.1525	-8.13%	8862	16470	0.00%	0.9772	2.400	0.0030	11.11%	9672	47411	14.84%	-0.0228
0.1070	-10.08%	1.55万	27432	10.24%	0.9107	2.450	0.0090	21.62%	2.73万	77426	15.02%	-0.0893
0.0681	-15.93%	4.52万	58291	11.92%	0.7596	2.500	0.0231	24.19%	3.94万	84595	15.98%	-0.2404
0.0405	-17.35%	7.78万	83221	13.28%	0.5310	2.550	0.0445	18.98%	5.65万	53020	16.42%	-0.4690
0.0227	-17.75%	6.41万	99079	14.28%	0.2955	2.600	0.0754	16.54%	2.75万	25603	17.24%	-0.7045
0.0116	-18.31%	4.17万	46170	14.89%	0.1270	2.650	0.1145	12.14%	1.51万	9952	18.78%	-0.8730

图案回顾点睛：2017年6月21日期权收盘

可以对比一下，在温和上涨的背景下，直接买入现货，直接买入认购，以及使用牛市价差策略，这三者之间的收益结果。

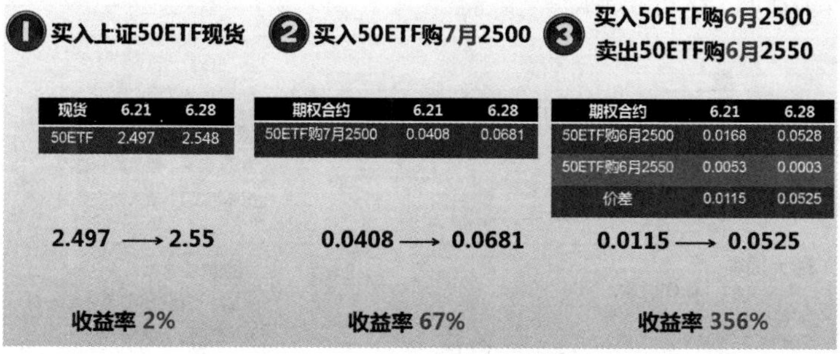

可以看到，结果非常明显。

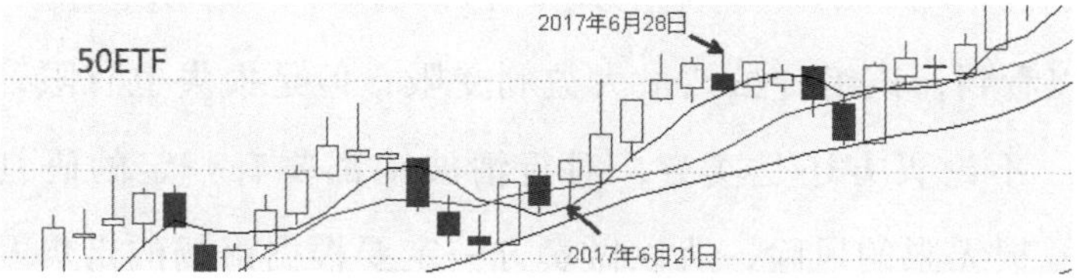

图案回顾点睛：2017年6月21日～28日50ETF日K线图

50ETF 温和上涨，直接买入现货仅 2% 的收益，单腿买入 7 月的认购（6 月快到期）收益达 67%，而使用牛市价差策略，最终的收益达到 356%，超 3 倍！所以这就是期权的另一种魅力，合适的策略组合运用对的行情，不仅可以放大利润，还可以控制风险。

组合非常简单，如果预期标的股票温和上涨，就可以使用牛市价差策略，两个相同，相同数量和相同月份，而行权价不同，买入低行权价认购和卖出高行权价认购。

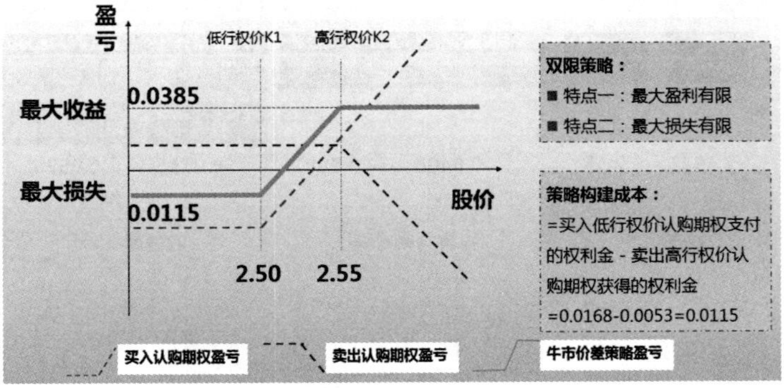

可以看到，该组合虽然最大盈利受限，但是损失也有限，上下都有封顶。不论买方还是卖方，对行情波动都要有一定的研判，裸卖期权有亏损无限的风险，所以做卖方一定要根据市场的走势及时调整策略。而且还要注意，卖出期权合约需缴纳保证金，保证金随标的价格和期权价格每天调整，需随时留意市场价格以防保证金不足被强行平仓。

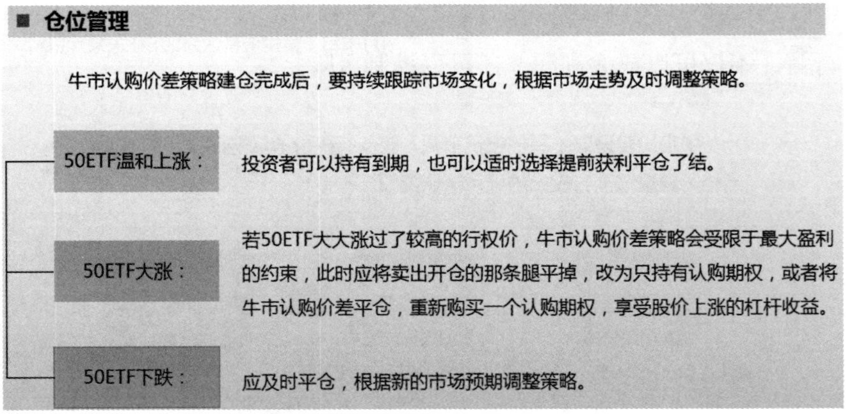

行情研判正确，温和上涨，那自然很好；但是如果暴涨了，就要迅

速转成认购策略，获取杠杆收益；而出现下跌，就要及时平仓。

学习温馨小提示

期权之买方在大波动的机会比较容易赚钱，所以不需要时时在场，只有把握确定性的机会即可。而期权之卖方，可以赚方向的钱，也可以赚动荡、不涨、微涨等各种小波动的钱，但是行情判断错误，会有追加保证金风险。组合策略可以适用各种类型的行情状况，但是也要随时跟随行情的变化而做出策略调整。归根结底，大前提还是对行情的判断！

4.4 熊市价差策略

熊市价差策略与牛市价差策略的适用场景正好相反，即预期标的股票后市温和下跌，下方有阻力，跌幅有限，就可以使用熊市价差策略。不过该策略限制了价格大跌时的潜在收益，但增加了价格小跌时的收益（因为一买一卖成本降低），盈亏均有限。与直接做空股票相比该策略交易成本较低，且有止盈止损的功效。

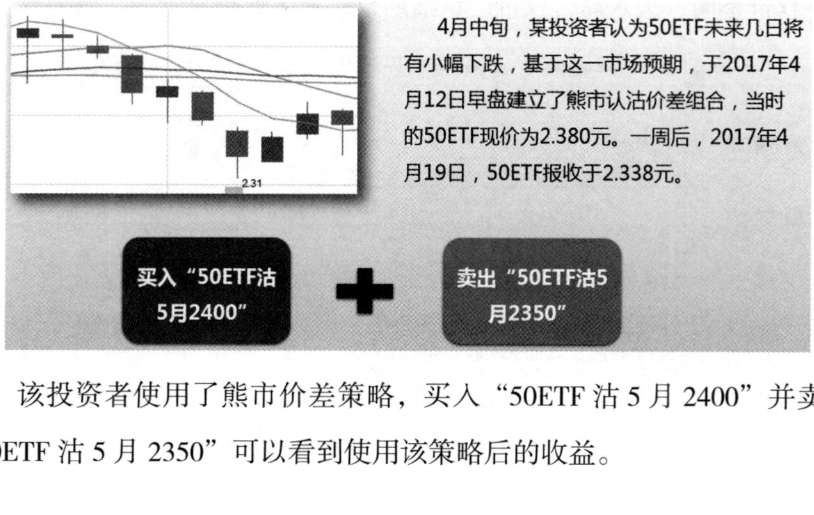

该投资者使用了熊市价差策略，买入“50ETF 沽 5 月 2400”并卖出“50ETF 沽 5 月 2350”可以看到使用该策略后的收益。

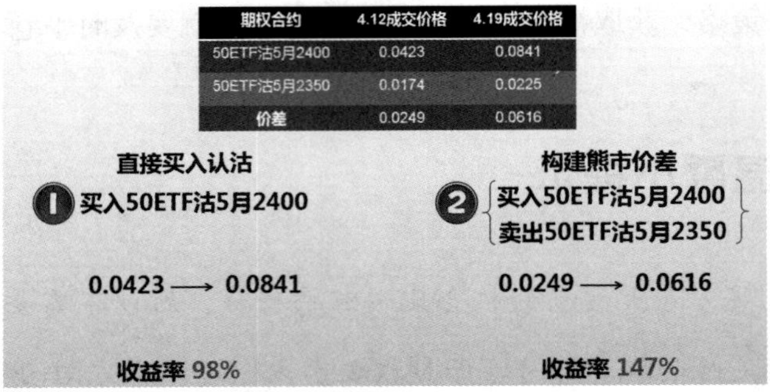

单纯买入认沽收益率是98%，而使用熊市价差策略，收益率是147%，增加了小幅下跌的收益。

构建熊市价差策略也非常简单，两个相同，相同数量和相同月份，仅行权价不同，买入高行权价的认沽期权，卖出低行权价的认沽期权。

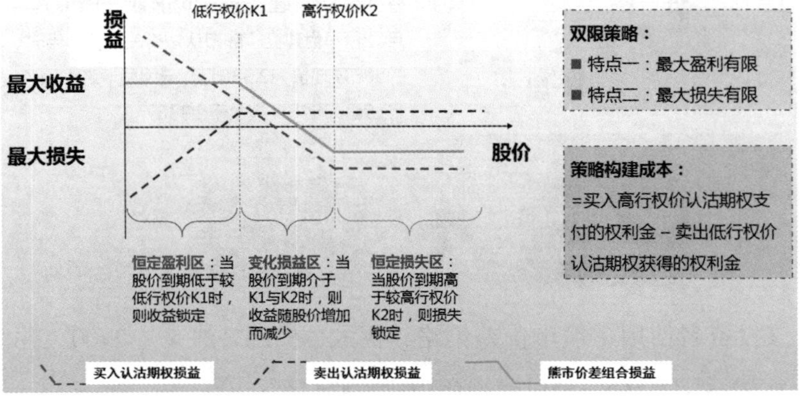

熊市价差策略和牛市价差策略的特点一样，最大盈利和最大亏损均有限。要记住，任何策略都不是万能的，只有合适的策略对应正确的行情，才能达到效益最大化。策略也不需要太多太复杂，对自己有把握赚到的机会，能够用相应的策略把握到，就很厉害了。把握确定性的机会，有所为有所不为，市场机会一直都在，贪得无厌小心赔了夫人又折兵。

学习温馨小提示

价差组合中两腿成交相距时间不宜过长。若投资者操作时义务仓一腿先成交，而另一腿未成交时，可及时以稍差的价位成交另一腿，以避免风险敞口的暴露。

价差策略既可以用两份认购期权来构成，也可以用两份认沽期权来构成。操作上，牛市认沽价差也是“买低卖高”；熊市认购价差也是“买高卖低”。

	牛市认购价差	牛市认沽价差
适用场景	温和上涨行情中，涨幅相对较大	温和上涨行情中，涨幅相对较小或不跌
适用方法	买入平值附近的认购期权、 卖出行权价更高的虚值认购期权	卖出平值附近的认沽期权、 买入行权价更低的虚值认沽期权
收益	到期最大收益较高	到期最大收益较低
风险	较小	较大

牛市认购价差组合可以这么理解：认为后市温和上涨，且上涨幅度较大时，先买入一个平值附近（平值、轻度实值或轻度虚值）的认购期权，为了降低成本和减少时间价值的损失，卖出一个高行权价的虚值认购期权来赚取时间价值。所以温和上涨幅度较大时一般倾向于用认购期权构建牛市价差，该策略收益较高，风险偏小。

牛市认沽价差组合可以这么理解：认为后市温和上涨，但上涨幅度较小或不跌时，先卖出一个平值附近（平值、轻度实值或轻度虚值）的认沽期权，为了减小裸卖风险，买入一个更低行权价的虚值认沽期权来保护。所以温和上涨幅度较小或不跌时，一般倾向于用认沽期权构建牛市价差，该策略收益较低，风险偏大。

	熊市认沽价差	熊市认购价差
适用场景	温和下跌行情中，跌幅相对较大	温和下跌行情中，跌幅相对较小或不涨
适用方法	买入平值附近的认沽期权、 卖出行权价更低的虚值认沽期权	卖出平值附近的认购期权、 买入行权价更高的虚值认购期权
收益	到期最大收益较高	到期最大收益较低
风险	较小	较大

熊市认沽价差组合可以这么理解：认为后市温和下跌，且下跌幅度较大时，先买入一个平值附近（平值、轻度实值或轻度虚值）的认沽期权，为了降低成本和减少时间价值的损失，卖出一个低行权价的虚值认沽期权来赚取时间价值。所以温和下跌幅度较大时，一般倾向于用认沽期权构建熊市价差，该策略收益较高，风险偏小。

熊市认购价差组合可以这么理解：认为后市温和下跌，但下跌幅度较小或不涨时，先卖出一个平值附近（平值、轻度实值或轻度虚值）的认购期权，为了减小裸卖风险，买入一个更高行权价的虚值认购期权来保护。所以温和下跌幅度较小或不涨时，一般倾向于用认购期权构建牛市价差，该策略收益较低，风险偏大。

5. 理解期权波动率

5.1 波动率

这里并没有复杂的理论，只是简单阐述辅助理解波动率。对于波动率，至少要知道两点，一个是历史波动率，一个是隐含波动率。

历史波动率：是标的资产在过去一段时间内变化程度的统计结果，是从标的资产价格的历史数据中计算出的价格收益率标准差。

隐含波动率：是通过期权产品的现时价格反推出市场认为的标的证券价格在未来期权存续期内的波动率，是市场对于未来期权存续期内标的资产价格的波动率预期值。

为什么波动率那么重要？因为波动率可以用来确定期权价值的相对高低，很多时候期权的价格都反映了人们对某个预期事件的看法，我们可以就这个事件的交易，了解一下期权的价格是相对高估还是相对低估，然后判断策略是否合适。而且在建立策略时，就要了解隐含波动率的状况，波动率的降低和升高对策略的选择很重要，这直接会影响赚钱效应。另外，隐含波动率还可以作为 50ETF（标的资产）的预测工具，如果隐含波动率偏离较远，太高或者太低，那就要警惕标的资产是否会止跌反弹或者止涨回落。如果隐含波动率毫无征兆地出现大幅上升的现象，则很可能是标的资产价格爆发性波动的先兆。比如长的节假日开跨式过节，预期节假日有消息刺激标的资产有大幅波动，往往节假日前一天，波动率会走高。

我们直接看隐含波动率的计算方法，透过 B–S 模型，对波动率也许会比较好理解。

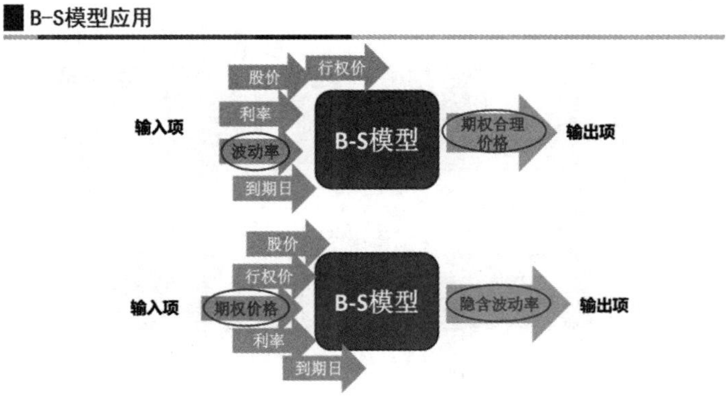

先看上图上面的，可以看到有 5 个输入项，股价、行权价、利率、到期日和波动率，这个波动率是历史波动率，然后输出项就是期权合理价格。但在实际交易时，期权的价格是交易出来的，这个交易出来的价格往往大多时间不等于期权的合理价格。

再看上图下面的，两个图的区别就在于输入项，历史波动率这项换成了期权价格，而这里输出得到的就是隐含波动率。具体 B–S 公式推导，用数学工具都可以完成。我们要知道，在实际交易中，如果期权的实际价格高于合理价格，说明投资者预期 50ETF 的波动率要高于 50ETF 的历史波动率。隐含波动率与方向并无直接关系，所以隐含波动率的升高，就对看涨期权和看跌期权的价格起到推升的作用，也就是和期权的价格正相关。

举例：11 月 26 日，50ETF 微涨 0.46%，但不论是认购期权还是认沽期权都出现了普遍下跌的情况。为什么在标的上涨后，看涨期权的价格反而下跌了呢？

因为波动率下降了。影响股票期权价格的因素众多，有标的股票价格、波动率、到期时间等。当天从盘面上看，认购期权的隐含波动率从前一天的 25% 左右降至约 20%，认沽期权的隐含波动率从前一天的 35% 左右降至约 30%，这代表了投资者对标的 ETF 后市的波动普遍看低。

波动率度量标的资产价格的变化幅度，而不考虑变化方向，相当于“风险”。隐含波动率在软件上就可以看到。

50ETF购3月3100　认购　2018年3月(28)

<<买入	卖出	最新	涨跌	幅度%	理论价	隐波%	总量	持仓	执行价
0.0316	0.0317	0.0317	-0.0105	-24.88	0.0440	23.31	42377	63008	3.000
0.0235	0.0237	0.0235	-0.0095	-28.79	0.0327	24.01	10617	14283	3.044 A
0.0161	0.0162	0.0162	-0.0066	-28.95	0.0218	24.98	26050	56803	3.100
0.0120	0.0121	0.0120	-0.0060	-33.33	0.0158	25.53	8860	20365	3.142 A
0.0080	0.0081	0.0081	-0.0043	-34.68	0.0098	26.42	21074	60672	3.200
0.0063	0.0066	0.0063	-0.0038	-37.62	0.0069	27.13	9872	18764	3.240 A
0.0047	0.0048	0.0048	-0.0029	-37.66	0.0040	28.70	15054	41215	3.300
0.0028	0.0029	0.0028	-0.0018	-39.13	0.0015	30.55	5006	27147	3.400
0.0018	0.0020	0.0018	-0.0016	-47.06	0.0005	32.62	3606	27753	3.500
0.0016	0.0017	0.0016	-0.0010	-38.46	0.0002	35.96	7662	25687	3.600

除此之外，比如通达信期权软件，进入合约日线图和分时图，左下

方都有副指标——隐含波动率。

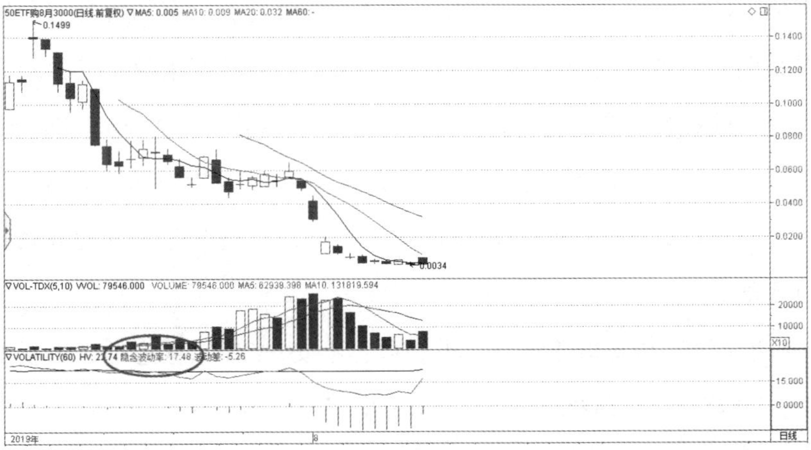

图案回顾点睛：2019年8月14日50ETF购8月3000日线图

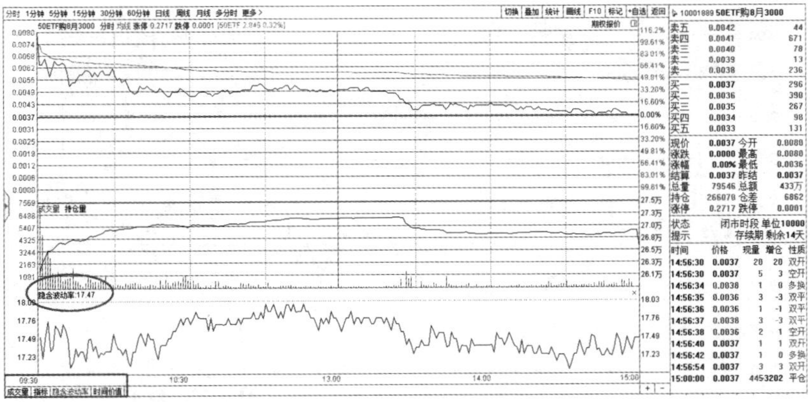

图案回顾点睛：2019年8月14日50ETF购8月3000分时图

5.2 波动率指数

VIX 指数（CBOT Volatility Index），即波动率指数，也被称为“投资者情绪指标”。1993 年由 CBOT 开始编制，2003 年 9 月 22 日推出新的 VIX 指数，旧 VIX 指数更名为 VXO。VXO 基于 S&P100 期权（美式），选择八个近月和次近月且最新近评价的期权序列的隐含波动率（模型采用 Cox，Rose 和 Rubinstein 提出的二项式模型）计算得到，代表市场对未来

30 天市场波动率的预测。VIX 指数基于 S&P500 指数期权，以方差和波动率掉期的方法来设计计算公式，加权计算市场上所有的价外看涨期权和看跌期权，被认为更能体现市场整体动态。波动率指数广受投资者关注，是最重要的风险管理工具。2004 年推出 VIX Future、Varianc Future（标的为三个月 S&P500 指数的现实方差），2006 年 VIX 指数期权推出。

波动率指数是反映市场情绪的重要指标，也是全球公认的波动率管理的重要工具。

一般而言：VIX 指数愈高，市场愈感不安；VIX 指数愈低，市场变动愈趋缓；VIX 指数反映出投资者愿意付出多少成本去对冲投资风险，广泛用于反映投资者对后市的恐慌程度，又称“恐慌指数”。

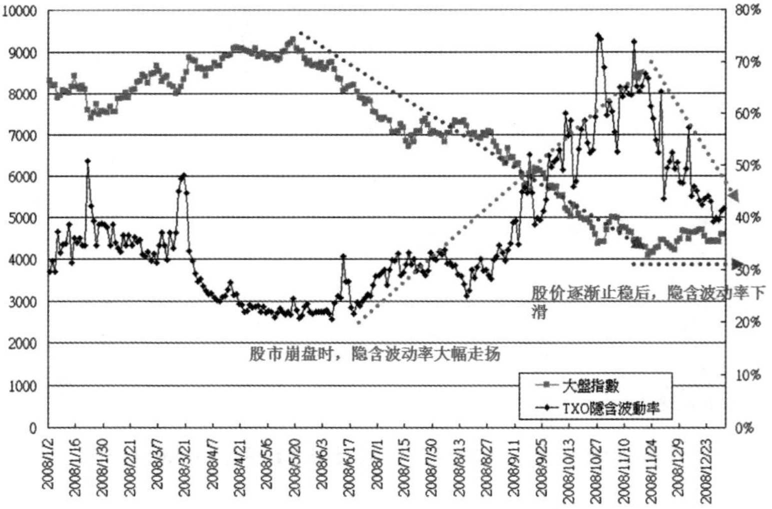

VIX 指数充分反映了市场参与者对未来股市波动性、恐慌性的预期。几乎每次系统性风险的爆发，都会伴随着 VIX 指数的暴涨。它与标的指数具有高度负相关性。因此在海外被用于预期标的走势的重要参考指标。

中国波指

中国波指基于中国唯一场内交易期权品种——50ETF 期权进行编制，

是中国唯一以真实期权交易数据计算而得的波动率指数。

5.3 P/C 指标

成交量是投资者技术分析时常用的指标之一，表示某一时间段内买卖双方成交合约的数量总和，体现了市场交易的活跃程度。

P/C= 看跌期权成交量 / 看涨期权成交量（日）

P/C 比 >1，则代表看跌期权交易量大于看涨期权交易量；

P/C 比 <1，则代表看涨期权交易量大于看跌期权交易量。

一般而言，随着市场看空情绪的升温，看跌期权的成交量相对于看涨期权将放大从而导致 P/C 比例增大；反之，随着市场看空情绪的降温，看跌期权成交量相对于看涨期权缩小从而导致 P/C 比例减小。正因如此，P/C 比例常被用来判断市场的看多、看空情绪的指标。

实际应用中，当 P/C 指标过高时，被视为市场过度悲观；当 P/C 指标过小时，被视为市场过度乐观。

这里还要注意一点，买入看涨期权和卖出看跌期权都是看多，买入看跌期权和卖出看涨期权都是看空，P/C 值大于 1 并不能说明市场是看空的，有可能卖出看跌期权的占多数。而且成交量 P/C 值的大小只是当时投资者情绪的一种静态反映，若要更进一步对标的走势进行分析则需用一段时间内的 P/C 值的动态变化来对比。

学习温馨小总结

期权买方的内容本书基本全部包括，对卖方虽然提及较少，但是对卖方而言，研判标的物的走势也是关键，精于分析标的资产，精通了买方，其实做卖方更加事半功倍。看清市场的本质，抓住本质，这才是关键！

附　录

1. 如何开立股指期权账户

开户条件如下：

①申请开户前 20 个交易日日均托管在证券公司的证券市值与资金账户可用余额（不含通过融资融券交易融入的资金或证券），合计不低于人民币 50 万元。

②投资者应当具备与其拟申请的交易权限相匹配的模拟交易经历。

③开户合计满 6 个月并具备融资融券业务参与资格或者金融期货交易经历；或者在期货公司开户 6 个月以上并具有金融期货交易经历。

④投资者通过交易所期权知识水平测试，确认其具备参与股票期权交易必备的知识水平。

⑤可以承受期权的相关风险。

⑥上市公司及其董事、监事、高级管理人员、持有上市公司股份 5% 以上的股东及其一致行动人，不得买卖以该上市公司股票为合约标的的期权合约。

⑦不存在严重不良诚信记录，不存在法律、法规、规章和交易所业务规则禁止或者限制从事股票期权交易的情形。

⑧交易所规定的其他条件。

开户有资产要求，不低于 50 万，也就是证券账户市值要超过 50 万，放置时间至少 20 日。接着就是要做 10 笔左右的模拟交易。最后就是要通过期权的考试。这个考试内容就是基本的知识要点，期权的基本要素，期权的定义，期权的价值，期权的分类，等等，当然，还包括一些简单的计算。考试要求 90 分以上（含 90 分）。至于其他的要求，投资者基本上都是能够符合的。

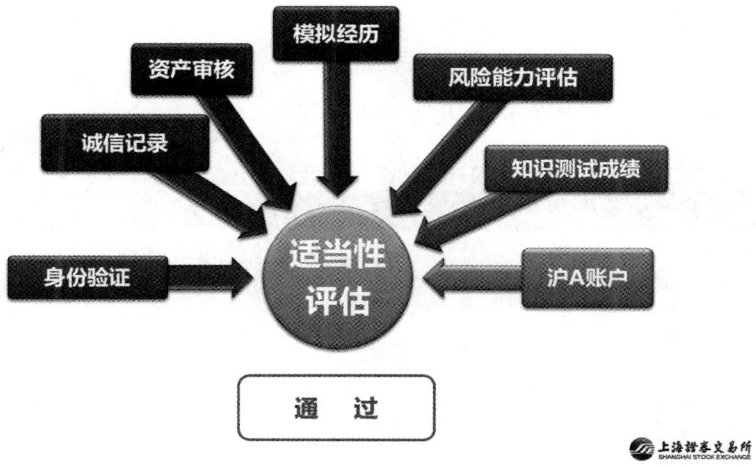

温馨提示

在开户时，建议初学者只开通二级权限，也就是成为二级投资者，即只做买方。等具备一定的能力，有了较长时间的操作经验，再开通三级权限做卖方。

分级管理

➢**对不同级别投资者，设置不同交易权限和规模**

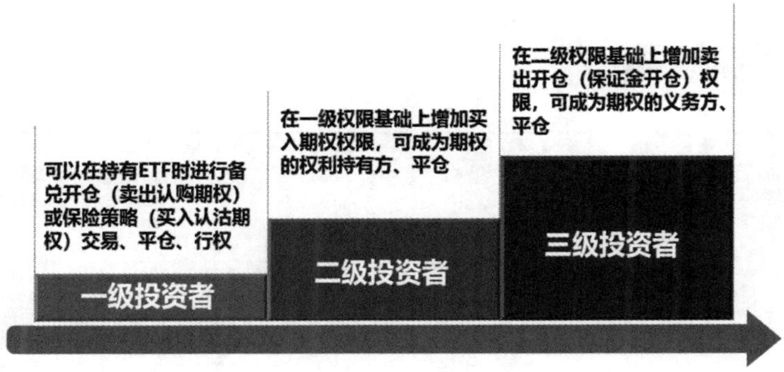

2. 期权行情软件简介

登陆进入客户端后，点击期权 T 型报价。

“期权T型报价”，将会显示出如下界面

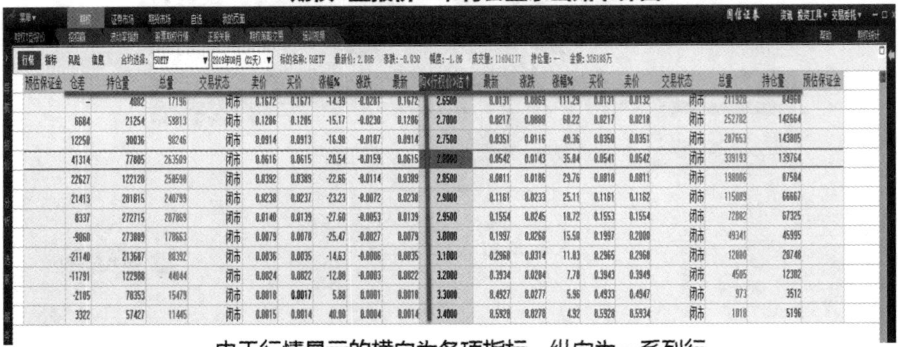

预估保证金	仓差	持仓量	总量	交易状态	卖价	买价	涨幅%	涨跌	最新	购<行权价>沽↑	最新	涨跌	涨幅%	买价	卖价	交易状态	总量	持仓量	预估保证金
	–	4002	17196	闭市	0.1672	0.1671	-14.39	-0.0281	0.1672	2.6500	0.0131	0.0069	111.29	0.0131	0.0132	闭市	211920	84968	
	6684	21254	59813	闭市	0.1286	0.1285	-15.17	-0.0230	0.1286	2.7000	0.0217	0.0088	68.22	0.0217	0.0218	闭市	252782	142664	
	12250	30036	98246	闭市	0.0914	0.0913	-16.98	-0.0187	0.0914	2.7500	0.0351	0.0116	49.36	0.0350	0.0351	闭市	287653	143805	
	41314	77805	263509	闭市	0.0616	0.0615	-20.54	-0.0159	0.0615	2.8000	0.0542	0.0143	35.84	0.0541	0.0542	闭市	339193	139764	
	22627	122120	258598	闭市	0.0392	0.0389	-22.66	-0.0114	0.0389	2.8500	0.0811	0.0186	29.76	0.0810	0.0811	闭市	198006	87584	
	21413	201815	240799	闭市	0.0238	0.0237	-23.23	-0.0072	0.0238	2.9000	0.1161	0.0233	25.11	0.1161	0.1162	闭市	115089	66667	
	8337	272715	207069	闭市	0.0140	0.0139	-27.60	-0.0053	0.0139	2.9500	0.1554	0.0245	18.72	0.1553	0.1554	闭市	72882	67325	
	-9060	273889	170663	闭市	0.0079	0.0078	-25.47	-0.0027	0.0079	3.0000	0.1997	0.0268	15.50	0.1997	0.2000	闭市	49341	45995	
	-21140	213687	80392	闭市	0.0036	0.0035	-14.63	-0.0006	0.0035	3.1000	0.2968	0.0314	11.83	0.2965	0.2968	闭市	12880	20748	
	-11791	122988	44044	闭市	0.0024	0.0022	-12.00	-0.0003	0.0022	3.2000	0.3934	0.0284	7.78	0.3943	0.3949	闭市	4505	12302	
	-2105	78353	15479	闭市	0.0018	0.0017	5.88	0.0001	0.0018	3.3000	0.4927	0.0277	5.96	0.4933	0.4947	闭市	973	3512	
	3322	57427	11445	闭市	0.0015	0.0014	40.00	0.0004	0.0014	3.4000	0.5928	0.0278	4.92	0.5928	0.5934	闭市	1018	5196	

由于行情显示的横向为各项指标，纵向为一系列行权价，形似T字，故称为“T型报价”

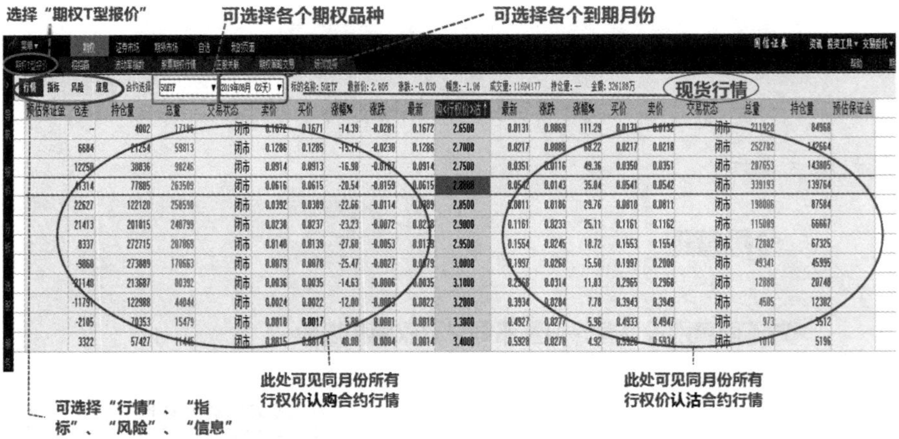

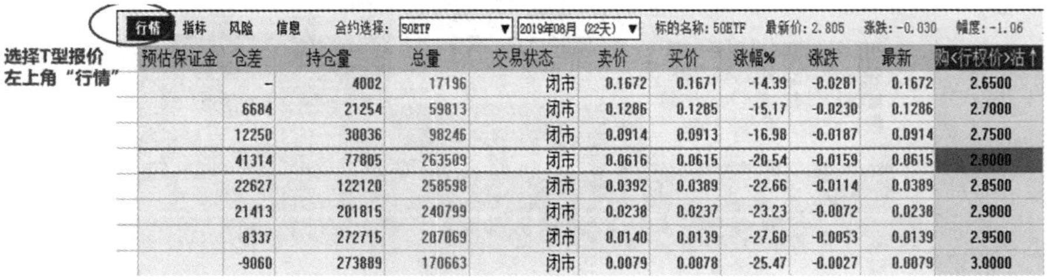

✔ 成交量（总量）：开盘至今的累计成交量（实时、单向计）。

✔ 持仓量：开盘至今的累计未平仓合约量（实时、单向计）。

✔ 买价、买量：该合约即时最高买价及其对应的申报量。

✔ 卖价、卖量：该合约即时最低卖价及其对应的申报量。

✔ 涨幅：与上一交易日结算价相比涨跌的幅度。

✔ 最新：即时最新成交价格。

✔ 仓差：指持仓量与昨日收盘价对应的持仓量的差。即持仓的增减变化情况。

选择T型报价左上角“指标”

行情　指标　风险　信息　合约选择：50ETF　2019年08月（22天）　标的名称：50ETF　最新价：2.805　涨跌：-0.030　幅度：-1.06

真实杠杆率	杠杆比率	溢价率	隐含波动率	历史波动率	时间价值	内在价值	最新	代码	购<行权价>沽↑
15.5003	16.78	0.4349	0.1762	0.1683	0.0122	0.1550	0.1672	10001931	2.6500
18.2966	21.81	0.8414	0.1999	0.1683	0.0236	0.1050	0.1286	10001883	2.7000
21.8107	30.69	1.2977	0.1960	0.1683	0.0364	0.0550	0.0914	10001884	2.7500
25.1451	45.61	2.0143	0.1960	0.1683	0.0565	0.0050	0.0615	10001885	2.8000
27.8290	72.11	2.9911	0.1960	0.1683	0.0389	–	0.0389	10001886	2.8500
28.4604	117.86	4.2353	0.1999	0.1683	0.0238	–	0.0238	10001887	2.9000
27.1091	201.80	5.6649	0.2038	0.1683	0.0139	–	0.0139	10001888	2.9500
23.5421	355.06	7.2335	0.2078	0.1683	0.0079	–	0.0079	10001889	3.0000

✔ 内在价值：对于认购，max（标的即时现价减去行权价，0）；对于认沽，max（行权价减去标的即时现价，0）。取值为 0 时显示为“–”。

✔ 时间价值：期权合约现价减去内在价值。

✔ 杠杆：期权权利金变化百分比 / 标的价格变化百分比 = 标的价格 × Delta/ 权利金。

✔ 历史波动率：是投资回报率在过去一段时间内所表现的波动率，是标的资产市场价格过去一段时间的历史数据反映。

✔ 隐含波动率：根据 B–S 公式反推出的标的波动率（故称为隐含波动率），是市场参与者对未来波动率的预期值，该值可以反映期权合约是否被严重高估或低估。

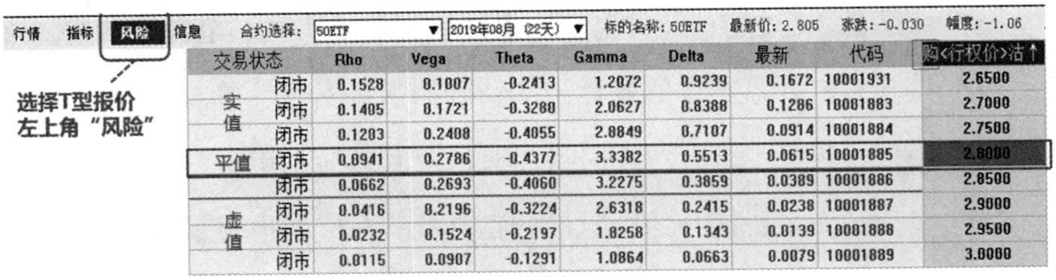

交易状态		Rho	Vega	Theta	Gamma	Delta	最新	代码	购<行权价>沽↑
实值	闭市	0.1528	0.1007	-0.2413	1.2072	0.9239	0.1672	10001931	2.6500
	闭市	0.1405	0.1721	-0.3280	2.0627	0.8388	0.1286	10001883	2.7000
	闭市	0.1203	0.2408	-0.4055	2.8849	0.7107	0.0914	10001884	2.7500
平值	闭市	0.0941	0.2786	-0.4377	3.3382	0.5513	0.0615	10001885	2.8000
	闭市	0.0662	0.2693	-0.4060	3.2275	0.3859	0.0389	10001886	2.8500
虚值	闭市	0.0416	0.2196	-0.3224	2.6318	0.2415	0.0238	10001887	2.9000
	闭市	0.0232	0.1524	-0.2197	1.8258	0.1343	0.0139	10001888	2.9500
	闭市	0.0115	0.0907	-0.1291	1.0864	0.0663	0.0079	10001889	3.0000

✔ Delta、Gamma、Vega、Rho、Theta：各希腊字母的实时值。从中可见，越实值的认购合约 Delta 越大，越虚值的认购合约 Delta 越小，接近于平值的认购合约 Gamma 和 Vega 越大。

✔ Delta：衡量的是标的价格变化对期权价格变化的影响。

✔ Gamma：用来表示 Delta 值对于标的价格变动的敏感程度。

✔ Vega：代表了期权价格关于标的价格波动率的敏感程度。

✔ Rho：用于衡量利率变化对期权价格的影响。

✔ Theta：衡量了到期时间变化对期权价格的影响。

交易状态	预估保证金	行权价格	合约单位	行权方式	行权终止日	期权到期日	最新	代码	购<行权价>沽↑
闭市		2.6500	10000.00	欧式	20190828	20190828	0.1672	10001931	2.6500
闭市		2.7000	10000.00	欧式	20190828	20190828	0.1286	10001883	2.7000
闭市		2.7500	10000.00	欧式	20190828	20190828	0.0914	10001884	2.7500
闭市		2.8000	10000.00	欧式	20190828	20190828	0.0615	10001885	2.8000
闭市		2.8500	10000.00	欧式	20190828	20190828	0.0389	10001886	2.8500
闭市		2.9000	10000.00	欧式	20190828	20190828	0.0238	10001887	2.9000
闭市		2.9500	10000.00	欧式	20190828	20190828	0.0139	10001888	2.9500
闭市		3.0000	10000.00	欧式	20190828	20190828	0.0079	10001889	3.0000

✔ 行权价格：合约规定的，买方有权在合约有效期限买入或者卖出标的资产的特定价格。

✔ 行权方式：分欧式和美式。欧式期权可以理解为电影票，只能在指定日期使用，不能提前和延后使用。美式期权可以理解为月饼票，可以在到期日前的任意一天行使权力。

✔ 期权到期日：合约规定的最后有效日期。

双击某个期权合约，如“50ETF 购 8 月 2800”，可得到如下界面：

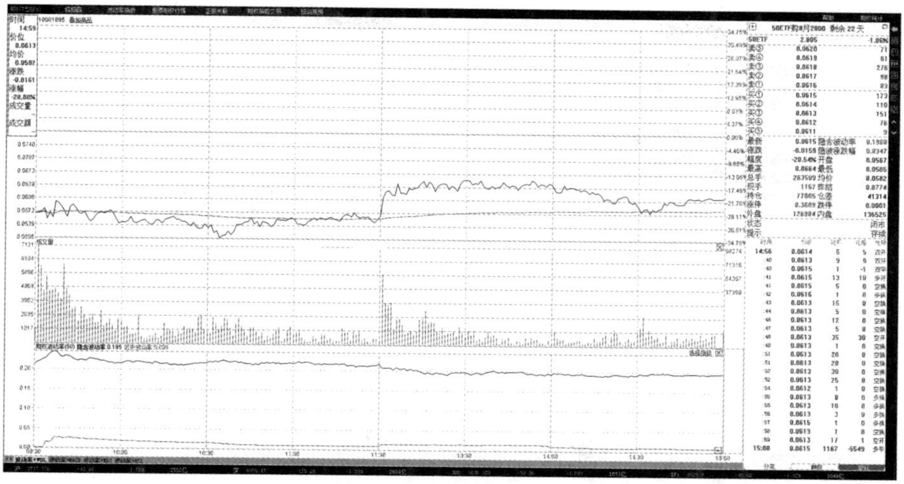

上图中的左半部分是期权合约的分时走势图

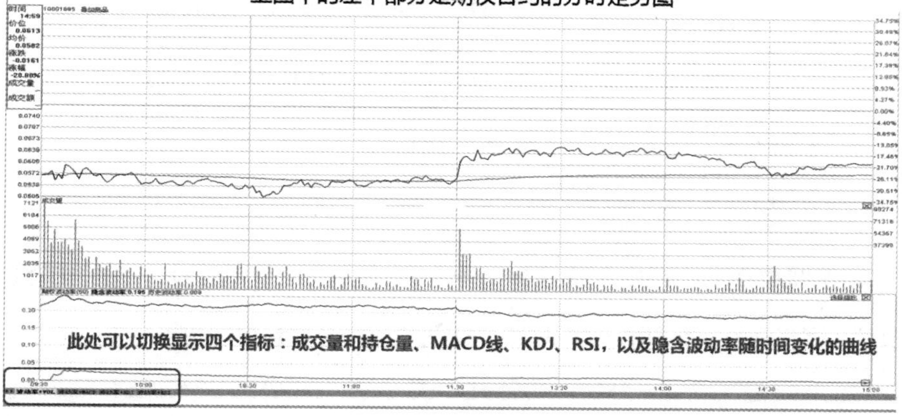

右上角部分是期权合约的盘口信息及其他交易信息

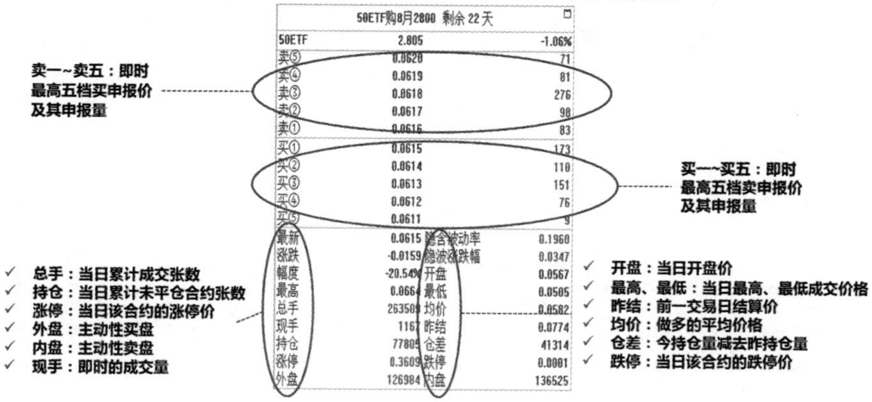

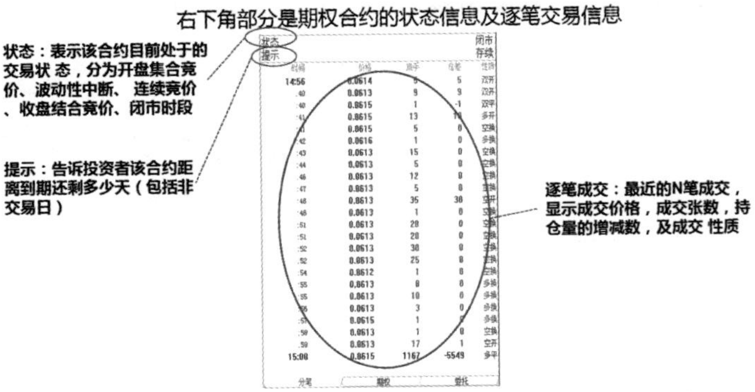

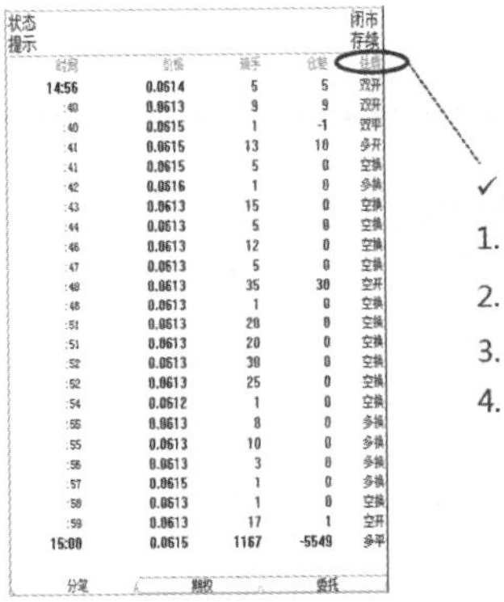

✓ 成交性质中：

1. 双开：买入开仓的订单与卖出开仓的订单成交
2. 双平：买入平仓的订单与卖出平仓的订单成交
3. 多换：买入开仓的订单与卖出平仓的订单成交
4. 空换：卖出开仓的订单与买入平仓的订单成交

在期权合约的分时走势图界面上，右键选择“交换画面”——“K线图”，则将显示出该期权合约的日K线图（或者按F5快捷切换）。

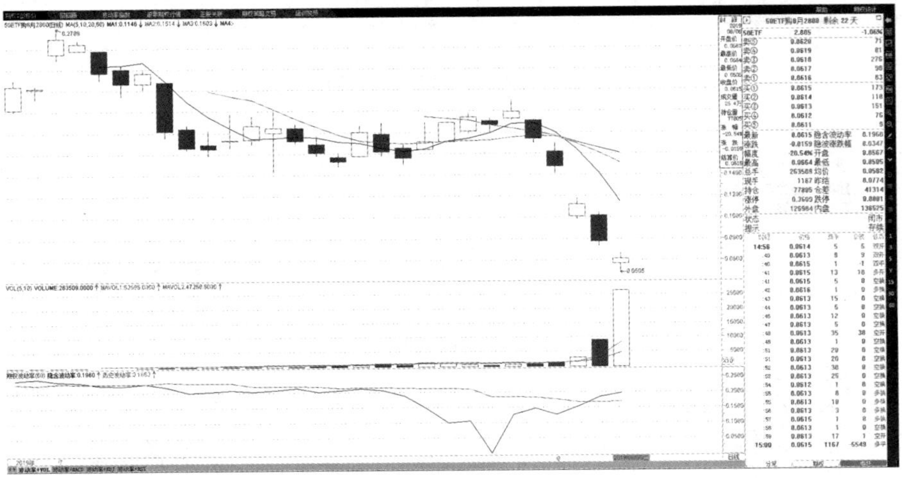

3. 期权交易的步骤

50ETF 期权怎么交易？简单来说就是当你在预测 50ETF 期权时，摆在你面前有很多个合约，你需要从中挑选一个你认为会顺应行情发展的合约，也就是说，需要你选择一个你认为会赚钱的合约。当你选定了这个合约之后，你会购买这张合约，然后在接下来的时间里，你可以选择在价格高行情好的时候，卖掉你手中的这份合约，或者你认为行情不是很好，你也可以选择不卖或者止损。

50ETF 期权交易步骤是什么？

（1）根据行情判断走势方向

任何一种投资的第一步都是要判断涨跌的方向，这一步的判断是比较简单的。首先通过观察市场的趋势，寻找涨跌的趋势，然后根据你判断的趋势来做单就可以了。如果你判断市场会下跌，就可以选择认沽期权，如果你判断市场会上涨，就可以选择认购期权。

（2）注意合约的涨跌起伏

上证 50ETF 期权不仅仅只要判断涨跌，还需要判断涨跌的幅度。判断它是大涨还是小涨，是大跌还是小跌。

不同的幅度做单方式是不一样的，如果是小涨行情，你使用大涨策略可能就会亏钱。

如果你是新手，不太会判断涨跌的新手，可以选择比较稳妥的投资方式，那就是买入实值合约为主。

（3）判断涨跌速度

上证 50ETF 期权中最难的就是判断涨跌的速度，我们需要判断行情是快速上涨还是慢速上涨，是快速下跌还是慢速下跌。需要判断行情的运行速度。这一步对于投资者的要求是非常高的，很多新手投资者可能很难判断，如果觉得判断比较难，可以不用判断，跳过这一个步骤。

（4）选择正确的交易策略

在期权交易中有非常多的策略，经过上述的判断之后，大家就可以根据自己的判断来选择交易策略了

如果你的判断是小幅上涨，那么就可以选择实值认购期权。如果判断的是快速上涨和大涨，可以选择平值认购，或者虚值一档、二档的认购期权。

如果你的判断是小幅下跌，那么就可以选择实值认沽期权，如果判断的是快速下跌和大跌，可以选择平值认沽，或者虚值一档、二档的认沽期权。

（5）挑选你认为正确的合约

一般来说，近月合约的选择是比较合适的，当月或者下月是最好的、一般是选择主力月的平值合约，这类的合约主要是考虑两个因素，一是预计行情会涨跌到什么点位，二是用多少倍的杠杆来做交易。

4. 期权交易者应该具备的十大条件

（1）管理风险

期权是高风险的金融工具，因此交易者必须十分清楚自己正在面临的风险，例如，这笔交易的最大跌幅是多少，波动中的显性或隐含寸头有多少？你投入了多少资金？交易者必须经常问自己这些问题。此外，必须采取适当的措施来控制风险。如果你是从事短期期权交易，那损失将会是家常便饭，例如你持有隔夜头寸，那么一点风吹草动都可能让你蒙受损失，任何时候你都必须将头寸的风险降到最低，而方法之一就是限制交易量，同时分散投资，避免把所有的鸡蛋放进同一个篮子。期权交易者必须擅长资金管理，要明智地使用资金，例如，把 90% 的资金投入单笔交易就不明智，无论采用怎样的投资策略，都不能忽视风险管理

和资金管理。

（2）保持对数字的敏感度

在期权交易中，交易者时刻都要与大量的数字打交道，隐含波动率是多少？是价内（实值）期权还是价外（虚值）期权？盈亏平衡点是多少？期权交易者需要不停地去思考这些问题，此外，还要参照期权风险指标（希腊字母）来做出交易决策，如delta值、gamma值、Vega值和theta值。例如，交易者可能想知道其交易头寸的gamma值是正还是负，因此，期权交易者必须能够熟练地计算和解读数字，虽然不必成为一名股市分析高手，但你也该按照初级分析师的要求进行学习。

（3）行为：培养正确的投资态度

成功的期权交易者必须要有很强的纪律性，还需要进行广泛的研究，确定投资机会。进行合理的交易，制定交易策略并坚持执行，设定投资目标以及制定退场策略，这些都是交易者们必须遵守的规则。投资市场常见的随大流，即追随大多数人的脚步去投资，这就是很典型的违反交易规则的情况。期权交易者只能相信自己的分析，不该等到交易失败之后再去抱怨别人，而是应该根据自身情况定相关的交易策略。

（4）保持耐心

所有的期权交易者都要有耐心，等到机会出现之后再行动，而不该一有风吹草动就马上交易，我们经常能看到期权交易员们除了紧盯市场之外什么也不做，他们其实就是在等进入或者退出交易的最佳时机，业余投资者往往缺乏耐心，会做出很草率的决定。

（5）选择与自身性格相符的交易风格

每位交易者的个性不同，因此也该按照个人的性格特点打造适合自己的交易风格。有些交易员擅长日内交易，在一天之内进行多次交易以获得小额利润；有些交易者偏好头寸交易，他们很擅长利用一些特殊的交易机会来获利，例如时间衰减和价格波动性；还有的交易者专门从事波段交易，他们会预测未来5~30天的价格波动，顺势进行交易。

（6）学习：成为主动的学习者，阅读和理解新闻

期权交易者必须能够解读当前发生的新闻，辨别出其中的炒作性时间，并据此作出合理性的决策。你也许会发现许多交易者会因为某条利好新闻而纷纷买入某期权，但第二天又因为另一则新闻而进行别的交易，其实这种做法很容易让交易者分心，阻碍他们发现市场的主要趋势，多数成功的期权交易者不会被各种新闻所迷惑，他们只相信自己的分析，然后做出合理的决策。

（7）从损失中学习

芝加哥期货交易所发布过一篇报告显示，90%的期权交易都会有亏损的经历，而那些成功的期权交易者的秘籍在于，他们能够从损失中学习，然后把学到的经验运用到自己的交易策略中。

（8）做一名主动的学习者

金融市场瞬息万变，你必须清楚市场上都发生了什么，了解市场的变化规律。成为主动的学习者，意味着你不仅要善于制定交易策略，还要能发现别人忽视了的机会。

（9）管理：形成正确的交易程序，制定交易计划

相比直觉，交易计划更容易帮助交易者们获得成功。没有交易计划，你的交易将毫无方向性；而有了交易计划，你就会按照交易计划行动，这样你就能明确投资目标，了解如何交易才能帮你实现这一目标，怎样弥补损失或者何时平仓获利。最后，你还可以根据计划执行情况判断它是否适合你，这些步骤对于制定高效的交易策略至关重要。

（10）坚持做交易记录

大部分成功的交易者都有做交易记录的习惯。坚持进行交易记录，

可以帮你避免做出错误决策。此外，从交易记录中汲取经验和教训，还可以知道如何在未来的交易中获得成功。

在分析和观察交易时，顶级的期权交易者通常都会很兴奋，成功的结果固然令人高兴，但期权交易者更享受通往交易成功的整个过程，以上这些特征也许不能保证你在期权交易中必然可以获利，但却一定能帮你增加成功的可能性。

5. 期权“末日轮”彩票机会

（1）“末日轮”

①标的在行权日前最后 5 到 3 天或倒数第三天收盘时，最好收在某一行权价附近，以上下不超过 0.01 元为最佳，如 2.49 ~ 2.51 元最好，这样选择平值合约比较便宜，时间价值较小，成本最低，平值认购、认沽合约都可以在 20 ~ 200 元 / 张。

②预期波动较大，而不是较小，至少能超过一分钱，波动越大越好，否则就用卖跨了。最好有一个大体的方向判断，当然也必须盯着两个方向的合约，而且随时可能转向。

③由于可能有一天亏完本金的风险，投入的资金不要太大。由于流动性问题，也不可能卖在最高价，还会有多次熔断，成交时间很少。2017 年 50ETF 沽 12 月 2847A 合约在末日下午有 13 次熔断，一次熔断时间为 3 分钟，有 39 分钟不能交易。

④可以不止损，但一定注意止盈，因为是最后到期日，在下午遇到流动性风险时，如果不止盈，你只能是纸上富贵一回。

⑤对标的趋势有倾向性的判断就做单边，觉得不稳妥就买跨式。2017 年 12 月合约，最后是认沽大涨。如果做单边发现不对，别补仓，赶快看另一个方向的机会，不要在这个方向上消耗时间。

⑥心态要好，“末日轮”不用太多资金参与，不要患得患失，得之我幸，不得我命，不要影响大局观，慌了阵脚。

⑦如果开盘时标的不在某行权价附近，但运行一段时间后，到了某行权价附近，可以再次开买入跨式。

（2）期权彩票

①期权合约价格范围在 1 ～ 100 元 / 张。

②距离到期期限在 15 天内。

③当前隐含波动率在 15% 之内最好。

④本月持仓合约有 300% 以上的利润，或者 30 万元以上利润（也有人专门每 个月投入几千到几万元买彩票）。

⑤彩票的虚值程度在 0.15 元之内（即标的价格是 2.5 元，最多买到认购 2650 合约或认沽 2350 合约），不过极端行情下，有的合约会超过你的想象，有近千倍的利润。

⑥在一段凌厉攻势之后的休整横盘期，不论是涨势还是跌势（如 2017 年 50ETF 购 11 月 3000 合约，从 7 元 / 张涨到 899 元 / 张），横盘休整期波动率下降，期权时间价值消耗而比较便宜，但如果只是横盘休整后期继续朝原来方向运动，期权就会有较强的爆发力。

⑦涨（跌）了很久，反向合约价格极其便宜（例如，2017 年 11 月 20 日左右，50ETF 沽 12 月 2847A 合约从 60 元 / 张涨到了 600 多元 / 张）。

⑧要用一个账户或者固定的一笔资金坚持做、经常做，不要重仓，也许可能亏 9 次，但其中有一次赚了十倍就能保本。

⑨如果是“黑天鹅”频发的时期，要多关注认沽的彩票。

⑩如果没有精确的把握，可以一路上设下埋伏，把不同行权价的都买些。 最痛点理论在期权末日轮彩票上的应用：在期权到期前的最后一周，当正股价格低于最痛点价位时，买入行权价为标的价到最痛点价之

间（含）的看涨期权；当正股价格高于最痛点价位时，购买行权价为标的价到最痛点价之间（含）的看跌期权。切记盘中及时止盈。

6. 期权希腊字母并不复杂

与股票和期货相比，期权是一个更加专业化的金融衍生工具，但这并不意味着我们需要掌握复杂的期权定价公式，例如 BS 公式或者二叉树模型。

只需要简单理解其基本原理，然后知道几个希腊字母值的含义即可，这些希腊字母值能够让我们更好地理解期权的一些特性。

Delta

衡量标的价格变化对期权价格的影响

期权和期货都具有杠杆性，但与期货不同，期货的杠杆是固定的，而期权的杠杆具有非线性的特点。导致期权杠杆非线性的原因主要是期权的这几个希腊字母的作用。其中 Delta 值就影响了期权杠杆的非线性。

从定义上说，Delta 值是标的资产价格的变化导致的期权价格变化的幅度。借助坐标轴来形象化思考一下，横轴假设是标的资产的价格，纵轴假设是期权的价格，曲线的切线就是 Delta 值。

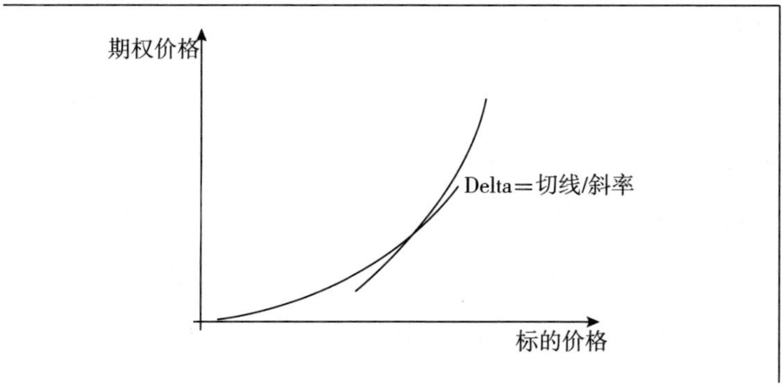

从上图可以看出，随着标的资产的价格朝一个方向变化，期权价格的变化并不是线性的，而是非线性的，斜率或者说切线就是 Delta 值。正是由于这个特性，所以看涨期权从虚值变成平值，再从平值变成实值的过程中，Delta 值会不断变大，期权价格就容易出现越涨越快的特点。

但是 Delta 值并不是无限大的，它的取值范围是 –1 到 1，看涨期权的 Delta 值位于 0 到 1 之间，看跌期权的 Delta 值位于 –1 到 0 之间。这个很好理解，因为，对于看涨期权来说，随着标的资产价格上涨，那么看涨期权的价格是上涨的，而看跌期权的价格是下跌的，所以看涨期权的价格与标的资产价格是正相关的，而看跌期权的价格与标的资产价格是负相关的。

一般情况下，越是实值期权，Delta 值的绝对值越接近于 1，越是虚值期权，Delta 值的绝对值越接近于 0，平值期权 Delta 值的绝对值一般在 0.5 左右。

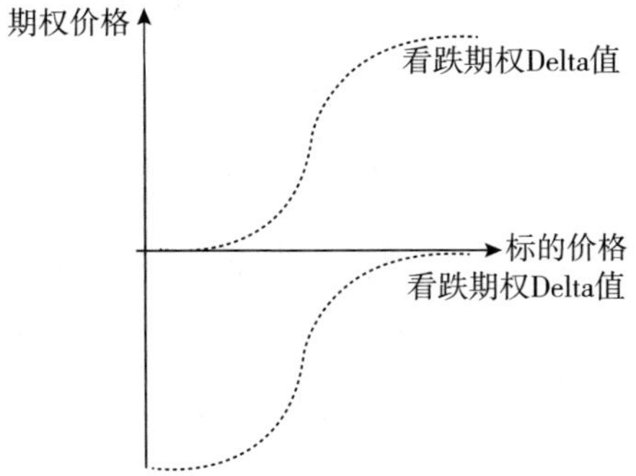

在其他条件不变的情况下，我们可以通过一个简单的公式来理解 Delta 值对期权价格变化的影响：新期权价格 = 原期权价格 +Delta × 标的资产价格的变化。

但是这里的 Delta 值是动态变化的，再结合上面的 Delta 值曲线，你就会发现，对于看涨期权而言，随着标的资产价格的上涨，Delta 值会变大，这将进一步加速看涨期权价格的上涨，这就是期权的最大魅力之一，非线性杠杆！

更加神奇的是，随着标的资产价格的下跌，看涨期权 Delta 值会变小，这将会减速看涨期权价格的下跌。

Gamma
衡量标的价格变化对 Delta 值的影响

然而，Delta 值存在一定的缺陷，因为期权价格和标的资产价格之间存在非线性函数关系，所以 Delta 值并不能够总是准确表示标的资产价格变化对期权价格的影响。只有当标的资产价格变化较小时，Delta 值可以近似来表示标的资产价格的变化对期权价格的影响，而当标的资产变化较大时，利用 Delta 值来计算期权价格的变化就会容易出现较大偏差。

为了更加准确地期权价格的变化，所以有了另外一个希腊字母——Gamma 值。Gamma 是用来衡量标的资产价格的变化对 Delta 值的影响，本质上，Gamma 反应的是期权价格变化对标的资产价格进行二阶求导之后的结果。

期权价格的变化就像是一场变速运动，Delta 值是一阶导数，就像是速度，Gamma 值是二阶导数，就像是加速度。

当 Gamma 比较小时，可以近似地理解为 Delta 中性，变化不大；但是当 Gamma 比较大时，Delta 对标的资产价格变化非常敏感，这个时候为了保持 Delta 中性，就需要对头寸进行一定的调整。

根据 Gamma 与 Delta 之间的关系，我们可以得到这样一个公式：新 Delta= 原 Delta+Gamma × 标的资产价格的变化。

那么，更加准确的期权价格应该是这样：新期权价格 = 原期权价格 + 新 Delta × 标的资产价格的变化 +1/2 × Gamma × 标的资产价格变化的平方。

如果你不理解的话，可以把这里的期权价格想象成位移S，把Delta值想象成速度V，把标的资产价格的变化想象成时间t，把Gamma值想象成加速度a，那么这个公式本质上就是高中物理一个求位移的公式：S=Vt+1/2at^2。期权价格的变化就是高中物理学习的变速运动。

期权权利方的Gamma值为正数，期权义务方的Gamma值为负数。标的资产价格在行权价附近的时候，Gamma值最大，这说明Delta对标的资产价格的变化最敏感。

标的资产价格的变化会引起期权价格的较大变化，这也是许多交易者喜欢买入平值期权以及虚值一档期权的一个主要原因。

理论上来说，平值期权的Gamma值随着到期日的临近而变得无穷大。因为期权这东西差一点价值就能差别很大，同样是买入看涨期权，执行价差一档，最终结果可能一个跌成零了，一个成为价格较高的实值期权。所以平值期权有可能在极短时间内要么跌成虚值一文不值，要么变成实值具有较高的价格，所以离到期日越近，平值期权的Gamma值就越大，理论上是无穷大。

实值期权和虚值期权在距离到期日较远的时候，Gamma值相对较为平缓，随着到期日的临近，Gamma值会先呈现出升高后变低的特点。

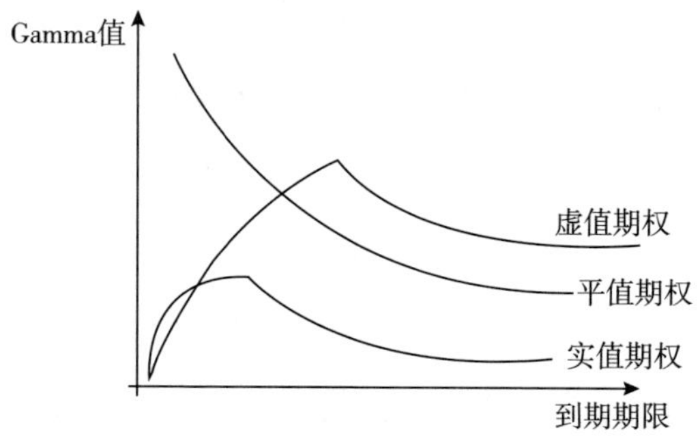

Theta

衡量时间变化对期权价格的影响

买股票不需要考虑时间，只要价格低，行业前景不错，公司质地优良，买入持有就是一个不错的选择，甚至可以当做定投，因为没有时间的限制。期货比股票麻烦一点，期货合约有到期日，到期之后期货合约就会退市，所以需要经常换月，而换月的话可能会有一定的换月损失。但总体来说对时间的要求也不算太高。期权则不同，它对时间的要求比较高。

做期货，合约进入交割月之前你可以换月，而期权你等到它要交割了，如果买入的期权是虚值期权，最终可能价格都跌没了，你就是想换月都没钱换了。

所以期权并不适合像股票和期货那样，只要有绝对低价就可以买入屯着，这东西买得早不如买得巧。

在期权的希腊字母当中，Theta 就是衡量距离到期日的时间变化与期权价格变化之间的关系，而 Theta 值有一个非常重要的特点，它一般情况下为负数，除非是期权过于实值的情况下有可能为正数，否则基本上都是负数。

在其他条件不变的情况下，我们可以用简单的公式来理解一些 Theta 值对期权价格的影响：新期权价格 = 原期权价格 +Theta × 距离到期日时间的变化。

由于 Theta 值为负，所以天然不利于期权的买方，因为随着距离到期日越来越近，期权的时间价值越来越小，而期权的价格等于时间价值加上内在价值。

在内在价值不变或者内在价值的增幅小于时间价值的流失的情况下，期权价格越来越低，这显然是不利于期权买方的。

所以说，期权的时间价值就像是正在融化的冰，随着距离到期日越来越近，时间价值会变得越来越小。时间是期权买方的天然敌人，却是期权卖方的天然朋友，因为在距离到期日较近的时候，期权卖方可以选择卖出深度虚值期权，以时间作为朋友来赚钱期权的时间价值。但如果距离到期日较远，卖出深度虚值期权也有可能会发生爆仓。

对于平值期权来说，随着到期日的临近，到期时间的变化对期权价格的影响非常大，因为平值期权不存在内在价值，只有时间价值，而距离到期日越来越近，平值期权很容易一下子就变成了虚值期权，瞬间价值大幅损失，所以平值期权随着到期日的临近而变得非常敏感，Theta 值非常大。相反，实值期权和虚值期权随着到期日的临近基本上都逐渐盖棺定论了，对于虚值期权来说，内在价值本身就是零，时间价值慢慢归零，期权价格基本为零；对于实值期权来说，时间价值也慢慢归零，剩下的基本都是内在价值，所以 Theta 值慢慢都接近于 0 了。

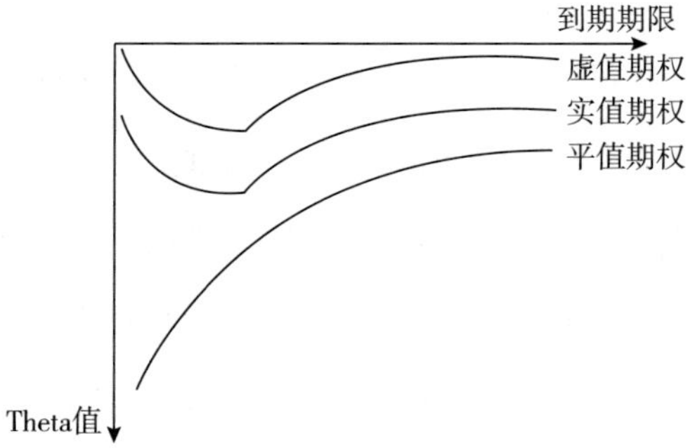

Vega

衡量标的资产波动率变化对期权价格的影响

期权还有一个与众不同的地方就是波动率，当然这个波动率并非我们平常所说的波动率。我们通常所说的波动率大多都是历史波动率，是根据资产价格的历史分布得到的，然而对于期权来说，当我们说波动率的时候，指的是隐含波动率。

所谓隐含波动率就是利用期权的定价公式，把期权价格和其他影响期权价格的变量代入公式倒推出来的波动率，由于期权的成交价格是市场所有参与者所达成的共识和公允价格，所以利用这个价格计算出来的波动率隐含了所有市场参与者对波动率所达成的共识，因此也叫做隐含波动率。

你可以简单的理解为，这个波动率是市场自身对未来波动率的一种预测。

期权的权利方波动率为正数，期权的义务方波动率为负数。这是因为期权的价格与波动率相关，当波动率增加时，期权的价格会上涨，期权价格上涨有利于期权买方，而不利于期权卖方。

在其他条件不变的情况下，波动率与期权价格的关系可以理解为：新期权价格 = 原期权价格 +vega × 波动率的变化。

当波动率变大时，无论是买入看涨期权还是买入看跌期权，期权的价格都会随之增加，有利于期权的买方，而不利于期权的卖方。

期权的波动率与距离到期日远近有关，距离到期日越远，vega 值就越大一些，距离到期日越近，vega 值就越小。

这个和期货合约交割有些类似，当期货合约距离交割日较远时，波动一般较大，预期起主导作用，当期货合约面临交割时，往往比较容易走出趋势，开始走现货逻辑，波动率开始下降，现实开始起主导作用。

因为距离到期日或者交割日越远，存在的不确定性越大，所以无论是期权还是期货，波动都更大一些。

另外，由于实值期权和虚值期权最终结果存在天壤之别，所以平值期权无论是对时间、对 delta 值还是对波动率都比较敏感，所以对于同一个期权合约而言，当标的资产的价格在行权价附近的时候，往往是波动率最大的时候，有可能从虚值变成实值，也有可能是从实值变成虚值。

虚值变实值就有可能从一文不值变得非常值钱，实值变虚值有可能从比较值钱最终变得一文不值。所以在距离行权价越近，这种不确定性越大，相反，距离行权价越远，期权发生虚实值转化的可能性越低，期权的性质不太可能发生变化，所以 vega 值就越低。

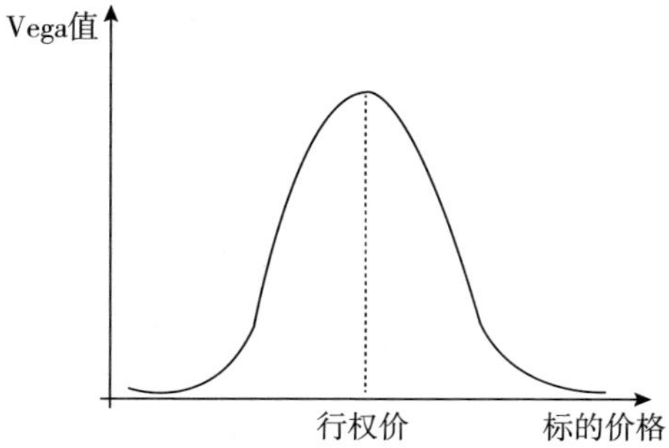

Rho

衡量利率变化对期权价格的影响

在期权定价公式中，还有一个利率变化对期权价格的影响，用希腊字母 Rho 来表示，我们依然采取控制变量法的思维来理解一下，在其他条件不变的情况下，利率变化对期权价格的影响可以表示为：新期权价格 = 原期权价格 +Rho × 利率的变化。

这个希腊字母在实际运用中相对不像其他希腊字母那么耀眼，但是它对不同的期权买方来说影响也不同，也需要了解一下。

对于买入看涨期权来说，未来是以一定的执行价买入标的资产，从财务的角度来说，货币具有时间价值，当利率上升时，未来购买标的资产的那部分资金折现之后的现值就会下降，现值越低说明期权买方购买标的资产的成本越低，显然利率上升有利于看涨期权的买方，期权的价值会上升。所以买入看涨期权的 Rho 为正。

相反，对于买入看跌期权来说，未来是以一定的执行价卖出标的资产，当利率上升时，未来卖出标的资产所获得的那部分资金折现之后的现值就会下降，现值越低说明期权买方行权后获得收益越低，显然利率上升不利于看跌期权的买方。所以买入看跌期权的 Rho 为负。

从本质上来说，这五个希腊字母就是期权定价公式中影响期权价格的几个因素，通过期权定价公式分别求一阶或者二阶偏导数得来的结果，然后分别用希腊字母来表示。

即使没有学过高等数学也没有关系，并不影响我们进行期权交易。只需要通过这几个希腊字母了解一下影响期权价格的几个重要因素以及影响的原理，在交易过程中会运用即可。

7. 期权字典

说明：本汇编仅供投资者学习之用。它并不是规则解读，请勿将本汇编作为理解相关规则的依据。由于期权行业发展日新月异，术语新词不断涌现，漏洞和不足在所难免。希望投资者在阅读、使用过程中不断提出有益的建议，督促我们更好地完善。

B

①保证金，指在期权交易中，期权义务方必须按照规则缴纳的金额。维持保证金每日进行计算。

②保证金催缴，指在期权义务方的保证金水平低于维持保证金时，通知其增加保证金。

③保证金风险，指投资者在卖出开仓后，需要时刻保证足额的保证金，否则会遭到强行平仓的风险。

④备兑开仓，指在拥有足额标的证券的基础上，卖出相应数量的认购期权合约。

⑤比率价差策略（Ratio Spread），指买入一定数量的期权，同时卖出更多数量的期权。买入的期权与卖出的期权具有相同合约标的和到期日，但行权价不同。

⑥标的证券，又称合约标的，指期权合约规定的双方买入或卖出的资产，为期权所对应的标的资产。个股期权对应的标的证券就是对应的股票或 ETF。

⑦波动率，指一种衡量股票价格变化剧烈程度的指标，一般用百分数表示。股价波动率与认购期权、认沽期权价值均为正相关关系。

⑧波幅，指一种测定价格上下波动程度的指标，通常用同一对象市场价格波动的最高点与其最低点的差额来表示。

⑨ Black-Scholes 模型，又称 B-S 模型，是 1973 年由两位经济学家 BLACK、SCHOLES 提出的、对欧式期权进行定价的公式，对衍生金融工具的合理定价奠定了基础。曾获诺贝尔经济学奖。

C

⑩场内期权，指在交易所挂牌上市的标准化期权合约。

⑪场外期权，指交易双方达成的非标准化期权合约。

⑫垂直价差策略（Vertical Spread），指买入一个期权的同时卖出一个期权，这两个期权具有相同合约标的和相同到期日，但具有不同的行权价。

D

⑬ Delta 值，指期权标的股票价格变化对期权价格的影响程度。Delta= 期权价格变化 / 期权标的股票价格变化。股票价格与认购期权价值为正相关关系，与认沽期权价值为负相关关系。

⑭大户报告制度，指当结算参与人或客户对某品种合约的持仓量达到交易所规定的持仓报告标准时，交易所有权要求结算参与人或客户向

交易所报告其资金情况、头寸情况、交易用途等。

⑮带式策略（Strap），指买入两份认购期权，同时买入一份认沽期权，这里的认购期权和认沽期权具有相同的行权价和到期日。

⑯到期不行权风险，指实值期权在到期时具有内在价值，若不提出行权，则不能获取期权的内在价值的风险。

⑰蝶式价差策略，指一种使用牛式价差策略和熊式价差策略的复合套利策略，包括多头蝶式价差策略和空头蝶式价差策略。

⑱对冲，是指投资者为减低另一项投资的风险的交易。个股期权在投资实践的某些策略组合中，可以实现对冲风险的作用。

⑲多头，指投资者是某一期权的净权利方，即买入的合约多于卖出的合约。

⑳多头蝶式价差策略，指买入一个行权价较低的认购期权和一个行权价较高的认购期权，同时卖出两个行权价介于上述两者之间的认购期权。

E

㉑ ETF，即交易型开放式指数基金，又称交易所交易基金，指一种跟踪标的指数变化、且在证券交易所上市交易的基金。在美国等国家，ETF 可以作为期权的标的证券。

㉒二项式期权定价模型，指于 1979 年提出的一种对离散时间的期权定价的简化模型，主要用于计算美式期权的价值。

F

㉓反向套利，指一种无风险的套利，涉及卖出合约标的，出售一张认沽期权，并且买入一张认购期权，这些期权具有相同的行权价和到期日，同时卖出一份相应到期月份相同的期货。

㉔非线性投资收益，是指期权投资者的收益与损失不是对称关系，

收益、损失与权利金的关系也不是线性或简单倍数关系。

G

㉕ Gamma 值，指期权标的股票价格变化对 Delta 值的影响程度。Gamma=Delta 的变化／期权标的股票价格变化。

㉖高溢价风险，指当出现期权价格大幅高于合理价值时产生的风险。

㉗个股期权，指由交易所统一制定的、规定合约买方有权在约定的时间以约定的价格买入或者卖出约定合约标的（股票或 ETF）的标准化合约。

H

㉘合约单位，又称合约乘数，即期权合约规定合约持有人有权买入或卖出标的资产数量。

㉙合约到期日，指期权合约有效期截止的日期，也是期权权利方可行使权利的最后日期。在此日之后，期权失效。到期期限与认购期权、认沽期权价值均为正相关关系。

㉚盒式价差策略，指一种将牛市价差策略和熊市价差策略组合而成的策略。

㉛红利，即上市公司将盈利的一部分作为股息按股额分配给股东，通常分为现金股利和股票股利。

J

㉜价值归零风险，指虚值期权在接近合约到期日时期权价值逐渐归零的风险。

K

㉝空头，指投资者是某一期权的净义务方，即卖出的合约多于买入的合约。

㉞空头蝶式价差策略，指卖出一个行权价较低的认购期权和一个行权价较高的认购期权，同时买入两个行权价介于上述两者之间的认购期权。

㉟跨期价差策略（Calendar Spread），指卖出一个到期日较早的认购期权，同时买入一个行权价相同但到期日较晚的认购期权。

㊱跨式策略（Straddle），指买入一份认购期权的同时买入一个行权价和到期日相同的认沽期权。

L

㊲勒式策略（Strangle），指在买入一份认购期权的同时也买入一份认沽期权，两者的到期日相同但行权价不同。

㊳历史波动率，指投资回报率在过去一段时间内所表现出的波动率，由合约标的市场价格过去一段时间的历史数据反映。

㊴流动性服务商，指根据与交易所达成的协议安排，在期权交易中向市场提供流动性或者改善市场质量的专业交易者。

M

㊵买入开仓，指买入认购期权或认沽期权，如投资者已作为权利方持有头寸或没有持有头寸时，则买入成交后，增加权利方持有头寸；否则，先对冲持有的义务方头寸后，再增加权利方头寸。

㊶买入平仓，指投资者作为义务方持有头寸（不含备兑开仓持仓头寸），买入期权，成为无义务方或减少义务方头寸。

㊷卖出开仓，指卖出认购期权或认沽期权，如投资者已作为义务方持有头寸或没有持有头寸时，则卖出成交后，增加义务方持有头寸；否则，先对冲持有的权利方头寸后，再增加义务方头寸。

㊸卖出平仓，指卖出认购期权或认沽期权，投资者作为权利方持有头寸时才可卖出平仓，且卖出合约数量不得超过持有的头寸。

㊹美式期权，指期权权利方可以在期权购买日至到期日之间任何时

间行权的期权合约。

N

㊺内在价值，指假如期权立即履行时该期权的价值，只能为正数或者为零。内在价值与时间价值共同构成期权的总价值。

㊻牛市价差策略，指买入一份期权，同时卖出一份、同一合约标的、相同到期日的行权价更高的期权。

㊼牛市认购期权价差策略，指买入行权价较低的认购期权，同时卖出一个同一品种、相同到期日的行权价较高的认购期权。

㊽牛市认沽期权价差策略，指买入行权价较低的认沽期权的同时，又卖出一个同一品种、相同到期日的行权价较高的认沽期权。

O

㊾欧式期权，指期权权利方只能在到期日行权的期权合约。

P

㊿配对认沽期权，指为建立套期保值的头寸而同一天买入的股票和相对应数量的认沽期权。买入认沽期权，作为保险，既可以避免股票下跌带来的损失，也能享有股价上涨带来的收益。

(51)平值，指期权的行权价格等于合约标的市场价格的状态。

Q

(52)期权合约，指一种规定期权购买者在未来特定时间可以行使某项权利的合约。

(53)期权价值，包括两个部分：一是内在价值，二是时间价值。

(54)期权种类，也称期权类型，分为认购期权和认沽期权。

(55)期权组合，指将期权在到期日、数量、行权价和期权类型作以组合，形成新的金融工具．以达到规避风险、保值增值的目的。

(56)期权平价关系，指具有相同的行权价与到期日的认购期权和认沽期权的价格之间所必然存在的基本关系。

㊼强行平仓，指某些情形下，通知投资者在规定时间内自行执行平仓要求，对投资者未在规定时限内执行完毕的，则剩余部分强制执行。

㊽权利金，指期权合约的市场价格，期权权利方将权利金支付给期权义务方，以此获得期权合约所赋予的权利。

㊾权证，是指标的证券发行人或其以外的第三人发行的，约定持有人在规定期间内或特定到期日，有权按约定价格向发行人购买或出售标的证券，或以现金结算方式收取结算差价的有价证券。权证与个股期权在创设主体、行权效果、创设形式以及投资策略等方面有着明显的区别。

R

㊿ Rho 值，指无风险利率变化对期权价格的影响程度。Rho= 期权价格的变化 / 无风险利率的变化。市场无风险利率与认购期权价值为正相关，与认沽期权为负相关。

(61)认购期权（Call Option），指约定期权权利方有权在约定时间以约定价格从义务方手中买入约定数量的合约标的证券的合约。

(62)认沽期权（Put Option），指约定期权权利方有权在约定时间以约定价格将约定数量的合约标的证券卖给期权义务方的合约。

S

(63)时间价值，指在期权剩余有效期内，合约标的价格变动有利于期权权利方的可能性。时间价值和内在价值共同构成期权的总价值。

(64)实物交割，指在期权合约到期后，认购期权权利方支付现金买入合约标的，义务方收入现金卖出合约标的；或认沽期权权利方卖出合约标的收入现金，义务方买入合约标的并支付现金。

(65)实值，指认购期权的行权价格低于合约标的市场价格，或者认沽期权的行权价格高于合约标的市场价格的状态。

⑯实值认购期权，指行权价格低于合约标的市场价格的认购期权。

⑰实值认沽期权，指行权价格高于合约标的市场价格的认沽期权。

⑱损益图，是用来刻画期权到期时标的股价、期权价格与损益之间关系的示意图，可以直观地了解标的股价与期权内在价值之间的关系。使用损益线可以大大提高期权使用者匹配策略与投资目标的能力。

T

⑲ Theta 值，指到期时间变化对期权价值的影响程度。Theta= 期权价值变化 / 到期时间变化。到期期限与认购、认沽期权价值均为正相关关系。

⑳套利，指为了无风险盈利，同时买入和卖出合约标的相同的同种类型的期权的头寸。

㉑套期保值，指一种通过一项交易对冲另一已有头寸的风险，以限制投资亏损的保守投资策略。

㉒条式策略（Strip），指买入一份认购期权，同时买入两份认沽期权，这里的认购期权和认沽期权具有相同的行权价和到期日。

㉓头寸，指在一个账户或策略中的特定的证券。

㉔投资者分级，指根据投资者风险承受能力和专业知识情况，对投资者交易的权限和规模进行分级管理。

㉕投资者适当性管理，指证券公司在向投资者提供产品或服务时，应当了解投资者的相关情况并评估其风险承受能力，了解拟提供给投资者的产品或服务的相关信息，并据此向投资者提供与其风险承受能力相匹配的产品或服务等内容。

㉖秃鹰式策略，指分别卖出（买入）两种不同行权价的期权，同时分别买入（卖出）较低与较高行权价的期权。

V

⑰ Vega 值，指合约标的证券价格波动率变化对期权价值的影响程度。Vega= 期权价值变化 / 波动率的变化。波动率与认购、认沽期权价值均为正相关关系。

W

⑱维持保证金，指投资者在保证金账户中确保合约履行的资金，是已被合约占用的保证金。

⑲未来波动率，指对期权有效期内投资回报率波动程度的度量，无法事先精确计算，只能通过各种办法得到估计值。

⑳无保护期权，又称“裸卖空”，是一种期权空头头寸，若是认购期权空头，投资者（卖方）本身并未持有合约标的股票。若是认沽期权，投资者（卖方）不持有购买标的股票的现金。

㉑无风险利率，指将资金投资于某一项没有任何风险的投资对象而能得到的利息率。

X

㉒现金交割，指买卖双方按照结算价格以现金的形式支付价差，不涉及合约标的转让。

㉓限仓，指对投资者的持仓数量进行限制，规定投资者可以持有的、按单边计算的某一合约标的所有合约持仓（含备兑开仓）的最大数量。

㉔限购，指规定个人投资者买入期权开仓的资金规模不得超过其在证券账户资产的一定比例。

㉕行权价格，指按期权合约规定，期权权利方行权时适用的合约标的交易价格。

㉖行权价格间距，指基于同一合约标的的期权合约相邻两个行权价

格的差。

⑰熊市价差策略，指买入一份期权，同时卖出一份同一合约标的、相同到期日的行权价更低的期权。

⑱熊市认购期权价差策略，指买入行权价较高的认购期权，同时卖出同一品种、相同到期日的行权价较低的认购期权。

⑲熊市认沽期权价差策略，指买入行权价较高的认沽期权，同时卖出同一品种、相同到期日的行权价较低的认沽期权。

⑳虚值，指认购期权的行权价格高于合约标的市场价格，或者认沽期权的行权价格低于合约标的市场价格的状态。

㉑虚值认购期权，指行权价格高于合约标的市场价格的认购期权。

㉒虚值认沽期权，指行权价格低于合约标的市场价格的认沽期权。

Y

㉓隐含波动率，指期权市场投资者在进行期权交易时对未来波动率的认识，且该认识已反映在期权的定价过程中。

㉔盈亏平衡点，指期权投资者实现投资收益为零时标的证券的价格。

㉕有限损失性，是指期权买方（权利方）的损失有限，即买方需要支付权利金，但最大损失也就是权利金。

㉖预期波动率，指运用统计推断方法对实际波动率进行预测得到的结果，可用于期权定价模型，确定期权的理论价值。

Z

㉗转换套利，指一种无风险的套利，涉及买入合约标的，买入一张认沽期权，并且卖出一张认购期权，这些期权具有同等条件，同时买入一份相应到期日相同的期货合约。

㉘组合策略，是指期权投资者可以根据对未来标的证券的预期，结合各自的风险收益偏好，通过不同的期权品种、期权和标的证券的组合

等，形成不同盈亏分布特征的组合，以实现投资目的。

8. 牛散大学堂期权课程介绍

期权·一年

学习卡

吴国平

牛散大学堂校长

私募冠军操盘手导师

投资理念

成长股提前挖掘、热点转换捕捉、主力思维运作

代表课程

八大买卖战法、次新连板战法、股期联动战法、股指、期货、期权多市场联动把握、成长为王盈利系统、主力博弈盈利系统

包含课程

期权实战培训

1、解析期权基本要素

2、期权投资策略实用大全

3、从10万到1亿，如何利用期权工具做好主动投资

4、期权综合分析，先到者先得

期权进阶课

1、技术面买入、卖出技巧

2、期权合约买卖时机技巧

3.盘面技术研判技巧

附赠服务

- 社群答疑交流服务
- 每日期权复盘收评
- 实战案例分享

附赠服务

- 社群答疑交流服务
- 每日期权复盘收评
- 实战案例分享

附赠课程

国平博弈论一年课程
每月一节吴老师的盘中的实盘课程

本产品为虚拟课程服务，购买成功后概不退款

课程链接：

https://appsGhgq7zt9340.h5.xiaoeknow.com/coupon/get/cou_5d390eec87fee-kmai6Y

如有疑问，或其他内容服务，可以添加小助手咨询。